U1060748

皮书系列

皮书系列

广视角·全方位·多品种

皮书系列

皮书系列

皮书系列

皮书系列

皮书系列为"十二五"国家重点图书出版规划项目

皮书系列

皮书系列

皮书系列

皮书系列

皮书系列

皮书系列

权威·前沿·原创

皮书系列

皮书系列

皮书系列

皮书系列

皮书系列

青海蓝皮书

BLUE BOOK OF
QING HAI

2012年
青海经济社会形势分析与预测

ANALYSIS AND FORECAST OF ECONOMY AND SOCIETY IN QINGHAI(2012)

主　编／赵宗福
副主编／孙发平　苏海红
分篇主编／马勇进　杜青华　鲁顺元　马　林

社会科学文献出版社
SOCIAL SCIENCES ACADEMIC PRESS (CHINA)

图书在版编目(CIP)数据

2012年青海经济社会形势分析与预测/赵宗福主编. —北京：社会科学文献出版社，2012.4
（青海蓝皮书）
ISBN 978-7-5097-3296-0

Ⅰ.①2… Ⅱ.①赵… Ⅲ.①区域经济-经济分析-青海省-2011 ②社会分析-青海省-2011 ③区域经济-经济预测-青海省-2012 ④社会预测-青海省-2012 Ⅳ.①F127.44

中国版本图书馆CIP数据核字（2012）第063825号

青海蓝皮书
2012年青海经济社会形势分析与预测

主　　编／赵宗福
副 主 编／孙发平　苏海红
分篇主编／马勇进　杜青华　鲁顺元　马　林

出 版 人／谢寿光
出 版 者／社会科学文献出版社
地　　址／北京市西城区北三环中路甲29号院3号楼华龙大厦
邮政编码／100029

责任部门／皮书出版中心（010）59367127
电子信箱／pishubu@ ssap. cn
项目统筹／邓泳红
总 经 销／社会科学文献出版社发行部（010）59367081　59367089
读者服务／读者服务中心（010）59367028
责任编辑／高振华　任文武
责任校对／李艳涛
责任印制／岳　阳

印　　装／北京季蜂印刷有限公司
开　　本／787mm×1092mm　1/16
印　　张／23.25
字　　数／401千字
版　　次／2012年4月第1版
印　　次／2012年4月第1次印刷
书　　号／ISBN 978-7-5097-3296-0
定　　价／69.00元

本书如有破损、缺页、装订错误，请与本社读者服务中心联系更换
版权所有 翻印必究

青海蓝皮书编委会

主　　任　赵宗福

副 主 任　淡小宁　孙发平　苏海红

编　　委　（以姓氏笔画排列）

丁忠兵　万玛多杰　马　林　马进虎　马勇进
马海莉　王　绚　王予波　王玉虎　石海城
冯建平　尼玛卓玛　匡　勇　孙发平　纪仁凤
苏海红　杜青华　李　忠　杨汝坤　杨伯让
更　阳　吴大伟　吴海昆　何少民　张文魁
张立群　张守成　张进京　张黄元　陈兴龙
拉毛措　尚玉龙　罗松达哇　金长华　周贤安
赵　晓　赵永祥　赵宗福　赵衍亮　侯碧波
饶　勇　贾　军　党明德　党晓勇　高世俊
高存福　诺卫星　曹　宏　曹　萍　鄂崇荣
淡小宁　程丽华　鲁顺元　解　源

主要编撰者简介

赵宗福 青海省社会科学院党组书记、院长，教授，博士，享受国务院特殊津贴。兼任中国民俗学会副会长、中国少数民族文学学会副理事长等职。研究方向为民俗学、地方文化史。在中国古典神话、民间文学、西部诗歌史、青海文化史、民俗文化学等方面均有较高建树。主要著作有《昆仑神话与西部文化》、《花儿通论》、《昆仑神话》等20余部书籍，发表《论当代中国文化研究中的原型批评思潮》、《论西北花儿的研究保护与学界的学术责任》、《论昆仑神话与昆仑文化》等100余篇论文，22项成果获省部级以上优秀科研成果奖。

孙发平 青海省社会科学院副院长，研究员，享受国务院特殊津贴专家。兼任青海省政协委员、省政协经济委员会副主任等职。研究方向为市场经济和区域经济学。主著及主编书籍10余部，发表论文70余篇，主持课题20多项。主要成果：《中国三江源区生态价值与补偿机制研究》、《青海转变经济发展方式研究》、《循环经济理论与实践——以柴达木循环经济试验区为例》、《中央支持青海等省藏区经济社会发展政策机遇下青海实现又好又快发展研究》等。10余项成果获省部级以上优秀科研成果奖。

苏海红 青海省社会科学院副院长，研究员，省级优秀专家。兼任青海省青联常委、财政部农发办项目评审专家等职。研究方向为区域经济、农村经济和生态经济学。出版学术专著2部，发表论文及调研报告70余篇，主持课题10多项。主要成果：《中国藏区反贫困战略研究》、《中国西部城镇化发展模式研究》、《三江源国家生态保护综合试验区生态补偿实施方案研究》、《加快发展青海服务业的思路及对策》等。13项成果获省部级以上优秀科研成果奖。

摘　要

《2012年青海经济社会形势分析与预测》是一部综合性的研究报告，由青海省社会科学院组织长期从事青海经济社会发展方面的专家学者撰写，它以青海省经济、社会、政治、文化和生态建设等各领域的重大理论和现实问题为研究内容，从战略高度对青海经济社会发展进行综合分析和科学预测，真实、全面地反映青海经济社会发展形势。

在内容上，包括主题报告、总报告、经济、社会、区域、专题等6个篇目。其中主题报告分别由青海省委书记、省长从战略高度对2011年青海经济社会发展状况和2012年发展的重点任务进行了全面分析及准确阐释，提出了全省的发展思路和未来战略取向。总报告在对青海省经济发展、社会发展总体运行情况分别阐述的基础上，针对宏观形势带来的机遇和挑战，结合省情对2012年青海经济和社会发展趋势分别进行了预测，提出了具有可操作性的对策建议。经济篇以影响青海经济发展的主要行业、领域以及重大现实问题为研究内容，涵盖投资、财政、农牧业、工业、服务业以及特色产业发展、物价等领域和相关热点问题。社会篇以涉及青海社会发展的主要行业、领域及重大现实问题为研究领域，内容涵盖教育、科技、文化、就业、生活保障等领域以及社会管理创新、收入分配等社会热点问题。区域篇以青海现实的区域特色为重点，以青海民俗文化旅游区、青海柴达木循环经济试验区、青海东部城市群、三江源区生态保护、海北藏族自治州现代生态畜牧业示范区等为研究对象，分别对其发展现状、存在问题、面临形势、未来路径及对策建议等方面进行了详细论述和研究分析。专题篇立足青海实际，放眼全国，选择具有青海特色且对全国有一定影响力的重大理论和现实问题进行分析，分别就昆仑文化、生态移民、新能源开发利用、节能降耗、消费驱动的发展定位、发展理念、发展路径和发展对策等进行了学理性的研究和探讨。

Abstract

Analysis and Forecast of Economy and Society in Qinghai (*2012*) is a comprehensive research report, written by long – term engaging in economic and social development experts and scholars organized by Qinghai Academy of Social Sciences. They study on major theories and reality problems in economic, social, political, culture and ecological construction areas, analyse comprehensively and forecast scientifically economic social development from strategy height, and reflect really economic and social development situation in Qinghai.

The book consists of six parts, including Topic Reports, General Reports, Economic Reports, Social Reports, Regional Reports, Special Reports. In Topic Reports, the Secretary of the Qinghai Provincial CPC Committee and Governor have respectively given comprehensive analysis and accurate explanation of the economic and social development in 2011 and Qinghai's key tasks in 2012 from the strategic heights, proposed the future of the province's strategic orientation.

In General Report, based on a comprehensive exposition of the economic and social development situation in Qinghai, and in view of opportunities and challenges brought from the macroeconomic situation, the writers analysize and forecast economic and social development trends in 2012 combined with Qinghai Provincial reality , and put forward some suggestions and countermeasures.

In Economic Reports, writers mainly research chief trades and major practical problems in economic area, which involves investment, finance, agriculture and animal husbandry, industry, services, and distinctive areas of industrial development, prices, and related issues.

In Social Reports, writers mainly research chief trades and major practical problems in social area, which involves education, science and technology, culture, employment, insurance of living, the innovation of social management, and income distribution in Yushu.

In Regional Reports, writers focused on realistic regional characteristic, and studied and folk cultural tourism area, recycling economy experimental zone of Chaidamu, the urban agglomeration construction in Eastern Qinghai, ecological protection in Sanjiangyuan region, construction of modern ecological animal husbandry demonstration area in Haibei Tibetan Autonomy State. Then they analyze and study respectively the development situation, existing problem, facing problems, future paths and countermeasures.

In Special Roports, the scholars base ourselves on Qinghai's realities, and keep the whole world in view, select to analyze characteristic and influential great theoryies and practical problems. then they have rational discussion and study respectively on developing orientation, developing concepts, developing path and developing countermeasures of the Kunlun culture, ecological migration, development and utilization of new energy, energy conservation and consume reduction and the upgrading of consumption structure.

目录

𝔹Ⅰ 主题报告

𝔹Ⅱ 总报告

𝔹Ⅲ 经济篇

BⅣ 社会篇

BⅤ 区域篇

B Ⅵ 专题篇

CONTENTS

B I Topic Reports

B II General Reports

B III Economic Reports

B VI Special Reports

主题报告

Topic Reports

B.1

继续开创新青海建设新局面

强　卫*

2012年是实施“十二五”规划承上启下的重要一年，是党的十八大和省第十二次党代会胜利召开的喜庆之年，也是玉树三年灾后恢复重建的决战之年，大事多、喜事多、要事多。今年全省经济社会发展要着力在四个方面下工夫。

一　突破难点，加快转型

中央经济工作会议指出，要“加快推进经济发展方式转变和经济结构调整”。去年省委转变发展方式专题研讨会以来，全省转变经济发展方式取得了积极进展。但当前我省经济增长方式仍然粗放、资源环境压力日趋增大，经济发展深层次矛盾逐步显现，我省经济发展已经进入“加快发展还要加快转型”的新阶段。

* 强卫，中共青海省委书记、省人大常委会主任。这是强卫同志在中共青海省委十一届十一次全体会议上讲话的一部分。

在我省转变经济发展方式面临的诸多问题中，经济结构不合理是制约经济社会又好又快发展的主要瓶颈。从产业结构看，我省三次产业结构比重为 10∶55.1∶34.9，与全国平均水平 10.1∶46.8∶43.1 和西部平均水平 13.1∶50.0∶36.9 相比，一、二、三次产业发展的协调性依然不足。在产业内部，农牧业的产业化、规模化、合作化水平还不高，龙头企业少并且带动力明显不足；第二产业中资源消耗型工业占比较大，加工制造业、战略性新兴产业发展仍不充分；第三产业总体规模偏小，增长缓慢，传统服务业比重高，新兴服务业比重小，拉动作用依然较低。从投资、消费、出口的需求结构看，2011 年三者对我省 GDP 的贡献率分别为 159.4%、30.7%和 -90.1%，经济增长对投资拉动的依赖性较强，促进三者协调拉动的难度很大。就投资本身而言，我省投资来源主要以政府投资和银行贷款为主，利用上市和债券直接融资以及利用外资、自筹资金等其他投资的比例偏低；投资的去向主要集中在矿产资源开发利用、房地产建设等领域，第三产业、新兴产业投资相对较少，投资结构还不完全符合转变经济发展方式的要求。从煤、电、油、运等要素保障看，制约因素明显增多，能耗问题形势严峻。2011 年前三季度，我省单位 GDP 能耗同比上升 1.49%，比全国平均水平高 3.1 个百分点；规模以上工业单位增加值能耗同比上升 2.66%，比全国平均水平高 5.2 个百分点。特别是进入第四季度以来，在全省工业增速明显回落的情况下，能耗指标不降反升。尤其值得关注的是，2011 年，我省已经由电力输出省变成了电力输入省，开始由季节性缺电变为全年性缺电，缺电将成为常态。2011 年我省缺电 80 亿～90 亿千瓦时，预计 2012 年缺口将达到 140 亿～150 亿千瓦时，“十二五”期间全省电力供需形势将异常严峻。而从我省用电结构看，今年 1～11 月，全省工业用电量占到了全社会用电量的 94%，其中电解铝、铁合金等高载能行业用电量占工业用电量的 71%。随着一些在建高载能项目的投产，电力供需矛盾将进一步加剧。此外，由于区位条件、自然环境、资源禀赋、经济基础等方面的差异，我省城乡区域差距过大、产业布局不尽合理的问题仍然突出。但同时值得欣慰的是，2011 年 10 月份以来，与传统型、高耗能、资源初级加工类企业困难增多的情况相反，我省一些战略性新兴产业、特色优势产业和循环经济型产业却表现出较强的抗风险能力，发展势头很好。这些现象都从不同方面表明，调整经济结构是推进我省经济发展方式转变的根本出路，也是现实紧迫要求。我们要牢牢把握这一根本方向，迎难而上，主动作为，坚决打赢加快转变经济发展方式这场硬仗。

第一，要着力优化需求结构。胡锦涛总书记强调，“保持我国经济平稳较快发展，必须更多依靠内需拉动”，要“牢牢把握扩大内需这一战略基点”。温家宝总理指出：“在国际金融危机影响深化的背景下，投资仍然是经济增长的重要拉动力。”对青海来说更是如此。今后一段时间，继续保持一定的投资规模，既是做大“蛋糕”，确保青海跨越发展的基本前提，也是通过优化投资结构促进转变经济发展方式的必然选择。我们要正确把握国家积极的财政政策和稳健的货币政策，在保持一定投资规模和较好投资效益的同时，进一步优化投资结构，继续发挥好投资对扩大内需的重要拉动作用。要进一步优化政府投资，紧紧围绕基础设施建设、生态环境保护、重大资源开发等重点领域，有序带动经济结构战略性调整。要进一步完善投资机制，在加强政府投资引领作用的同时，完善招商引资模式，有效促进民间投资稳定增长，逐步建立政府投资和社会资本相补充的多元投资体系。要加大对外向型企业的投资支持力度，推动对外贸易发展。需要注意的是，中央经济工作会议释放出一个清楚信号，这就是：要保持适度投资规模，重点抓好在建和续建工程，确保国家已经批准开工的在建水利、铁路、重大装备等项目资金需求，有序推进“十二五”规划确定的重大项目开工建设。我们要积极把握这一政策走向，加强与中央有关部门的沟通协调，争取我省更多的规划项目尽快落地；同时要把好土地、信贷、环保、安全、质量等准入和审核关，加强对重大项目的监管、督察，确保投资的质量和效益，继续发挥投资的重要作用。要以投资促消费，进一步加大对科技、文化、养老、家政、休闲等新兴行业的投资，不断拓宽消费领域，改善消费预期，释放消费潜能，特别要更加突出发挥旅游业对带动消费、扩大内需的积极作用，推动投资与消费的协调发展。

第二，要着力优化产业结构。胡锦涛总书记指出，“实体经济是社会财富和综合国力的基础，也是改善人民生活的物质基础”，要“牢牢把握发展实体经济这一坚实基础”。发展实体经济，必须做大做强产业体系。要按照我省“十二五”规划关于工业、农牧业、服务业三个“十大产业”的总体部署，以构建结构优化、技术先进、清洁安全、附加值高、吸纳就业能力强的现代产业体系为目标，加快推动产业结构调整步伐。重点要针对我省产业发展对资源能源消耗依赖度大的实际，着力推动资源能源消耗型产业结构向四个方向加快转变。一要加快向特色优势型转变。开发特色优势资源，是增强青海经济竞争力的关键。要紧紧抓住国家大力发展水利、加大扶贫开发力度等重要机遇，加快发展油菜、马铃薯、富硒农产品等十大农牧业特色产业，积极打造沙棘、枸杞、高原花卉、冷水养殖、规模养殖等特色种养基地建设，大力发展现代生态畜牧业，加快构建高原现代特色农牧业产业体系。要深入实施工业“双百”行动，认真落实好省委省政府促进工业发展的十项举措，大力培育战略性新兴产业，发展壮大优势产业，改造提升传统产业，形成工业经济发展的新优势。要加快发展以旅游业为龙头的现代服务业，壮大旅游产业，发展金融产业，提升生产性服务业，培育文化产业，提高第三产业整体水平。要深入实施生态立省战略，发展生态经济，实现经济发展与生态保护的共赢。二要加快向循环经济型转变。循环经济是缓解资源环境约束、实现经济增长方式根本性转变的重要途径。要坚持循环经济的发展方向，着力构建产业纵向延伸与横向拓展相结合的循环型产业体系，着力推动盐湖化工、油气化工、煤化工等特色优势产业融合发展，着力加快水能、太阳能、风能等可再生能源的开发利用，着力加快农畜产品、特色高原生物等可再生生物资源的绿色发展，不断推动高原农牧业循环经济发展。三要加快向创新驱动型转变。胡锦涛总书记强调指出，要“牢牢把握加快改革创新这一强大动力”。科技是推动社会生产力飞跃的首要因素。要加大政府财政科技投入，带动支持企业和社会加大科技投入，促进科技成果产业化发展。要以转方式、调结构、惠民生为目标，构建以企业为主体、市场为牵引、政府支持的政产学研紧密合作机制，增强企业的核心竞争能力，促进产业的结构升级和技术水平提升。要高度重视科技创新和科技成果引入工作，逐步提升创新驱动能力。四要加快向园区带动型转变。园区是产业结构调整的重要载体和经济增长的重要支撑。要坚持“顶层设计、总体规划、合理布局、加快发展”的总体要求，以园区发展促进产业集聚、集约、集群发展。西宁经济技术开发区要在转型上下工夫，柴达木循环经济试验区要在做实上下工夫，海东工业园区要在成长上下工夫，同时各地要结合实际、因地制宜发展县域工业、文化产业和农牧业等特色园区，形成以园区发展带动产业结构优化的新局面。

第三，要着力优化区域结构。城镇化是加快经济发展方式转变的重要突破口。要按照“四区两带一线”区域发展总体格局，科学谋划，统筹推动土地、生态环境、城市建设等各项工作，进一步优化全省城镇发展布局，构建完善的城镇发展新格局。要把发展壮大县域经济作为重点，加大对重点县产业扶持力度，以产业聚集带动人口聚集，以人口聚集促进产业聚集。要认真落实户籍制度改革各项政策，继续加大城乡社会事业、社会保障、基础设施和改善人居环境等力度，促进城乡统筹发展。要进一步深化行政审批制度改革，着力扩权强县，调动县域发展的积极性。要积极争取基本具备条件的县加快县改市的步伐，特别是要牢牢抓住东部城市群建设的有利机遇，加大改革力度，提升统筹协作水平，构建具有青海特点的城市体系，实现我省城镇化发展的新突破。

二 改善民生，造福人民

胡锦涛总书记指出，“保障和改善民生，既是满足人民群众日益增长的物质文化需求的必然要求，也是加快转变经济发展方式、扩大消费的必然要求”，要“牢牢把握保障和改善民生这一根本目的”。经验表明，国内外经济形势越是复杂严峻，就越要重视保障和改善民生，这不仅关系到人民群众生活，关系到经济平稳较快发展，而且是社会稳定的重要基础。这些年来，我们始终坚持“小财政办大民生”的执政理念，全省民生事业取得了重要成就。但也要看到，无论是对比全国发展现状，还是展望未来发展趋势，我省民生改善的任务依然十分艰巨。2011 年，省委省政府专题研究部署了全省民生创先工作，这是实现“十二五”时期我省人民生活水平“上一个大台阶”目标的重要举措。我们要坚持“小财政办大民生”，推动民生创先工作取得实效，不断造福全省各族人民。

民生建设涉及面广，关系千家万户的幸福，推动民生创先一定要集中财力、加大投入。各级党委、政府要继续加大财政资金对民生事业的投入力度，确保“十二五”财政支出用于民生方面的比重达到 75% 以上，使更多的资金能够用到为人民谋福祉上来。要进一步优化财政支出结构，加大财政资金整合力度，提高财政资金使用效率，发挥财政资金的民生支撑作用。要采取以奖代补、贴息、配套、担保等多种形式，鼓励和吸引企业、社会组织和个人资金投入民生领域，不断形成全社会共同支持民生的大投入格局。要发扬艰苦奋斗的优良作风，严格控制行政经费等一般性支出，反对铺张浪费，节约更多的资金用于民生事业。要把规范民生领域资金的使用和管理工作摆到重要位置，加大审计、监督力度，花好每一分钱，让有限的资金发挥最大的效益。需要强调的是，近几年各类保障性住房建设力度大、投资多，并取得了显著成效，但这项民生工程在建设、管理、分配等环节也存在一些不容忽视的苗头和问题。下一步，要继续加强领导和组织工作，确保建设进度；创新工作方法，统筹解决好土地、资金等难题；重视规划、设计、施工各个环节的有序衔接，确保工程质量；注重科学分配、统筹兼顾、强化监督，确保分配公平，保证党的惠民政策在落实过程中不走样，真正使困难群众住有所居。

推动民生创先，关键要加快突破一些薄弱环节，推动民生事业实现均衡发展。当前，我省在改善民生方面还面临不小压力。一方面，明年中央还要继续扩大社会保障覆盖面，进一步提高保障水平；我省 2012 年城镇居民人均可支配收入和农牧民人均纯收入预期目标要继续保持两位数以上的增速，改善民生的要求更高了。另一方面，当前我省城乡居民人均收入、城镇居民人均住房面积、城镇居民基本医疗保险报付率等一些民生指标还比较靠后，一些民生领域的改革力度还需要进一步加大。特别是按照国家新的扶贫标准，我省贫困人口总量增加，改善民生面临新的挑战。这些都要求我们在改善民生方面不能有丝毫松懈。我们要在继续做好改善民生各项基础工作的同时，着力在一些薄弱环节上下工夫、花气力，不断推动民生工作取得突破性进展。要针对我省民生事业发展不平衡的实际，着力向低收入人群、农牧区和农牧民、边远地区群众、民生欠发展地区群众倾斜，切实把他们的生产生活改善好、保障好。要切实抓好农村富余劳动力、城镇就业困难人员和大学生的就业工作，为他们提高收入、改善生活、实现发展创造条件。要适时扩大县级公立医院改革试点，深化基层医药卫生体制改革，有效解决好群众看病难、看病贵、看病远的问题。要深入实施“文化惠民”工程，大力推进公益性文化事业发展，广泛开展群众性文化活动和精神文明创建活动，最大限度满足人民群众多样性、多层次的精神文化需求。要继续探索符合我省实际的整村推进、异地搬迁、产业扶贫、培训就业的扶贫开发路子，扎实做好新阶段扶贫开发工作。要继续强化价格调控监管，切实增加生产、保障供给，搞活流通、降低成本，保持物价稳定。

保障和改善民生，离不开安全稳定的社会环境。要认真贯彻社会管理工作要求，及时总结社会管理的新鲜经验、有效举措、管用办法，积极推广西宁、格尔木等地社会管理模式，不断提升社会管理的整体水平。要加大交通安全、生产安全、食品安全、环境污染等方面的安全监管工作，加强中小学校和幼儿园校车管理，切实保障人民群众生命财产安全。要健全应急管理体制机制，提高应对突发事件的能力。要始终把民族团结工作摆在重要位置常抓不懈，按照省委创建民族团结进步示范区的工作部署，准确把握总体目标、基本原则、重点任务和实施步骤，突出重点、攻克难点、打造亮点，整体推进民族团结进步示范区创建工作，促进各民族共同团结奋斗、共同繁荣发展。要依法加强对宗教事务的管理，促进宗教与社会主义社会相适应。

三　决战重建，务求必胜

2011 年以来，在党中央、国务院的亲切关怀下，玉树州各级党委政府、省玉树地震灾后重建现场指挥部、省直各有关部门以及援建各方，紧紧围绕“三个确保”的目标要求，理顺工作机制，强化主体责任，加强工作对接，加快建设进度，圆满完成了 2011 年灾后重建目标任务，社会主义新玉树的基本框架初步显现。

2012 年是全面实现玉树灾后恢复重建任务的决战之年。我们必须以更大的决心、更强的力度，采取更加有力的举措，基本完成恢复重建主要任务，以社会主义新玉树的崭新面貌向党的十八大献礼！

当前，重建工作还面临很多困难，完成 2012 年重建任务压力很大。我们一定要加强组织领导，狠抓责任落实，敢于较真、敢于碰硬、敢于创新，做到“三个到位”，确保决战重建各项工作顺利推进。

第一，项目工作要到位。项目工作是灾后重建工作的牛鼻子，项目到位的程度事关项目建设的进程，项目建设的快慢事关重建决战的成败。要加快项目进度。参建各方要继续保持旺盛斗志，打好“冬季百日战役”，扫清决战障碍，确保明年 4 月份在建项目按期复工，所有新建项目按期开工。要精确把握 2012 年重建的时间节点，倒排时间，倒排进度，高标准衡量、高质量要求、高效率推进。要突破建设难题。针对项目建设用地难度大的问题，进一步简化程序，特事特办，确保 2012 年重建用地有效供给；针对项目资金缺口大的问题，节俭使用，争取外援，扩充财源，确保 2012 年重建资金有效满足；针对施工力量薄弱的问题，进一步落实政策，加大人才引进和培养力度，确保 2012 年重建力量有效加强。要强化项目监督。省州纪检、审计、监察等有关部门要进一步加大监督检查力度，确保灾后重建质量安全、施工安全和资金安全。重建各方及重建项目要主动接受相关方面的监督，确保项目建设程序优、效率高、质量好，经得起历史和人民的检验。

第二，保障工作要到位。兵马未动，粮草先行。灾后重建的各项保障能否及时跟进，直接决定着重建决战的进度和效果。要强化施工保障，尽最大努力为各施工力量搞好协调服务，特别是要做好援建企业的施工保障工作，确保援建工作顺利进行。要强化物资保障，合理调度资源，重点是抓好大宗建材和物资运输的保障和衔接工作。要强化后勤保障，抓好市场供应、食品安全和卫生医疗，建立健全援建单位后勤保障专供机制，确保灾区市场供应和物价稳定，确保援建人员身体健康。要强化组织保障，玉树州党委政府要统筹安排干部轮休、培训和值班，确保各级干部以良好的精神状态和充沛的精力体能投入重建工作。省玉树地震灾后重建现场指挥部要强化领导，全面落实重建工作安排以及相关衔接、协调工作。援建各方要保证足够力量投入，保持充足干劲，切实做好援建工作。

第三，群众工作要到位。群众是社会主义新玉树的主人，群众工作是灾后重建工作的重要基础。要尊重群众意愿，始终把群众满意作为重建工作的最终标准，充分尊重群众在意愿选择、规划设计、建设方式等方面的意愿。玉树州县要深入细致地做好各项群众工作，确保在明年开工前全部完成征地拆迁以及群众意愿锁定等工作，为 2012 年项目落地打好基础。要关心群众疾苦，着力解决好灾区群众的生活问题，全面落实保障政策和各类补助资金，特别是要做好特困户、“五保户”、“三孤”、“三无”人员的临时性生活救助，确保灾区群众安全过冬、温暖过冬。要维护群众利益，及时化解因征地拆迁、补偿安置、劳资纠纷等影响群众切身利益的矛盾和问题，坚决防止侵害灾区群众和农民工合法权益，确保灾区社会和谐稳定、人民安居乐业。

玉树重建不仅仅是玉树州县的事情，也是全省上下共同的任务。省玉树地震灾后重建工作领导小组要加强领导指导，省玉树地震灾后重建现场指挥部要加强指挥协调，省直有关部门要为重建工作开绿灯，各地各部门要全力支持配合，共同为玉树重建作贡献。

玉树灾后重建不是简单的复制，而是全面的提升；不是单一的物质重建，而是美好物质家园与美好精神家园的协同重建。2012 年，我们要把精神家园重建摆在更加突出的位置抓紧抓实。要大力弘扬社会主义核心价值体系，用社会主义新玉树建设的生动实践彰显社会主义制度的无比优越，不断凝聚全社会共同的价值取向，增进灾区群众对伟大祖国、中华民族、中华文化和中国特色社会主义道路的认同。要大力开展感恩奋进宣传教育活动，宣传中央对玉树灾区的特殊关怀以及灾后重建先进事迹，引导灾区广大群众为促进经济发展、社会和谐和民族团结作出新贡献。要大力弘扬自信开放创新的青海意识和“大爱同心、坚韧不拔、挑战极限、感恩奋进”的玉树抗震救灾精神，不断增强灾区群众重建家园的责任感和自豪感，充分向世人展现灾区人民昂扬向上、感恩奋进的良好精神面貌。

四　勇担重任，接续奋斗

办好中国的事情，关键在党；完成好党的使命，关键在党员、在干部、在班子。2012 年，我们党将召开十八大，我们省也将召开第十二次党代会。全省党建工作要紧紧围绕迎接党的十八大召开、贯彻党的十八大精神这个主题，围绕筹备开好省第十二次党代会这个主要任务，进一步提高党的建设科学化水平，努力为新青海建设提供更加坚实的组织保障和人才支持。

第一，要进一步加强领导班子建设。现在，除玉树州级领导班子外，我省州县乡村四级领导班子换届已全部完成，一大批优秀干部走上了领导岗位，承接起了推动青海科学发展的时代重任。各级领导干部不仅代表党员干部形象，更是群众眼中的道德标尺。前不久，中组部印发了《关于加强对干部德的考核意见》，这是新形势下中央关于加强领导班子和干部队伍建设的重大举措。各级领导干部要严格要求自己，坚持以德修身、以德服众、以德正风、以德砺行，努力做具备良好社会公德、职业道德、家庭美德、个人品德的榜样和典范。当前，我省正处于全面实施“十二五”规划的重要时期，发展任务越来越重，工作要求越来越高，提高干部能力的要求也越来越紧迫。各级领导干部要加强学习、深入调研、注重实践，着力提高谋划“四个发展”的能力、转变发展方式的能力、创新社会管理的能力、建设文化名省的能力、改善民生的能力，以自身工作本领的提高促进班子执政水平的提升。各级党委特别是组织部门要把干部教育培训作为换届后加强领导班子和干部队伍“德”、“能”建设的首要任务，紧紧围绕我省改革发展稳定实际，按照德才并举和“缺什么、补什么，需要什么、培训什么”的原则，进一步丰富培训内容、创新培训方式、拓宽培训渠道、增强培训效果，全面提高领导班子和干部队伍的履职能力和整体素质。

第二，要切实巩固党的基层组织建设成果。创先争优活动开展一年多来，全省上下以深入学习实践科学发展观为主题，坚持从实际出发，将创先争优活动与推动“四个发展”、开展玉树抗震救灾和灾后重建、党的建设其他经常性工作统筹推进，基本达到了组织创先进、党员争优秀、群众得实惠的目的。但是也要清醒地看到，目前，我省基层工作和基层党组织建设在一些领域还存在着不容忽视的问题。近日，省委下发了《关于加强和改进中小学党的建设和思想政治工作的意见》。各地要认真贯彻落实，着力把中小学学校党组织建设成为贯彻党的教育方针、维护民族团结进步、维护社会和谐稳定的坚强战斗堡垒。此外，要统筹抓好农牧区、街道社区、非公有制经济组织、社会组织、机关事业单位、国有企业等领域的基层党建工作，以党建带群建，扩大党的工作覆盖面，巩固党的执政基础。要深入实施“百企联百村”活动，在加快新农村新牧区建设步伐的同时，加快构建城乡统筹基层党建新格局。

第三，要始终保持党同群众的血肉联系。来自人民、植根人民、服务人民，是我们党永远立于不败之地的根本。省委和各级党委历来高度重视群众工作，把为了群众、依靠群众、服务群众作为一切工作的出发点和归宿，推动群众工作取得了明显成效。但也要清醒地看到，我省群众工作仍然存在一些不容忽视的问题。比如，一些干部的群众意识不强，开展群众工作积极性不高、本领不硬；一些地区和部门对群众工作重视不够、支持力度不大、实际效果不显著。各级领导干部要大力弘扬密切联系群众的优良作风，重视发挥工会、共青团、妇联等群团组织的作用，切实做好新形势下的群众工作，始终保持党同群众的血肉联系。要视人民为父母，像孝敬父母一样服务人民，永远做人民的亲人、家人、贴心人，始终把人民放在心中最高位置。要拜人民为师，虚心地问政、问计、问需、问心于民，甘当群众的“小学生”，主动向人民群众学习请教，认真听取群众的意见建议，在火热的生产生活实践中汲取智慧和力量。要敬人民如友，自觉和群众平等交流、真诚沟通，坚持蹲地头、坐炕头，和群众坐在一条板凳上，积极变等待“上访”为主动“下访”、变“坐诊”为“出诊”，真正与群众打成一片、融为一体。要把人民当主人，自觉摆正与人民的主仆关系，尊重群众主体地位，心甘情愿为人民“当牛作马”，勤勤恳恳当好人民“公仆”、“勤务员”，以我们干部的“辛苦指数”提升人民的“幸福指数”。

第四，要着力加强党风廉政建设和反腐败工作。反腐倡廉是一项长期任务，须臾不可放松。随着西部大开发和新青海建设的深入推进，我省经济建设领域项目越来越多、资金投入越来越大，各级党员干部特别是领导干部面临着越来越多的诱惑，如果理想信念不坚定，搞腐败，就会给党和国家造成不可挽回的严重损失，也会断送个人前程。2012 年，根据中央要求，我们也要陆续公开“三公”经费，这对各级领导班子和领导干部的廉政情况又是一个考验。我们要以此为契机，带头用好权力，始终牢记自己手中的权力是人民赋予的，坚持秉公用权、民主用权、阳光用权，严格依照法定权限和程序行使权力，为人民掌好权、用好权。带头严于律己，自觉加强党性修养，严格遵守党纪国法，模范执行《廉政准则》，始终讲党性、重品行、作表率。带头接受监督，自觉接受来自组织、群众、社会、媒体等方方面面的监督，正确对待各种批评意见和不同声音，保持洁身自好、不受污染。

五年来，省委和各级党委始终牢记党和人民的嘱托，为新青海建设和全省各族人民福祉尽职尽责、尽心尽力，全力以赴地推动青海经济社会又好又快发展。在实践的基础上，本届省委探索总结形成了青海科学发展的总体思路，即，深入贯彻落实科学发展观，牢固树立自信、开放、创新的青海意识，积极践行“五个特别”的青藏高原精神、“人一之，我十之”的实干精神和“大爱同心、坚韧不拔、挑战极限、感恩奋进”的玉树抗震救灾精神，紧紧围绕科学发展、改善民生、保护生态三大历史任务，始终坚持发展支撑、特色引领、集聚带动、协调推进，着力推动跨越发展、绿色发展、和谐发展和统筹发展，努力探索具有青海特点的科学发展模式，奋力闯出欠发达地区实践科学发展观的成功之路，为夺取建设富裕文明和谐新青海的新胜利而努力奋斗。这个总体思路，凝结着全省各族干部群众的心血和智慧，也经受了“十一五”发展实践的检验。在推进新青海建设的新征程中，我们要更加紧密地团结在以胡锦涛同志为总书记的党中央周围，继续完善和发展青海科学发展总体思路，切实增强内驱力、执行力和创新力，真抓实干，奋发图强，推动新青海建设各项事业取得新的更大成就，以优异成绩迎接党的十八大胜利召开！

B.2

努力推动青海经济社会又好又快发展

骆惠宁*

“十二五”开局之年，青海着力破解经济运行中的突出问题，有效扩大了应对金融危机冲击的成果，取得了增长速度较快、价格涨幅回落、结构调整深化、民生不断改善的显著成绩。

一 2011年青海经济社会发展取得新成就

2011年全省实现生产总值1634.72亿元，增长13.5%；城镇居民人均可支配收入15603.31元，农牧民人均纯收入4608.47元，分别增长12.6%和19.3%。各项主要指标创历史新高，发展的协调性和可持续性明显增强。

（一）加大经济调控力度，快速增长势头进一步巩固

面对货币政策不断收紧、市场需求发生较大变化的新情况、新问题，打赢了实行积极财政政策、改善融资环境、强化固定资产投资、稳定物价水平和应对工业经济下行等几场宏观调控硬仗，不仅促进了当年经济平稳较快增长，也为2012年乃至“十二五”的发展奠定了基础。全省总财力突破千亿元。财政一般预算收入、国家各类补助资金增幅分别达到31.9%和29.9%，财政支出达到967.4亿元，迈上一个大台阶。2011年用于支持经济发展的财政资金达到286亿元、增长52.8%，省对下转移性支出达557.1亿元，增长46.9%。财政收入的大幅增长和支出均衡性、有效性的明显提高，对推动经济发展和发展方式转变发挥了重要作用。全社会新增融资超过500亿元。其中新增贷款余额408.7亿元，

---

* 骆惠宁，青海省人民政府省长。本文节录自骆惠宁同志在青海省第十一届人民代表大会第五次会议上的《政府工作报告》。

增长23%，实现了信贷增量高于上年、增幅在全国靠前的目标。直接融资、地方金融改革、保险直投、产业基金发展和金融招商实现新突破，金融支持发展的能力进一步提升。固定资产投资实现新跨越。完成全社会固定资产投资1434亿元，增长34.2%，投资率达到87.7%，创历史最高。全省新增高速公路和一级公路1000公里。西宁曹家堡机场二期、德令哈支线机场、兰新铁路第二双线工程加快推进。锡铁山至北霍布逊铁路开工，花土沟机场奠基。青藏交直流联网工程建成并试运行。工业投资比重提高到44.2%，民间投资增长39%，电源、水利投资实现翻番，启动了地质找矿突破战略行动，亿元以上的项目达到438个。投资快速增长和结构明显优化，发展后劲和内生动力增强。遏制物价上涨取得明显成效。通过实施支持农业生产、促进产销衔接、投放储备肉和平价粮油、增加困难群众生活补贴、实行临时价格干预、遏制流通环节不合理涨价因素等一揽子计划，促使全省居民消费价格同比涨幅由3月的最高点9.2%逐月回落到12月的1.5%，排名由全国第1位降到第31位，奠定了进一步稳控物价的坚实基础。应对工业下行措施果断。针对工业运行10月份出现拐点、增速回落的新情况，准确判断，果断出手，统筹处理保增长与调结构、抓当前与谋长远、给帮扶与练内功的关系，综合采取10项对策。一次性投入财政资金10亿元，撬动银行、企业增加投入。在帮助企业战胜当前困难的同时，大力推动工业转型升级。

（二）着力推进结构调整，转型发展实现较大突破

把提升产业水平、构建“两型”社会、加快城镇化作为调结构促转型的重点，着力创新发展模式，推动绿色发展，提升了经济发展的质量和效益。农牧业发展方式加快转变。用于农牧业的总投入达117.6亿元、增长59.9%。湟水北干渠一期工程全线开工，李家峡、公伯峡、拉西瓦水库灌溉工程全面推进，解决了农牧区25.2万人的饮水安全问题。加大了对农牧业园区、服务体系和龙头企业的扶持力度。新建日光节能温室3万个、农牧区畜用暖棚1.7万栋，建成5个百里万亩（万头）基地，特色作物种植比重达到80.3%，75%的纯牧业村建立了生态畜牧业专业合作社。实施387个贫困村整村推进和60个村异地搬迁扶贫项目，减少贫困人口18.5万人。在自然灾害频发的情况下，实现了粮油产量稳中有增、蔬菜供应能力不断提升、畜牧业健康发展、农牧民收入较快增长。新型工业化进入快车道。全面推进工业“双百”行动和三大园区建设。两台66万千瓦

火电机组、255万平方米地毯纺纱、万吨枸杞深加工等项目开工建设，大型多功能锻压机、金属镁一体化等项目加快推进，福田专用车、磷酸铁锂材料、风力发电设备制造、特钢200万吨改造升级项目全面竣工，建成1000兆瓦光伏电站并安全并网发电，创世界之最。全省规模以上工业增加值增长19%，工业企业实现利润203亿元，增长29%。循环经济水平不断提升。实现了发展新兴产业与提升传统产业的新突破。现代服务业规模显著扩大。制发了促进旅游、商贸物流、文化产业发展的相关规划和政策措施。居民服务及其他服务业固定资产投资增长1.4倍。启动“旅游倍增计划”，全年接待境内外游客1412万人次，增长15.2%，实现旅游总收入92.3亿元，增长30%，青海湖景区升级为国家AAAAA级景区。西北地区规模最大的标准化农贸综合市场在西宁投入运营，朝阳物流园区建设初具规模，电子商务、物流配送等现代经营方式和新型业态开始向农村牧区延伸。全社会消费品零售总额增长17%。消费拉动能力进一步增强。科技创新能力持续提升。用于科技投入的财政资金3.73亿元，比上年增长22.8%，带动社会投资上百亿元。新实施60个“123”科技支撑项目，产学研合作更加紧密。西宁开发区的生物产业园区升级为国家高新技术产业开发区，海东国家农业科技园区正式挂牌。高新技术产业增长12%。一些海内外高层次人才和创新创业团队落户青海。“两型”社会建设取得新进展。三江源生态保护与建设、青海湖流域生态综合治理、百万亩造林等一批重点生态工程深入推进，封山育林、治理黑土滩和沙化草地成效显著。三江源国家生态保护综合试验区总体方案获得国务院批准。组织开展万家企业节能低碳和全社会节能行动，实施减排工程121项。对湟水河流域334个排污口进行整治，全省17个污水处理厂建成投运。节能减排和环境保护取得明显成效。城镇化和区域发展协调推进。深入实施“四区两带一线”战略，启动东部城市群建设，加快海西城乡一体化试点，支持各地14个重点小城镇建设。城镇化率提高1.5个百分点，达到46.2%。相继实施40多个对口援助青海藏区项目。藏区主要发展指标增幅高于全省水平，藏区面貌正在发生着深刻变化，步入了跨越发展的新阶段。

（三）加快体制机制创新，改革开放向纵深推进

坚持用改革的办法破解发展难题，以开放的姿态融入时代潮流。国有企业、农村牧区、金融财税体制、资源性产品价格、集体林权制度等改革取得积极成

效。深化户籍制度改革，23.4 万人转入城镇户籍管理。非公经济占 GDP 的比重提高到32%。启动民生工程货币化改革。出台深化医药卫生体制改革实施意见和有关配套文件，三年医改五项重点任务全面完成，县级公立医院改革试点等走在全国前列。制发“十二五”文化发展规划、文化建设“八大工程”方案和支持文化改革发展政策措施，文化体制改革全面展开。出台支持外贸发展意见。在外需不足的情况下，预计进出口增长10%。青洽会、藏毯国际展、清真食品节、唐卡艺术和文化遗产博览会等重大经贸活动打开新局面，国际交流和省际合作取得新进展。与美国犹他州缔结友好省州关系，建立绿色合作新机制。招商引资到位资金突破300 亿元，增长58.7%，项目签约额、履约率、开工率创历史新高。“大美青海”的吸引力进一步增强，日益成为有识之士的投资热土。

（四）增加政府投入强度，改善民生取得更大进展

坚持把改善民生作为发展的最终目的。财政对民生的投入增长31.8%，民生支出占财政总支出的比例为75%，位次在全国靠前。就业和社会保障方面，省属高校毕业生初次就业率86.6%，增加3.5 个百分点。农牧区富余劳动力转移就业105 万人，新增城镇就业5.2 万人，城镇登记失业率控制在3.8%。健全了城乡低保、城镇居民养老保险、城镇居民基本医保、新农合、新农保五项制度。建立了社会救助和保障标准与物价上涨挂钩联动、孤儿保障、重度残疾人生活补贴和困难群众医疗救助等制度。解决了城镇职工基本养老保险历史遗留问题。教育事业发展方面，中小学布局调整及校安工程加快推进，实施学前教育行动计划，建立藏区一年学前教育加九年义务教育加三年职业教育的经费保障机制和异地办学奖补机制。“两基”攻坚通过国家验收，实现了青海现代教育发展史上的重大跨越。中职和高校学科专业布局结构调整取得新进展。医疗卫生方面，实施了一批公立医院、村级标准化卫生室建设项目，提高基本公共卫生服务人均补助标准，城乡居民基本医疗保障水平大幅提高，医疗卫生服务能力明显增强。人口和计划生育利益导向机制和优质服务体系建设取得进展，人口自然增长率控制到8.31‰。文化事业发展方面，一批文化惠民工程持续推进，省州县乡各级文化馆（站）、图书馆、博物馆免费开放，青海大剧院、青海科技馆等标志性文化科普设施投入试运营，公共文化服务能力明显增强。环湖赛等国际品牌体育赛事影响力不断提升，竞技体育实现新突破。新闻出版和哲学社会科学事业健康发

展。保障性住房建设方面，大规模实施了城镇保障性住房、农村困难群众危旧房改造、游牧民定居工程，以及农村奖励性住房建设。当年新开工 28.17 万套（户），建成 16.38 万套（户）。同时实施草原新帐篷行动 5000 户。这项重大民生工程的持续，将从根本上解决城乡居民的住房困难。收入分配方面。通过发展生产，增加城镇就业和农村劳务输出，实施民生工程货币化改革，规范津贴补贴，事业单位实行绩效工资，统筹提高企业最低工资标准和离退休、公益岗位人员收入等，实现了城乡居民收入与 GDP 协调增长、城乡居民收入差距缩小的新突破。目前，青海的城乡居民养老保险待遇、职工生育保险待遇、城乡居民人均基本公共卫生服务经费补助标准、城镇保障性住房覆盖率等民生指标走在西部省区前列；企业退休人员基本养老金标准位列全国第三；新农合和城镇居民基本医保人均筹资标准分别从 154.3 元、220 元提高到 300 元，一举跨入了全国前列。

（五）全力推动灾后重建，新玉树的框架初步显现

科学组织，统筹安排，坚持把住房建设作为重中之重，优先抓好公共服务及基础设施建设，协调推进产业恢复提升、生态环境治理与和谐家园建设；积极发挥灾区主体作用和援建单位主力军作用，强化各种要素保障，开展“百日攻坚活动”，克服重重困难，玉树重建取得新的重大进展。截至 2011 年底，累计开工项目 843 个，占规划项目的 66%，已完工 158 个。累计完成投资 208.9 亿元，占规划总投资的 73.4%，其中当年完成投资 158.8 亿元。城乡住房完工率 85.9%，大部分农牧民和部分城镇居民迁入新居，僧舍重建完成总工程量的 96%。大部分学校具备使用条件，医院项目全部在建。基础设施项目开工 69.3%，结古镇城市交通、给排水和垃圾处理等市政设施有的已经建成。

总的来看，2011 年青海经济发展较快，人民生活有了新改善，各项事业取得了长足进步。但全省发展中的深层次矛盾仍然较为突出，基础设施比较薄弱、产业结构层次不高、生态环境相当脆弱、城乡居民收入偏低的状况尚未根本改变。当前又出现了一些新情况新问题，主要是：工业经济增速放缓；引发价格上涨的因素较多且惯性很强，上年居民消费价格涨幅为 6.1%，未能实现年初预期目标；能源需求总量不断增加，节能减排任务艰巨；电力、运输、资源、资金、土地等要素保障难度加大，高端人才匮乏与技能人才不足并存，制约着结构调整和产业升级。

二 2012年力促青海经济社会又好又快发展

2012年青海经济发展面临的宏观环境依然复杂严峻。国际金融危机的影响短期内很难消除，但总体复苏的态势基本确立，全球贸易仍将保持一定增长。国内经济增长下行压力加大，但总体向好和持续增长的态势没有改变，我国仍处于重要战略机遇期。受国际国内大环境影响，青海经济增长的制约因素增多，但仍处于快速增长期，有利条件和重要机遇也很多。根据上述分析判断，只要准确把握发展趋势，创造性地开展工作，统筹处理好抓速度与调结构、控物价，抓经济与惠民生、促和谐，抓当前与谋长远、增后劲三个重大关系，青海经济发展仍能实现平稳较快发展。2012年经济社会发展的主要预期目标是：生产总值增长12%，财政收入增长15%，固定资产投资增长20%，消费品零售总额增长16%，进出口总额增长10%，旅游总收入增长20%，城镇居民人均可支配收入增长11%，农牧民人均纯收入增长12%，居民消费价格涨幅控制在5.5%左右。城镇新增就业人数5.6万人，登记失业率控制在4.2%以内；农村牧区转移劳动力100万人次。人口自然增长率控制在9.5‰以内。节能减排控制在国家规定目标以内，产业结构调整、科技创新等方面继续取得新进展。

立足青海实际，创造性地开展工作，在坚持“稳中求进”的基础上，努力实现“好中求快”，重点抓好四个方面工作。

（一）力促经济又好又快发展

坚持把促进经济平稳较快发展和控制物价上涨统一起来，加快结构调整和发展方式转变。

1. 强化调控政策引导，努力实现促增长与控物价的双赢

增强政策措施的针对性、灵活性和前瞻性。实行更加积极的财政政策。坚持抓自有收入与争取国家支持并行，扩大收入总量与优化支出结构并重，全年财政一般预算收入突破300亿元，总财力进一步增加。落实结构性减税政策，推进财政综合绩效管理，突出对产业转型升级、重点领域改革、重大项目、科技创新和薄弱环节的支持，继续压缩当年专项结转。加大金融资源调控力度。力争贷款增幅在全国保持领先位次，新增贷款加市场融资总量有明显增加。推进政银企合作，以多种方式增加对实体经济特别是小微企业的有效信贷投放。强化对农牧区金融支持，逐步构建多层次、多样化、适度竞争的农牧区金融服务体系。积极推动地方金融机构发展，优化区域布局，支持浦发银行、招商银行等在青海开业，继续引进新的金融机构。大力培育小额担保、小贷公司、保险直投等非银行金融市场。充分利用资本市场，扩大直接融资规模，特别是支持有条件的企业上市融资和发行债券。努力实现物价调控目标。加强牛羊肉和蔬菜购销工作，保障冬春市场供应。加大“菜篮子”建设力度，提高市场占有率。加强重要商品产运销衔接，增加政府和商业储备，加大对农贸市场建设的支持。进一步加强价格监管，发挥群众监督作用，及时查处乱涨价、乱收费行为，规范市场秩序。毫不动摇地坚持行之有效的一揽子打法，加强领导，加大投入，严格问责，确保物价指数控制在预期目标之内。

2. 积极有效扩大内需，增强投资消费协同拉动

这是推动经济平稳较快增长的战略基点。一是进一步扩大投资需求。力争全社会固定资产投资突破 1700 亿元。加快续建工程进度，新开一批重点工程。青藏铁路西宁至格尔木增建二线工程年内全线通车。开工建设格尔木至敦煌铁路、香日德至花石峡等公路。力争开工大武机场，加快祁连机场前期工作。加快玛尔挡水电站、神华格尔木火电厂建设，黄丰水电站年内建成发电，新建西宁两台 60 万千瓦火电机组。大力发展风能，2012 年再新建 1000 兆瓦光伏电站并安全上网运行，开工建设 750 千伏青海与新疆联网等输变电工程。着力优化投资结构，确保工业投资增长 20% 以上，其中高新技术产业投资增长 30% 以上，争取三产投资、藏区投资、民间投资有新的增长。加紧谋划 3 ~ 5 个投入和产出上百亿元的重大项目，确保“不断档”。实施大规模投入、大兵团作战，推进地质找矿战略行动取得新突破。二是着力增强消费需求。增加政府惠民支出，不断提高城乡居民消费能力。完善促进消费措施，培育新的消费热点，落实购买首套商品房相关政策，促进房地产市场稳定健康发展。扩大内需最大的产业支撑是服务业。全面落实已出台的促进旅游、商贸物流和文化产业发展的政策措施，整体推进十大服务业加快发展，力争第三产业增加值增长 12% 。充分发挥旅游业对提升服务业的引领作用，确保旅游总收入突破 110 亿元。加强城乡流通体系建设，推进朝阳物流园区、曹家堡保税物流中心等重点物流项目。组建青海航空投资管理公司，发展地方航空业。支持建设文化产业集聚区，创新文化业态，文化产业增加值增长 18% 以上。通过多措并举，促进消费总量的不断扩大和消费水平的显著提升。

3. 加快调整产业结构，着力提高自主增长能力

抓住战略机遇期，在调结构、转方式上迈出更大步子。一是加速推动工业转型升级。整体推进传统产业改造升级与战略性新兴产业发展。认真实施应对工业经济下行的 10 项举措及配套工作方案。进一步加快“双百”行动步伐，促进三大工业园区错位发展。扩大技改专项资金规模，实施一批重大技改项目，全面提高传统产业先进产能的比重和高新技术企业占比，大幅提升重点骨干企业的综合竞争力。加快实施煤基多联产、太阳能电池组件、锂动力电池、PVC 复合材料、生物制品等重大产业升级项目。加快形成新兴产业高起点、高技术、高投入、高增长的发展格局，打造十大特色优势产业的基本产业链。继续推进科技“123”工程，加强关键技术和工艺再创新，促进信息化和工业化融合。优化资源配置，推进企业兼并重组，提高产业集中度。认真执行国家产业政策，严禁高于行业能耗标准的项目上马，突出抓好节能减排改造工程，实施落后产能淘汰计划，从源头上强化节能减排工作。二是着力提高农牧业综合效益。加强农牧业科技创新体系、技术推广体系、农牧民教育培训体系和农牧业信息化建设，启动“1020”科技支撑工程。促进设施农业和生态畜牧业上规模，新建农区日光节能温室 3 万个、养殖小区 100 个，牧区畜用暖棚 1 万个，实现生态畜牧业模式在纯牧业村的全覆盖。将林果、水产养殖等产业作为新的增长点。支持龙头企业技术改造和市场开拓，提升产业化水平。在建设十大特色农牧业上实现新突破，促进农畜产品生产能力、综合效益和农牧民收入同步提高。加强农牧业基础设施建设。推进黄河谷地综合开发工程。启动湟水谷地百万亩土地开发整理和东部干旱山区综合治理项目。力争开工蓄积峡水利枢纽工程、引大济湟西干渠建前工程。扎实推进人畜饮水安全、小流域治理、草原节水灌溉及城镇水利保障工程。从 2012 年起，每年投入 1 亿元，用 5 年时间解决农灌工程老化失修问题，实现有效灌溉 150 万亩，提高农业用水效率，从根本上扭转青海水利建设明显滞后的局面，形成以水促发展、以水惠民生、以水保生态的强力支撑。

4. 大力推进城镇化，促进城乡区域协调发展

坚持规划引领，搞好综合交通运输体系与城镇化布局体系的衔接，启动一批城镇道路、桥梁、给排水、供暖、燃气等基础设施项目，拓展工业园区社会服务能力，强化城市的产业发展、吸纳就业和人口集聚功能，增强在区域发展中的拉动作用。按照“四区两带一线”的总体布局，重点推进东部城市群建设和海西城乡一体化试点，推动撤县设市工作。同时，统筹推进中小城镇和新农村建设。继续深化户籍制度改革，制定并实施促进农民工融入城市的政策措施，积极破解城乡之间以及城镇内部居民和农民工之间的“双二元结构”。支持藏区发展“飞地经济”，支持县域产业园区建设，培育块状经济增长点，带动城乡区域协调发展。继续推动发达省市对口支援我省藏区工作，把无偿援助与合作开发紧密结合起来，争取支援方扩大在青投资规模。同时，加大对省内其他少数民族自治县的扶持力度，促进各族人民共同发展、共同繁荣。

（二）加大改善民生力度

重点围绕“十大民生工程”，在保障基本民生上下工夫，集中力量办一批实事好事。同时，积极引导支持更多社会资金投入民生领域，助推民生建设取得更大进步。一是着力推动教育优先发展。全面推进学前教育。加快中等职教能力、高中基础设施、高校重点学科和实验室建设。有序推进西宁教育园区建设。从2012年春季学期开始，将中小学寄宿生生活费补助标准再提高200元，并将2007年以来的新增寄宿生全部纳入补助范围。基本完成中小学布局结构调整和校舍安全工程，启动中小学配套和标准化建设工程，加强东部山区学校寄宿制建设，实施农村中小学营养改善计划和贫困地区儿童早期发展项目，加强校车和校园安全管理，完善流动人口子女上学政策，基本实现县域内义务教育初步均衡，推动教育民生水平再上一个新台阶。二是着力促进就业增收富民。坚持扩大就业规模和提高就业质量并重，优先解决高校毕业生就业问题，统筹推进生态移民、退役人员、城镇就业困难群体和农民工就业，鼓励民众创业，支持发展就业容量大的服务业和中小企业，形成更多的就业增长点。创新就业服务，推进就业培训与园区用工对接计划和青南三州万人技能培训计划。增加收入是改善民生的源泉。全面落实国家拟出台的收入分配政策，完善企业工资正常增长机制和最低工资标准与经济协同增长机制，深化事业单位收入分配制度改革。同时，着力推进部分民生工程货币化改革，落实草原生态保护补助奖励政策，加大粮食、良种、农机具和农资直接补贴，保护农民工的权益，制定并实施房改货币化补贴方案。总之，要千方百计增加群众收入，使各族人民更多地享有改革发展的成果。三是着力筑牢社会保障安全网。进一步健全制度、提高水平、增强能力，推进社会保障向纵深发展。扩大城镇职工基本养老保险制度覆盖面，探索事业单位养老保险制度改革，建立被征地农民社会养老保险制度，逐步形成全方位多层次的养老保险体系。加快基本医疗保险城乡一体化建设，基本实现全民医保。完善失业、工伤、城镇职工生育三类保险体系和养老医疗保险转移接续政策。全面提高企业退休人员基本养老金、城乡居民基础养老金、城乡居民低保、高龄老人补贴和五保供养标准，加大对孤寡老人、残疾人、孤儿等贫弱人群的政策扶持力度，不断解决群众的后顾之忧。四是着力扩大文化惠民覆盖面。全面实施文化建设“八大工程”，加快发展文化事业和文化产业，推动文化名省建设。重点建设一批州县乡文化活动场馆、文化“进村入户”、文化信息资源共享等项目，实现农家书屋全覆盖。推进广播电视“村村通”、“西新工程”和直播卫星农牧区覆盖工程，广播电视覆盖率分别达到93%和96%以上。实施全民健身计划，不断提升公共体育基础设施服务能力，争取年内建成省体育中心。创新服务机制，充分发挥已有设施的效益，最大限度地满足人民群众多样性、多层次精神文化需求。五是着力提高医疗卫生服务水平。建设一批县乡医疗卫生设施，培训全科医生，提升基层卫生服务能力。将人均基本公共卫生服务经费补助标准提高到40元。提高传染病和地方病防控水平。推进“康福家行动”和优生促进工程，增强人口素质，稳定低生育水平。六是着力改善群众住房条件。新开工各类保障性和奖励性住房13.5万套（户），续建21.25万套（户），新建续建总计34.75万套（户）。按照“千村建设、百村示范”的规划与要求，在农村实施整村推进，完善基本公共设施，打造特色风貌；在牧区坚持适当集中、改造现有村、鼓励进城镇，实施好游牧民定居工程，并推进1万户新帐篷行动。城镇保障性住房是安居工程的难点所在，需要从资金保障、土地供应、税费减免等环节加大支持力度，完善住房分配、管理和退出制度，实现公开、公正、公平，决不让该保障的“落了空”、不该保障的“搭便车”，确保广大中低收入者特别是困难群众享受安居工程的温暖。七是着力改善农牧区基础设施条件。加快推进基础设施向农牧区延伸。解决25万人饮水安全问题，投入15亿元建设农村公路2000公里、桥梁300座，提高移动网和宽带通信通达水平，推进大电网向玉树、果洛南部三县和海西两个行委延伸覆盖，加快农网改造升级和无电地区电力建设工程，为“十二五”全面解决无电人口用电问题创造条件。大力建设农牧区清洁型、经济型用能体系，实现藏区城镇集中供暖全覆盖。八是着力推进新一轮扶贫攻坚。国家将新阶段扶贫标准提高到2300元，并把青海藏区各县和东部7县列入扶贫攻坚主战场。要抓住机遇，连片推进，重点突破，务求实效。认真做好按照新标准核定贫困人口的入户调查工作。坚持专项扶贫、行业扶贫、社会扶贫三位一体，重点帮扶350个贫困村，力争异地搬迁扶贫6000户，确保年内贫困人口减少20万。

（三）进一步增强发展动力和活力

加快改革开放步伐，加强生态环境建设，提高政府行政能力，维护社会和谐稳定，为又好又快发展增添动力、保驾护航。一是统筹推进重点领域改革。积极推进事业单位分类改革和青南三州乡镇综合改革。理顺工商、质监部门管理体制。继续深化国有企业改革，实施好国有资本预算管理制度。完成木里地区煤炭资源及企业整合工作，推动木里煤田开发进入科学化集约发展新阶段。认真落实支持非公经济发展的各项政策，放宽民营经济进入基础产业和基础设施、市政公用、政策性住房、水利水电、矿产资源勘探等领域的限制，进一步增强民营经济发展活力。深化农村牧区改革。巩固完善林权制度改革成果。加快财税金融体制改革，推进预算和支出公开，增加对各地的一般性转移支付规模和比例，提高县级政府运用财政手段保障基本公共需求、促进科学发展的能力和水平。深化农信社改革，扩大面向“三农”的服务。推动政府融资平台规范发展。积极创新金融产品，改善金融生态环境，有效防范金融风险。深化医药卫生体制改革，巩固扩大县级公立医院和基层卫生医疗机构改革成果，完善县及以下医疗机构运行新机制，加快西宁和格尔木市公立医院改革试点工作。鼓励社会资本办医，大力发展医疗服务业。推进文化体制改革，全面落实文化改革“八项任务”，为文化名省建设注入活力。二是充分发挥开放带动效应。更加注重借助外力促发展，提高开放型经济发展水平。推动外贸发展方式转变，巩固传统出口市场，积极开拓新兴市场，努力扩大新能源、新材料、特色纺织、农畜产品加工和文化产品出口规模，加大重要资源和关键技术设备及零部件的进口力度，努力实现进出口贸易增长目标。扩大对外经济技术合作交流，探索与周边省（自治区）建立长期化、制度化的协作机制。进一步强化招商引资的地位和作用，继续实行领导负责制，以企业、园区、项目筹备组为主体，以产业链招商为重点，综合运用土地、矿产资源、财税、金融等手段和政策，广泛开展全方位、多领域招商引资。精心办好青洽会、环湖赛、藏毯展等大型赛事会展活动，进一步改善投资软环境，提升青海新形象。三是全面提高生态环境承载力。启动三江源国家生态保护综合试验区建设，按照统筹生态保护、民生改善和区域发展的要求，抓紧实施三江源保护与建设二期工程，提升生态保护层次。坚持先行先试，完善政策措施，创新体制机制，积极探索符合试验区功能定位的保护发展模式和科学发展手段，特别是进一步推动建立生态补偿的长效机制，努力将试验区建成全国生态文明的先行区。整体推进青海湖流域、柴达木盆地、湟水流域等区域生态工程建设，以及祁连山水源涵养区生态环境保护和综合治理。加强环境美化绿化和污染综合防治，全面完成湟水流域排污口截污纳管，实现“全测控、全收集、全处理”。继续开展农村环境连片整治。全面推进饮用水水源地保护、重金属污染防治、大气和噪声污染治理，提高水质达标率、人均绿地率、污水无害化处理率和垃圾资源化利用率。四是不断提升社会管理和服务水平。突出网格化管理、信息化支撑、全程化服务，加强社会管理创新，深化平安青海建设，促进社会和谐稳定。全面推进村级组织、社区和社会组织建设，创新民生管理服务方式，强化对流动人口、特殊群体的服务管理水平。针对生态搬迁和扶贫异地搬迁增加的新形势，建立以迁入地为主、迁出地协助的移民社区管理模式。突出重点、攻克难点、打造亮点，整体推进民族团结示范区创建工作。依法管理宗教事务，促进宗教与社会主义社会相适应。建立健全社会稳定风险评估、社会矛盾排查调处、社会舆情分析研判、群众权益协调保障等机制，完善应急管理体系建设。加强综合治理，严厉打击各种刑事犯罪。全面排查、整治、消除各种隐患，促进安全生产形势稳定好转。加强食品药品专项整治，保障群众饮食用药安全。

（四）积极推进社会主义新玉树建设

2012 年是玉树灾后重建的决战之年，要力争实现投资 150 亿元以上，基本完成恢复重建的主要任务。为此，应抓好以下工作。一是扎实做好复工前的准备工作。充分利用冬春季施工间歇期，全面完成征地拆迁、群众意愿锁定、规划设计、项目审批、建设时序和进度安排等基础工作，做好建材购运、电力、设备、物资、人员调集等相关施工保障，确保到期就能进场，进场就能施工。同时，继续做好灾区群众的安置工作，确保安全过冬、欢乐过年。二是又快又好地推进项目建设。坚持民生优先，水电路先行，及早完成住房、学校、医院等直接关系群众生产生活的工程建设。全面加强交通、市政、水利、通信等基础设施建设，加快结古镇重建步伐。同步推进寺院重建和文物修缮。恢复提升特色产业，注重生态环境保护，支撑灾区长远发展。三是着力强化管理。从规范运行、优化组合、有效监督、保障安全等方面入手，推动各援建单位完善内控机制，降低建设成本，做到科学、节约、高效重建。适应玉树撤县建市的需要，加强对已建成小区的环境整治，提高社区管理水平。进一步组织干部和专业人员培训，保证已建成项目的正常运营和管理。四是加大统筹协调力度。坚持实行工程管理法、当面对接法和一线工作法，以制度化安排，确保重建顺利推进。力争在残破待兴的废墟上，加快建成一个继承历史、融入现实、面向未来的社会主义新家园。

总 报 告

General Reports

B.3

2011～2012年青海经济发展形势分析与预测

“青海经济发展形势分析与预测”课题组*

摘　要： 2011年，青海经济发展经受住了复杂严峻的国内外形势的考验，实现了速度效益同步增长、投资消费出口协同拉动、经济结构加快调整以及民生大幅改善，总体经济呈现平稳较快增长的运行态势。2012年青海经济发展形势的基本判断是：地区生产总值平稳较快增长，固定资产投资规模进一步加大，工业经济增速略有回落，农业和消费稳定增长，房地产市场有望从下半年开始回暖，物价水平小幅上涨，进出口规模可能出现较大波动。对2012年青海生产总值增长速度的预测值是13%。为实现青海经济的“稳中求进、好中求快”，应从完善体制机制、突出绿色发展、加大投资力

* 课题组组长：苏海红；执笔人：苏海红、丁忠兵。苏海红，青海省社会科学院副院长，研究员，研究方向：区域经济；丁忠兵，青海省社会科学院经济研究所副所长，副研究员，中国社会科学院博士研究生，研究方向：农村经济。

度、优化居民消费结构、保持房地产业平稳发展、积极稳妥推进经济发展方式转变、加快城镇化进程等7个方面着力推进。

关键词： 青海经济　发展形势　分析预测　对策建议

2011年，青海经济运行总体保持了平稳较快增长态势，经济增速走在全国前列，经济结构进一步优化，物价涨幅回落，财政收支实现历史性突破，城乡居民收入较大幅度增加。2012年，影响青海经济发展的外部环境将更加复杂，国内外宏观经济形势演变的不确定性增加，国家宏观调控政策的灵活性、前瞻性增强，加之省内制约经济发展的资源矛盾、结构矛盾仍然突出，推动价格上涨的因素仍大量存在，全省经济增长的下行压力加大，调结构、控物价、保增长的任务较为艰巨。

一　2011年青海经济运行总体态势和基本特征

2011年全省完成生产总值1634.72亿元，同比增长13.5%。其中，第一产业增长5%，第二产业增长17.3%，第三产业增长9.7%。规模以上工业实现增加值780.69亿元，同比增长19%。地方财政一般预算收入完成151.8亿元，同比增长37.7%。全省总财力突破千亿元大关，达到1075.4亿元，同比增长24.6%。全省一般预算支出完成967.4亿元，为预算的93.5%，同比增长30.1%。全社会固定资产投资1434.31亿元，同比增长34.2%。社会消费品零售总额达404.85亿元，同比增长17%。城镇居民人均可支配收入15603.31元，农牧民人均纯收入4608.47元，同比分别增长12.6%和19.3%。实现进出口总值92382万美元，同比增长17.1%。基于这一系列数据，我们对2011年青海经济运行总体态势的基本判断是：经济总量较快增长，产业结构进一步优化，价格涨幅明显回落，财政实力显著增强，固定资产投资成效显著，消费需求平稳增长，外贸形势逐步好转，总体实现了速度效益同步增长、投资消费出口协同拉动、经济结构加快调整以及民生大幅改善的运行态势。具体来看，2011年青海经济运行呈现以下特征。

（一）生产总值快速增长，总体经济发展形势趋稳

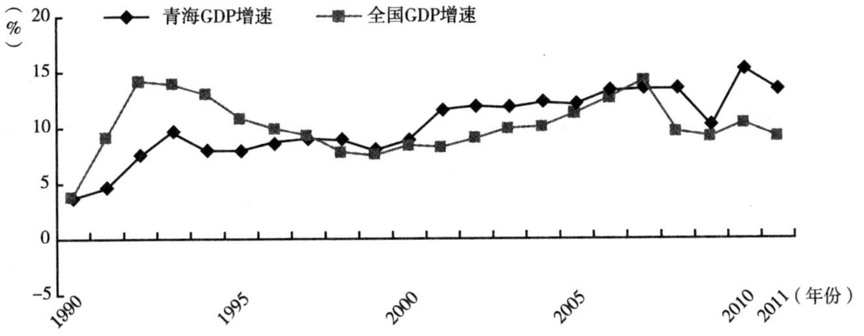

图1 1990～2011年青海及全国GDP增速比较

由图1所示的1990～2011年青海及全国经济增长趋势可见，自2001年以来，青海生产总值增速已连续11年超过10%，其中2010年青海生产总值增速超过全国国内生产总值增速。特别是近5年来，青海生产总值平均增速达到13.19%，比同期全国平均增速高3.07个百分点，为近20年来经济增速最快的时期。2011年受国家超常规经济刺激政策力度逐步减弱及国际经济形势错综复杂等因素影响，青海经济增速较2010年的超高增速有所回落，但回落后的经济增速刚好位于近5年青海经济增长的短期趋势线附近，高出全国经济增速约4个百分点。由此表明，青海经济已初步摆脱国际金融危机的影响，逐步回归到正常经济增长轨道。

（二）工业经济平稳较快发展，结构调整取得积极成效

2011年，面对国际金融危机带来的持续影响和第四季度出现的意想不到的困难，青海省委省政府及时制定实施了支持工业发展十大综合措施，扎实推进“双百”行动①，大力发展和培育工业十大优势产业，实现了工业经济的平稳较

① “双百行动”是青海省“十二五”规划中提出的一项重大发展战略，即在工业领域建设100个重点项目，进一步延长产业链条，提高产品附加值，增强自主创新能力；培育100户重点企业，打造产业集取度高、关联性强、示范带动作用突出的市场主体。

快发展。全省规模以上工业实现增加值780.69亿元，同比增长19%。规模以上工业企业利润达到203亿元，同比增长29%。有色金属冶炼、电力热力的生产供应、化学原料及制品制造、石油加工炼焦、煤炭开采洗选、石油天然气开采、黑色金属冶炼等七大重点行业合计完成增加值662.2亿元，占规模以上工业增加值的84.8%。重工业完成增加值728.5亿元，占规模以上工业增加值的93.3%。轻工业完成增加值52.2亿元，同比增长19%，实现了与重工业的同步发展。在全省规模以上轻工业行业中，农副食品加工业实现增加值增长21.9%，饮料制造业增长21.1%，医药制造业增长24.4%。工业园区建设取得重大突破，三大工业园区完成一般性工业投资420亿元，同比增长28.8%。园区经济成效初步显现，园区工业增加值占全省工业增加值的比重达75%左右，工业园区对全省经济发展的引领和拉动作用进一步增强。非公有制工业企业快速发展，全年完成增加值258.7亿元，同比增长29.8%，占规模以上工业增加值的33.1%，同比提高2.7个百分点。科技对工业经济发展的支撑引领作用进一步增强，全省高新技术企业和科技型企业的总产值占到工业总产值的7%以上。

（三）固定资产投资持续快速增长，经济发展基础进一步巩固

据国家统计局月度数据显示，2011年1~11月，青海累计完成固定资产投资1328.29亿元，同比增长45.7%，增幅高居全国首位。全年青海完成全社会固定资产投资1434.31亿元，同比增长34.2%，固定资产投资占地区生产总值的87.74%。其中，76个工业、基础设施建设重点项目完成投资突破540亿元，超额完成年度任务，较大地改善了全省经济发展硬环境，进一步夯实了发展基础。乌兰煤化工二期、百万吨钾肥综合利用二期、昆仑碱业110万吨纯碱等11个重点工业项目，班多水电站、湟源至西海公路、青藏交直流联网工程、750千伏西宁至格尔木输变电等10个重大基础设施项目基本建成投入运营。建成投运太阳能电站42座100万千瓦，建设风电场3个15万千瓦，并网1.7万千瓦。青海光伏电站并网发电规模为世界之最。全省新增高速和一级公路1000公里。西宁曹家堡机场二期、德令哈支线机场、兰新铁路第二双线、330千伏团结湖输变电等项目加快推进，西宁南绕城高速、锡铁山至北霍布逊地方铁路开工建设，花土沟机场奠基。一年里，全省投入地质勘探资金25亿元，启动

了地质找矿突破战略行动，发现矿点、矿化点122余处。全年新增资源，煤炭2亿吨、铁矿0.5亿吨、铜铅锌150万吨、金50吨，提升了全省经济发展的资源保障水平。

（四）商贸旅游业快速发展，居民消费价格趋稳

2011年，通过大规模实施城乡保障性安居工程，启动“旅游倍增计划”，提高“家电、农机、汽车下乡”补贴标准，加强城乡流通体系建设等政策措施，青海商贸旅游业实现了快速发展。全年社会消费品零售总额达到404.85亿元，同比增长17%，增幅较上年提高1.84个百分点。全省共建设改造“万村千乡”市场工程连锁农家店898个、商品配送中心30个，建设西宁市社区直销菜店90家、标准化菜市场12家。家电下乡产品累计销售额达到7.6亿元。旅游方面，全省投入资金30亿元重点实施了塔尔寺酥油花馆改扩建、青海湖景区基础设施建设、贵德黄河清旅游带综合开发等一批重点项目，重点旅游景区基础设施及配套条件不断改善，青海湖景区升级为国家AAAAA级景区。全年境内外游客人数达到1412万人次，同比增长15.2%；实现旅游总收入92.3亿元，同比增长30%。在稳定物价方面，实施了支持农业生产、促进产销衔接、投放储备肉和平价粮油、增加困难群众生活补贴、启动临时价格干预、实行联席会议制度、落实价格调控责任等综合措施，取得了明显成效。居民消费价格涨幅由3月份的最高点9.2%回落至12月的1.5%，全年物价涨幅6.1%，摘掉了连续4年全国物价涨幅最高的帽子。环比价格甚至在4、5、6、8月出现了负增长（见图2）。

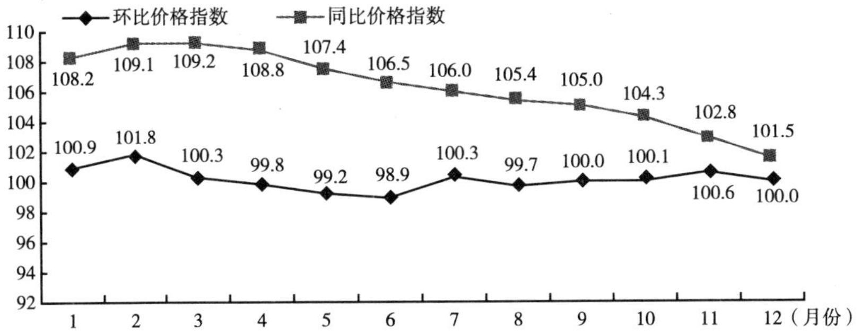

图2　2011年1～12月青海居民消费价格指数

（五）外贸和招商引资实现新突破，对外开放迈上新台阶

西宁海关统计资料显示，2011 年，青海省实现进出口总值 92382 万美元，同比增长17.1%。其中，出口66182 万美元，增长42%；进口26199 万美元，下降18.8%。贸易顺差39983 万美元。在主要进出口产品中，硅铁、地毯、山羊绒出口均较大幅度增长，氧化铝、机电和高新技术产品进口有所减少。全年硅铁出口15.8 万吨，增加 7%，价值 24779 万美元，增长 20%；纺织纱线、织物及制品类出口 12236 万美元，增长 65.1%。其中地毯出口 7705 万美元，增长105.8%；山羊绒出口 205 吨，增长 86.5%，价值 2004 万美元，增长 100.5%。进口氧化铝 33 万吨，下降 22.1%，价值 12619 万美元，下降 6.7%。机电产品进口总值7216 万美元，下降 59.8%。其中，机械设备进口 3630 万美元，下降74.6%；高新技术产品进口 732 万美元，下降 78.1%。在招商引资方面，青海精心举办了绿色经济投资贸易洽谈会、环湖赛、藏毯博览会、清真食品展览会等重大经贸赛会活动，积极创新招商引资机制，提升了开放型经济发展的水平。全年招商引资到位资金突破 300 亿元，同比增长 58.7%；利用外商直接投资 3.2 亿美元；非金融类实际对外投资 110 万美元，对外承包工程完成额 3854万美元。

二　2011 年青海经济运行中存在的主要矛盾和问题

受区位条件、技术水平、人力资源和经济基础等多方面因素的制约，以及国内外宏观经济形势变化和一些突发事件的影响，2011 年青海经济运行中尚存在一些矛盾和问题。突出表现在：工业经济增速减缓，城乡居民收入偏低，居民消费增长乏力，物价上涨推力依然较强，房地产市场回调压力加大。

（一）工业增长速度呈下降趋势，工业经济效益有所下滑

据青海省统计局月度数据资料显示，2011 年上半年，青海工业增加值同比增速逐月上升，7 月份工业增加值同比增速达 27.1%。但从 8 月开始，全省工业增加值同比增速迅速下降，11 月份工业增加值同比增速已下降到 11.2%，12 月

份又回升到20.2%。而在环比指数方面，2011年下半年中的7、8、10、11月均出现了不同程度的负增长（见图3）。与此同时，工业能耗指标不降反升，节能降耗形势严峻。大部分行业产品价格下滑，库存增加，产销率下降，部分企业效益锐减，生产经营困难，部分行业出现停限产现象，特别是铁合金、碳化硅、电解铝、钢铁、光伏及装备制造等产业发展面临较大困难。2011年1～12月，青海规模以上工业产销率为95.3%，同比下降2.96个百分点；规模以上工业企业亏损面26.27%，同比增加2.77个百分点；亏损企业亏损额14.28亿元，同比增加31.6%。

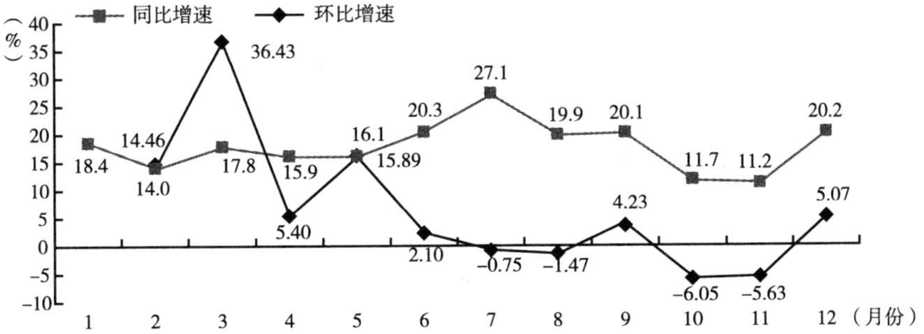

图3　2011年1～12月青海工业增加值增速

（二）城乡居民收入水平偏低，消费增长乏力

2011年，青海农牧民人均纯收入4608.47元，比上年增加745元，增长19.3%；城镇居民人均可支配收入15603.31元，比上年增加1748元，增长12.6%。与之相比，2011年全国农村居民人均纯收入6977元，比上年增加1058元，增长17.9%；城镇居民人均可支配收入21810元，比上年增加2701元，增长14.1%。虽然青海农村居民人均纯收入增速高出全国1.4个百分点，但增加的绝对值却比全国低313元，青海与全国农村居民人均纯收入差距实际在继续扩大。在城镇居民人均可支配收入方面，无论是增加的绝对值还是增速，青海都低于全国水平。2011年，青海农村居民人均纯收入仅相当于全国平均水平的66%，城镇居民人均可支配收入仅相当于全国平均水平的71.5%。可见，青海城乡居民收入水平偏低问题仍然较为突出。受收入水平偏低的影响，青海消费增长不足，消费尚难以成为拉动经济增长的主要动力。2011年，青海全社会消费品零

售总额为404.85亿元，仅占生产总值的24.77%。1990～2011年，青海社会消费品零售总额占生产总值的比重由1993年最高的44.72%持续下降到了2011年的24.77%（见图4）。

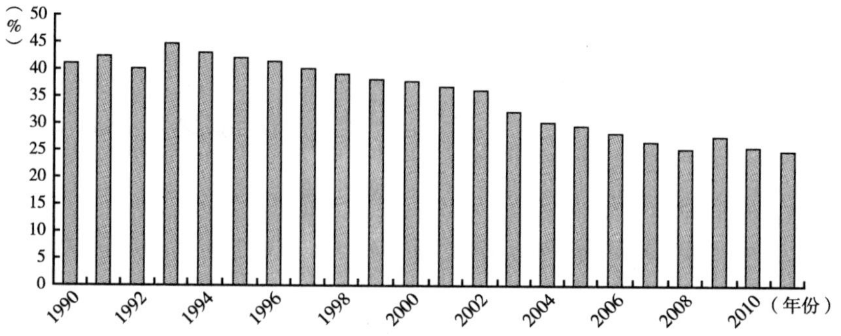

图4　1990～2011年青海社会消费品零售总额占地区生产总值比重

（三）物价水平仍高位运行，物价上涨压力较大

虽然与2010年相比，2011年青海物价涨幅有了较大幅度下降，政府的物价调控取得了初步成效，但横向比较，2011年青海居民消费价格水平仍高于全国平均水平。据国家统计局月度统计数据显示，2011年1～11月，青海居民消费价格指数106.6，高于全国居民消费价格指数1.1个百分点，在全国31个省（自治区、直辖市）中仅次于宁夏（106.7），排第3位。另据青海省统计局月度统计数据显示，2011年1～12月，青海居民消费价格指数为106.1。其中，食品和居住两类生活必需品价格指数最高，分别达到111.1和110.3。这种结构性价格上涨增加了低收入人群的生活压力，并造成全社会对物价上涨反应的强烈程度远大于居民消费价格指数（106.1）所代表的物价上涨水平。另外，从2011年1～12月青海居民消费价格指数、农业生产资料价格指数、商品零售价格指数、生产者出厂价格指数、生产者购进价格指数5类价格指数的比较来看，反映未来价格走势的农业生产资料价格指数、生产者出厂价格指数和生产者购进价格指数均高于当期消费者直接感受到的居民消费价格指数和商品零售价格指数（见表1）。这种结构性价格指数特征预示着青海总体价格水平存在较强的上涨动力，未来青海调控物价的任务仍十分艰巨。

表1　2011年12月青海省价格指数

价格指数	12月		1～12月
	以上月为100	以上年同月为100	以上年同期为100
居民消费价格指数	100.0	101.5	106.1
城市	100.3	101.4	106.0
农村	99.6	101.8	106.4
食品	101.1	104.8	111.1
烟酒	100.8	104.4	103.3
衣着	97.7	93.7	103.4
家庭设备用品及维修服务	99.7	98.6	101.2
医疗保健和个人用品	99.1	100.3	103.0
交通和通信	100.0	98.7	99.9
娱乐教育文化用品及服务	99.8	99.2	101.3
居住	99.9	104.5	110.3
农业生产资料价格指数	99.9	111.3	112.4
商品零售价格指数	100.1	101.1	105.4
生产者出厂价格指数	98.80	102.41	107.43
生产者购进价格指数	99.48	103.72	107.04

（四）商品房供求矛盾加大，房地产市场回调压力增加

青海省统计局月度统计数据显示，2011年1～12月，青海房地产房屋施工面积1659.03万平方米，新开工房屋面积532.33万平方米，竣工房屋面积505.91万平方米，均远大于商品房销售面积348.2万平方米，表明全省商品房空置率在进一步上升，商品房供求矛盾在进一步加大。同期，全省房地产开发完成投资144.77亿元，而商品房销售额仅为114.16亿元，投资额大于销售额30.61亿多元，反映出青海整个房地产企业在这一时期资金流动是入不敷出的，与全省商品房供过于求的情况相一致。从新开工房屋建设面积和施工面积看，如果来年商品房销售没有较大幅度增加的话，全省商品房供求矛盾将更加凸显。另据国家统计局关于全国70个大中城市住宅销售价格指数反映，2011年12月，西宁新建商品住宅价格环比指数、同比指数、定基指数分别为99.9、102.6、107.2，均高于全国70个大中城市平均价格指数；西宁二手住宅价格环比指数、同比指数、定基指数分别为100、103.2、106.2，均高于全国70个大中城市的平

均价格指数（见表2）。由此表明，2011 年，在国家严厉的房地产政策调控下，西宁商品住宅价格总体仍然高于全国 70 个大中城市的平均水平。但从环比指数低于同比指数、同比指数低于定基指数的特征来看，2011 年西宁商品住宅价格涨幅已出现较大程度回落，整个房地产市场出现回调的压力正在增加和显现。

表2　2011 年 12 月西宁市住宅销售价格指数

城　市	新建商品住宅价格指数			二手住宅价格指数		
	环比	同比	定基	环比	同比	定基
西宁市	99.9	102.6	107.2	100	103.2	106.2
70 个大中城市平均水平	99.76	101.68	104.08	99.54	100.14	101.91

注：环比以上月价格为 100，同比以上年同月价格为 100，定基以 2010 年价格为 100。

三　2012 年青海经济发展形势分析与预测

2012 年，青海经济发展面临的外部环境依然复杂严峻。国际金融危机的影响仍将在一定范围内继续发生作用，欧洲国家主权债务危机尚未找到治本之策，中东地区的持续动荡与国际石油市场波动相互纠结等，都将对我国及青海的经济发展产生一定影响。国内经济增长下行压力加大，但总体向好和持续增长的态势没有改变，国内生产要素的相对价格调整，传统产业从东部向中西部地区转移渐成趋势，中央政府房地产调控决心和继续实施积极的财政政策坚定不移等，都将为青海经济发展带来众多的机遇和挑战。在省内，受国际国内大环境影响，制约全省经济增长的因素增多，但同时有利条件和重要机遇也很多。调结构、促增长、控物价将是 2012 年青海经济发展的主线。

（一）影响 2012 年青海经济发展的国际形势分析

关于国际形势，2011 年 12 月中央经济工作会议的基本判断是：展望 2012 年，世界经济形势总体上仍将十分严峻复杂，世界经济复苏的不稳定性不确定性上升。在学术界，国家信息中心经济预测部范剑平等学者对 2012 年国际经济形势的分析判断是：全球经济活力正在减弱，并且内外部失衡进一步加剧，市场信心近期大幅下降，下行风险逐渐增大，2012年全球经济仍将保持低速增长，形势复杂多变，发达国家正在步入滞胀的泥潭，新兴经济体增速将继续放缓①。赵坤等人对世界经济发展趋势做了3种可能性分析，其中最有可能发生的情景是：部分发达经济体2012年可能出现一到两个季度的负增长，同时新兴经济体增速继续放缓，世界经济将保持低速增长，增速与2011年基本持平；由于美、欧推出新一轮量化宽松政策，全球通胀压力仍然很大②。2011年9月国际货币基金组织《世界经济展望》秋季报告预测，2012年世界经济将增长4%，与2011年基本持平，其中发达经济体将增长1.9%，新兴和发展中经济体将增长6.1%。中国人民大学中国宏观经济分析与预测课题组的研究报告指出，欧洲主权债务危机的全面显现宣告世界经济危机步入新阶段，“复苏疲软中期化”、“无就业的复苏”、“无创新的复苏”、“告别低成本时代”、“金融动荡与风险加剧”、“贸易冲突增加”、“社会政治骚乱全球化”成为世界经济新阶段的七大特征③。

综合政府的分析报告及专家学者的相关分析结论，我们对2012年国际经济形势的分析判断是：世界总体经济形势减速增长，通货膨胀压力上升，国际贸易规模下降，竞争压力加大，贸易摩擦增加。基本依据有四点：一是美国在高科技研发方面具有压倒性优势，随着美国政府量化宽松和再工业化政策的实施，将逐步走出金融危机的阴影，步入缓慢复苏阶段，并凭借其雄厚发展基础确保2012年世界经济呈增长态势。二是欧洲财政一体化进程滞后于货币一体化进程，区域发展不平衡问题难以在短期内改变，决定了欧洲部分国家的主权债务问题难以在短期内从根本上得到解决，并且存在着进一步恶化的可能，将拖累欧洲经济难以在2012年实现有效的增长。三是新兴发展中国家内部发展动力强劲，但欧美量化宽松政策带来的热钱涌入增加了国内通货膨胀压力，宏观经济政策在促增长和控通胀目标之间面临两难选择，再加之出口市场的萎缩，保持持续高速增长也面

① 范剑平、王远鸿、牛犁、李若愚、徐策：《2011年宏观经济形势分析和2012年展望》，《发展研究》2011年第11期。

② 赵坤、赵硕刚、王江昊：《2011年世界经济形势分析与2012年展望》，《发展研究》2011年第11期。

③ 中国人民大学中国宏观经济分析与预测课题组：《中国宏观经济分析与预测：2011～2012》，《改革》2011年第11期。

临不小困难。四是中东地区不稳定因素很多，爆发局部性武装冲突的可能性较大，并因此而动摇国际石油市场的供给基础，加剧供求矛盾，推高石油价格，拖累世界经济复苏步伐。

（二）影响2012年青海经济发展的国内形势分析

关于国内形势，中央经济工作会议对当前我国经济发展中存在的不利因素的分析判断是：经济发展中不平衡、不协调、不可持续的矛盾和问题仍很突出，经济增长下行压力和物价上涨压力并存，部分企业生产经营困难，节能减排形势严峻，经济、金融等领域也存在一些不容忽视的潜在风险。国家信息中心首席预测师祝宝良的分析结论是：受宏观政策和短期需求变化的影响，2012 年我国经济会继续回落，但不会出现大幅下滑的局面；货币和需求因素对物价上涨的拉动作用明显减小，物价上涨将主要表现为成本上升推动和结构性特征；通货膨胀因此将具有长期性和温和性①。中国人民大学中国宏观经济分析与预测课题组的分析结论是：2012 年是中国经济进一步趋缓的一年，“外部经济的放缓与动荡”、“房地产市场的逆转”以及“金融风险与金融扭曲的加剧”等是主导中国经济下行的力量。中国社会科学院刘迎秋研究员认为，未来 10～15 年中国经济发展将处于从工业化中期后半段向工业现代化迅速过渡的国民经济较高增长阶段，主要依据有个人收入水平及其落差仍然较大、地区发展不平衡问题仍然突出、人口红利还大量存在、市场需求潜力巨大、科学技术迅猛发展、集约型内涵型增长的要求持续上升、制度变革进一步深化等②。另据国家统计局公布的我国宏观经济景气指数反映，当前我国经济处于偏冷阶段，且季度 GDP 增速呈下降趋势（见图5）。在国家政策层面，中央经济工作会议确定 2012 年推动经济社会发展的工作总基调是“稳中求进”。稳，就是要保持宏观经济政策基本稳定，保持经济平稳较快发展，保持物价总水准基本稳定，保持社会大局稳定；进，就是要继续抓住和用好我国发展的重要战略机遇期，在转变经济发展方式上取得新进展，在深化改革开放上取得新突破，在改善民生上取得新成效。2012 年国家的基本宏观经济政策是：继续实施积极的财政政策和稳健的货币政策。

---

① 祝宝良：《2011 年经济形势分析与 2012 年展望》，《国际金融》2011 年第 12 期。

② 刘迎秋：《中国宏观经济走势分析的逻辑与方法探讨》，《经济研究》2009 年第 9 期。

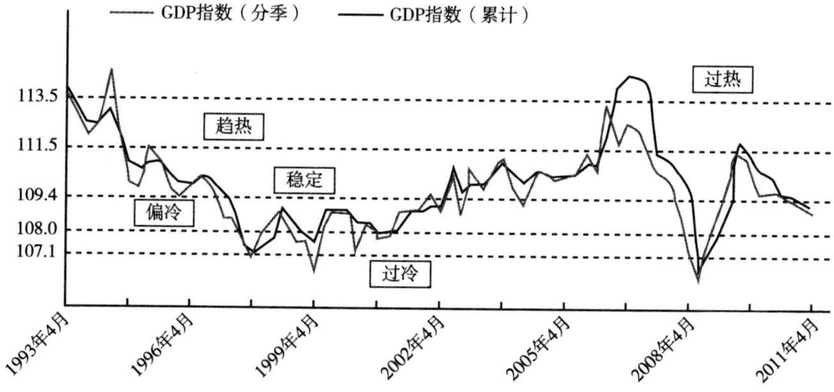

图5　中国宏观经济景气指数

根据当前中国经济发展面临的机遇和挑战，结合中央2012年经济工作总思路及相关研究结论，我们对2012年国内经济形势的分析判断是：经济增速继续小幅回落，自主增长能力得到增强，投资、消费、出口对经济增长的贡献趋于协调，房地产市场出现结构性调整，物价上涨压力依然较强。主要依据有六点：一是国际经济环境难以出现根本性好转，出口增速下降，对经济增长的贡献减小。二是随着政策的调整到位和收入水平的提高，全国城镇化水平将进一步加速，成为推动投资需求、消费需求持续增长的最重要动力源泉，并较大程度提升我国内生增长能力。三是我国房地产新开工面积增速连续19个月高于商品房销售面积，楼市供过于求的矛盾更加突出，部分大中城市房地产市场出现回调的可能性加大。但受城镇化进程加快、建筑成本不断上升、居民刚性住房消费需求增加及政策调整预期等因素的影响，全国房价较大幅回落的可能性也不大。四是全国性的人口红利正在减弱，劳动力供求关系的变化推动工资持续较大幅度上涨，既增加了微利企业、中小企业的经营困难，也使货币政策对调控物价上涨的效能减弱。五是传统小农生产严重制约着农业科技进步，农业生产无法靠技术进步消化成本上涨带来的压力，只能靠不断提高农产品价格来维持生产，加之主要农产品的购销机制不完善，投机炒作难以禁止，进一步助推农产品价格的上涨和波动，成为我国稳定物价的难点所在。六是石油、铁矿石等重要资源严重依赖国际市场，相关产品国际市场价格的波动对国内企业的生产和价格稳定具有较大冲击，成为我国经济保持平稳增长的重大不确定性因素。

（三）2012年青海总体经济形势及重点产业发展形势分析

关于2012年青海经济发展形势，中共青海省委书记强卫在中共青海省委十一届十一次全体会议上指出，青海经济加速发展、产业加速转型的阶段性特征依然没有变，全省经济仍处于快速增长期。特别是与应对2008年国际金融危机时相比，我们的机遇更好、条件更优、基础更牢、信心更足。推动2012年经济社会发展，要突出把握好稳中求进、好中求快的方针，努力做到“四保四促”①。骆惠宁省长在青海省十一届人大五次会议上做的政府工作报告中指出，2012年全省经济增长的制约因素增多，但仍处于快速增长期，有利条件和重要机遇也很多。关于青海当前所处的发展阶段，2009年强卫同志在中共青海省委十一届六次全体会议上的报告指出，经过西部大开发战略实施10年特别是最近几年的快速发展，青海经济社会发展出现了重大的新变化，呈现驶入快车道的良好势头。经济实力持续增强，孕育了发展从量变向质变跨越的拐点；工业化进程持续加快，奠定了产业由初级向较高层次转型的基础；要素投入结构持续改善，形成了发展要素由一元向多元转变的格局。这些变化、现象和机遇充分说明，青海已经进入经济加速发展、产业加快转型的关键阶段。把握好这个关键阶段，必将迎来一个经济加速起飞的新时期。近3年青海经济快速增长的实绩初步验证了强卫同志关于青海发展阶段论断的正确性。著名经济学家胡鞍钢撰文指出，估计2011年之后，青海开始进入第四个阶段，即中等收入、高人类发展水平型，人民生活水平达到比较富裕阶段②。

1. 2012年青海总体经济形势分析

根据近年青海省宏观经济数据，结合省委省政府及相关学者对青海经济发展阶段的判断，我们对2012年青海总体经济发展形势的分析判断是：全省通过统筹处理抓速度与调结构、控物价，抓经济与惠民生、促和谐，抓当前与谋长远、增后劲三个重大关系，经济总量实现平稳较快发展，固定资产投资规模进一步加大，工业经济增速略有下滑，农业和消费稳定增长，房地产市场有望从下半年开

① “四保四促”：一是保投资，促增长；二是保民生，促转变；三是保质量，促重建；四是保稳定，促和谐。

② 胡鞍钢、童旭光、张晨宇：《青海省经济发展历程与发展阶段研究》，《青海社会科学》2011年第6期。

始回暖，物价水平小幅上涨，进出口规模可能出现较大波动。主要依据有六点：一是国际形势对青海经济发展的影响是挑战大于机遇，国内形势和国家宏观经济政策对青海经济发展的影响近乎中性，机遇与挑战并存，但考虑中央对青海的特殊政策，尤其是国家在青海相继实施了西部大开发战略、三江源国家生态保护综合试验区建设、支持青海藏区跨越发展、新十年扶贫开发、玉树灾后重建等重大战略举措，机遇大于挑战。二是从青海自身的发展历程来看，目前已进入一个相对平稳的发展时期，特别是“十五”以来，当地基础设施不断完善，一些重大产出性项目陆续投产，一批新的经济增长点逐步形成，为全省经济持续较快发展奠定了坚实基础，在不发生大的突发性事件情况下，全省经济持续平稳增长的态势不会变。三是青海城镇化水平低于全国平均水平，加快推进城镇化进程的空间较大，将为全省投资、消费和经济的持续快速发展提供强大的内生动力。四是随着全国房地产调控效果的逐步显现，为促进经济平稳增长，国家极有可能从下半年逐步放松房地产调控力度，青海房地产市场可能在城镇化、居民收入增加、限制政策放松等多种因素推动下逐步回暖。五是恶劣的自然条件和不合理的产业结构导致青海商品自给率低、产品严重依赖外部市场、运输成本在商品价格形成中占有较大比重，能源价格上涨和输入商品价格上涨对全省物价上涨具有较大推力，使地方政府在调控、稳定物价方面面临较大压力和困难。六是传统工业产业面临资源紧缺、劳动力成本上升、节能减排压力加大和产能过剩等多重制约因素，可能出现较大困难，以光伏太阳能发电为代表的新兴产业将凭借青海巨大的资源优势而出现爆发式发展。

2. 2012年青海重点产业发展形势分析

高原特色现代农牧业建设步伐将明显加快。青海农牧业根据水利发展、农牧业科技发展等一系列农村牧区改革的战略部署，将着力加强农牧业基础设施建设，并把农业科技摆上更加突出的位置，围绕强科技保发展、强生产保供给、强民生保稳定，同步推进工业化、城镇化和农牧业现代化，构建高原特色的现代农牧业体系，农牧民年均纯收入继续保持12%以上增速。一是农畜产品供给将不断增加，粮食产量达到110万吨，油料产量达到38万吨，肉类产量达到33.4万吨，奶类总产达到33.2万吨，蔬菜总产达到160万吨；二是农牧业投入力度将不断加大，支农资金总量增加，农牧业补贴力度和范围进一步加大，特别在农牧业科技和生态建设方面的投入将更为突出；三是基础设施建设将进一步增强，湟水北干渠、调水总干渠、黄河沿岸水利综合开发等重点工程，以及四大灌区配套和节水改造、草原节水灌溉、病险水库除险加固、小型农田水利维修等工程建设将有新进展，改善灌溉面积20万亩，治理水土流失面积150平方公里；四是科技能力和发展能力进一步提升，设施农牧业、标准化生产、生态畜牧业、农畜产品加工配套技术集成研究和推广应用进一步加强，日光节能温室等设施农业和生态有机畜牧业加快发展，建设日光节能温室3万个、畜用暖棚1.7万个；五是农牧业园区经济辐射带动能力逐渐显现。海东高原特色现代农业、海北高原现代生态畜牧业、海南国家级生态畜牧业示范（实验）区、黄南有机畜牧业示范区和大通现代农业示范区（国家级）建设全面推进，农牧业园区经济在转变农牧业发展方式、构建现代农牧业体系中的带动作用越来越明显，为农业增产、农民增收、农村繁荣注入强劲动力。

工业经济将呈现稳中求进的增长态势。青海工业经济领域面对国家产业振兴、加快承接东部地区产业转移带来的机遇，以及增长动力减弱、要素供给趋紧和企业效益下滑等一系列挑战，通过全省工业稳定发展的十大应对措施，工业结构将进一步优化调整，有望继续实现平稳增长，工业经济增长将在15%以上，完成工业投资（采矿业和制造业）480亿元。一是促进工业经济发展的政策合力作用显著发挥，为有效应对国内外市场变化，全省将进一步综合运用财税、金融、产业、贸易、价格等政策，充分发挥政策效应，加强对经济运行的综合协调，优化生产要素配置和发展环境。二是资源综合利用将有新的发展，特别在盐湖资源综合利用、新能源、新材料等具有比较优势的领域开拓新的发展空间，为加快培育新的经济增长点、增强工业发展后劲奠定基础。三是从行业分析，有色金属冶炼及压延加工业增速会在2011年的基础上有所减缓；黑色金属冶炼及压延加工业受市场变化影响，需求不旺，特别是钢铁产业将遇到历史最艰难时期，铁合金行业停、限产企业会持续增加；光伏制造行业中，多晶硅生产企业因部分关键指标在国内具有先进水平，受市场冲击的影响不会很大；化学原料及化学制品制造业预计需求基本正常，企业生产、销售仍将保持较好增长；煤炭生产也将继续保持较快增长；石油和天然气开采业、石油加工及炼焦、电力热力生产和供应业，在内外需拉动下，运行态势将平稳增长；藏毯、服装、食品、饮料、医药等消费品工业生产有些波动，但总体形势较好。

交通运输在公共服务均等化和城乡统筹一体化中将进一步发挥支撑作用。

2012 年青海将完成铁路货物运输 3760 万吨，同比增长 3.9%；完成公路货物运输 9600 万吨，同比增长 7.9%；完成航空运输旅客吞吐量 260 万人次，同比增长 20%。全省交通运输将重点加强基础设施建设。一方面，突出重大项目的建设和筹划，积极推进青藏铁路西宁至格尔木增建二线工程、关角隧道工程、西宁站扩改及相关工程，实现倒淌河至共和高速公路、阿岱至李家峡高速公路和湟中至贵德一级公路建成通车；新开工建设敦煌至格尔木铁路工程，茶卡至格尔木、牙什尕至同仁高速公路和香日德至花石峡公路工程。另一方面，将加强农村牧区公路建设，全面提高连片特困地区对外通道的运输能力，实现“千村建设、百村示范”工程和“百企联百村”配套通村沥青（水泥）路全部建成。

商贸及旅游业将加快发展和转型。商贸业将以扩大对外开放、促进消费需求为主题，重点解决与民生相关的商贸流通问题，加快城乡市场体系筹建设步伐，切实保障市场平稳运行；转变外贸发展方式，进一步提升吸收外资水平。2012 年青海社会消费品零售总额预计增长 14%，外贸进出口增长 5%，吸引外商直接投资增长 10%。旅游业适应发展新形势、新特点，着力推动转型升级，确定 2012 年为“全省旅游厕所革命年”，推进旅游基础设施和配套服务设施建设，进一步提升“大美青海”旅游品牌，加快把旅游业培育成为国民经济战略性支柱产业和人民群众更加满意的现代服务业。2012 年全省预计接待国内外游客 1535.5 万人次，同比增长 10%；实现旅游总收入 108 亿元，同比增长 20%。

（四）对 2012 年青海经济发展主要指标的预测

关于 2012 年青海经济发展目标，2012 年 1 月青海省政府工作报告中已做过预测：生产总值增长 12%，财政收入增长 15%，固定资产投资增长 20%，消费品零售总额增长 16%，进出口总额增长 10%，旅游总收入增长 20%。城镇居民人均可支配收入增长 11%，农牧民人均纯收入增长 12%，居民消费价格涨幅控制在 5.5% 左右。城镇新增就业人数 5.6 万人，登记失业率控制在 4.2% 以内；农村牧区转移劳动力 100 万人。人口自然增长率控制在 9.5‰以内。节能减排控制在国家规定目标以内，产业结构调整、科技创新等方面继续取得新进展。这些目标预测虽然在一定程度上考虑了现实可行性，但从主要考虑因素看，主要还是一种规范性目标，是对 2012 年青海经济发展应该达到的目标的一种计划。

从实证性角度分析，1990～2011 年，青海经济平均增速为 10.21%，年度之间平均波动 1.24 个百分点。可以认为，目前青海经济已进入平稳快速增长阶段，经济发展已具有较好的惯性和内在连续性。在不考虑重大突发事件的情况下，用 1990～2011 年青海经济增长的数据建立自回归模型，即可对 2012 年全省经济增速作出较准确的预测。通过对数据相关系数和偏相关系数特征的分析，我们选择一阶自回归模型对 2012 年青海经济增长速度进行预测，预测结果是 13.01%，略高于政府的预期目标（通常政府的预期目标会偏保守）。为对这一预测结果的合理性进行检验，我们对 2001～2011 年①青海经济增长数据进行统计分析，这 11 年的平均增速为 12.67%，标准差为 1.35%。预测结果落在过去 11 年青海经济平均增速的一个标准差范围之内，表明这一预测结果是处于过去 11 年青海正常经济波动范围之内的。如果考虑国际金融危机这一重大突发事件的影响，我们将 2009 年、2010 年青海经济增长出现异常波动的数值去掉，其余 9 年青海经济平均增速为 12.65%，标准差为 0.77%。预测结果也落在平均增速的标准差范围之内，表明预测结果与青海过去 11 年中正常年份所表现出的发展规律比较吻合。对于 2012 年青海财政收入、固定资产投资、居民收入增长等其他指标，由于受政府政策因素影响较大，内在规律性不明显，难以通过历史数据对未来进行较准确预测。加之政府掌握大量相关信息，并拥有在发展进程中进行政策干预和灵活调控的有利条件，故政府的预测目标既具有较强的科学性和指导性，也最可能接近实际发展结果。因此，对 2012 年全省经济发展的其他指标，我们以政府工作报告提出的预测目标为准。

四　2012 年青海经济发展的对策建议

2012 年是青海应对国际金融危机、实现经济平稳增长的关键一年，也是青海继续实施西部大开发战略、缩小与全国发展差距和确保玉树灾后重建收关的攻坚之年。针对青海经济发展中存在的问题和面临的机遇与挑战，结合省委省政府

① 选择这一时期的原因是：根据图 1 所示的青海经济增长趋势，从 2001 年起青海经济明显进入一个新的更高的经济增长阶段，用这一时期的增长数据作参照，可以更准确判断 2012 年预测数据的合理性。

提出的“稳中求进、好中求快”基本方针，我们就推动 2012 年青海经济持续健康发展提出以下几点建议。

（一）完善体制机制

在市场经济条件下，政府最重要的职责是营造公平合理的市场经济秩序，做好社会保障工作。一是深化认识，更新观念。各级政府应深化对市场经济条件下经济增长内在规律性的认识，经济增长是螺旋形上升的而不是直线上升的，正常幅度内的经济周期性波动是市场化解收入分配结构失衡、产业结构失衡和产能过剩等一系列问题的必经过程。二是应保持宏观经济政策的相对稳定性。在信息化时代，政府频繁进行宏观经济调控必然导致政府与民众间的“反复博弈”。而保持宏观经济政策的相对稳定，则能给所有的市场经济参与者提供一个稳定的外部环境和未来预期，有利于经济的平稳增长。三是高度重视通货膨胀问题。应促使银行的定期存款利率始终高于通货膨胀率，防止低水平重复建设和财富的不合理分配。应更加注重货币政策制定的科学性，管理好通货膨胀预期，慎用利率优惠政策，确保货币环境的基本稳定。四是大力加强社会保障体系建设。随着经济发展水平的不断提高，应不断扩大社会保障体系的覆盖范围，提高保障水平。要通过社会保障体系建设，既为市场经济增添一个自动的反周期调控手段，也为市场经济的波动提供必要的安全阀，从根本上维护社会稳定。五是严格控制政府对经济的过度干预。由于特殊省情，青海在相当长一段时间内政府投资都将是拉动经济增长的重要力量，更应通过深化体制机制改革，使政府的各种项目、资金的审批使用公开、公平、公正，竭力避免出现市场主体都围绕政府转而不是围绕市场转现象，防止政府替代市场对资源配置发挥基础性作用。

（二）突出绿色发展

青海是我国乃至亚洲的重要水源地和全球重要生态屏障，不可替代的生态地位、生态功能及欠发达的省情决定了青海绿色发展的独特优势和典型意义。因此，树立绿色发展理念，构筑绿色发展产业体系，倡导绿色消费方式，走绿色发展道路，是 2012 年青海调整经济结构、转变经济发展方式必须坚持的基本方向。一是积极争取国家建立绿色国内生产总值评价体系。不仅将传统的物质产品、服务产品的生产纳入评价体系，而且将生态环境保护成效、生态系统服务功能、资源消耗等因素纳入评价体系，充分发挥青海生态优势，引导青海经济逐步由传统的资源型向生态型转变。二是在全社会倡导绿色消费理念。消费结构转型是产业结构转型的引领者，要在吃、穿、住、行等各领域倡导绿色消费模式，吃方面重点发展资源能源消耗较低的茶园经济，穿方面要严防对人体有害的垃圾面料服装流入市场，住方面要全面推行建筑节能标准和严格控制住房奢侈消费，行方面要大力发展公交运输和汽车租赁市场。三是构筑绿色发展产业体系。培育壮大清洁能源产业，大力发展生态旅游业、生态牧畜业，着力推动循环经济上规模、上水平，积极发展现代生产服务业，全面加强对传统产业的升级改造。四是推动实施碳汇交易。充分发挥青海三江源国家重点生态功能区的独特优势，科学核实二氧化碳的年度吸附和排放水平，积极推动青海与国内发达省（自治区、直辖市）及国外主要工业国进行碳汇交易，将青海的生态优势转化为现实的经济优势。

（三）加大投资力度

切实加大对基础设施、战略性新兴产业、服务业、民生工程、藏区发展等领域的投入力度，进一步改善发展条件，增强发展能力，确保青海经济的平稳较快发展。一是扎实做好项目前期工作。围绕“十二五”规划和国家重点投向，谋划和筛选一批重大项目；力争格库铁路、新青川公路、祁连等支线机场、引大济湟西干渠、三江源二期等重大项目取得突破性进展；抓住三江源生态保护区调规的政策机遇，加快推进水电资源项目开发。二是加大项目建设资金筹措力度。加强与中央相关部门的沟通与联系，积极争取中央进一步加大对青海项目建设资金的支持力度。大力推进银企、银政合作，构建信用体系，提高商业银行、政策性银行对青海重大建设项目的信贷支持力度。落实鼓励引导民间投资健康发展的相关政策，鼓励民营资本参与市政公用、政策性住房、水利工程和电力建设、土地整治和矿产资源勘探开发。做好企业发债工作。三是全力抓好重点项目建设。各级政府要切实做好重大项目建前准备工作，及时协调解决项目建设的土地、环评、安评、电力、运输等要素条件。落实项目问责制，严格项目建设程序。四是优化投资结构。提高工业投资比重，引导非公经济主体加大投资，力争民间投资占固定资产投资的比重不断提高。争取藏区、社会事业、民生领域以及三产投资有新的增长。五是继续加大地质勘察力度。加大资金投入力度，加快推进地质找矿突破战略行动，努力把青海建设成为国家战略资源接续地。

（四）优化居民消费结构

增强居民消费能力、优化消费结构不仅是促进2012年青海经济平稳较快发展的现实需要，更是改善人民生活、促进社会和谐的根本要求。一是进一步深化收入分配体制改革，优化收入分配结构。在当前经济发展阶段，考虑青海经济的市场竞争力，普遍大幅提高城乡居民的工资水平不具有可行性，应将改革重点放在优化收入分配结构上。进一步完善社会保障体系，稳步提高社会低收入阶层的收入水平和消费能力；进一步深化行政事业单位工资制度改革，使工资透明化、规范化，杜绝灰色收入，缩小部门差距；规范行政事业单位集资盖房行为，公开操作规程，自觉接受群众、媒体监督，避免产生引发民愤的集体腐败行为；加大垄断行业改革，通过完善体制机制，减少国有企业的内部人控制行为，坚决遏制少数国有垄断企业高管工资和内部福利的过度膨胀。二是培育科学健康的消费方式。虽然扩大消费是当前青海乃至全国应对金融危机和转变经济发展方式的关键举措，但这决不意味着任何消费方式都是受鼓励的，或者说消费越多越好。在当前经济发展阶段，青海扩大消费必须遵循健康、环保、可持续的基本原则；要通过完善社会保障体系和贯彻落实各项惠农政策，较大程度提高农牧民及城镇低收入家庭的基本生活消费水平；积极探索实施阶梯水价、阶梯电价和阶梯房价，鼓励城乡居民节约用水、用电、用地；加大税收调控力度，遏制公害性消费需求（如香烟）和奢侈性消费需求（如别墅、豪华汽车等）的过快增长；大力倡导健康、绿色、环保的消费文化，重点关注高收入群体的消费动向，引导人们减少在烈性酒和宗教方面的消费支出，力争在全社会营造一种健康和谐的消费氛围。三是完善和拓展居民消费渠道。加大城乡基础设施建设力度，完善供水、供电、供气、邮政、通信、电视网络、教育、医疗等服务功能，满足人们日益提高的基本生活消费需求；进一步完善市场体系，加快建设万村千乡市场工程，完善城乡批发、零售市场网点，规范中介、家政等经营服务行业，提升金融、保障、科技咨询、农技推广、技术外包、会计、律师等现代生产服务业的服务水平，全面满足全社会的生产生活消费需求。要特别注重规范全省旅行社经营行为，提高服务水平，完善旅游线路，加强景区景点的基础设施和接待能力建设，在满足人们日益增长的旅游消费需求同时，推进“大美青海”品牌建设。

（五）保持房地产业平稳发展

既要落实国家宏观调控政策，促进商品房价格理性回归，又要防止房地产市场过度萎缩，是2012年青海实现经济平稳增长的难点和重点。一是加强地方政府的财政收支管理，保持地方财政收入增长与地方经济发展同步，逐步减少地方财政对土地出让金的依赖，确保地方政府在制定和执行相关调控政策时的公正性。二是全面贯彻落实党中央国务院对房地产市场的宏观调控政策，明确房地产市场的性质定位，鼓励住房消费需求，抑制住房投资、投机需求。三是采取"堵"、"疏"结合的办法使房地产回归消费品市场，探索以家庭为单位实行住房实名制，对家庭人均住房面积在15平方米以下的提供保障性住房，对人均住房面积超过40平方米（单身住房面积超过80平方米）的征收奢侈住房消费税，遏制投机性购房需求。四是取消城镇建设用地出让费一次性收取制度，改为逐年收取，以此降低房地产开发成本，减轻消费者购房时的一次性支出负担，并确保地方财政收入的可持续增长。五是规范集资建房行为，集资建房的建设用地必须公开、公平、公正地进行招、拍、挂。

（六）积极稳妥推进经济发展方式转变

加快转变经济发展方式是"十二五"时期青海经济发展的主线，也是实现2012年青海经济平稳较快发展的内在要求。转变经济发展方式不是在空白纸上描绘蓝图，而是要对已有的不合理发展方式进行纠正。在这个过程中，既会存在认识不一致的问题，也会存在利益矛盾的问题。由此就会引起一些争论和一些既得利益者的反对，就有可能会在一定程度和在特定时期增加社会矛盾。因此，2012年青海加快经济发展方式转变还必须考虑社会承受能力，积极稳妥推进。一要充分认识和妥善处理加快转变经济发展方式中可能存在的利益矛盾冲突。如在淘汰落后产能过程中，应依法保护私人财产，支持关停企业做好转产或资产变现工作，要扶持下岗工人实现再就业。在深化收入分配体制改革、增加居民收入、提高劳动报酬的时候，要考虑企业的承受能力，支持鼓励企业在提高生产效率的同时提高工人工资。二要借助国家相关改革的推力，推动垄断行业和大型国有企业的改革，缩小行业、部门之间的收入差距。三要优化政府干预经济的方式，对转变经济发展方式宜主要通过经济手段和完善市场机制的方式推进，应尽可能减少政府的直接行政命令，特别是减少政府对微观经济活动的干预。

（七）加快城镇化进程

青海地广人稀，自然条件恶劣的高海拔地区、干旱山区占到全省面积的90%以上，加快城镇化进程，不仅是推动全省经济持续较快发展的重要着力点，也是改善农牧民生产生活条件、实现城乡一体化发展的必经之路。一是以户籍制度改革和东部城市群建设为契机，鼓励有经济能力和非农就业能力的农牧民向东部城镇聚集。二是扩大保障性住房覆盖面，将农民工纳入保障范围，降低农民向城镇转移的购房压力。三是结合游牧民定居工程的实施，加大财政支持力度，精心选址，使定居点尽可能选在交通便利、配套设施齐全的城镇，推动牧区的跨越发展。四是深化农村牧区土地制度改革，探索农民宅基地在农村建设用地范围内的异地置换，基层政府在进行耕地、宅基地流转的确权服务中，要放弃营利动机，降低农牧民集中居住和向城镇转移成本。五是大力提高农村社会保障水平，缩小城乡居民的社会保障差距，减少附着在户口上的就业、入学等政策，逐渐实现城乡居民对居住地的自由选择权。

参考文献

强卫：《在中共青海省委十一届十一次全体会议上的报告》，2011年12月29日《青海日报》。

骆惠宁：《在青海省第十一届人民代表大会第五次会议上的报告》，2012年1月20日《青海日报》。

青海省发展和改革委员会：《青海省2011年国民经济和社会发展计划执行情况与2012年计划草案的报告》，2012年1月30日《青海日报》。

B.4

2011～2012 年青海社会发展形势分析与预测

"青海社会发展形势分析与预测"课题组*

摘　要： 从可持续、和谐、公平的价值尺度衡量，2011 年青海社会发展向前迈进了坚实一步：新玉树框架初步显现，社会发展的管理合力得到有效凝聚，各类教育迅速发展，文化名省建设征程顺利开启，东部城市群建设加快推进，对外开放和文化资源转化步伐加快。但也存在着社会结构调整任重道远、影响社会安定的因素较多及流动人口管理难度增大等问题。2012 年青海社会发展变迁的主要方向是：玉树的区域性优势地位凸显，社会结构变化更加明显，稳定低生育水平压力徒增，牧业城镇发展更受关注，文化名省建设促进文化大发展大繁荣。因此，需要在民生的加强和改善、城市化路径选择、社会管理创新、流动人口管理、半农半牧区村落发展、文化发展、信息支撑等方面予以特别注重并深入推进。

关键词： 青海　社会发展　形势分析　预测与对策

进入 21 世纪以后，传统的发展观受到越来越多的挑战。无论是经济与社会，还是文化与生态，人们对其"发展"及其所内含的"进步"生发质疑和反思。究竟何谓发展、何谓进步，这显然是一种主观评判，很大程度上取决于个体、群体的价值观。正如波兰社会学家彼得·什托姆普卡（Piotr Sztompka）所

* 课题组组长：孙发平；执笔人：孙发平、鲁顺元。孙发平，青海省社会科学院副院长、研究员，研究方向：区域经济；鲁顺元，青海省社会科学院哲学社会学研究所研究员，法学博士，研究方向：民族社会学、环境社会学。

言，进步“不是一个超然的、客观的、纯描述性概念，而是属于价值观范畴，依据不同的价值观偏好，同样的过程既可被视为进步，也可被视为退步。”① 但是，在某个特定区域，个体或群体结构差异如此纷繁复杂，个体、群体所构成的社会得以运行，必然具备一个基本统一的价值指向，用以指导社会发展变迁。对青海这样一个生态极端脆弱、民族群体众多、经济发展滞后并在中国社会运行布局中区位特色十分突出的省份而言，可持续、和谐、公平等价值观对社会良性运行具有几乎不可替代的促动功能。从这个层面上讲，青海省提出的跨越发展、绿色发展、和谐发展、统筹发展的“四个发展”理念，对青海社会发展无疑有着长远的指导意义。本报告以这一目标作为分析衡量青海社会发展的尺度，对其2011年社会领域发生的、有利于上述目标达成的事实作出大致梳理，并对2012年可能出现的社会发展变迁作一基本判断，提出思路与见解。

一 2011年青海社会发展形势分析与特点

2011年，国内外经济社会形势复杂多变，特别是经济领域发生的金融危机、通货膨胀、主要工业原材料价格过度上扬等，不可避免地影响到青海经济发展，进而关系到社会的运行，最为明显的是物价上涨带来巨大的民生压力。同时，国外政治环境的变化，也波及青海社会安定。这一年是玉树发生“4·14”地震后的第2年，是灾后重建的攻坚年。其成效如何，受到国内外的高度关注。面对社会管理领域问题突出、社会矛盾日益凸显的国内社会发展形势，中央发出《关于加强和创新社会管理的意见》，对促进有计划的社会管理创新提出明确要求。这为青海理清社会管理思路，消除影响社会发展的隐患，提供了难得的时机。青海着力加强对社会管理创新的组织领导，划立试点地区，在不到一年时间里，探索出切合青海农牧区、城镇实际的社会管理创新模式。针对寺院管理及民族互动中存在的问题，在深入总结以往“平安寺院”建设、民族团结进步创建活动实践及其经验基础上，开展民族团结示范区建设活动。进一步推进中小学教育布局结构调整，向城乡教育均衡化发展前进了一步。全省教育发展大会的召开和教育

① 〔波〕彼得·什托姆普卡：《社会变迁的社会学》，林聚任等译，北京大学出版社，2011，第27页。

发展纲要的制定出台，亮出了未来几年党委、政府在教育发展命题上的立场和态度，青海教育如何走的问题也有了一个可讨论范本。中国共产党十七届六中全会的召开及《中共中央关于深化文化体制改革　推动社会主义文化大发展大繁荣若干重大问题的决定》的出台，为蕴藏丰富非物质文化遗产的青海发展文化产业和特色文化，提供了新的机遇。2011 年，在“四区两带一线”区域发展规划指导下，东部城市群建设得以全面推进，以西宁为中心的“一核一带一圈”东部城镇建设格局初步形成。省际、省内城乡之间人口流动在经济互动的助推下呈现繁荣景象，但人口老龄化问题却给青海未来社会发展留下隐忧。青海的生态环境保护因三江源国家生态保护综合试验区的设立，迈上新的台阶。针对高原农牧业发展的一系列政策措施的出台，如生态畜牧业、农牧业专业合作社、农牧业集约化经营等，有望为生态环境的可持续保护提供坚实的经济基础。总之，2011 年青海着力破解社会运行中的突出问题，科学推进玉树灾后重建，积极推动社会管理创新，全面谋划和推进文化名省建设，切实加大各项改善民生工作力度，不断加强三江源等重点生态工程建设，实现了社会发展良好态势，经济社会发展向着跨越、绿色、和谐、统筹目标又迈进了一步。从中观角度分析，这一进程中主要呈现出以下几个方面的特点。

（一）玉树灾后重建快速推进，新玉树框架初步显现

灾害是人类社会必须要面对的变化环境，也考验社会的协调功能。面对玉树地震灾害，青海迅速组织开展了一场在高原高寒地带规模最大、成效最显著的救援活动。2011 年是灾后重建的“关键之年”。这一年里，青海围绕年度目标，科学组织，统筹安排，调动各方力量，紧紧抓住不足 7 个月的有效施工期，胜利完成了年度重建任务，创造了玉树速度、玉树奇迹。

一是把住房建设作为重中之重，由 2010 年着重抓农牧民住房转向城乡住房一起抓。到 2011 年底，城乡住房建设完成年初确定的目标任务，其中，农村牧区住房开工率、完工率达到了 100%。全州 87 座受损寺院及宗教活动场所全部开工建设，僧舍重建完成总工程量的 96%，绝大部分僧舍具备入住条件。

二是优先抓好与民生密切相关的公共服务及基础设施建设，协调推进产业恢复提升、生态环境治理与和谐家园建设。基础设施项目开工 69.3%。2011 年底，哈秀、隆宝和红旗小学等 9 所学校交付使用，州民族中学等 19 所学校竣工；全

面完成 45 个省级及以下文物保护单位及一般文物保护点的修缮工程；四横十六纵路网框架已形成，城市主次干道全部实现通车；十大标志性工程中州博物馆等 6 个项目及医院建设项目已开工建设；军队和武警部队援建“两校一院”项目完成主体封顶；独立商业市场建设全面启动，商铺和 7 个大型商业市场、5 个中心商业区项目建前各项准备工作全部完成；结古 110 千伏变电站工程、3 万千瓦应急燃油机组已投入使用。

三是开展“百日攻坚活动”，援建援助成效突出，有力促进了重建步伐。2011 年，重建指挥部实施工程进度管理，强化各种要素保障，以“百日攻坚活动”为抓手，把任务分解落实到项目、业主、施工单位和责任人，加快了重建步伐。同时，积极开展援建援助，为玉树的后续发展提供了一定的机制、规划和人力资源等保障。

四是优化资金拨付程序，控制工程造价成本，狠抓施工质量安全，充分发挥群众主体作用，全面推行“一线工作法”，确保重建的顺利进行。截至 2011 年底，玉树灾后恢复重建累计开工建设 843 个项目，占规划项目的 66%，完工 158 个项目；累计完成投资 208.9 亿元（完成规划总投资的 73.4%），当年完成投资 158.8 亿元，基本实现了重建任务大头落地的目标①，为实现三年重建目标奠定了坚实基础，社会主义新玉树的框架已经展现在世人面前。②

五是及时研讨总结、达成共识，为深入推进灾后重建提供理论指导。通过“国家力量与玉树抗震救灾”理论研讨，进一步深化了对国家力量的内涵及在应对重大自然灾害中的意义和作用的认识，并在一些理论问题上达成共识，为建立科学、完整的救灾体系，推动科学发展、促进社会和谐出谋划策，贡献了智慧。

（二）社会管理创新成功试点，有效凝聚了社会发展的管理合力

完善社会管理，保证社会正常有序，是构建和谐社会的必然要求。青海注重总体部署和统筹指导，坚持把创新体制机制作为加强和创新社会管理的首要工作

---

① 青海省发展和改革委员会：《青海省 2011 年国民经济和社会发展计划执行情况与 2012 年计划草案的报告》，2012 年 1 月 13 日。

② 《亮点频出这一年——2011 年全省经济社会发展报告》，2011 年 12 月 26 日《青海日报》。

和重要动力。省委省政府印发《关于深入推进社会管理创新的若干意见》，对构建和完善社会管理组织体系和工作网络、推进社会管理重点领域和关键环节创新、建立和完善社会管理的长效机制和工作体制作出了具体部署。省委专门召开社会管理创新专题研讨会，提出“秩序和谐、群众和乐、民族和睦、宗教和顺”的社会管理创新总体目标。

省委省政府出台《关于推进社会管理创新综合试点工作的指导意见》，确定9个省级综合试点地区和25个州（地）级综合试点地区，提出“深入抓点、集中促片、以点带面、推动全盘”的试点工作思路，强化组织领导，明确目标任务，科学制订方案，狠抓责任落实。同时，搭建社会管理平台，充分调动发挥社会力量的协同作用，积极引导社会组织、群众组织、自治组织和人民群众共同参与社会管理与服务，有效凝聚了试点工作的整体合力，形成社会管理人人参与、创新成果人人共享的良好局面。在格尔木市和西宁市召开青海省社会管理创新综合试点工作推进会，总结推广综合试点工作经验。根据各地特点和实际，采取分类指导的方式，不断加大典型经验的整合和推广力度。

在试点地区新经验、新模式的引领带动下，各地结合实际，抓住关键、突出重点，高起点谋划、高标准推进，完善体制机制、强化工作措施，着重解决影响社会和谐安定的源头性、根本性、基础性问题，全面提升社会管理效能。紧紧把握以群众工作统揽社会管理创新这一核心，着力完善风险评估机制、信访代理机制和大调解工作机制，不断畅通民意诉求的表达渠道，积极协调处理各种利益关系，全力维护保障群众合法权益，初步实现与群众点对点、面对面、零距离服务，尽可能做到知民情、顺民意、化民怨、解民忧、保民安。

社会管理创新的成功试点和推广，增强了政府对社会运行的总体把握控制能力；各种社会管理机制的初步建立，在一定程度上保证了管理思路方法的稳定性；通过管理创新，切实延伸管理触角至基层，能够有效地把社会矛盾冲突解决在萌芽状态。

（三）各类教育迅速发展，“两基”通过国检掀开青海教育新篇章

加快社会发展，基础在教育。长期以来，青海从实际出发，创造性地开展教育工作，不断完善领导体制、创新工作机制，集全民之力、全省之力办教育，有力促进了各类教育迅速发展。2011年，青海支持教育发展的财政资金达到103

亿元，同比增长24.9%。全年共下达各类义务教育保障资金70972.6万元（不包括校舍维修长效机制资金），惠及全省义务教育阶段所有学生。①

总投资75亿元的中小学布局结构调整及校安工程加快推进。青海把中小学布局调整与推进义务教育均衡发展、校舍安全工程、改善教育设施等结合起来，使城乡教育达到初步均衡，城乡中小学校舍成为青海最安全、一流的建筑。

实施学前教育三年行动计划和农村学同前教育推进工程。青海省从2011年起实施学前教育三年行动计划，《关于印发青海省发展学前教育实施意见》对促进学前教育的资金保障、行动落实，以及解决师资、管理、教学质量、组织领导等作了明确部署。② 把发展学前教育纳入全省教育事业发展总体规划，初步形成以政府办园为骨干、社会力量办园为主体、公办和民办幼儿园共同发展的学前教育格局。截至2011年11月，青海全省幼儿园达到980所，比上年增加381所；在园幼儿达到133722人，比上年增加21772人。其中，公办幼儿园大幅度增加，达到502所，比上年增加244所；在园幼儿达到61728人，比上年增加近13800人。③

建立三江源地区"1+9+3"教育经费保障机制和异地办学奖补机制，对三江源地区中职学生实行免费教育。2011年秋季开始，青海省实施三江源地区教育经费补偿机制政策，对在三江源当地就读中职的学生和全省藏区赴异地就读的中职生分别实施补偿和奖补政策，17143名中职学生享受免除学费、住宿费、课本费和取暖费等生活费补助政策。④ 这项补偿机制政策，切实减轻了藏族聚居区农牧民家庭经济负担，极大地调动了农牧民子女就读中职学校的积极性。2011年面向藏区共招收中职学生9167人，比上年增加1211人，占全省招生规模的31%；有3761名初中毕业生转移到鲁、苏、津等地及省内职业院校学习。⑤ 三年后，这些接受了职业技术教育培养的学生回归后，将成为适应当地社会发展的高素质劳动者和技能型人才。

---

① 《教育大会定方向　教育工作展新姿——2011年青海教育亮点》，2011年12月25日《青海日报》。

② 《关于印发青海省发展学前教育实施意见》，青政〔2011〕76号，2011年11月7日。

③ 《全省幼儿园达到980所　在园幼儿达到133722人》，2011年11月22日《青海日报》。

④ 《我省藏区1.7万余名中职生上学全免费》，2012年2月21日《西海都市报》。

⑤ http://www.qhedu.cn/jyxw/jydt/201202/t20120221_5439.html。

特别需要提及的是，2011 年青海义务教育普及程度、教师队伍、办学条件、教育经费及扫盲工作等方面的主要指标达到国家“两基”检查验收标准。到 2011 年底，青海省小学适龄儿童入学率、初中阶段毛入学率、义务教育阶段残疾儿童少年入学率、16 周岁人口初等教育完成率及 15 ~ 50 周岁青壮年非文盲率分别达到 99.58%、103.62%、80.55%、99.75% 和 97%。① 2011 年 10 月 21 日，青海顺利通过国家“两基”督导检查验收，实现了青海现代教育发展史上的重大跨越，完成了几代青海人为之奋斗的夙愿。

（四）深入推进文化保护发展，开启文化名省建设新征程

近年来，青海省高度重视民族、宗教文化保护和传承，并充分挖掘优势文化资源，引导扶持文化产业发展。2011 年，青海积极推进以重点文化工程为主要内容的公共文化服务体系建设。一是文化信息资源共享工程。完成 140 个乡镇文化站和 3170 个村级服务点共享工程设备的招标、采购、安装、调试以及 33 个县级中心数字图书馆资源安装和人员培训工作。二是文化进社区工程。对西宁市 102 个社区 800 余名文化带头人、文化专干、社区文化辅导员进行了培训，同时配发了音响设备、数码产品、道具、服装、乐器等。划拨 2011 年度专项资金 1187.8 万元，开始实施海东、黄南、海南、海北等地文化进社区项目。三是农（牧）家书屋工程。总投资 3514 万元，新建农（牧）家书屋 1757 家，并完成各类图书、书柜等的招投标、采购配送。四是乡镇综合文化站工程。2010 年下达的 189 个项目基本完成主体工程建设，已建成的 140 个项目完成内部设施的采购和配发。五是县级“两馆”维修改造工程。对面积未达标的“两馆”进行改扩建。同时，组织开展州（地、市）“两馆”建设的前期调研，并编制完成《青海省州（地、市）“两馆”建设规划》。② 通过实施上述工程，进一步完善基层文化服务设施网络，群众共享文化发展成果的内容更加丰富，范围不断扩大。

在实施文化建设工程过程中，青海注重挖掘民族特色文化资源，打造特色文化品牌。其中，热贡文化保护和开发成果引人注目。2011 年 2 月，《热贡文化生

① 《我省顺利实现“两基”目标》，2011 年 10 月 21 日《青海日报》。

② 《青海高大陆：文化事业发展充满活力》，2011 年 11 月 21 日《青海日报》。

态保护区总体规划》获文化部正式批复，标志着其建设进入可持续发展的新阶段。省委省政府要求黄南州大力发展文化产业，积极创新文化业态，进一步加快热贡文化生态保护实验区建设，力争在全省率先把文化产业打造成支柱产业。① 黄南州积极打造以民族文化、特色文化、区域文化为特色的综合型产业集群，让特色文化资源转化为富民“金库”。② 2011年，黄南州农牧民人均年纯收入约2300元，热贡艺人年收入至少2万元，示范效应明显。热贡文化产业单位有90多家，从事热贡艺术创作的农牧民达7000多人；文化产业经营户4256家，热贡文化从业人员9005人，实现经营收入近2.4亿元，占全州GDP的5.48%，文化产业已经成为其重要的支柱产业。③

为深入贯彻落实中国共产党十七届六中全会精神，把青海建设成为“文化事业繁荣、产业优势明显、发展活力强劲、品牌效应突出、民族特色浓郁的文化名省”，青海《关于加快文化改革发展建设文化名省的意见》，对青海特色文化发展作出“一核三带四区”的战略布局（“一核三带四区”的“一核”是指立足于省会城市西宁独特的经济、政治、文化中心地位，全力打造地域和城市文化品牌，提升文化形象和文化品位，强化引领带动辐射作用；“三带”是指以黄河为依托并体现源远流长黄河上游文化和神奇独特的生态文化带，以唐蕃古道为依托并体现青海悠久文明史的人文历史文化带，以青藏铁路、青海公路为依托并体现各民族团结进步的和谐文化和新青海建设的当代文化带；“四区”是指河湟文化区、青海湖文化区、三江源文化区、柴达木文化区）。同时制定了《青海省“十二五”文化发展规划》，提出实施“十二五”文化建设“八大工程”，即公共文化设施建设、文化惠民推进、特色文化产业培育、文化园区建设、文化市场建设、特色文化品牌打造、文化开放交流、文化人才培养工程。

（五）进一步完善区域发展布局，东部城市群建设加快推进

城市群是社会经济和城市化发展到一定阶段的产物，也是推进新型城市化

① 《率先把文化产业打造成支柱产业》，2012年1月17日《青海日报》。

② 《让特色文化资源转化为富民“金库”——青海省保护和传承藏族传统技艺纪实》，2012年2月6日《青海日报》。

③ 《青海黄南特色藏文化产业引领农牧民致富》，http://qh.xinhuanet.com，2012年2月20日。

建设的主体形态。青海东部地区（在行政区划上包括西宁市和海东地区）容纳了全省64.1%的人口，西宁、海东的人口密度分别达295.6人/平方公里和106.24人/平方公里。经过长期发展，在这一区域形成以西宁为中心的沿湟水轴线型城镇密集区，初步具备城市群发展基础。以城市的集群发展来带动区域经济社会的发展，符合青海东部地区发展的内在要求。2010年底青海省出台《关于推进以西宁为中心的东部城市群建设的意见》，制定并颁布《青海省东部城市群发展总体规划》，提出积极打造、形成功能明晰、组合有序的“一核一带一圈”城市集群，使其成为推动全省跨越式发展的重要引擎。[①]“一核”即核心区，指西宁市主城区；“一带”即沿湟水流域轴线型城镇发展带；“一圈”即以西宁为中心的1小时经济圈，包括西宁、海东所辖沿湟7县。在总体规划指导下，从2011年初开始，海东地区从学术研讨、规划衔接、规划设计，到成立规划委员会、召开动员大会、建立督察问责制，稳步推进东部城市群建设。截至年秋，海东地区城镇重点基础设施建设项目开工14项，完成投资3.8亿元，同比增长93%。[②]

（六）“大美青海”品牌形象耸立，对外开放和文化资源转化步伐加快

近年来，青海推出“大美青海”区域形象定位并大力推进“大美青海”品牌建设。2011年，宣传推介这一品牌的深度和广度皆有大幅度扩展。

一是运用主流媒体、对口援助及“请进来、走出去”的方式，扩大“大美青海”知名度。充分发挥主流媒体的功能和影响力，在中央电视台、中央人民广播电台、国内外知名网站等媒体媒介继续广泛宣传。在北京主要街道候车亭，集中展示“大美青海”风光图片。开发推出旅游宣传应用软件，通过多媒体互动的方式全景展示青海省旅游资源。组织各州（地）赴对口援青省（直辖市），加强项目、产品和线路对接。邀请日本亚洲纪录片中心来青摄制“大美青海”旅游电视纪录片。

---

① 《青海省政府召开常务会议》，2010年12月17日《青海日报》。

② 《高起点规划　高标准建设——海东全力推动东部城市群建设》，2011年9月14日《青海日报》。

二是举办首届“大美青海”旅游商品文化创意大赛。在全国率先举办“大美青海旅游商品文化创意大赛暨旅游企业集中采购洽谈会”，共有600多家省外企业和单位参会，各类参展商品数万件，参赛商品531项1000余件。“大赛”突出文化创意，提升青海旅游产业综合效益，进而吸纳更多人员就业，突出显示了“大美青海”的文化自信。

三是通过一系列节会活动推介“大美青海”品牌。通过国际藏毯展、绿色经贸洽谈会、环青海湖国际公路自行车赛、青海湖国际诗歌节等一系列在经济、文化、体育等方面各有侧重的节会活动，扩大“大美青海”的知名度。特别是第十届“环湖赛”首次实现跨省骑行，开创了我国省际合作举办高水平、大规模国际体育赛事的先河，是青海省在确定环湖赛发展方向和目标的实践中一次大胆探索，是其迈向国际化、专业化、市场化的有益尝试，是对“大美青海”之包容美的绝佳诠释。

四是加大外宣力度，向国内外推介“大美青海”品牌。通过邀请内地、香港、澳门、台湾主要旅行社及日本、韩国等旅行商来青考察踩线，加强商业往来合作；通过省政府与国家旅游局签订《局省紧密合作机制备忘录》，省旅游局与全国对口援青的7省（直辖市）签署《对口支援青海旅游发展宣言》，与山东、广东等省的《旅游框架合作协议》、《第22届西北旅游协作区年会天水宣言》、《沿黄九省（区）黄河之旅旅游联盟合作协议》，加强支持合作机制建设。还在国内外举办专题活动，通过文化交流、经贸合作、缔结友好关系等活动，把“大美青海”以及颇具青海特色的产品品牌介绍给了各界人士。

“大美青海”品牌形象，激发着青海各族群众的文化自觉自信和凝聚力，推进了文化名省、旅游名省建设步伐，文化旅游的吸引力、号召力得到明显提升。黄河岸边的贵德县，2011年接待游客101.84万人次，实现旅游收入1.22亿元，同比分别增长74.9%和154.3%；“夏都西宁”接待国内外游客978万人次，实现旅游总收入55.8亿元（同比增长20%）。① 以“大美青海”品牌为统领，“欢乐夏都、风情海东、圣洁海南、魅力海西、浪漫海北、秘境黄南、雪域果洛、天上玉树”等地标性文化品牌正在全力打造和全方位展示。

① 《青海旅游，在超越中“游出”新风采》，2012年1月15日《青海日报》。

二　2011 年青海社会发展存在的主要问题

2011 年青海社会总体上呈现良好的发展态势，但也存在一些社会结构、社会和谐、人口等方面的主要问题，影响着青海“四个发展”。

（一）社会结构调整任重道远

青海省为调整社会结构，作了长期的努力，取得显著实效。特别是通过异地扶贫搬迁、整村推进、产业化扶贫、定点帮扶等举措，大力推进扶贫攻坚，加快了贫困地区和贫困群体脱贫致富步伐，对青海社会结构转变起到一定的助推作用。[①] 再如民生建设投入向基层倾斜、强化对基层的公益服务等，起到同样的作用。

青海社会结构中的城乡、区域结构具有特殊性，不但有城市（镇）与乡村的二元对立，还存在城市（镇）、乡村与牧区的分野。2011 年青海城镇居民人均可支配收入达到 15600 元，而农村居民人均纯收入仅为 4442 元。[②] 与这种差异相联系的是城乡牧之间在教育、就业、医疗卫生、社会保障等方面存在着的差异。虽然青海省大力调整中小学布局，推进城乡教育资源均等化，但是城乡牧教育资源仍然存在较大差距。就业方面，2011 年城镇新增就业人口、省属高校毕业生初次就业率、农牧区劳务输出人数皆有所增加，但也不能忽视，这种就业的层次及稳定性较低，城镇新增就业人口在住房、婚嫁、社会保障等重压下，极易成为社会不安定的源头之一。而从绝对数量上看，失业人口，特别是大中专毕业未就业人口仍然较多。以海南州、海东地区为例，2011 年统计，2000 ~ 2010 年毕业的少数民族大学生，海南州共 4167 人，其中登记就业 1356 人；海东地区共 9565 人，登记就业 3055 人，[③] 也就是说两地有近 1/3 的少数民族大中专毕业生处在无

---

① 胡鞍钢、童旭光：《新时期的减贫成效与经验——以青海为例》，《青海社会科学》2010 年第 1 期。

② 青海省发展和改革委员会：《青海省 2011 年国民经济和社会发展计划执行情况与 2012 年计划草案的报告》，2012 年 1 月 13 日。

③ 青海省委统战部、省民宗委课题组：《加强民族宗教领域社会管理问题调研报告》，2011 年 5 月。

业可就的境地，长期稳定就业依然是一个严峻问题。医疗卫生方面存在的城乡牧差别同样十分突出。“卫生资源配置上重城市、轻农村，重医疗、轻预防，重西医、轻中藏医，重投入、轻管理，重设施建设、轻人才培养”①，这是青海医疗卫生领域长期存在的问题。据国家第三次卫生服务调查资料显示，2003年青海省各地区卫生资源总费用分布情况为：西宁市列第1位，占全省的54%，海东地区（16%）次之；6个自治州所占比例皆不足1成，其中，自然条件较恶劣的青南3州居末尾。据2006年的调查，青海大致80%的医疗卫生资源集中在城市，占全省总人口63%的农牧民只享受20%的医疗卫生资源。而在农牧民中有着适宜而有效的医药技术、广泛的群众基础及成本相对低廉的中藏蒙医及医院，多数因缺乏实质性支持，在基层医疗格局中处于弱势地位。② 社会保障方面，以最低生活保障为例，2011年青海省城镇和农村居民最低生活保障人数分别为23.5万人和40.1万人，二者之比为1∶1.71；据“六普”统计③，青海居住在城镇的人口为2516258人（占总人口的44.72%），居住在乡村的人口为3110464人（占总人口的55.28%），二者之比为1∶1.24。实际上，青海低收入者（如近140万贫困人口）多分布在广大农牧区。从中，青海城乡之间社会保障水平差距可见一斑。

青海社会组织结构亦有不利于激发社会活力、阻碍经济社会全面协调可持续发展之处。据2010年底统计，青海省非公有制经济组织有136124户；非公有制经济从业人员有64.04万人；实现增加值178.13亿元，占全省GDP的31.5%。全省各级民政部门登记的社会组织共2542个（其中社会团体1852个、民办非企业单位679个、基金会11个），工作人员17646人，会员单位50多万人。④ 这些社会组织覆盖工业、农业、教育、科技、文化、卫生、劳动、体育、环保、社会福利等诸多领域，基本形成门类齐全、涵盖较广的社会组织体系。但大多社会组织依然依存于行政机构，属于半官方性质，独立性不强；社会组织发展水

① 赵宗福主编《2010～2011年青海经济社会形势分析与预测》，青海人民出版社，2011，第403页。

② 鲁顺元：《深化农村医疗卫生体制改革的建议》，《青海研究报告》2007年第4辑。

③ 青海省统计局：《青海第六次人口普查人口统计主要数据汇总》，2011年5月6日《青海日报》。

④ 青海省委统战部课题组：《青海非公有制经济组织和社会组织社会管理工作调研报告》，2011年5月。

平低，缺乏资金和人才，管理和服务工作很难实现正常化、规范化。这样，数量少、规模小、组织要素不健全的青海社会组织要真正起到经济社会发展的“助推器”、社会矛盾的“减压器”和不良情绪的“蓄水池”作用，还有漫长的路要走。

（二）不利于社会安定的因素较多，实现和谐发展的任务繁重

随着经济体制深刻变革、社会结构深刻变动、利益格局深刻调整、思想观念深刻变化，各种不安定、不确定因素仍然大量存在。一是人民内部矛盾和社会矛盾引发的群众上访和群体性事件成为影响社会和谐安定的主要问题。矛盾主要集中在农村土地征用、城镇房屋拆迁、国有企业改制、涉法涉拆等领域，涉及各行业各阶层人员，而一起普通犯罪案件诱发其他矛盾和问题进而酿成威胁社会安定的重大事件隐患犹存。二是社会治安管理难度较大。经济转轨、社会转型过程中，诱发、滋生违法犯罪的消极因素仍在，恶劣势力犯罪、多发性侵财犯罪、涉众型经济犯罪有增多迹象。在竞争日益激烈、贫富差距拉大的情况下，失地农民、下岗职工、进城务工人员等群体中的个别人，实施极端行为发泄不满的事件已有呈现。三是境外敌对势力挑动民族情绪，利用民族问题分裂祖国、危害人民的活动严重影响着各民族“共同团结奋斗、共同繁荣发展”。四是虚拟社会管理面临严峻挑战。网络的便捷和虚拟性使不少网民通过网络参政议政、表达诉求，这也对现实社会产生越来越大的影响。五是侵害群众利益的不正之风成为招致民怨的原因之一。一些党员干部作风不实、办事效率不高，有的人甚至以权谋私、贪污腐败，在一定程度上积累着民众的负面情绪。如何主动适应这些深刻变化，使社会既充满发展活力又保持和谐安定，成为面临的重大时代命题。

（三）流动人口规模扩大，管理难度增加

人口流动是社会流动的重要体现，反映着社会运行的活力。根据“六普”资料，与2000年比较，青海流动人口规模扩大，但分布相对集中，且文化水平较低。表1所示，2010年全省流动人口规模（扣除市区内人户分离14.8万人）达99.29万人，比2000年增加约53万人，增长1.14倍；流动人口占全省常住人口的比重由2000年的8.93%上升到2010年的17.65%。

表 1　两次“普查”流动人口地区分布

单位：万人，%

地　区	2000 年				2010 年			
	常住人口	流动人口			常住人口	流动人口		
		总数	占常住人口比重	地区分布比重		总数	占常住人口比重	地区分布比重
西宁市	197.92	19.4	9.8	41.95	220.87	46.44	21.03	46.77
海东地区	152.01	6.17	4.06	13.34	139.68	10.44	7.47	10.51
海北州	27.67	2.16	7.81	4.67	27.33	3.22	11.78	3.24
黄南州	22.55	1.52	6.74	3.29	25.67	2.89	11.26	2.91
海南州	40.17	3.05	7.59	6.59	44.17	6.17	13.97	6.21
果洛州	14.04	1.11	7.91	2.40	18.17	2.78	15.30	2.80
玉树州	26.88	2.03	7.55	4.39	37.84	7.59	20.06	7.64
海西州	36.91	10.81	29.29	23.37	48.93	19.76	40.38	19.90
总　计	518.15	46.25	8.93	100	562.66	99.29	17.65	100

注：表中 2000 年“占常住人口比重”为推算数。

资料来源：《青海省 2000 年第五次人口普查主要数据公报》，《青海统计》2001 年第 5 期；《青海流动人口变化的六大趋势》，青海统计信息网，《人口普查资料分析》2011 年第 1 期。

第五次人口普查时，西宁市、海西州和海东地区流动人口占全省的 78%。到 2010 年，海西、海东的流动人口在全省流动人口中的比重分别下降了 3.47 和 2.83 个百分点。海东地区流动人口占其常住人口的比重仅为 7.47%，为全省最低。海西、西宁和玉树地区的流动人口占当地常住人口的比重分别为 40.38%、21.03% 和 20.06%，平均每 3～5 个人中就有一个流动人口。西宁地区集中了全省近一半的流动人口，其流动人口占全省流动人口比重在 10 年间增加了 4.82 个百分点。在其他地区，除玉树州和果洛州略有增加外，其余各州流动人口占全省流动人口的比重都在减少。流动人口流入地分布的这种变动，反映的是经济社会发展以及由此形成的就业机会的地区差异，表明青海城乡之间，特别是海东地区与西宁市经济社会发展差距仍在扩大。

从流动人口年龄构成看（见表 2），成年化趋势明显。2010 年，15～64 岁劳动适龄人口占流动人口的比重高达 81.72%，而 0～14 岁少年儿童和 65 岁及以上老年人口比重仅为 14.86% 和 3.42%，年龄中位数超过 30 岁。年龄主要集中在 16～49 岁（占 71.4%），说明流动人口主要是具有较强劳动能力的青壮年人口。

表 2 两次"普查"流动人口文化程度、年龄（2010 年）构成

单位：岁，年，%

年份	文化程度构成						年龄构成				
	文化程度					平均受教育年限	各年龄段流动人口在全部流动人口中所占比重				年龄中位数
	文盲	小学	初中	高中	大专及以上		合计	0～14	15～64	65 及以上	
2000	11.75	23.60	27.52	24.89	12.24	8.84	—				—
2010	9.92	27.72	32.51	17.36	12.48	8.67	100	14.86	81.72	3.42	30.76

资料来源：《青海流动人口变化的六大趋势》，青海统计信息网，《人口普查资料分析》2011 年第 1 期。

从流动人口文化程度构成看，10 年来，全省流动人口的受教育水平继续保持在中等层次，接受过高等教育者比例没有大的变化。全省流动人口的平均受教育年限从 2000 年的 8.84 年下降到 2010 年的 8.67 年，10 年间流动人口受教育年限依然维持在初中毕业水平。因经济原因而流动的低文化程度女性人口增加，给全省城市管理，特别是城镇的生育管理带来巨大压力。同时表明，在高端经济社会发展领域对人才的吸引力不够。

三 2012 年青海社会发展的基本态势

青海社会发展中存在的上述问题，给社会发展带来不利影响，也将会不同程度地制约 2012 年的社会运行，需要引起更多关注。但从整体发展环境判断，2012 年青海社会会朝着跨越、绿色、和谐、统筹方向进一步发展。

（一）玉树灾后重建目标的实现，将促进其开放并凸显其区域性地位

2011 年的实践，使得对玉树灾后重建的艰巨性和复杂性有了较深刻的认识，对其特点和规律有了更深入的把握，留下宝贵的经验，即必须坚持基础工作先行、协同配合一致、强化内控机制、完善要素保障、加强统筹协调。[①] 这将为决战 2012 年以至全面实现重建目标，提供科学有力的指导。2012 年，全面实施灾

① 《绘就新玉树的壮丽画卷——2011 年玉树灾后重建综述》，2012 年 1 月 15 日《青海日报》。

后重建总体规划，计划完成投资 150 亿元以上，基本完成玉树恢复重建任务。由此，玉树重建累计投入将达到近 360 亿元。玉树藏族自治州在藏文化类型上属于康巴地区，在地理位置上具有承东接西的地位，而且是三江源国家级自然保护（生态保护试验）区的核心区，区位优势突出。玉树地震的重灾区结古镇，作为玉树州府和玉树县政府所在地，是历史上唐蕃古道的重镇和当代玉树政治、经济中心。青海省提出的玉树重建总体目标和原则是要把结古建成高原生态型商贸旅游城市、三江源地区中心城市和青海藏区城乡一体化发展的先行地区。通过 2012 年重建，将会极大地提升结古镇旅游基础设施建设和城镇化发展水平。而围绕着重建目标所实现的公路、航空、光缆等交通通信条件的大幅度改善，将会使玉树旅游业发展的可进入性大大增强，其旅游业必将迎来新的发展期。加之随重建力度加大而来的人流、物流、信息流，尤其是针对玉树教育、技术、管理等的援建而使部分人力资源向外流动，必将加快玉树开放脚步。玉树重建的推进，有可能使其逐渐重获历史地位，发挥出青藏两省（自治区）经济社会发展的联结、纽带作用，进而有力带动西藏经济社会文化“东向发展”。

（二）社会结构变化会更加明显，转型速度进一步加快

2012 年青海将深入落实《青海省“十二五”城镇发展规划》、《青海省国民经济和社会发展第十二个五年规划纲要》，大力推进城市群产业合理分工布局，打造西宁夏都、青藏高原区域性现代化中心城市和海东高原现代农业示范区两大区域品牌，加速人口和产业聚集。同时，海西城乡一体化、环青海湖地区、三江源地区以及玉树灾后重建、新农村新牧区建设、县域经济等区域城镇化发展的重点推进，将进一步加快区域城乡发展，逐步实现区域、城乡间基本公共服务均等化。2012 年是全面贯彻落实中央扶贫开发工作会议精神和国家新 10 年扶贫开发纲要的第一年。青海省准备按照新的扶贫标准，推进集中连片开发扶贫，组织实施 350 个贫困村的整村推进和 71 个村的异地搬迁扶贫工程。同时，加大产业扶贫力度，加快贫困地区劳动力转移就业和创业培训。确定全省扶贫开发目标是：贫困地区农牧民人均收入增长 12% 以上，稳定脱贫 20 万人。[①] 西宁市及其他县

① 青海省发展和改革委员会：《青海省 2011 年国民经济和社会发展计划执行情况与 2012 年计划草案的报告》，2012 年 1 月 13 日。

城的户籍制度改革也在稳步推进。如2012年初颁布《青海省普通高考报名录取条件补充规定（暂行）》、2011年4月颁布《西宁市深入推进户籍制度改革方案》，进一步放宽高考、落户限制。[①] 可以预见，城市群建设的推进、支撑城镇发展的园区经济的确立、扶贫开发政策的落实及户籍制度改革，将会对青海、特别是东部地区社会结构转型产生整体推力。

（三）阻滞社会发展的人口因素增多，稳定低生育水平的压力陡增

青海人口结构老龄化问题对社会发展的影响会逐步显现出来。“六普”显示，青海65岁及以上人口占总人口比例为6.3%，比“五普”时增长了1.97个百分点，增幅高于全国平均水平（1.17个百分点，2010年中国老龄人口比例为8.87%）。2000~2010年，青海省常住人口年均自然增长率为8.3%，而老龄人口年均增长达4.67%，老龄化社会门槛逼近。据估算，青海老龄人口比例在2015年将达到7%（联合国认定的进入老龄社会标志）。老龄化将造成劳动力供给减少，消费、储蓄水平下降，社会负担加重，社会保障体系和公共服务压力加大，代际关系受到影响。2012年，必须未雨绸缪，加快全省，特别是农村牧区养老保障建设进程，才能有效化解人口老龄化带来的社会风险。

随着城乡发展差距拉大、农村婚龄女性受教育水平提高、城乡之间人口流动增大，农村、特别是农村偏远地区“剩男”问题会越来越突出。据称，青海5万“剩男”，3万在湟中县（青海省的农业大县、人口大县），有的县每村“剩男”人数平均有30多人。“剩男”群体是生活在农村社会底层的弱势群体，容易出现心理变态、扭曲并萌生怨恨、仇视社会的倾向。[②] 出生人口性别比是引发“剩男”问题的一个重要的可衡量指标。从图1可见，青海出生人口性别比总体低于全国平均水平，但是从20世纪90年代中期开始，高出合理范围（102~107），到2005年达到最高值，2011年达到1953年以来的次高值。考虑到民族、

① 《青海解决外来建设者子女高考难题》，新华网青海频道，2012年1月9日。

② 青海省人口计生委调研组：《“剩男”：不可回避的民生视线——青海东部农业区“剩男”现象的调研报告》，http://www.qhjsw.gov.cn。

地区出生人口性别差异，即藏族、蒙古族出生人口性别比低于其他民族、青海人口分界线（“祁连线”）东侧高西侧低的形态①，青海东部农业区性别失衡问题20世纪90年代以来即高出合理值。而在未来几年，这一时段出生女性正值育龄期。由此判断，2012年以至未来几年，青海，特别是东部农业区“剩男”问题仍然是一个严重的社会问题。

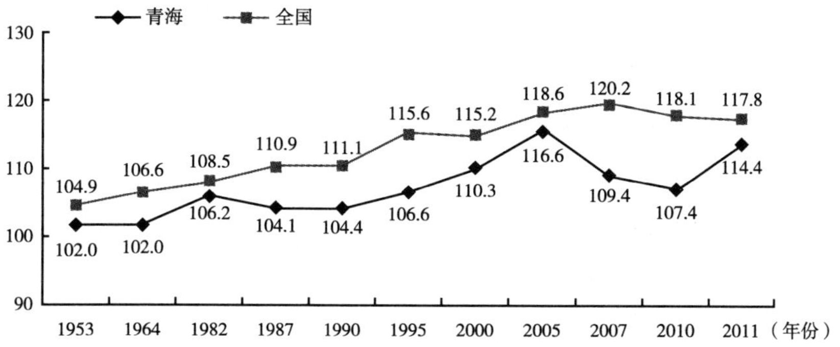

图1　青海、全国1953～2011年主要年份出生人口性别比变化

资料来源：1982、1990、2000、2010年为全国人口普查数据，其他年份为统计年鉴（报）数据。

2012年，由于环境因素变化，青海面临巨大的稳定低生育水平压力。一是第4次人口生育高峰期的来临。在新中国历史上，对前3次婴儿潮有基本共识，即20世纪50年代、60年代和80年代。第4次婴儿潮，被认为主要是20世纪80后一代和70年代中后期两拨尚未生育的年轻人都已到了生育适龄期，两部分人叠加造成了生育高峰来临。加之国家规定的“夫妻双方都是独生子女的，可生二胎”，目前20世纪80年代出生的独生子女一族进入婚育年龄。二是2012年为龙年，也是壬辰（妊娠）年，据人口计生部门了解，青海不少准备生育子女家庭推迟生育时间至2012年，希望生育龙子、龙女。三是放弃生育二、三胎的少数民族育龄家庭，在整体生育环境影响下有可能选择多生。这三个因素叠加，使得青海控制人口过快增长的压力陡增。

① 青海省人口计生委调研组：《青海人口出生性别比现状暨改善措施》，http：//www. qhjsw. gov. cn。

（四）自然生态环境保护建设将迈上新台阶，牧业区城镇的发展更受关注

2011年11月，国务院召开常务会议，决定在青海三江源地区建立第一个“国家级生态保护综合试验区”，批准实施青海省《三江源生态保护综合试验区总体方案》。这是国家继2005年批准实施三江源生态保护和建设工程之后，对加强三江源地区生态保护、促进经济社会可持续发展作出的又一项重大决策。这一决定具有里程碑式的意义，标志着中央开始着手三江源保护模式的创新，三江源地区有望被打造成全国生态文明建设的“先行区”、“示范区”。其中，人口相对聚集（生态移民）是所采用的必要手段，涉及面广、量大、难度大，与国内外其他地区的生态移民有着显著的区别。解决三江源生态保护和建设过程中所出现的问题，需要实践者的不断探索和创造力的发挥。其中，已经出现的生态移民社会文化适应问题，仍将是困厄三江源地区社会发展的重要问题。由于整体经济社会发展环境所限，迁居城镇的生态移民缺乏持续、有效的产业支撑，社会适应艰难，也给当地城镇社会增加发展难度。如何解决这一问题及解决的成效如何，不但会影响到实验区建设成效，也会受到国内外广泛关注。

（五）文化名省建设全面付诸实施，有力促进文化大发展大繁荣

2011年末，青海制定“十二五”文化发展规划、文化建设“八大工程”和支持文化改革发展政策措施，文化体制改革全面展开，文化名省建设全面付诸实施。计划在“十二五”期，青海文化建设总投入96.66亿元，其中，政府投入约53亿元，比“十一五”时期文化投入增长130%；社会投入约43亿元。实施建设事业、产业、玉树灾后文化重建发展等249个文化发展项目，并建设一批重大文化惠民项目，全力打造“一地一品”特色文化品牌。[①] 着力建设藏毯和民族服饰、唐卡、昆仑玉、民族刺绣、现代工艺品生产、河湟民间艺术品生产、奇石七大民族文化产业基地。着力发展工艺美术、民族歌舞演出、民族出版、印刷发行、艺术培训五大特色产业。实施重大文化产业项目带动战略，集中建设热贡国

① http：//www. gov. cn/gzdt/2011 －12/15/content_ 2021067. htm。

家级文化生态产业园、康巴文化风情园、昆仑玉文化产业园等文化产业基地，建立完善一批产业集聚示范区，提升产业集中度，形成20个年销售收入千万元以上的大型文化骨干企业。[①] 为了全面实施文化名省建设，省工商、金融、保险等部门出台一系列支持文化产业发展政策，为青海文化名省建设营造了良好环境。青海富足的文化即将迎来大发展大繁荣的时代。

四　进一步促进青海社会发展的对策建议

（一）进一步加强和改善民生

继续坚持“小财政办大民生”的理念，让民众共享改革发展成果，不断提高人民群众的物质文化生活水平。一要在发展的基础上不断改善民生。不懈地发展壮大特色产业，增强自我发展能力和经济实力，确保用于改善民生和发展社会事业的财政投入同步增长。二要把优先发展教育和解决大中专毕业生就业放到更加重要的位置。通过分流教育、优化经济结构、推动以创业带动就业等从根本上解决教育“出口”问题。深入推行“阳光培训”、转移就业等措施，不断提高农牧区富余劳动力就业技能。三要继续深入推行社会保障领域改革，不断理顺社会保障体制和机制。特别要大力推进医药卫生、工资分配等体制的改革，为社会保障持续健康运行创造基础条件。四要进一步创新民生工作运行机制。特别要确立新的指标体系，以此衡量干部工作业绩和为民办实事的效果以及领导班子的执政水平。

（二）走具有青海特色的城市化发展道路

进一步加快青海城市化进程，应主要在以下方面加强。一是认真落实已有的城市化规划，重点推进东部城市群和海西城乡一体化试点，统筹推进中小城镇和新农村建设。二是加大社会建设力度，切实维护好、解决好和发展好城镇化进程中涉及的农民权益。三是加强组织领导，形成推进城镇化建设的工作合力。四是

① 《“十二五”期间青海将着力建设七大民族文化产业基地》，http：//www.qhwh.gov.cn，2011年10月10日。

组织专业人员对西宁、格尔木市及各州、地府（署）及县（工委）所在地城镇的最大人口承载量进行科学分析，据此利用住房、户籍等手段对农牧业人口向城镇的流动进行合理引导。随着产业园区的建立、城镇人口的逐步增长，各地应当研究如何进一步吸引本区域农牧民更深入、全面地参与城镇发展的问题。青海东部城市群建设大幕已经拉开，但也要有勇气在实践中发现问题并努力加以纠错、改进。在此过程中，城镇发展的产业支撑问题必须着重考量，这种产业绝不仅仅局限于房地产、金融业等第三产业，更不能是高污染、高耗能产业，而应该是与农牧民生产生活联系更加紧密的产业。

（三）通过加强社会管理营造有利于发展的社会环境

一要用爱国主义精神与祖国观教育民众，以“青海精神”、玉树抗震救灾精神鼓舞斗志，引导青海各族民众牢固树立中华民族意识、国家意识和法制意识以及自信开放创新的青海意识，为社会运行发展树立统一的价值导向。二要在试点基础上，通过完善管理格局、重视源头、强化基层、建立长效机制、转向服务，进一步加大社会管理力度。把社会管理纳入经济社会发展总体规划，纳入科学考核体系。发挥社会组织协同作用和社会公众参与作用，逐步转移可由社会组织承担的社会管理服务职能。通过建立健全利益诉求表达、联动调节、排查调处、风险评估等机制，最大限度预防和减少不安定因素。在不断丰富、完善城镇网格管理模式基础上，积极探索适合于青海农村牧区的网格化管理方式。建立传统方法和现代手段相结合的公共安全体系，探索城乡结合部和治安复杂的村（居）及高发案地区经常性排查机制，大力整治治安事件高发的重点领域，提高基层平安创建整体水平。三要站在历史和全局的高度，紧紧围绕各民族“两个共同”主题，以创建民族团结示范区为载体，努力开创青海民族工作新局面。利用有利时机，做大做强少数民族地区特色优势产业，促进民族地区跨越发展。反对一切分裂祖国、破坏民族团结的言行，坚决防范和严厉打击境内外敌对势力利用民族问题进行各种分裂破坏活动。采取教育、疏导、化解的方法，及时妥善处理好民族地区的矛盾纠纷，防止主次不分甚至混淆视听，不断巩固新型民族关系。同时，深化寺院内部的民主管理、对寺院和僧尼的公共服务以及思想引领，做到寺院社会管理常态化，保持其稳定性和实效性。

（四）不断创新流动人口管理方式方法

在流动人口管理工作中，一要重视流动人口管理的协作机制建设，真正形成全社会齐抓共管局面。通过加强教育，统一思想，提高对流动人口管理重要性的认识。进一步理顺管理机制，解决“多头管理”问题，通过部门建设来提高流动人口管理队伍素质。进一步健全考核机制，完善考核办法，激发管理队伍的积极性和主动性。二要有的放矢，突出流动人口管理重点。实行对暂住人口居住点动态化管理。提高流动人口信息应用水平，注重信息互动和资源共享。三要加快建立流动人口流入地与流出地双向管理协作机制和“以证管人、以房管人、以网管人、以业管人”新模式，宜推行以社区为主导的出租房屋委托管理。四要转变观念，强化流动人口服务理念。寓管理于服务之中，以服务促管理，大力提倡“以人为本”的人性化管理。

（五）大力促进半农半牧区村落经济社会发展

青海半农半牧区村落在文化地理位置上多处在藏文化圈边界，在文化上多具有边界、交叉属性，在民族身份上具有双向认同。同时，从结构层面来说，这些村落处在农业社会与牧业社会的交界地带，其经济形态既依赖于种植业也离不开畜牧养殖。① 如果这些村落能够得到快速发展，不但可使其成为维护和谐民族关系的雄厚基础，也能对边界双方社会发展起到杠杆带动作用，进而撬动整个社会结构转变。但是，这些地域村落处在国家扶持的真空地带，发展处在极其艰难的境地。自上而下的扶持发展项目，要么是针对农业，要么是针对牧业，而半农半牧区村落不能完全归入任何一方，因此就成了“两不沾”的地区。有必要由规划部门牵头，制定“半农半牧区经济社会发展规划”，优先选择、重点扶持这些地区的发展。应充分尊重、合理引导群众的首创精神，挖掘资源环境潜力，积极寻找既利于经济发展又利于生态改善的发展项目。在村级组织设置上，应该按照地域相连、管理高效、文化同质的原则，进行重新划定；同时，加强村级组织建设，按照民主自治制度设定，把那些为村民所信任，真正能带领村民求发展、谋

---

① 鲁顺元：《青藏高原藏文化圈当代演化与和谐民族关系构建：以青海为例》，国家社科基金项目（批准号：07XMZ001），2011年10月。

福祉的村中能人，选拔到村级组织管理队伍。对于冬虫夏草采集这个事关农牧民生存的资源开发方式，应当围绕其可持续利用加以统筹谋划，特别要解决逐渐呈现出来的同一地区（州、县）冬虫夏草产区与非产区资源竞争愈演愈烈的问题，避免多属于虫草非产区的半农半牧区农牧民生计陷入困局。要通过民族文化和地方文化发展，更加突出藏文化圈边界地带属于主流文化和民族文化之间连接点和过渡带地位，形成在经济上与东向的国家力量联系更密切、在民族文化上与西向的草根力量联系更紧密的局面。

（六）加快发展文化事业和文化产业

坚持文化事业和文化产业共同发展、相互促进，实现二者双轮驱动、比翼齐飞。努力发展公益性文化事业，坚持政府主导，以全民为服务对象、以基层特别是农村牧区为重点，加大投入力度，调整资源配置，重点推进文化建设“八大工程”，落实“十二五”文化发展规划，加强公共文化基础设施建设，维护并促进基本公共文化公益性、基本性、均等性、便利性。发展现代传播体系，加强媒体平台建设，进一步实施广播电视“村村通”等工程，提高主流文化辐射力和影响力，让城乡牧区群众准确、快捷地获取有益信息。加强文化遗产保护、传承与利用，弘扬优秀传统文化，使民族和地方优秀传统文化成为树立新青海意识的力量源泉。注重提升公共文化服务的吸引力和影响力，引导民众广泛参与，形成人人享受文化成果、参与文化活动的良好氛围。发展文化产业，重点在于认真落实国家文化产业振兴规划，推进产业结构调整及文化与科技融合，开拓国内外文化市场。依托于青海地方文化土壤，深入挖掘历史、生态、民间等文化资源，通过内容、形式、技术等方面的继承创新对其进行整合、利用，使其焕发出蓬勃的生机与活力；并突出优势、循序渐进，利用“大美青海”、“环湖赛”等重点品牌打造，与旅游产业有机结合，逐点突破。

（七）加紧研究解决经济社会结构转型升级的信息支撑问题

信息资源的利用，在社会发展中具有越来越重要的地位。作为工业化处在初级阶段、农牧业发展传统性浓厚的青海省，要实现跨越发展，信息化是桥梁，亦能为各种变革提供可能。长期以来，青海在电子政务、广播电视、电子商务等信息化建设和信息产业的发展上有一定进步，但其中也存在许多问题和困难。比如信息资源开发利用滞后，信息化建设发展不平衡，低水平重复建设问题较为严重；企业信息化的相关法律法规和标准滞后；技术创新体系不健全，软硬件开发企业少、规模小；人才结构很不合理，复合型人才严重短缺；信息技术研发费用投入不足，科技成果很难实现产业化；等等。① 实现传统的经济发展方式转变、经济社会跨越发展，必须提高认识，正视信息产业的冲击和发展，加紧研究解决信息支撑问题，对加快促进青海信息化的可行性及独特模式进行研究，从而理清思路、找准定位。

① 《青海信息产业进入加快发展阶段》，2011年12月7日《青海日报》。

经　济　篇

Economic Reports

B.5
青海在转型与跨越发展中的投资形势分析与思考

徐学初　毛丽青*

摘　要：2011年青海省固定资产投资总体保持了良好运行态势，固定资产投资强度明显提高，投资结构进一步优化，为青海经济快速前行提供了强大动力。2012年青海经济加快发展，产业加速转型的特征依然没有变，需要进一步把握好国家政策取向、优化投资结构、拓展投资渠道，充分发挥投资对青海经济社会发展的支撑拉动作用。

关键词：青海　固定资产投资　对策

固定资产投资是拉动经济增长的三大动力之一，青海作为典型的投资拉动型经济省份，投资对经济发展的驱动力显得尤为重要。2011年，青海各级政府投

* 徐学初，青海省统计局总经济师；毛丽青，青海省统计局固定资产投资处副处长。

资意识和项目意识不断增强，重视投资在引领经济转型、跨越发展中的作用。紧紧抓住西部大开发等政策机遇，围绕落实项目带动战略，扎实推进重大项目建设，使投资运行格局发生了积极变化，固定资产投资持续保持高位增长态势，投资总量再创新高。同时投资结构积极变化，有力地推进产业结构优化升级，为增强全省经济发展后劲及实现“跨越发展”奠定基础。

一 2011 年青海省固定资产投资现状

2011 年，面对复杂多变的国际环境和艰巨繁重的玉树灾后重建任务，青海省投资力度明显加大，全社会固定资产投资完成 1434.31 亿元，同比增长 34.2%，在 2010 年高速增长（33.5%）的基础上继续保持较快增长。从整体上看，各月投资增速变化幅度不大，基本稳定在 35% 左右的水平，与全省经济形势的变化趋势基本吻合。其中 500 万元以上项目（不含农户投资）完成投资 1365.99 亿元，增长 45%，增幅由 1～4 月份的位居全国第 13 位，逐步跃居全国第 1 位，且快于全国平均水平 21.2 个百分点。同时，随着全省投资力度的不断加大，固定资产投资强度明显提高，较高的投资率为青海经济快速前行提供了强大动力。2011 年，全省月均固定资产投资完成 119.53 亿元，比上年同期投资高 30.53 亿元；全社会固定资产投资占 GDP 比重较同期社会商品零售额占 GDP 比重高 62.9 个百分点。投资规模扩张，进一步增强了全省经济发展的后劲，有力地拉动了全省经济较快增长，投资在为实现“跨越发展”运行中呈现如下亮点。

（一）新开工项目明显增多，投资规模强劲扩张

2011 年，在全省固定资产投资中（不含农户，下同），施工项目 4764 个，同比增长 14.2%，其中新开工项目 3350 个，比上年增加 890 个，同比增长 36.2%。新开工项目占施工项目的比重为 70.3%，同比提高 11.3 个百分点。其中 500 万元以上施工项目 2982 个，同比增长 36.4%，增幅均高于全国平均水平和西部 12 省（自治区、直辖市）的平均水平；建设项目计划总投资 4383.19 亿元，同比增长 40.1%，其中新开工项目计划总投资 1537.81 亿元，同比增长 97.0%，增幅分别高于全国平均水平和西部 5 省平均水平 74.5 和 68.8 个百分点，新开工项目计划总投资占全部施工项目计划总投资的比重为 35.1%（见表 1）。

表1 2011年西部12省（自治区、直辖市）500万元以上新开工项目情况比较

单位：亿元，%

地区	施工项目计划总投资		新开工项目计划总投资		新开工项目占施工比重	
	自年初累计	比上年同期增长	自年初累计	比上年同期增长	自年初累计	比上年同期增长
西部地区	164545.92	26.2	56651.09	28.2	34.4	33.9
内蒙古	21839.18	22.8	9106.84	19.9	41.7	42.7
广西	16638.33	19.1	5588.76	20.3	33.6	33.3
重庆	17261.42	39.0	5243.25	33.3	30.4	31.7
四川	28159.18	7.8	9161.70	2.4	32.5	34.3
贵州	10442.41	32.1	2590.19	24.7	24.8	26.3
云南	16449.26	16.3	3279.37	15.7	19.9	20.1
西藏	1319.71	30.9	592.26	77.2	44.9	33.2
陕西	21786.01	28.3	7227.63	12.7	33.2	37.8
甘肃	7777.71	33.3	3824.40	61.2	49.2	40.7
青海	4383.19	40.1	1537.81	97.0	35.1	24.9
宁夏	4731.03	44.2	1176.97	-6.1	24.9	38.2
新疆	13758.49	75.0	7321.91	143.6	53.2	38.2

注：未含农户。

（二）大项目发挥积极带动作用，投资比重居西部12省区之首

2011年，为有效发挥重点项目对固定资产投资增长的拉动和支撑作用，全省亿元以上投资项目有438个，投资总规模369.07亿元，同比增长40.8%；亿元以上项目本年完成投资830.1亿元，同比增长54.4%，总量增幅均高于陕西、宁夏、新疆和甘肃居西北5省（自治区）第1位，增幅比同期全社会投资增幅高20.2个百分点；亿元以上项目完成投资占全省全社会投资比重的57.9%，比上年同期提高7.6个百分点，拉动全省全社会投资增长27.3个百分点。其中，计划总投资额在20亿元以上的项目43个，比上年增加9个；已完成投资329.37亿元，比上年同期增长16.6%，占全社会总投资的23%，拉动全省投资增长4.38个百分点。投资150亿元年产1.5万吨多晶硅生产线完成投资8.52亿元，投资100亿元年产8000吨多晶硅项目完成投资16.76亿元，投资199亿元的金属镁一体化项目完成投资19.17亿元。大项目投资数量、投资额、投资比重明显增加，为青海省投资保持快速稳定增长作出了重要贡献。

（三）加快转型发展成效显著，第一、第三产业投资加速

2011 年，在全省全社会投资中，第一产业投资完成 90.82 亿元，同比增长 17.0%，增幅比上年低 27.4 个百分点，占全社会投资总量的 6.3%，比上年低 1 个百分点。第二产业投资完成 668.52 亿元，同比增长 43.8%，增幅比上年提高 21.5 个百分点，占全社会投资总量的 46.6%，比上年高 3.1 个百分点。第三产业投资完成 674.97 亿元，同比增长 28.3%，增幅比上年低 15.3 个百分点，占全社会投资总量的 47.1%，比上年下降 2.1 个百分点。

（四）七大行业强力助推全省投资稳步增长

从行业投资的投向看，在玉树灾后重建的带动下，2011 年全省固定资产投资 19 个行业门类中，对全省投资增长拉动最大的房地产行业完成投资 132.89 亿元，增长 3.92 倍；租赁和商务服务业完成投资 7.58 亿元，增长 2.03 倍；卫生、社会保障和社会福利业完成投资 19.8 亿元，增长 1.6 倍；居民服务和其他服务业完成投资 3.63 亿元，增长 1.36 倍；教育完成投资 48.26 亿元，增长 1.18 倍；电力、燃气的生产和供应业完成投资 183.63 亿元，增长 97.5%；批发和零售业完成投资 13.21 亿元，增长 78.6%。这 7 个行业分别拉动全社会固定资产投资增长 9.9 个、4.8 个、1.14 个、1.96 个、2.45 个、8.48 个和 5.44 个百分点。

（五）生态环境建设成绩显著

2011 年，青海省积极采取有效措施，有序推进三江源自然保护区生态保护和建设、青海湖流域生态环境保护与综合治理生态建设、黄河沿岸水利综合开发拉西瓦水库灌溉工程等生态建设项目，分别完成投资 7.27 亿元、2.23 亿元和 0.43 亿元；同时，加大对污染综合防治项目建设力度，西宁市历史遗留铬渣综合治理完成投资 0.81 亿元，生态环境保护与建设力度不断加大，重点区域及流域环境保护得到进一步提高。

（六）新能源项目建设和绿色经济成为青海发展的新亮点

2011 年以来，青海省在不断加大投入的同时，深入推进太阳能、风能等新能源产业发展。柴达木盆地太阳能电站累计完成投资 70 亿元，年产 200 兆瓦高

倍聚光光伏太阳能发电及组件项目完成投资0.63亿元，400兆瓦光伏电池项目完成投资3.6亿元；年产3000吨太阳能级单晶硅生产线完成投资2亿元，青海聚阳能硅业股份有限公司单晶硅、亚洲硅业（青海）有限公司多晶硅三期、黄河上游水电开发有限公司多晶硅二期及电池片生产等光伏产业项目分别完成投资3亿元、1亿元、2.5亿元，为青海省新兴产业培育及绿色产业体系构建、增强经济发展后劲打下了坚实基础。

（七）民间投资拉动作用提高

2011年青海省以吸引民间资本和招商引资为重点，民间固定资产投资逐步成为拉动经济增长的重要组成部分。全年全省民间固定资产投资完成559.19亿元，同比增长39%，增幅比全社会固定资产投资增幅高4.8个百分点；民间投资占全社会固定资产投资的39.0%，同比提高1.4个百分点，拉动全省固定资产投资增长14.7个百分点，民间固定资产投资贡献率为42.9%。民间投资的加大，为青海省经济建设提供了潜力。

（八）项目建设资金到位情况好于全国平均水平，自主投资能力进一步增强

2011年，全社会固定资产投资中，当年资金到位1473.76亿元，同比增长41.3%，增幅比全国平均水平高21个百分点。全省全社会投资到位资金中，国家预算内资金、国内贷款以及利用外资和其他资金分别到位316.98亿元、215.04亿元和5.56亿元，同比增长124%、20.5%和6.6%；自筹资金到位772.06亿元，同比增长42.3%，增幅比全国平均水平高13.7个百分点，占全省固定资产到位资金的52.4%。全省投资项目资金来源呈现多样化，但以自筹资金为主的自主性投资能力进一步增强，所占比重仍然最大。

（九）房地产开发投资保持快速增长，商品房销售继续保持较好势头

全省房地产开发完成投资144.77亿元，比上年同期增长33.8%；房屋施工面积1659.03万平方米，增长16.5%；房屋竣工面积505.91万平方米，增长89%；商品房销售面积348.2万平方米，比上年同期增长23.9%。从销售方式

看，现房销售面积58.1万平方米，增长27.6%；期房销售面积290.1万平方米，增长23.2%。商品房销售额114.16亿元，增长35.3%，其中现房销售额增长26.0%，期房销售额增长36.9%。

（十）玉树灾后重建进展顺利

自玉树灾后恢复重建以来，青海省按照党中央、国务院的总体部署，在国务院协调小组的指导下，科学组织，统筹安排，调动各方力量，克服重重困难，齐心协力，顽强奋战，使灾后重建取得新的重大进展。玉树开工项目843个（不包括城乡居民住房项目个数），完成投资208.9亿元，占规划总投资的73.4%。特别是城乡住房、与民生密切相关的公共服务及基础设施建设成效显著，分别完成投资67.38亿元（未包含加固维修）和38.02亿元，其中农牧民住房完成投资33.06亿元，城镇居民住房完成投资34.32亿元。初步呈现了社会主义新玉树的基本框架，为实现三年重建目标奠定了坚实基础。

二　青海省固定资产投资运行面临的新情况和形势展望

回望2011年，青海省固定资产投资总体保持了良好运行态势，固定资产投资强度明显提高，投资结构进一步优化，为青海经济快速前行提供了强大动力，在推进全省经济跨越发展中发挥了积极带动作用。展望2012年，青海经济加快发展，产业加速转型的特征依然没有变，全省经济仍然处于快速增长期，为保持固定资产投资的合理增长和可持续增长奠定了必要的发展基础。

（一）固定资产投资运行面临的新情况

一是各项应付款增幅较高。2011年，青海全社会固定资产投资各项应付款合计130.46亿元，同比增长1.73倍，比全国平均水平高143个百分点，占全社会固定资产投资本年资金来源的8.5%，同比提高4.1个百分点，所占比重比全国平均水平高0.3个百分点。应付款明显增多，在一定程度上制约了全省投资的较快增长。因此，要以拓展投融资渠道为重点，围绕国家投资的重点投向，积极争取国家资金加大投入，围绕重大项目和重点项目建设领域进一步拓展投融资渠道，加大筹集建设资金的力度；同时整合统筹各类资金，加大对经济社会发展的重点领域和薄弱环节的投入。二是高度关注新开工项目建设。2011年亿元以上新开工项目计划总投资526.43亿元，较上年同期下降11%；施工项目438个，同比减少363个。大项目的减少将会直接影响和制约后期固定资产投资的规模及增长速度。

（二）固定资产投资形势展望

2012年青海省将进一步扩大投资规模，加大投资力度，优化投资结构，发挥投资对经济发展的支撑拉动作用。扎实推进农牧业基础设施建设，改善农牧区生产生活条件；加强交通、通信等重大基础设施建设，努力夯实发展基础；加强公共服务设施建设，促进基本公共服务均等化；加快以西宁为中心的东部城市群建设，促进产业布局优化和城市化发展；强化特色优势产业培育，促进产业优化升级和提高市场竞争力；推进藏区发展建设，促进区域协调发展；加强生态保护和循环经济发展，促进生态文明水平的提高；加快推进玉树灾后恢复重建将是2012年青海固定资产投资的重点。2012年，全省固定资产投资预期目标1700亿元以上，较2011年增长20%以上。其中，城镇固定资产投资完成1405亿元，同比增长19%；农村固定资产投资完成295亿元，同比增长20%。

三　对策及建议

现阶段是青海实现经济社会发展历史性跨越的关键阶段，加快转变经济发展方式、提升经济发展质量任重道远。要把握好国家的政策取向，牢牢抓住国家扩大内需、深入实施西部大开发和加快藏区发展等重大机遇，紧紧围绕“扩投资、强基础、兴产业、惠民生、建生态、促和谐”的发展目标，进一步加大投资力度，优化投资结构，发挥投资对经济社会发展的支撑拉动作用。

（一）强化高效投资观念，积极调整投资结构，实现投资增长方式由数量型为主向效益型为主转变

认真研究国家产业、投资、财政、货币等政策，市场的产品、投资、技术、人才需求，以及项目的投资方向、热点、渠道、规模和效益，从而把握项目工作的方向，提高项目决策的前瞻性和科学性，力争更多的好项目、大项目列入国家

盘子；按照全局性、先进性、择优性、计划性原则，谋划和推出能够形成优势、形成支柱的大项目。树立“有效投资”、“高效投资”与“绿色投资”理念，发展能够有效扩大内需、增强经济发展后劲的投资，力求避免无效投资和重复建设。只有“有效投资”，才能使投资有效形成或转化为内部需求，增强青海省经济发展能力和潜力；只有发展乘数效应高、经济效益好的“高效投资”，才有利于经济结构升级和转变发展方式。要力求避免规模大而效益低、质量差，建成项目生产能力闲置或者过剩的投资。提高投资效益的一个重要方面就是调整投资结构，把有限的资金重点投向那些投资少、见效快、对全省经济有支撑作用的产业；力求避免破坏生态、污染环境、浪费资源，只追求经济效益而忽视社会效益的投资。

强化工业投资水平是保增长、抓转型的关键因素。工业是青海经济增长的主导产业，保增长的关键在工业，转型发展的希望也在工业。青海工业体系表现出明显的传统化、资源化、重型化，抵御市场风险能力较弱。要提高工业项目投资比重，加大工业投资力度，特别是在加快工业经济转型发展上下工夫，积极推进工业结构调整和优化升级，确保工业经济持续较快发展。不断强化工业的支柱地位，既要做大做强传统优势，对那些具有资源特色优势的工业项目，予以实实在在的扶持，加快工业企业技术升级和技术改造的步伐，用高新技术改造、提升传统产业，促进传统产业焕发生机和活力，成为经济的增长点；同时，进一步加大战略性新兴产业投资，狠抓高新技术产品的开发和引进，积极培育壮大新兴、特色优势产业和高新技术产业。加大投入延伸产业链条项目的投资，提升产品的高附加值。要增加节能减排投资，提高资源利用率，减少污染排放，促进生产方式向生态化转变。

（二）继续抢抓第二轮西部大开发等重大历史机遇，把握好国家政策取向，切实做好项目工作

瞄准“十二五”国家产业政策和重点项目投向，抓住国家实施西部大开发战略、支持青海藏区跨越发展、新十年扶贫开发、三江源国家生态保护综合试验区正式启动等重大政策实施的机遇，下大力气继续争取国家对基础设施和重大民生工程建设的更大支持，保持固定资产投资适度较快增长，对全省经济的健康发展将产生重要的推动作用。围绕国家实施西部大开发支持发展的交通、水利基础

设施建设、优势资源转化、特色产业发展、教育、文化、卫生、社会保障、社会事业发展、社会主义新农村建设、生态建设和资源环境保护等领域谋划项目并及时跟进。

科学策划投资项目。项目是投资的载体，抓好项目工作，就是抓住了投资的“牛鼻子”，既是经济社会发展的现实需要，是实施经济结构战略性调整的重要条件和推动经济增长的重要动力，同时也是提高人民生活水平的重要基础。从青海省经济发展规律看，投资需求的增长对需求的扩张乃至对整体经济的增长起着决定性的作用，实施项目带动战略就是要集聚生产要素、突破“瓶颈”制约、激活经济增长、推进结构优化、增强发展后劲。特别是大项目建设，是优化经济结构、转变发展方式的重要举措，是增强经济发展后劲的强大动力，是提高发展质量和效益的有效途径。要树立大项目拉动观念，增加投资项目储备，着力用少量投资最大限度地盘活存量资产。要加大能够提升产业层次、资源优势强、科技含量高、见效快、效益好的大项目的筹划，充分发挥重大项目的支撑和拉动作用。要形成“开工一批、在建一批、投产一批、储备一批”的项目接续机制，做到常年筛选、滚动储备，形成项目梯次发展的良性运行机制，为保持固定资产投资的持续性增长、为经济平稳较快发展提供有力支撑。

（三）积极应对复杂环境，拓展投资渠道，千方百计统筹项目建设资金

要进一步扩大投资规模，改善和营造良好的投资环境。科学谋划项目，吃透政策的基本内容和精神实质，提高从政策中发现资源、谋划项目，把国家政策同青海资源优势、特色产业、地域和民族特色有机地结合起来，争取国家更大支持。在扩大直接融资的基础上，进一步畅通投融资渠道，创新资金筹措方式，吸引更多的投资。加强和金融部门的协调工作，积极争取落实项目资金，以保证金融机构中长期贷款对全省投资增长的支撑，努力实现投资的平稳较快增长。在当前国际金融危机仍在持续、国内外经济环境复杂严峻的背景下，确保更多的资金用于实体经济，这不仅是立足当前提振经济信心的有力举措，也是着眼长远夯实金融业发展根基、助推经济健康发展的战略部署。金融机构要确保资金用在实体经济，用在刀刃上，不仅要“锦上添花”，更要“雪中送炭”，增强灵活性，不搞一刀切，加大对薄弱领域的支持，有效解决实体经济融资难、融资贵的问题。

特别要实施好稳健的货币政策，优化信贷结构，加强对青海省重点在建续建项目和具有市场前景、符合技术进步趋势的产业给予重点支持，对符合产业政策的企业特别是小型微型企业给予信贷支持，对安置空间大、符合环保要求的产业给予资金支持。实体经济的发展，离不开一个政策宽松、就业方便、市场畅通的良好成长环境。企业成长快、有钱赚、前景好，就会对资金产生很强的吸引力，从而形成外来资金和实体企业共生共荣的良好发展局面。要积极争取财政性建设资金投入，积极创造条件、营造环境，争取和推行多种融资方式。要加强银政、银企的沟通合作，积极争取信贷支持。同时要进一步规范和完善鼓励激活省外、国外资金和民间投资的政策措施，为其营造平等宽松的环境，提供多方位的服务，增强其活力。

参考文献

青海省统计局：《青海统计年鉴（2011）》，中国统计出版社，2011。
国家统计局：《中国统计年鉴（2011）》，中国统计出版社，2011。

B.6
青海农牧业运行分析与未来发展重点

朱华 赵栋*

摘　要： 2011 年青海省通过积极推进现代农牧业建设、优化农牧业结构和加快完善农牧业科技支撑体系等一系列措施，农牧业综合生产能力明显提高，农畜产品市场竞争力得到持续提升，农村牧区经济得到进一步繁荣。2012 年，转变农牧业发展方式，推进现代农牧业发展；加强科技支撑和推广能力，扩大农业重点技术覆盖面；加快产业转型升级，持续增强农畜产品市场竞争力将是青海农牧业发展的重点所在。

关键词： 农牧业　运行分析　发展重点

"十二五"时期，青海省总体已进入以工促农、以城带乡的发展阶段；也是加快转变发展方式，加快改造传统农牧业，加速破除城乡二元结构，形成城乡经济社会发展一体化新格局，建设全面小康社会的关键时期。2012 年是实现"十二五"农牧业发展目标承上启下的关键年，进一步加快现代农牧业建设、优化农牧业结构、加快完善农牧业科技支撑体系、提高农畜产品市场竞争力、繁荣农村牧区经济尤为重要，是不断增进农牧民福祉、夯实全面建设小康社会基础的重要保证。

一　青海省农牧业运行分析

2011 年，按照"加快现代农牧业发展，加快转变农牧业发展方式，坚持增

* 朱华，青海省社会科学院经济研究所研究员，研究方向：农村经济；赵栋，青海省农牧厅办公室主任科员。

投资强基础、抓生产保供给、促增收惠民生、明职责建生态”的发展思路，全省粮油生产稳中有升，畜牧业健康发展，农牧民收入持续增长，重大农畜产品质量安全保障，农牧业生产连续6年实现了增产增收，实现了农牧业经济又好又快发展。

（一）农牧业综合生产能力稳步提高

全省农牧业增加值达到150亿元，按可比价格计算，较上年增长4.5%。全省粮油生产再获丰收，经济作物再提水平，粮食、油料、蔬菜总产量分别达到109.03万吨、36.30万吨、148万吨，粮食、蔬菜较上年增加2.74万吨、10万吨。全省畜牧业生产再上台阶，肉类、奶类、禽蛋总产量分别达到32.37万吨、32.1万吨、2.05万吨，较上年增加1.2万吨、1.98万吨、0.2万吨。渔业生产再现好势头，全省水产品产量达到3000吨，比上年增加520吨，增长20.9%，突破了近年来一直徘徊在2000吨左右的局面。

（二）农牧民人均纯收入持续快速增长

全省农牧民人均纯收入达到4664元，比上年增加801元，增长20.7%，涨幅创历史新高，连续8年保持了8%以上的增速。其中：种植业增收25962万元，农牧民人均增收66元，占人均增收总量的8.24%；畜牧业增收164349万元，人均增收435元，占54.3%；劳务增收113400万元，人均增收300元，占37.45%，农牧民生活水平逐步得到提高。

（三）农牧业物质装备水平明显提高

累计建成日光节能温室3万个、牧区牲畜暖棚0.72万个、农区小畜棚0.98万个，建成标准化规模养殖场（小区）147个，设施化水平显著提高。全省农机总动力达到430万千瓦，新增农机总动力10万千瓦；各型拖拉机总量28.3万台，新增5000台；配套机具25.2万部，新增1.5万部。完成机耕360万亩，机械化播种面积362万亩，机械化深松10万亩，保护性耕作面积25.5万亩，全省综合机械化水平达到47.8%，比上年提高2个百分点，农牧业基础设施进一步加强，装备水平明显提高。

（四）特色农牧业产业结构更加优化

围绕农牧业油菜、马铃薯、蚕豆、蔬菜、果品、中藏药材、牛羊肉、奶、毛绒、饲草料等十大优势产业，加快了特色农牧业生产基地和产业带建设，着力推进河湟流域特色农牧业“百里长廊”建设，全面实施百里百万亩马铃薯、百里百万亩油菜、百里万棚蔬菜、百里十万亩薄皮核桃、百里万头奶牛、百里万头肉牛肉羊、百里万头生猪、百里万亩大果樱桃等八个百里万亩万棚万头计划，特色产业规模进一步扩大，菜篮子产品供给能力明显提升，促进了优势产业向优势产区集中，规模效益和聚集效应不断显现。

（五）农牧业科技应用水平不断提升

继续推广农牧业实用技术，将全膜双垄栽培技术的推广作为提高农业生产力的主要措施，在民和、乐都等18个县（市）共推广全膜双垄栽培技术80.09万亩，推广增产效果十分明显；努力创建粮油高产示范区，在21个县（市）的54个乡（镇）、139个村、89359户，建设23个万亩粮油高产创建示范区、24个千亩示范片和27个百亩攻关田；进行畜禽规模养殖标准化建设，认定畜禽规模标准化养殖场183个，有10家规模养殖场被农业部认定为标准化示范场，建设规模养殖场63个，规模养殖场比重达到32.3%；不断提升农牧业良种化程度，建立农作物良种繁殖基地、蔬菜种子繁殖基地，良种覆盖率达到91.5%，较上年提高1.3个百分点。加大农牧民的技术培训，共举办各类农牧业科技培训班1259期，培训农牧民及基层农技人员62993人，科技对农牧业经济增长的贡献率达到49%以上，科学技术应用成为生态农牧业发展的重要支撑。

（六）生态保护与建设取得显著成效

继续加大实施退牧还草、三江源农牧工程、青海湖流域生态综合治理工程及周边地区生态综合治理工程，全年共防治草原鼠虫害1984.37万亩，平均防治效果达到95%以上；草原毒杂草治理135.75万亩，平均防效达92%以上；完成退化草地补播520万亩，完成围栏禁牧1290万亩；完成黑土滩综合治理138.15万亩、沙化草地治理64.7万亩，建设养畜户9778户。封湖育鱼取得明显成效，在青海湖流域放流青海湖裸鲤大规格苗种700万尾，在黄河流域和湟水河段共放流花斑裸鲤、黄河裸裂尻等土著鱼类鱼苗162万尾，促进了渔业资源的保护和恢复。

（七）农牧业社会化服务能力不断增强

继续加强了动植物保护、种养业良种、农畜产品质量安全检验检测体系、草原防火体系等农业基础设施建设，社会化服务体系得到加强，服务手段明显改善，服务能力进一步增强。强化了“三品一标”产品认证及证后监管工作，创建农畜产品标准化生产示范基地18个，申报下达农业地方标准制定和修订计划35个，批准发布农业地方标准37个。认证无公害产品32个、绿色食品标志55个、国家级地理标志保护产品5个。全省农畜产品批发市场发展到91家。建成23个县级综合信息服务大厅和220个村级信息服务站，开通了省级“12316”农牧服务热线，农村牧区信息化服务基本实现了全覆盖。

二　青海省农牧业发展存在的问题

青海省农牧业和农牧区发展还存在一些深层次的问题，转变农牧业发展方式的难度大、稳定增加农牧民收入的渠道窄、草原生态保护与建设的压力大、统筹城乡一体化发展的难题多、全面推进生态畜牧业的任务重等问题还没有得到根本解决。

（一）转变农牧业发展方式的难度大

长期以来，由于历史和地理等原因，传统农牧业的经营理念根深蒂固，农牧业基础设施仍然薄弱，物质装备条件仍然落后，转变观念和提高物质装备水平都需要有一个渐进的过程。现代农牧业产业体系不健全，特别是龙头企业规模小、市场竞争力弱、带动能力不强，农畜产品加工转化率低，缺乏精深加工。农牧业生产性服务业发展滞后，乡镇农技推广体系体制不顺，服务不到位问题突出，关键技术研发能力弱、科技成果转化率低，对发展方式加快转变的引导和支撑力不够。农牧民外出就业规模不断扩大，农村牧区新生代劳动力流失严重，农牧业劳动力素质日趋弱化，直接妨碍了现代农牧业科学技术、经营方式在农村牧区的转化和扩散。这些深层次的矛盾日益显现，严重制约着农牧业发展方式的转变。

（二）稳定增加农牧民收入的渠道窄

全省农牧民人均纯收入仅为全国平均水平的63.67%，到2015年要达到西部平均水平，必须保持较高的增长速度。但青海省耕地少、质量差、基础设施不配套、水资源利用严重不足，大力发展特色产业与确保粮食安全之间的矛盾突出，务农效益低，农牧民从结构调整中增收的空间和潜力小。同时，工资性收入难以大幅度增加。龙头企业实力普遍不强，农牧民专业合作经济组织起步较晚，产业化经营中与农牧民的利益联结不紧密，农牧民通过龙头企业二次分配增加转移性收入的难度非常大。农村牧区产权市场不完善，盘活农业和农村基础设施的切入点少，农牧民原始积累少，可支配的财产性资本不足，大幅度获得财产性收益的条件尚不成熟，缺乏有效的财产性增收手段。

（三）草原生态保护与建设的压力大

由于长期以来草原建设投入不足，畜牧业生产经营方式落后，草原超载过牧现象仍相当严重，“两化三害”（退化、沙化、鼠害、虫害、毒草害）发生的趋势没有得到根本遏制，中度以上退化草场面积达到2.5亿亩，鼠害危害面积1亿亩，部分草场的生产和生态功能已丧失，草地生态依然存在局部好转、整体恶化的趋势，保护与建设草原生态任务艰巨。

（四）统筹城乡一体化发展的难题多

青海省农村牧区地域辽阔，各区域自然条件、资源禀赋、发展程度、文化习俗各不相同，农牧业发展呈现出多层次和不平衡性，城乡长期分治，二元结构矛盾突出，统筹难度非常大。同时，村镇建设规划的系统性、全面性和前瞻性不够，跟不上经济和社会发展需要。农村牧区普遍缺乏产权交易场所，产权流转平台尚未搭建，土地流转不规范、机制不健全。体制机制创新不够，县域经济实力差，城乡居民收入差距进一步拉大，城市的资金、技术、人才等资源与农村牧区缺乏互动，城市基础设施、公共服务、规划、科技、管理等向农村延伸不够。城镇化水平低，对周边农村牧区加快经济社会结构转型的带动力不强，实施社区化管理任重道远。

（五）全面推进生态畜牧业的任务重

青海省生态畜牧业建设从试点到示范，虽然取得了一定实效，但进一步推进还面临着诸多问题：一是认识不到位。一些干部群众存在畏难情绪，不能从转变畜牧业经营方式的大局着眼，对生态畜牧业的概念和推进时机认识比较模糊。二是重视程度不够。部分地区对生态畜牧业建设工作尚未完全纳入工作议事日程，县乡两级政府参与建设的积极性尚未得到充分调动，推动不力，缺乏实质性进展。三是群众理解不深。由于宣传不到位，群众对组建合作社缺乏信心，有抵触情绪。四是合作社的职能作用发挥不充分。部分专业合作社存在建立流于形式、农牧民参与度不高、规章制度不健全、缺乏有效的运行机制等问题，组织牧民进行规模化养殖、集约化生产的能力不足，难以尽快实现转变畜牧业经营方式的目标。

三　2012年青海省农牧业发展目标和重点任务

2012年青海省农牧业发展要以转变农牧业发展方式为主线，以推进现代农牧业示范区建设为引领，以提高农畜产品加工转化能力为抓手，着力推动农牧业科技成果转化，促进农牧业产业化经营，加快完善现代农牧业产业技术体系，实现“两个确保”，即：确保粮油生产稳步提升，肉奶果蔬菜稳定供给；确保农畜产品质量安全，力争不发生重大动物疫病。主要发展目标是：到2012年末，粮食产量达到110万吨，油料总产达到38万吨，肉类总产达到33.4万吨，奶类总产达到33.2万吨，蔬菜总产达到160万吨。农牧民年均纯收入继续保持12%以上增速。按照发展目标，青海省要继续加快建设特色鲜明、发展持续、集约经营、安全生态的高原特色现代生态农牧业，重点完成如下任务。

（一）转变农牧业发展方式，推进现代农牧业发展

1. 加强基地建设，提高良种的统供能力

将种子产业作为粮油增产的突破口，充分发挥青海种业有限公司的龙头作用，立足马铃薯、杂交油菜等特色制种业，抓好新品种示范推广和繁种基地建设，建立新品种展示示范园区，扩大规模，提高档次，形成实力，提高良种统供

能力。加大制繁种种子专业村建设力度，组建一批有规模的种子专业村，建立各类作物制种繁殖基地46万亩，杂交油菜制种面积达到3万亩以上，马铃薯繁种面积达到18万亩以上，打造成全国重要的杂交油菜制种基地和种薯繁殖基地。扶持新建牦牛、藏羊及绒山羊种羊场12个，提供良种牦牛5000头、良种绵（山）羊1.6万只以上。建设标准化牛改站点20个，完成改良任务20万头以上。

2. 打造高原特色农牧业，创建农牧业示范园区

大力扶持海东、海北、海南、黄南高原现代农牧业示范区建设，打造一批以县为单位，采取“一区多园”的建设方式，高起点、高标准、高水平省级现代农牧业示范区，在政策上给予优先扶持，在项目资金安排上给予重点倾斜。加快示范区基础设施条件改善，提升物质装备水平，推进示范区建立核心产业群和确立主导产业，促进示范区带动能力进一步提升，实现率先发展。力争创建1～2个国家级现代农牧业示范区，打造高原特色农牧业发展新亮点。2012年将继续安排资金，扶持建设日光节能温室3万个，着力打造设施农业产业带，并创建一批园艺作物标准园和休闲观光农业，拓展发展领域。

3. 转变畜牧业发展方式，推进生态畜牧业建设

将标准化规模养殖场（小区）建设作为大力发展农区畜牧业的重要抓手，继续扶持建设60家，建设农区小畜棚1万个，使农牧区畜用暖棚建设有新进展。努力扩大农区饲草料生产规模和农作物秸秆综合利用能力，积极开展肉牛、肉羊能繁母畜补贴，建立农区畜牧业大县奖励基金，大力实施农区肉牛肉羊倍增计划，不断提高规模养殖比重，提升农区畜产品供给能力。紧紧抓住国家实施草地生态保护奖励的政策机遇，高标准、高起点地抓好283个牧业村生态畜牧业合作社的组建工作，在建设质量和建设成效上有新突破。同时，对已组建的600个牧业村合作社加大生产和资源的整合力度，提升服务水平，发挥示范引领作用，形成各具特点的生态畜牧业发展方式，提高畜牧业发展水平。

4. 充分利用资源，加快水产养殖业发展步伐

将水产养殖作为农牧业经济发展新的增长点，加大资金投入，重点进行扶持建设。以创建标准化健康养殖示范场为切入点，扶持建设一批具有一定规模的水产养殖合作社或养殖企业，扩大网箱养殖规模，提升水产养殖合作社或养殖企业的经营管理水平。加大优质冷水鱼良种繁育场建设力度，推广养殖优质冷水鱼品种，使全省水产品产量有一个新增加。

（二）加强科技支撑和技术推广能力，扩大农业重点技术覆盖面

1. 强化科技创新体系建设，全面提升公共服务能力

强化科技创新体系建设，努力培养一批农牧业科技创新团队和领军人才。健全技术推广服务体系，围绕“规范县级、强化乡级、夯实村级”的目标，继续开展基层农技推广体系改革与建设示范县创建工作，加快推进基层农技推广机构条件建设，全面提升公共服务能力。

2. 推广农业科学技术，提升农业综合生产能力

继续将全膜双垄栽培技术作为粮食增产的重点措施，全面落实推广面积100万亩，实现推广面积的新突破。并依托国家马铃薯原种生产补贴、旱作节水农业和省级全膜双垄栽培技术推广等项目，在搞好马铃薯脱毒种薯生产的基础上，继续扩大东部山旱地马铃薯种植面积，使全省马铃薯种植面积有一个新的发展。继续开展粮油高产示范创建活动，建立粮油高产创建基地25个，抓好5个整乡和1个整县整建制推进，大力推行集成配套技术，以高产田带动提升农业综合生产能力。

3. 加大农业科技培训，壮大农牧业人才队伍

以现代农业人才支撑计划为抓手，大力培养农业科研领军人才，农业技术推广骨干人才，农村实用人才带头人和农村生产型、经营型、技能服务型人才。重点围绕设施农牧业、生态畜牧业发展等，依托各类培训基地，加大农牧民实用技能培训，重点培训有绿色证书的实用人才1万人。

（三）加快产业转型升级步伐，增强农畜产品市场竞争力

1. 加强整合力度，提高龙头企业带动能力

继续加大农牧业产业化龙头企业整合工作，重点整合乳制品企业，集中扶持资金，整合企业资源和品牌。鼓励和引导龙头企业通过兼并、重组、租赁、股份制等形式，组建紧密型大企业、大集团，逐步改变青海省农畜产品加工企业“小、散、乱”的现状，加快农畜产品的加工转化，提高附加值，增强企业的市场竞争力和带动能力。

2. 强化品牌建设，增强农畜产品市场竞争力

围绕优势主导产业，加大扶持力度，切实抓好品牌农畜产品生产基地标准化

建设和无公害、绿色、有机农畜产品生产基地建设，支持和引导产业化龙头企业、农牧民专业合作社等组织开展“三品一标”认证，拓展“三品一标”申报主体，加快“三品一标”认证步伐，努力再打造一批具有市场竞争力的特色农畜产品品牌，扩大青海省特色农畜产品在省内外的知名度和影响，提高市场竞争能力。

（四）突出项目建设，加强生态环境保护

1. 全面落实草原生态补助奖补机制，努力实现草畜平衡

按照已确定的工作实施方案和《青海省禁牧与草畜平衡管理办法》等5个管理办法规定，认真抓好草原生态保护补助奖励机制政策的全面落实，实现政策全覆盖。在总结试点县经验的基础上，加强对各地草原承包、基本草原划定、核减超载牲畜、禁牧区域划定、牧户信息录入、人工种草及补奖资金发放等工作的督促检查，全面推进核减超载牲畜工作，力争核减超载牲畜190万羊单位，促进禁牧、草畜平衡、人工种草、减畜数量等各项目标任务的实现。

2. 落实项目建设，综合治理生态环境

一是继续组织实施退牧还草、三江源农牧工程、青海湖流域生态综合治理工程及周边地区生态综合治理工程，逐步启动实施三江源生态保护与建设二期工程、祁连山南麓生态综合治理、黄土高原水土流失综合治理、柴达木地区生态保护与综合治理工程，努力构建“一屏两带”生态安全格局。二是大力发展牧区饲草业，鼓励草原牧区牧户种草，推行舍饲和半舍饲养殖。加强优质高产人工饲草地建设，增加饲草供应和储备。扩大牧草良种基地建设规模，推进牧草良种产业和草产品加工业发展。三是继续做好封湖育鱼工作，加大对三江源水生野生渔业资源保护，继续开展人工增殖放流活动及检测，促进渔业资源的保护和恢复。

（五）加强服务指导，抓好玉树恢复重建工作

按照省玉树地震灾后重建现场指挥部的要求，加强协调服务，加大督导监管力度，继续做好已建日光节能温室的水、电、路配套设施建设和温棚种植，使其全面更好地发挥生产效益。抓好3630个畜用暖棚、1551个贮草棚、5个规模化养殖小区、2个种畜场、760个动物防疫注射栏和7个农牧业综合服务中心等项目建设，恢复建设1223万米网围栏和6.2万亩人工草地，全面完成各项重建任务。

四　保障措施

（一）资金保障

利用国家政策机遇，加大投入，努力提高农牧业装备水平。把项目投资与财政专项结合起来，提高资金使用效率，全面强化公共服务手段。加快创新农村牧区金融服务体系，加大对农民专业合作社、农牧业龙头企业和种养大户等的贷款贴息，扩大种植业及养殖业保险试点范围。完善农村牧区融资担保平台，建立政府扶持、多方参与、市场运作的农村牧区信贷担保机制。加大农牧业招商引资力度，为发展特色农牧业提供资金保障。创新基础设施投入方式，按照集中人力、财力和物力办大事的原则，抓住整合资金这个关键，整合财政支农资金、农业综合开发资金、扶贫开发资金、农田水利工程建设资金和各部门涉农资金，建立整合项目联席会议制度，按照“渠道不变、用途不改、各负其责、各记其功”的原则，把项目向示范区集中，把资金向特色产业倾斜。

（二）科技保障

探索建立“以产业为主线、以产品为单元的专家负责制”科技创新体系，组织攻关一批设施农牧业、标准化生产、生态畜牧业、农畜产品加工等重大技术。加大对基层农技推广体系改革与建设的支持力度，构建职能明确、机构完善、队伍充实、保障有力、运转高效的基层农技推广体系。建立健全基层农技推广人员聘用、推广责任、工作考评、人员培训、多元推广等制度，提高农技推广工作的效能。增加良种补贴、基层农技推广体系改革与建设示范补助、粮油高产创建补助、农畜产品生产标准化创建补助、测土配方施肥补贴、农作物病虫害专业化防治补助、动物防疫经费、畜禽饲养补贴、农机作业补贴等，解决技术物化及技术推广问题。加强村级动物防疫员队伍建设，提高其劳动报酬。

（三）人才保障

结合中央和国家部委对口帮扶青海工作，利用“西部之光”访问学者培养项目、“院士专家西部行”活动、“博士服务团”选派工作等，加大高层次人才培养和智力支持力度。实施现代农业人才支撑计划，重点扶持与培训农业科研杰出人才、有突出贡献的农业技术推广人才、基层优秀生产经营人才。实施基层农技推广机构特设岗位计划，充实基层农业技术推广机构。实施农村劳动力转移培训阳光工程，重点加强农业产加销以及农业社会化服务领域从业人员培训。以提高科技素质、职业技能和经营能力为核心，着力打造服务农村牧区经济社会发展足量的农牧业实用人才队伍。

（四）市场保障

建立健全草原、生产、市场等信息统计、监测、分析和定期发布制度，完善信息网络和数据库，为农民提供涉农政策、科技知识、气象、农畜产品和农资市场信息以及劳动力转移、教育培训、农用地规划、乡村建设、灾害防治等服务。积极探索“价格保护型”、“资金补偿型”、“参股合作型”等扶持办法，支持龙头企业重组整合，增强产业化带动能力。打响“高原牌、绿色牌”，加强产地环境、投入品使用、生产过程、产品质量全程监控，做大做强一批具有一定知名度的特色农畜产品品牌，扩大“三品一标”生产规模。加强农畜产品的公益宣传和品牌建设，通过展会经济推动农畜产品“走出去”。建立健全农畜产品市场供求和预测预警机制。

（五）政策法制保障

力争在农牧业投融资、草原生态补偿、兽医管理、种子管理、农牧民专业合作社建设、龙头企业扶持、农业综合执法等方面出台地方性法规或扶持政策，建立健全与现代农牧业发展相适应的农牧业法规规章体系，加快推进农业综合执法体系建设，加大农资市场监管，为青海特色农牧业发展提供政策法制保障。

参考文献

青海省农牧厅：《青海省“十二五”农牧业发展规划》，2011 年 9 月。

马忠臣：《结构调整是农村经济发展的必然选择》，2000 年 11 月 28 日《人民日报》。

官永彬、陈贤银：《我国农业结构战略性调整的基本特征及推进路径》，《新疆农垦经济》2006 年第 4 期。

孙发平等：《青海转变经济发展方式研究》，青海人民出版社，2008。

B.7

青海工业运行形势分析与发展对策

张　玉*

摘　要： 2011年以来，面对宏观经济政策收紧、外部环境不断变化的情况，青海工业经济在多重困境中实现了平稳较快增长。2012年青海经济加速发展、产业加速转型的阶段性特征依然不会改变，工业基本面仍将保持稳定运行。增强经济运行调节能力、狠抓重点项目建设、加大招商引资力度、扎实做好节能降耗工作、加快非公经济和中小企业发展、积极推进工业园区发展、着力提升科技创新能力、促进企业信息技术应用示范是进一步发展青海工业经济的重点所在。

关键词： 工业发展　形势　展望

2011年以来，面对宏观经济政策收紧、外部环境不断变化的情况，青海工业战线共同努力，攻坚克难，化危为机，工业经济在多重困境中实现了平稳增长，为全省经济社会发展作出了积极贡献。

一　2011年青海工业经济运行分析

2011年，为积极应对工业经济运行中出现的新问题、新变化，全省上下进一步解放思想，抢先进位，强化经济运行综合协调，推进生产要素有效配置，努力化解各种困难和矛盾，帮助企业共渡难关，工业经济运行呈现良好发展态势。

---

* 张玉，青海省经济贸易委员会综合处主任科员。

（一）工业经济发展特点

1. 工业在困境中保持高速增长

面对2010年9月份以来生产要素全面紧张、企业成本快速上升、价格下跌需求骤减等前所未有的困难和挑战，全省各部门通过采取果断措施，破解难题，保障了工业经济平稳快速增长。2011年全省规模以上工业增加值达780.69亿元，同比增长19%，保持了高位增长的势头，工业总量迈上了新台阶。

2. 产业结构调整迈出较大步伐

通过扎实推进工业“双百”行动，新能源、新材料产业快速发展，盐湖化工、有色金属、钢铁等传统产业技术改造取得新进展。充分发挥市场机制与政策手段，坚决关闭淘汰了一批落后产能。三大工业园区建设呈现“一个优化提升、两个快速启动”的势头，对全省经济发展的引领和拉动作用进一步增强。全年完成一般性工业投资422亿元，同比增长29.4%，工业发展后劲进一步增强。

3. 对外开放和招商引资实现新突破

坚持创新思路、创新手段、创新组织方式，集中力量推进开放合作，“青洽会”等活动项目签约额、履约率、开工率创历史新高，预计全年到位资金300亿元左右，同比增长49%，一批重大项目成功落地，大幅度提升了全省产业层次和水平。

4. 中小企业和非公经济稳步发展

认真落实支持民营经济和中小企业发展的各项政策措施，不断加大项目、资金和要素保障支持力度。截至2011年12月底，全省非公有制工业累计完成增加值258.73亿元，同比增长29.8%。

（二）工业生产要素运行情况

各种生产要素在一定区域内的集聚是一个地区由落后走向发达的必然规律，通过人才、知识、交通等因素的相互组合和配置对经济社会发展产生巨大的推动作用。在工业生产要素组合方式上，2011年全省工业要素组合进一步集结、协调和优化，由粗放式向集约化方向发展，效率和效益不断提升。铁路方面，通过加强工业运行监测和分析，强化衔接协调服务，全力保证重点工业产品外运，全年完成铁路运输3800万吨，同比增长8%，有效支撑了重点产品的运输。电力方面，通过优化电力调度，落实外购电量，保证满足全省工业用电，2011 年全省发电量为 560.7 亿千瓦时，同比增长 20.5%；累计用电量为 490.2 亿千瓦时，同比增长 3.9%。信贷方面，积极协调金融机构加大对工业信贷资金支持力度，截至 11 月底，工业贷款余额 1085.37 亿元，比年初增加 174.71 亿元，同比增长 22.46%，支持西部矿业、盐湖集团等企业采取发行债券等方式融资 90 多亿元，有力支持了重大项目建设。与此同时，为做好“十项举措”中所明确的企业联点帮扶工作，省经委在牵头负责综合协调组、运行组、技改组、中小企业组的基础上，又根据不同行业、不同企业、不同产品特点，下设了化工、电解铝、铝合金、碳化硅、装备制造、文化旅游产品加工、配套产品加工业、轻工纺织业、生物医药业、农机产品加工 10 个方面的保稳增产工作组，通过分析、研判、预测市场前景和行业发展趋势，重点帮扶企业解决运输中出现的突出问题，协调解决企业资金链紧张难题，督促企业加大生产和技术改造，挖潜增效，拓展市场，促进产业加快增长。

二　2012 年青海工业经济运行形势与展望

2011 年，青海工业经济在保持总体稳健发展的同时，由于受国内外经济发展环境影响，从 9 月份开始工业增速骤降，电解铝、钢铁等行业效益大幅下滑，资金链条越绷越紧，生产经营困难。受市场、资金等多种因素影响，导致投资者信心不足，一批项目进展迟缓。10 月份，全省规模以上工业同比增长 11.7%，环比下降 8.4 个百分点，部分行业出现停产限产现象。这些工业运行中出现的新情况、新问题，直接影响到 2012 年全省工业发展走势。

（一）面临的宏观经济形势

从国际看，一方面欧美债务危机短期内难以化解，不仅导致发达国家经济衰退，还将严重影响发展中国家经济增长的良好势头，并使得世界经济复苏过程艰难而漫长，世界经济衰退将长期化。另一方面美欧为缓解危机、走出困境，已经大量增发并将持续增发货币，以此化解债务压力、刺激经济增长，全球性通货膨胀也将长期化。当前面临的国际形势比 2008 年美国次贷危机爆发时更为复杂，某些方面甚至更为严峻，欧美债务危机的复杂性以及世界经济衰退给我国经济带来严重影响。

从国内看，据工信部等有关部门分析，2012 年全国工业经济能够继续保持平稳较快增长的运行态势，但发展中不平衡、不协调、不可持续的问题仍然突出，既有世界经济不振、外需疲软的影响，又有国内资源环境约束强化、结构调整压力加大的制约；既存在产业结构不合理、自主创新能力不强、经济运行质量不高等长期没有得到解决的老问题，又面临生产经营综合成本上升、市场变化等新情况；企业既面对生存的竞争挑战，又面临转型的发展压力。预计 2012 年全国工业增速可能会继续有一个适度回调，但总体仍将运行在平稳较快的增长区间，稳增长、调结构、转方式、促融合将成为全国工业经济运行的主旋律，工业发展和运行质量将继续有所改善。

（二）全省工业经济运行形势

为全力保障工业经济平稳较快发展，充分发挥政策效应，做好工业经济运行、工业企业联点帮扶和工业企业技术改革、支持新兴产业发展等工作，省相关部门制定了详细可行的实施方案，明确目标，强化责任，细化分工，全力落实 10 项措施。但工业经济仍然面临着增长动力减弱、要素供给趋紧和企业效益下滑等一系列挑战，使得 2012 年工业发展的不确定性更为突出。

一是从行业分析。有色金属冶炼及压延加工业主要原料价格基本稳定，电价相对较低，工艺技术水平较高，成本上有竞争优势，预计增速会在 2011 年的基础上有所减缓，如果宏观形势进一步宽松，2012 年下半年可能会有所回升。黑色金属冶炼及压延加工业受市场变化影响，需求不旺，缺乏市场支撑，预计全省钢铁产业将遇到历史最艰难时期，铁合金行业停、限产企业会持续增加。光伏制造行业，预计 2012 年全省多晶硅、单晶硅企业生产经营将继续受到冲击，但多晶硅生产企业因部分关键指标在国内具有先进水平，影响不会很大。化学原料及化学制品制造业预计需求基本正常，企业生产、销售仍将保持较好增长。煤炭开采和洗选业，预计 2012 年煤炭生产将继续保持较快增长。石油和天然气开采业、石油加工及炼焦、电力热力生产和供应业，在内外需拉动下，2012 年运行态势将总体平稳增长。此外，尽管藏毯、服装、食品、饮料、医药等消费品工业生产有些波动，但总体形势较好，有望继续实现平稳增长。

二是从生产要素供需分析。通过对全省铁路运输需求调查分析，预计 2012

年全省铁路运量需求在4600万吨，目前铁道部初步下达青藏铁路公司运输计划4000万吨，缺口为600万吨。电力方面，2012年新增电源较少，全省用电负荷仍将继续保持较高增长，测算全年用电量达到650亿度，电量缺口将达到150亿度，电量平衡难度大，供用电形势十分紧张。信贷资金方面，预计2012年全省工业企业信贷资金需求将达500亿元，资金供给与需求之间的矛盾仍然突出。

（三）全省工业经济形势展望

展望2012年，世界经济一体化发展、总体扩张的态势依然没有改变，世界经济仍将处于缓慢复苏期；我国经济总体向好、持续增长的态势依然没有变，仍处于重要战略机遇期。随着国家宏观政策的逐步完善，经济运行的确定性和稳定性因素在增加，当前存在的各方面问题正在逐步化解，发展的机遇也在增多；青海经济加速发展、产业加速转型的阶段性特征依然没有变，全省经济仍将处于快速增长期。工业基本面仍将保持稳定，但由于结构偏重、产品雷同，特别是传统工业、高载能工业面临的形势比较严峻，加之要素供给持续偏紧，保持工业平稳增长面临许多困难和压力。总体来看，预计2012年全省工业在增速放缓的情况下仍然可以保持较稳定增长。综合各方面因素，结合2012年全省经济发展目标和任务，预计全省工业增加值在15%以上，完成工业投资（采矿业和制造业）480亿元，节能降耗完成当年限额指标。

三　对策建议

在对全省工业经济进行分析与研判的基础上，要切实增强危机意识和忧患意识，充分估计到工业经济形势的复杂性和严峻性，提出进一步发展青海工业经济的对策建议。

（一）突出抓好经济运行协调

紧紧围绕重点行业、重点企业生产要素保障，切实加强经济运行监测分析和综合协调服务，密切关注经济运行中可能出现的苗头性、倾向性问题，及早研究对策措施并加以化解，不断增强经济运行调节的能力和水平。一是做好铁路运输工作。通过积极争取铁道部运力支持，加大空车排入，发挥区域铁路运输协调机制，加强路政企沟通联系，合理配置运力，加快推进机械化、集约化装卸车建设和线路改造，提高运输效率等工作，争取完成2012年度铁路及公铁联运产品任务，确保满足重点产品运输需求。二是优化电力调度。加强水电轮流联合调度，增加水电发电量，建立电煤绿色通道，完善火电和电煤生产企业补偿机制，择机实施相关政策，保持相对电价优势。根据产品市场情况和企业承受能力，及时调整外购电加价配售幅度，并根据形势变化情况，进一步研究制定支持企业发展的政策措施。强化工业领域电力需求侧管理，确保全年用电量需求。三是加强信贷协调。深入了解企业资金需求及融资、贷款情况，充分发挥银政企联系协调机制，推动银企合作，解决好企业融资难、流动资金短缺等困难。

（二）狠抓重点项目建设

要更加注重产业结构的调整和优化升级，以项目建设为抓手，把保增长建立在产业结构不断优化的基础上，进一步落实责任，完善机制，强化协调联动。一是加快实施“双百”行动。继续把推动“双百”行动作为加快工业发展的重要抓手，加快项目前期规划设计进度，帮助已开工企业落实供电、运输、融资、用工等配套条件，加强对项目建设、企业经营的跟踪、协调、服务和督促。建立健全综合协调、统计信息、监督考核等制度，逐步完善“双百”行动进入和退出机制，认真总结推广好经验、好做法，确保“双百”行动持续健康推进。二是全力抓好重点项目。全力抓好两个煤基多联产、金属镁一体化和盐化工产业一体化、鲁丰鑫恒和香港力同铝加工等重点项目建设。围绕加快重点项目建设，进一步加大服务和协调力度，及时安排财政专项支持，解决制约项目建设进度的土地、环评、安评、信贷等实际问题，全力抓进度、抓投入、抓达产。三是大力培育新兴产业。重点扶持发展具有高成长性和带动作用强的新能源、新材料等新兴产业，支持装备制造、生物制药、节能环保等特色优势产业加快发展，不断提高精深加工、产业链延伸、科技含量高、具有全省比较优势的项目比重，培育新的经济增长点。四是强化项目筛选储备。认真研究国家产业政策，积极储备一批产业链延伸、带动作用强的项目，继续研究和谋划一批符合国家支持方向、促进青海产业优化升级的前期项目，提出3~5个投入和产出超百亿元的重大支撑项目，提高项目的成熟度，为招商引资和争取国家专项资金支持作好项目储备。同时，加大与国家有关部委的汇报沟通，积极争取出台针对青海的差别化产业政策。

（三）加大招商引资力度

继续坚持招商引资联席会议制度和省领导招商引资分工负责制，督促各项目牵头单位落实工作责任，强化协调服务，切实解决影响项目建设的实际问题，加快已签约项目工作进度，确保已开工项目尽快建成投产、未开工项目尽快落地建设。一是拓宽招商引资领域。继续谋划和推进一批牵动性强、关联度高的重大招商项目，巩固工业、能源、基础设施和金融等领域招商成果，加强农牧业、文化、旅游等领域的招商引资，力争实现一、三产业招商引资工作新突破，不断拓展招商领域和提高招商层次。二是打造经济协作平台。进一步加强与对口支援省区、沿海重点地区的经济协作。重点加快建立与长三角、珠三角、环渤海经济区之间长期化、制度化的协作机制；加强与黄河经济协作区各省区，特别是周边西藏、新疆、甘肃、四川等省区的合作交流；积极组织和参加“青洽会”、“西洽会”、“兰洽会”、“西博会”等省内外各类会展及经贸洽谈活动，精心筹划赴港澳推介洽谈活动，力争取得一批成果。

（四）扎实做好节能降耗工作

进一步强化节能降耗工作措施，引导重点用能企业开展对标达标活动，积极推广企业应用节能新技术、新工艺、新产品，加强项目用能源头管理，鼓励高耗能企业进行余热余压综合利用等技术改造，继续完善淘汰落后产能退出机制，力求取得工业经济转变发展方式的重要突破。一是完善节能目标考核。围绕节能降耗年度目标，加大监测督察力度，健全节能目标责任评价考核办法，建立完善“目标明确，责任落实，措施到位，奖惩分明，一级抓一级，一级考核一级”的节能降耗目标考核工作机制。二是推进节能技术应用。大力支持企业进行资源综合利用技术的开发和应用，加快节能技术、材料、装备研发推广和技术改造步伐，在重点行业和重点企业积极推广生产工艺节能降耗管控一体化信息系统；鼓励企业加大节能技改投入力度，加快节能新技术、新产品的推广应用，积极争取国家政策资金支持。引导支持省内企业建立节能服务机构，引进省外实力强、信誉好的大型专业化节能服务公司，不断提高能源利用效率。三是强化合理用能管理。严格执行固定资产投资项目合理用能评估审查制度，从严控制铁合金、碳化硅、水泥等高耗能项目；严格落实铁合金、钢铁、电解铝等企业余热、余压、尾气限期回收利用措施，督促新建项目节能工程与主体工程实现“三同时”，努力从项目建设源头遏制能源浪费和低水平重复建设。加强节能宣传和监督，加大《青海省实施〈中华人民共和国节约能源法〉办法》宣传力度，抓好建筑、交通、公共机构等领域节能降耗，营造全社会节能降耗的良好氛围。

（五）加快非公经济和中小企业发展

进一步认识中小企业在经济发展中的地位和作用，更加注重改善中小企业发展环境，完善服务体系建设，加快推进中小企业成长工程，认真兑现支持中小企业发展的各项政策措施，不断增强中小企业发展的活力。一是加大政策扶持力度。全面贯彻落实支持非公经济和中小企业发展的政策，在引导企业提高素质、维护企业和职工合法权益以及改善对非公有制经济制度监管和协调服务等方面取得新进展。二是着力抓好项目建设。认真抓好中小企业重点项目的组织、筛选、申报和实施，力争国家支持中小企业专项资金稳步提高，努力使全年非公有制经济增加值占全省 GDP 的比重较上年提高 1 ~2 个百分点。三是推进中小企业成长工程。加强重点企业监控和协调服务，加快 10 个重点中小企业工业集中区（创业园）建设，做好百户“专精特新”重点企业培育工作和规模以上企业培育工作，力争实现百户重点企业主营业务收入增速达到 24% 以上。四是加快服务体系建设。加快省级中小企业公共服务平台筹建工作；鼓励和引导各州、地、市建立核心中小企业服务机构特别是共性技术服务中心，筹备成立青海省中小企业协会，积极搭建银企对接平台，努力缓解中小及微型企业融资难问题；切实用好、管好中小企业专项资金；争取设立青海省中小企业创业投资引导基金。

（六）积极推进工业园区发展

进一步深化工业园区管理体制、运行机制和用人制度改革，加快推进目标管理和绩效考核制度，提高园区在产业规划、项目建设、管理服务等方面的能力和水平。加快基础设施和投融资平台建设，增强园区支撑能力，打造跨越发展的新引擎。一是突出发展循环产业项目。加快推进煤基多联产、盐湖资源综合利用、太阳能锂电池生产、特钢改造提升、地毯加工等一批牵动性强、关联度高的重大项目，大力提升产业发展水平；抓好格尔木、德令哈、大柴旦园区循环化改造示范试点工作，努力在产业布局、项目安排上推动各园区适当错位发展。二是加强园区基础设施建设。重点是加紧制定和完善各园区基础设施和公辅设施规划，以构建产业链、形成产业集群、减少物流成本为目标，集中布局关联产业，统一建设。协调发改、国土等部门，大力推进连接园区的铁路、公路和机场建设，完善园区内道路、电网、供排水、供热、通信、排污等生产性基础设施，规划建设公交、商场、银行、学校、医疗等生活服务设施，创造良好的投资创业环境。三是突出园区招商带头作用。紧紧围绕精深加工、上下游对接、资源循环利用等重点环节引进配套性强、关联度高、扩张性强的项目。同时，全力以赴抓好续建、在建项目建设，确保尽早建成投产，发挥效益。

（七）着力提升科技创新能力

结合实施“123”科技支撑工程，加大科技攻关力度，提升自主创新能力。支持企业进行技术改造，积极推广铁合金行业余热余压利用、铝电解槽低压节能减排等综合技术创新，切实提高企业的自主创新能力。加强锂电池材料和铝基、镁基合金新材料等促进特色优势产业发展的关键技术和先进工艺的消化吸收再创新。大力引导和支持企业加大技术开发投入，加大省级企业技术中心平台建设力度，组织认定一批省级企业技术中心，壮大省级企业技术中心队伍，引导和鼓励企业不断提高自主创新能力。支持企业面向科研机构、高等院校寻求智力支撑，努力通过“产学研”结合的技术创新活动，形成一批具有自主知识产权的核心技术。

（八）促进企业信息技术应用示范

一是认真落实工信部等国家五部委《关于加快推进信息化与工业化深度融合的若干意见》，结合青海省第二批两化融合示范企业的培育工作，加快推进信息技术在全省重点行业、产业和领域的推广应用。二是建立和完善“两化”融合评价体系和机制，加快建立跨行业、跨部门的“两化”融合业务协同和资源共享工作机制，研究制定青海加快推进信息化与工业化深度融合的贯彻落实意见和相关制度、办法。三是积极争取国家电子信息产业发展基金项目、倍增计划项目和物联网发展专项资金，加大项目实施力度；力争将西宁经济技术开发区列为工信部“电子基础材料基地”；争取设立青海物联网发展专项资金。

一个地区能否崛起、能否赶上发达省份的关键是看其能否将后发优势与当地的具体情况有机结合，选择正确的区域发展战略和突破点，激活发展中的经济因子，实现经济的跨越发展。从资源角度看，作为资源型省份，青海在国内外经济发展中具有重要的战略地位，在今后的发展中应密切关注国际市场的动态，不断加大投入，全面掌握矿产资源的储量和分布，进行精确的技术经济分析，充分发挥资源的后发优势，促进经济的快速发展。从循环经济角度看，柴达木循环经济试验区与西宁经济技术开发区的建立与发展，延伸了产业链，提高了资源精深加工度和综合利用水平，缓解了资源约束矛盾，是青海实施集约发展、转变经济发展方式和实现后发优势的重要途径。因此，必须充分认识到全省工业经济发展的有利条件，坚定信心，抢抓机遇，逆势而上，努力在应对挑战中实现新的更大发展。

参考文献

青海省经济贸易委员会：《青海省“十二五”工业和信息化发展规划》，2011 年 5 月。

强卫：《在中共青海省委十一届十一次全体会议上讲话》，2011 年 12 月 29 日《青海日报》。

B.8
2011～2012年青海商贸经济发展态势分析与预测

周勇峰　王忠文　刘傲洋*

摘　要：2011年，青海商贸经济克服了市场、物价等多重因素，主要的统计核算指标均表现出良好的发展态势，在“十二五”期开局之年实现了规模扩大、结构优化、物价趋稳、外贸增加的可喜局面。但在国际金融危机导致经济下行风险加大以及国内市场竞争加剧的大环境下，2012年青海商贸经济发展仍面临着严峻的挑战，需要进一步加强综合性举措，扩大内需，提高经济效能，满足民生需要，实现跨越式发展。

关键词：商贸经济　流通经济　分析预测

面对当前国内外发展环境复杂多变的严峻形势，青海商贸经济领域始终坚持科学发展，转变发展方式，求真务实，开拓创新，保持了稳定健康发展的良好态势，为全省经济建设和社会发展做出了积极贡献。

一　2011年青海省商贸经济发展态势

2011年，青海商贸经济领域主要统计观察指标均实现较快增长，商贸经济规模与开放程度有了新提升。全省实现社会消费品零售总额404.9亿元，同比增长17.0%；实现进出口贸易总额9.24亿美元，同比增长17.1%，创历史新高；吸收外资保持较好势头，新批准外商投资项目11个，合同利用外

* 周勇峰，青海省商务厅进出口公平贸易处处长；王忠文，青海省商务厅办公室副主任；刘傲洋，青海省社会科学院编辑部副研究员，研究方向：现代物流。

资 3.35 亿美元。商贸经济运行表现出攻坚克难、向好回升、稳步求进的特点。

（一）城乡流通体系建设取得实质性进展，促进消费快速增长

年内编制完成《青海省商贸流通业发展规划（2010～2015 年）》，并对玉树恢复重建市场服务体系工作进行了中期评估，编制完成玉树商业网点规划。继续推进“万村千乡”市场工程，建设、改造连锁农家店、商品配送中心。截至 2011 年底，全省新改建标准化农家店、配送中心覆盖全省 100% 的县、90% 的镇、75% 的行政村，初步构建了以承办企业为龙头、乡镇级农家店为骨干、村级为基础的农牧区商品经销网络。鼓励和支持大型连锁超市和蔬菜生产基地、农业专业合作社及蔬菜配送企业之间开展“农超对接”、“农校对接”，农产品购销企业与西宁主要商场超市和学校签订协议，采取设立瓜果蔬菜销售专柜和直供方式。建设西宁市社区直销菜店，满足了社区居民放心购菜和便利购菜的基本需求。对西宁市家政服务网络平台进行了升级改造。争取商务部支持格尔木家政服务体系建设资金。积极推动“早餐工程”，在西宁市设立了固定早餐经营网点。商务部将西宁市列入 2011 年标准化菜市场项目试点城市，已建设标准化菜市场 12 家。2011 年省级财政安排服务业发展专项资金重点支持流通业基础设施建设、发展连锁经营等。国家汽车下乡、汽车以旧换新政策全面结束后，青海继续实施家电下乡、小排量轿车下乡、汽车以旧换新补贴政策。积极推进青海品牌特色产品走出省门，在北京、厦门成功举办了青海商品大集活动；在北京、上海建成“青海之窗”形象店 5 家，展销地方特色产品，拓展了国内市场。

（二）完善市场应急调控体系，全力保障市场供应

针对 2011 年以来蔬菜、牛羊肉等价格一路走高的状况，青海以保障市场供应为重点，采取有效措施，抑制了物价过快上涨势头。一是加强产销衔接。在西宁市选择当地蔬菜流通企业和调运大户，与省内外蔬菜生产基地、经营户签订长期供销合同，建立稳定的供货渠道。引导省内大的牛羊肉屠宰企业采取“公司 + 基地 + 农户”的方式，与州县农牧户签订牛羊活畜供货合同。重点生猪屠宰企业采取基地养殖与定点收购相结合的方式掌握生猪货源，保证七至十天的预屠宰量，满足市场需求。二是加强与省外流通领域的合作。西宁市以青海品牌商品

成都推介会为契机，加强与成都市商贸流通的合作，通过优化两地产销衔接，提高两地蔬菜、畜产品等优势特色农产品的贸易合作信息化水平和输送能力，搭建“场厂挂钩”、“场地挂钩”销售平台，建立长期稳定、互利合作、具有本土特色的农畜产品产销关系。三是完善地方应急调控体系建设。加快建立地方蔬菜、肉类等重要生活必需品的储备制度。年初在玉树灾区市场投放中央储备肉，在西宁市、海西州市场投放省级储备冻猪肉，有效地稳定了猪肉市场价格，保障了低收入居民需求，满足了市场消费需求。同时，争取到商务部下达青海的冻牛羊肉国家储备计划比上年增加。四是加强对突发事件市场供应工作的组织领导。进一步完善了《青海省应对突发事件确保生活必需品市场供应工作预案》，加大了对应急商品数据骨干企业的应急资金支持，使市场应急调控能力有了一定提高。如：针对互助、湟中、大通等县所产马铃薯滞销问题，及时制订方案，在商务部网站设立了土豆产销对接平台，指导大型农贸市场和重点商贸流通企业充分利用各类蔬菜保鲜库，适当增加马铃薯储备，缓解了马铃薯卖难问题。五是适时投放平价商品。贯彻落实省政府关于稳定物价的各项部署，组织重点骨干企业投放平价鲜羊肉、平价冷冻羊肉；指导西宁市投放市场平价猪肉，组织西宁市、格尔木市等地对重点集贸市场、超市和标准化农贸市场销售的黄瓜等主要蔬菜品种实行批零差率控制。牵头制定了《关于做好牛羊肉市场供应工作的通知》，有效抑制了牛羊肉价格持续走高、货源外流严重的现象，稳定了价格。

（三）扎实开展市场经济秩序专项整治工作

青海商贸流通领域全面组织开展了打击侵犯知识产权和制售假冒伪劣商品专项行动。根据国务院打击侵犯知识产权和制售假冒伪劣商品专项领导小组和省政府的统一安排部署，由省商务厅牵头，协调公安、工商、质监等部门开展了八次集中整治行动，有效遏制了制假售假行为，清洁了消费市场环境。开展了单用途预付卡专项检查工作。加大畜禽屠宰和酒类流通行业专项整治力度。省商务厅配合食品监管、质检、工商等部门，强化食品安全专项整治工作，集中力量抓好肉类、酒类经营主体资格清理规范，严格实行不合格食品退市、召回、销毁、公布制度，维护了消费者合法权益，保障了人民群众食品安全。

（四）加大外贸结构调整力度，转变外贸发展方式

青海采取综合举措在调整外贸结构、转变外贸发展方式方面成效显著。一

是大力培育外贸经营主体。目前全省登记备案的进出口企业有964家，其中当年新增外贸企业115家。南川工业园“青海藏毯产业基地”成为第一批国家外贸转型升级专业型示范基地。二是引导资源加工型企业延伸产业链，提高附加值。硅系列产品、地毯、民族服饰等出口持续增长，培育新的出口增长点，藏绣饰品、藏式家具等文化产品首次实现出口。三是结合工业“双百”行动，进一步加大对外贸企业的资金扶持力度。实施2011年外经贸区域协调发展促进资金项目、外贸公共服务平台建设资金项目以及支持中小企业国际市场开拓项目。四是大力兴办会展业。成功举办了第八届“青海藏毯国际展览会”，组团参加了广交会、“东盟博览会”、首届亚欧博览会等展会，取得了良好成效。五是积极推进西宁口岸工作，与20多个省区市建立了口岸合作机制。六是完善了产业安全预警监测体系，加强了进出口公平贸易工作。

（五）“走出去”与“请进来”相结合，扩大吸引外资规模

夯实项目基础工作，围绕重点领域和优势产业，征集筛选重点招商引资项目，增强项目的针对性和实效性，并通过多种渠道广泛对外推介。外商投资领域进一步拓宽，项目涉及太阳能光仪产业、中藏药研制开发、铝产品加工等。加大“走出去”推介力度，成功举办了第十五届中国国际投资贸易洽谈会青海主宾省活动，开展了青海投资推介会、旅游推介活动、项目对接洽谈等20余场专项活动及青海主宾馆展示。积极“请进来”招商，成功承办了2011青洽会吸引外资推介会，25个国家和地区的200余位外商参会并签署了部分经贸合作意向协议，该推介会已成为青海招商引资重要平台。举办了第五届国际沙棘协会大会，为推动青海沙棘产业发展和招商引资奠定了基础。

（六）积极争取国际多双边无偿援助，扩大国际经济技术合作

以玉树地震灾区恢复重建为重点，积极争取援助项目。接受国际组织、友好国家及地区、民间组织和个人无偿援助项目，香港儿基会和联合国儿基会捐助玉树的教育、儿童保护、妇幼健康等项目。实施“走出去”战略取得较大发展，核准5家境外投资企业、1家对外劳务合作企业。商务部在青海举办了全国“走出去”业务综合培训班，增强了企业“走出去”意识。组织承办了“2011发展中国家自然保护区管理与保护技术培训班”及“2011发展中国家畜牧业实用技术培训班”。

二　2012 年青海省商贸经济发展形势及趋势预测

2012 年青海省商贸经济发展具有不少有利的重要条件，经济向好势头进一步巩固，但真正实现由回升向好转变成稳定增长的良性循环还面临不少挑战，需要进一步创新发展思路，落实积极举措，努力实现预期目标。

（一）形势分析

从国际看，世界经济下行风险加大，国际货币基金组织甚至认为世界经济处在新的危险阶段，欧洲主权债务危机仍有可能深化，甚至拖累欧洲乃至全球经济复苏。从国内看，2012 年经济形势愈加复杂。经济增速可以保持在合理较快增长区间，物价涨幅也将逐步回落，宏观调控依然面临众多挑战，保持经济平稳较快发展的各种有利条件依然存在。战略性新兴产业发展和区域发展规划实施有利于催生新的产业增长点和区域发展极，消费政策不断完善和城乡居民消费能力持续提高有利于释放消费潜力，深化改革特别是大力改善民营经济和微型企业发展环境有利于激发经济活力。国内各种综合成本上涨的压力也将持续。中国在外贸出口上将重点开拓对发展中国家特别是新兴经济体的出口。但商务领域面临的国内外环境更加复杂。

1. 物价上涨压力明显加大

我国居民消费价格同比涨幅逐月攀升，存在结构性上涨转为全面上涨的风险。引起这轮物价上涨的成因十分复杂，外有全球流动性大量增加、美元持续贬值使大宗商品价格上涨，输入性通胀压力不断增加；内有货币存量规模较大、部分农产品供求偏紧、劳动力等要素成本明显上升。而且这轮物价上涨是在经济增速回调过程中出现的，调控起来难度很大。保持价格总水平基本稳定，是当前和今后一个时期宏观调控最紧迫的任务。特别是国内粮食、棉花等大宗农产品受生产周期影响，短期内难以通过扩大生产增加供应，而国际市场大宗商品价格高位运行，挤压了通过扩大进口抑制国内价格上涨的空间，保障市场供应、抑制通胀预期的任务十分繁重。

2. 扩大消费的制约因素仍然不少

中低收入家庭收入预期不稳，居民收入差距缩小不明显，住房、教育、医疗支出预期较高，抑制了家电家具、装饰装潢等消费。随着家电、汽车保有量不断增加，家电汽车下乡和以旧换新等直接促消费政策到期或效应减弱。尤其是食品安全和产品质量问题多发，市场秩序混乱局面尚未根本扭转，人民群众对消费安全心存疑虑。此外，生活服务业发展水平不高，有效供给不足，专业化、规模化经营不够，都将制约居民消费。

3. 吸收外资方面增长乏力

美国和欧盟均提出重振制造业，鼓励资金回流。美国拟在未来5年吸收1万亿美元外国直接投资。全球跨国公司投资信心不足，投资能力下降，对我国投资有下滑趋势。发展中国家竞相出台新的引资措施，我国利用外资面临激烈竞争。国内经营成本持续上升，在一定程度上影响外商投资积极性。

4. 外经贸发展制约因素较多

发达国家在进出口限制、人民币汇率、知识产权、自主创新、市场开放、政府采购、环境保护和国有企业等问题上频出新招，在自贸区建设等问题上进行战略牵制，经贸摩擦不断发生。在全球经济治理、多哈回合谈判、应对气候变化和能源粮食安全等方面，我国面临维护重要战略机遇期和加大国际规则话语权的双重挑战。

（二）目标预测

在2011年的基础上，2012年青海省社会消费品零售总额增长14%，外贸进出口增长5%，吸引外商直接投资增长10%。

三　2012年青海省商贸经济发展的思路和措施

2012年，青海商贸经济发展已站在了推进发展方式转变、优化产业结构、促进协调发展的新阶段，其发展思路就是要按照科学发展观的总体要求，强化机遇与挑战意识，增强加快发展的紧迫感与责任感，以扩大对外开放、促进消费需求为主题，以调整结构为主线，以解决好与民生相关的商贸流通问题为重点，加快城乡市场体系统筹建设步伐，切实保障市场平稳运行，大力实施“走出去”战略，转变外贸发展方式，提升吸收外资水平，实现商贸经济跨越发展。

（一）认真做好扩大消费工作

按照国内贸易“十二五”发展规划要求，着力构建统一开放、竞争有序、高效安全的现代商贸流通体系。完善促进居民消费的政策。总结家电下乡和以旧换新经验，及时研究制定替代接续政策。以废弃电器和老旧汽车等回收利用为重点，提高废旧商品回收和再利用水平；坚持扩大消费与培育品牌相结合。继续组织开展“名品进名店”、“特色商品大集”等活动，鼓励各地设立品牌产品展示中心。深入开展大型零售企业向供应商违规收费专项清理整顿，支持品牌企业建立营销网络，开办专卖店，参加品牌展会；推进城乡现代流通体系建设。继续实施万村千乡市场工程，提升“万村千乡”市场工程农家店建设质量，推进乡镇商贸服务中心建设，发展民族地区交易市场。组织好城市商业网点规划编制实施工作，优化网点布局，打造不同层级的商贸城市和城市商业功能街区。大力发展商贸物流，促进城市共同配送服务，健全农村物流配送体系。完善城乡药品物流配送和零售网络，扩大居民服务消费。在中心城镇打造生活服务业集聚区和15分钟便民服务圈，鼓励发展社区餐饮、沐浴、洗染、家电维修等生活服务业，建设家政服务体系，培育现代家政服务企业，加快发展社会化养老、家政、医疗保健等服务业。深入开展早餐工程、标准化菜市场等惠民利民工程，积极推进便利消费、实惠消费、热点消费、循环消费和安全消费，促进全省城乡市场持续稳定繁荣活跃。鼓励旅游、健身、文化等消费，抓好节假日消费，促进网络购物等新型消费业态发展。继续组织实施“精品青海”市场工程，积极开拓国内外市场。全面实施玉树灾后重建规划，做好市场服务体系重建工作。

（二）加快应急体系建设，增强应急调控能力

加强省级猪肉、牛羊肉、边销茶的储备管理，进一步增加省级肉类储备，指导各地做好本级主要生活必需品储备，增强地方应急储备能力。进一步完善应急商品数据库管理，优化重点联系企业结构，增加应急商品品种监测。积极探索商业周转库存，健全居民生活必需品储备机制，切实增强市场应急调控能力。

（三）加强市场调控，做好稳定物价工作

加强监测，合理引导。健全市场运行分析和预测预警机制，强化对生猪、食糖、食用油、蔬菜等生活必需品、重要生产资料以及重点行业的市场监测和信息发布。依托农产品产销对接平台，建立和完善采购商数据库，拓宽鲜活农产品供求信息渠道；强化调控，保障供给。完善中央、地方政府储备和商业储备体系，

科学规划库点布局，增加肉糖等重要商品储备，及时做好重要农产品收储投放。加强重要商品特别是生活必需品的产销衔接和跨区调运。加强应急商品投放网络和调运机制建设，确保关键时刻调得出、用得上；搞活流通，提高效率。落实《国务院办公厅关于加强鲜活农产品流通体系建设的意见》，加强农产品加工配送中心等基础设施建设，新建和改造一批现代化的大型批发市场、农贸市场和菜市场，加快生鲜超市、直供直销社区菜店等网点建设。积极推进农超对接、农批对接、农校对接等多种形式的产销衔接，扩大对接规模。总结周末车载菜市场经验，适度发展周末蔬菜直销市场、流动售菜车和早晚市；加强监管，规范秩序。推进肉类蔬菜流通追溯体系建设，开展酒类流通电子追溯体系建设试点，建立中药材流通追溯体系。支持屠宰企业升级改造，深入打击私屠滥宰。加强单用途预付卡管理。推进商务领域信用体系建设。

（四）加快转变外贸发展方式

以稳增长、调结构、促平衡为重点，落实《青海省对外贸易发展指导意见》。优化外贸主体结构，结合工业“双百”行动的实施，对出口1000万美元以上的企业予以重点扶持。优化商品结构，稳定传统优势产品出口，延伸产业链，提高附加值。大力推动新能源、新材料、特色纺织、农畜加工和文化产品出口。加快外贸出口基地建设步伐。支持企业出口自主品牌建设。深入实施科技兴贸、以质取胜和市场多元化战略，加强知识产权保护，支持企业培育自主品牌、完善国际营销网络、建设研发设计中心。扩大高技术含量、高附加值商品出口。支持根据要素禀赋发展特色对外贸易，加强和改进进口工作。保障重要资源和关键技术设备及零部件进口；努力保持出口稳定增长。保持外贸政策的稳定性和连续性，研究出台新的促进措施。加大开拓国际市场力度，在深度开拓欧美日韩等传统市场的同时，有针对性地开发新兴市场，积极引导企业开拓东盟、中东、中亚、拉美、非洲等新兴经济体和发展中国家出口市场。依托新疆、西藏等省区口岸优势，提高向西开放水平。举办进口商品展，组织境外贸易促进活动。大力发展服务贸易和服务外包。创新技术、会展、货代和中医药等服务贸易政策。

（五）优化结构，提升利用外资质量水平

搞好园区建设，推动对外开放。强化对国家级经济技术开发区的政策引导，

深化东部与中西部开发区合作交流。围绕盐湖化工、水电、太阳能光伏产业、石油天然气等优势产业抓好招商引资，以园区为主要载体，积极开展招商引资；引导外资投向新能源新材料等高新技术产业。“走出去”与“请进来”相结合，创新引资方式，搭建引资平台。推动昆仑经济开发区升级。提升产业层次，优化区域布局。实施新修订的《外商投资产业指导目录》，研究制订战略性新兴产业引资政策。积极稳妥扩大教育、医疗等领域内非基础性、非公益性服务的对外开放，推动制定外资保理、教育培训、经营性养老机构等领域准入及管理规定。创新管理体制，提高服务水平。简化外资行政审批，推进网上审批和格式化审批。建立外资并购安全审查监测系统，完善政策法规。

（六）推进“走出去”战略，拓宽国际经济技术合作空间

加强宏观指导，搞好战略规划。落实重点项目，创新境外经贸合作区发展模式，完善支持政策和管理架构，引导更多企业集群式“走出去”。针对国际经济合作新趋势、新需求，以生态环保、玉树灾后重建为重点，开展更多的国际多双边援助合作。强化政策促进和服务保障，推动民营企业“走出去”。健全多双边投资合作促进机制。改善政府公共服务，培育社会化服务机构，提高“走出去”便利化水平，加强信息咨询等服务。加大对民营企业“走出去”的支持。加强“走出去”政策宣传和培训，完善政策促进体系，培育扶持有条件的企业对外投资合作，开展对外工程承包。继续做好援外人力资源培训项目。加强对企业的风险提示，完善境外突发事件应急处理机制。

（七）认真做好打击侵权假冒工作

统一思想，抓紧抓好打击侵权假冒工作。推动行政执法与刑事司法相衔接，建立联席会议和案件咨询等制度，形成打击侵权假冒的合力。加强宣传教育，建立打击侵权假冒工作网站，普及识假防骗知识，曝光典型案件。组织开展领导干部、执法人员和企业管理人员知识产权培训。

B.9

青海交通运输与建设形势分析与展望

梁明道　张 捷　李金莲　杜青华*

摘　要： 随着国家对交通运输业投资力度的不断加大，青海交通运输网络不断完善，交通运输能力和效率全面提高，也为青海经济社会实现跨越发展提供了有力支撑。在新的发展阶段，伴随着经济社会的快速发展，青海交通运输业在持续取得长足发展的同时，也面临着转变发展方式和加快发展现代交通运输业的双重压力，迫切需要采取通过加快建设提高交通设施服务功能和水平、提高工程建设水平、推进多元化经营等一系列对策措施来应对新的挑战。

关键词： 铁路运输　公路运输　形势展望

2011年，青海省交通运输积极应对形势的新变化，探索高原交通运营管理规律，加强运输安全管理，提高服务质量，努力推进交通建设、运输、管理、养护、安全生产等各个方面协调发展，顺利实现了“十二五”的良好开局，为地区经济社会发展提供了有力的运力支持。

一　2011年青海省交通运输与建设发展现状

随着国家对交通运输业投资力度的不断加大，青海交通运输网络不断完善，交通运输能力和效率全面提高，在为加快发展现代交通运输业打下良好基础的同时，也为青海经济社会实现跨越发展提供了有力支撑。

---

* 梁明道，青藏铁路公司办公室史志室主任；张捷，青海省交通厅办公室副主任；李金莲，青藏铁路公司办公室史志室工程师；杜青华，青海省社会科学院办公室副主任、副研究员，研究方向：区域经济。

（一）铁路运输与建设发展状况

2011 年，青海铁路运输部门紧抓青藏两省（自治区）发展机遇，努力克服客流季节变化较大、运用车不足、货物去向受限等不利因素，通过增开临客、加挂车辆、优化车底套用等措施，提升客运能力；结合西格二线电气化开通运营，及时投入和谐大功率电力机车，关角限制区段能力得到有效释放，能耗支出大幅减少；打满打足管内运输，大力开发哈木铁路煤炭运输货源，为增运上量提供了有力的支撑；突出以优化物流基地布局、提高战略装车点利用率和承揽煤炭运输、开展煤炭抑尘、承接企业专用线代运营等业务为重点，大力延伸服务链条，促进了经营收入和利润的大幅提升。全年铁路客、货发送量分别完成 656 万人次、3800 万吨，换算周转量 308 亿吨公里，同比增长 8.7%、8.0% 和 15.9%；投入大量资金集中整治服务设施和环境，建成 15 个客票代售点，开设 51 个售票窗口，开行“流动售票车”提供送票上门服务方便旅客购票。

铁路建设方面，青藏铁路公司积极协调铁道部和青藏两省区党委、政府解决建设领域相关难题，科学有序推进铁路建设。顺利完成西宁西站过渡工程并投入使用，西宁站枢纽改造及相关工程建设有序推进，西格二线电气化开通运营，创造了电气化一次性开通 815 公里的新纪录，新关角隧道、兰新第二双线代建段工程全面推进，格尔木至敦煌等拟建铁路项目工作稳步实施。为保证兰新第二双线工程顺利推进，青海省垫资 8 亿元支持建设，开创了青海省地方政府支持铁路建设的先河。

（二）公路运输与建设状况

公路运输方面，2011 年免费放行鲜活农产品运输车辆 59.46 万辆，减免通行费 2351.23 万元，免收玉树灾后恢复重建物资运输车辆通行费 417.17 万元，为全省抑制物价、稳定市场供应、加快玉树灾后恢复重建、保障人民基本生活做出了积极贡献。全年完成公路客运量 1.13 亿人次，旅客周转量 55.64 亿人公里，分别较上年同期增长 8.33% 和 10.82%；完成货运量 8952 万吨，货物周转量 258.04 亿吨公里，分别较上年同期增长 12.44% 和 13.44%；完成水上旅客运输 41.71 万人次，较上年增长 8.65%。同时，严格按照国家有关政策，对全省城市公交、农村客运和出租车实施了燃油补助，补助资金达到 2.9 亿元，是扶持力度最大、补助范围最广、补助资金最多的一年。

公路建设方面，先后开工了共和至玉树高速公路一期工程、国道214线玉树至囊谦、省道309线多拉马科至杂多、省道312线珍秦至称多等一批玉树灾后恢复重建重点建设项目，有力地推进了玉树灾后恢复重建，加快了玉树灾后交通基础设施提升上水平的速度；当金山—大柴旦—察尔汗—格尔木、共和—茶卡—德令哈—小柴旦湖（大柴旦）高速公路、湟源至西海一级公路基本建成通车并投入试运营，2011年新增高速和一级公路1001公里，成为年度建成高速公路最多的一年；国道214线囊谦至多普玛、省道冷湖至涩北公路已全面建成通车。新开工项目国道214线共和至玉树高速公路一期工程进展迅速；国道214线结古至囊谦、省道309线多拉马科至杂多、省道312线珍秦至称多三条通县二级公路建设进展顺利。同时，根据玉树灾后恢复重建需要，重点支持了新增129个安置点的公路建设，优先安排下达了“千村建设、百村示范”工程和“百企联百村”工程的配套道路建设计划，推进了全省新农村建设的顺利实施。全年完成交通固定资产投资135.56亿元，同比增长21.62%，是历年来完成交通固定资产投资最多的一年。截至2011年底，全省公路通车总里程达到64280公里，比2010年新增2095公里。其中高速公路增加898公里，达到1133公里；一级公路增加103公里，达到312公里；二级公路5289公里；三级及以下公路54546公里。

二　2012年青海省交通运输和建设形势分析与展望

2011年中央经济工作会议，全面分析了当前国际国内形势，强调必须抓住科学发展这个主题和加快转变经济发展方式这条主线，突出把握好稳中求进的工作总基调，保持经济社会平稳较快发展。全国交通运输工作会议前夕，中共中央政治局委员、国务院副总理张德江在交通运输部调研时强调，要把握稳中求进的工作总基调，围绕建设安全畅通便捷绿色交通运输体系总目标，更加重视交通运输安全，更加重视交通运输改革创新，更加重视区域、城乡交通运输协调发展，更加重视综合运输体系建设，更加重视提高服务能力和水平，更好地满足经济社会发展和人民群众日益增长的交通运输需要，全面提高交通运输事业科学发展水平。全国交通运输工作会议贯彻落实张德江副总理重要指示精神，提出要把握好交通运输发展的阶段性特征和要求，组织实施好“十二五”发展规划，转变政府职能，加强社会管理创新，顺应人民群众日益增长的交通运输新需求新期待，不断提高交通运输公共服务的能力和水平，努力推进交通运输安全发展、稳定发展、协调发展、高效发展、创新发展、开放发展。中共青海省委十一届十一次全体会议深入分析了全省经济社会发展形势，提出将强化财政支持，加大投资对经济的拉动作用，加大对基础设施领域的投资力度，加大对重大项目的支持。因此，2012 年形势和环境对青海交通运输发展来讲，既面临着难得机遇，也具有一定的挑战。

机遇主要体现在：一是中央强调牢牢把握扩大内需这一战略基点，把重点更多放在扩大消费需求、加快发展服务业上。交通运输作为服务业中优先发展的领域，在拉动消费需求、改善消费环境、挖掘内需潜力、扩大就业中的地位和作用更加凸显。二是中央强调牢牢把握发展实体经济这一坚实基础，要求财政和信贷政策加强与产业政策的协调和配合，继续支持具有公共服务功能的国家重大基础设施在建和续建项目。这为继续完善交通运输基础设施网络、加快结构调整、提高服务保障能力提供了有利条件。三是中央强调牢牢把握保障和改善民生这一根本目的，切实办好涉及民生的大事要事。交通运输是保障和改善民生的重点领域，这为加快推进交通运输基本公共服务均等化、提高公共服务能力和水平提供了更大的发展空间。四是新一轮西部大开发战略更加深入，国家支持青海等省藏区经济社会发展政策更加具体，尤其是近期发布的《中国农村扶贫开发纲要（2011～2020）》中，中央将青海省六州和海东，西宁除平安、大通两县外作为连片特困地区列入扶贫开发的主战场，要求加快区域性重要基础设施建设步伐，实施外通内联、乡通畅、村通路工程，积极发展农村配送物流，着力解决制约发展的瓶颈问题，促进基本公共服务均等化。国家交通运输部在落实中央扶贫开发工作会议精神中提出，要加强基础设施建设，全面提高连片特困地区对外通道的运输能力；加强连片特困地区内的交通联系，打通省际“断头路”，完善区域连通网络，基本实现国家贫困县通二级以上公路；加强贫困地区农村公路建设，推进基本交通运输服务均等化、城乡交通一体化，为青海省交通运输发展带来新的机遇。

挑战主要体现在：一是国际金融危机深层次影响持续显现，国内宏观调控面临更多“两难”选择，势必对交通运输发展带来新的影响，尤其是交通建设资金紧张，深层次矛盾和新情况、新问题相互叠加，保持交通运输平稳较快发展态势难度加大。二是青海省交通运输结构不尽合理，区域城乡交通运输发展不平衡，资源环境对交通运输发展的刚性约束不断增强，加快转变交通运输发展方式刻不容缓。三是人民群众对提升交通运输服务水平的期盼越来越高，交通运输发展面临着既要提供覆盖面更广的均等化服务，又要提供更高品质的个性化服务的双重压力。

2012 年，青海公路建设和运输的主要预期目标是：全年完成全社会公路客运量 1.21 亿人次，旅客周转量 59 亿人公里，货运量 9700 万吨，货物周转量 281 亿吨公里；全年完成全社会公路建设固定资产投资 160 亿元；实现倒淌河至共和高速公路、阿岱至李家峡高速公路和湟中至贵德一级公路建成通车，已安排的“千村建设、百村示范”工程和“百企联百村”配套通村沥青（水泥）路全部建成；新开工建设茶卡至格尔木、牙什尕至同仁高速公路和香日德至花石峡公路。

2012 年，青海计划实施的铁路建设工程主要有：青藏铁路西宁至格尔木增建二线工程、关角隧道工程、西宁站扩改及相关工程，力争 2012 年开工建设敦煌至格尔木铁路工程。

三　对策措施

在新的发展阶段，伴随着经济社会的快速发展，青海交通运输业在持续取得长足发展的同时，也面临着转变发展方式、加快发展现代交通运输业的双重压力，迫切需要采取通过加快建设提高交通设施服务功能和水平、提高工程建设水平、推进多元化经营等一系列对策措施来应对新的挑战。

（一）继续加大交通运输建设项目前期工作力度，积极争取国家更大支持

根据《中国农村扶贫开发纲要（2011～2020）》，力争将青海扶贫规划的外通内联重要项目纳入到国家交通扶贫规划。同时，依照青海省交通运输“十二五”发展规划，加强青海省际公路、通州高速公路、东部城市群联网公路、国省道重要路段升级改造，逐步提高国省干线二级以上公路比重，推进以建制村（牧委会）为重点的农村公路通达、通畅工程建设的部署；协助做好兰新二线、西宁至合作、格敦、格库铁路等国铁建设，适时开工建设马海（鱼卡）至一里

坪支线铁路和肯德可克支线铁路。加强交通运输项目前期工作的连续性，加大对项目前期工作质量、进度的协调督办，保证一定数量的项目储备。抓住国家将青海省藏区列入扶贫攻坚的主战场这个机遇，加大向国家有关部委的汇报衔接力度，争取国家在项目安排和资金上给予更大支持。强化对农村公路的计划管理，及早落实下达农村公路建设计划，推进以建制村（牧委会）为重点的农村公路通畅工程和危桥改造、安保工程建设。

（二）继续推进精细化管理和标准化施工，进一步提高建设工程管理水平

一是深入分析、认真总结青海省近年来在建设精细化管理和标准化施工中存在的问题，有针对性地提出解决问题的办法，不断完善施工规范，推广典型示范工程经验，提高工程质量和交通设施的耐久性。二是把推行现代工程管理作为转变发展方式的重要抓手，继续大力推行精细化、规范化、标准化施工，落实交通运输部“五化”要求，严格执行施工技术标准、规范和操作规程，加强过程控制，强化工序检查验收，形成一环扣一环的工艺链条，不断提高建设管理水平。三是继续深入推进青海省公路、铁路建设市场信用体系建设，把信用管理作为市场监管的重要抓手，健全信用管理规章制度，尽快形成规则统一、管理规范、机制健全、功能完善的建设市场信用体系，使信用评价结果更好地应用于青海交通建设招投标和市场准入管理。四是切实抓好项目设计工作，认真落实“六个坚持、六个树立”的勘察设计新理念，加大设计外业验收力度，通过加强现场核查、派驻地勘监理等手段，切实提高勘察设计质量和水平，为提升建设质量奠定坚实的基础。五是高度重视农村公路建设，切实加强建设质量进度安全管理，加大检查和技术指导、技术服务力度，保证建设质量。

（三）全面落实市场主体权责，深入推进多元化经营

一是健全完善企业经营决策、工作落实、发展保障和激励约束机制，构建“多元化经营、一体化管理、全口径核算”的企业运行机制，加快建立以财务管理为核心的经营管理体系。二是全面开拓多元化经营市场，牢固树立“一盘棋”的思想，统筹物资、设备、资金、人力资源，千方百计增运增收。三是积极延伸服务链条，紧抓柴达木循环经济试验区、藏青工业园区建设和木里煤田开发机

遇，大力推进战略装车点和经营基地建设，抓好钢铁、煤炭、铁矿粉、钾肥、纯碱、氧化铝等物资的商贸和运输代理业务。发挥格尔木、柴达木、饮马峡物流中心和甘河工业园、金属镁一体化等新建投产项目的功能作用，集中优势做大做强货物仓储、包装、加工、配送等服务业务，努力延伸运输服务。

（四）全面推行安全风险管理，确保安全生产持续稳定

加快推进安全风险管理，最大限度防范和消除安全风险，不断提升安全管理水平。一是在充分认清实行安全风险管理重要性和必要性的基础上，大力推进安全风险管理，积极探索控制风险、降低风险、防范风险、消除风险的有效途径。二是以落实领导负责、系统负责、逐级负责和岗位负责制为重点，健全完善安全标准体系，实现安全责任管理全过程覆盖、全方位控制。探索实施行车设备分等级风险管理，严格实施精检细修，全面提高线桥隧涵、机车车辆、通信信号、牵引供电等设备的养修质量和管理水平。三是建立健全各专业部门的旬统计分析制度，全面收集、掌握、分析安全信息，严格执行安全日分析、周对话、月总结和季评价等安全管理制度，及时识别安全风险突出的重点区域和关键环节，将高标准、精细化的工作理念落实到安全控制的各个环节，确保运输安全持续稳定。四是以“快速报告、快速响应、快速阻断”为目标，建立健全安全问题及事故快速反应机制，防止问题和事故扩大，将风险后果降到最低程度。五是建立健全“监督检查、绩效评估、目标考核、责任追究”管理机制，细化明确安全“红线”范围和控制标准，对事故、故障及各类安全隐患定性定责，实现安全过程控制和结果考核的动态评价。

（五）以人民群众满意为标准，大力提升运输服务品质

坚持以“人民群众满意”为根本标准，增强服务意识，提高服务质量，不断适应社会和群众对运输服务工作的期待和要求。一是完善旅客运输服务质量标准，提高站车服务规范化水平。积极拓展客服中心服务业务，针对网络售票、实名售票、电话订票等方式带来的全新变化，超前预想，积极采取措施，确保设备安全运行、购票秩序良好。二是全力保证钾肥、电煤等重点物资运输。结合战略装车点、经营基地建设，深化星级优质货场创建，完善货运场所服务设施和服务功能。三是综合利用既有信息资源，规划建设货运电子商务平台。通过实行网上

提报运输及物流需求、电子支付和转账结算，推进传统运输向现代物流服务转变。四是着力抓好路风管理，严厉打击倒卖车票行为。健全服务质量综合评价体系，强化对路风的检查监督，充分发挥社会监督、舆论监督作用；定期走访重点企业征询意见，开展用户满意度测评，净化运输经营环境，维护路风路誉，树立优质服务的良好形象。

（六）强化工程质量安全管理，科学有序推进铁路建设

一是主动适应铁路建设管理体制的调整变化，完善工程项目的管理体制及技术标准和规章制度体系。落实“六位一体”要求，继续推行“架子队”管理模式，不断提高现场管理水平；加大施工检查监督的密度和力度，督导施工单位落实安全防控措施，规范施工工艺，确保安全风险点始终处于可控状态。二是坚持安全、质量、进度、效益并重原则，科学有序推进铁路建设。加快推进西宁站枢纽配套改造、新关角隧道、兰新二线等在建工程，确保按期竣工投用；抓好敦格铁路等拟建工程前期工作，为工程早日开工建设创造有利条件。三是健全完善工程质量责任追究和终身负责机制。强化设计、施工、验收等关键环节的监督卡控，确保工程质量经得起运营实践的检验。

（七）切实加强养护管理，确保公路安全畅通

强化公路日常性养护，切实提升公路养护质量，力争使全省公路养护质量在“十二五”期上水平、上台阶。一是积极推行科学养护。充分利用好现有的公路检测设备，启动路面管理和桥梁管理系统，加快推进高速公路和国省干线公路路面技术状况自动化检测，实现公路检测数据信息化，为公路养护科学决策提供依据。二是继续实施危桥改造、公路安保和公路灾害防治工程。加大对公路沿线桥梁、涵洞和松散边坡的巡查和监控，对道路险情和病害及时处治，增设安全警示标志标牌和防撞墙、护栏、停车港湾等交通安全设施，保障公路安全畅通。三是加快高速公路和国省干线公路网管理信息化建设。积极推进路政管理、路政许可网上办理，对重要路段实行实时监控，及时准确发布路况信息，提高公众出行服务水平。

（八）强化运输市场监管，切实做好运输保障工作

一是进一步加强对交通运输市场管理。通过深化交通运输相关企业信誉考核

和资质管理，完善市场准入、退出机制，规范企业经营行为，严厉打击违法违规经营行为，提高运输市场监管水平。二是研究统筹规划各种运输方式。加快运输枢纽站场和农村客货运输站场建设，积极构建多种运输方式相互协调、有机衔接的综合交通运输体系，提高交通运输的整体效率。三是进一步规范和扶持农村客运发展。深入研究农村客运和物流配送体系建设，完善相关政策措施，提高全省交通运输公共服务均等化水平，积极推进通乡、通村公共交通发展，让广大人民群众享受便捷、安全、经济的交通运输发展成果。四是认真贯彻落实即将颁布实施的《城市公共交通管理条例》和《出租汽车服务质量信誉考核办法（试行）》。落实城市公交优先发展战略，积极探索青海公共交通、出租汽车有序发展、行业监管、诚信考核等措施，促进和规范全省公交、出租汽车行业管理和文明服务。五是不断完善全省物流网络。通过大力推进物流的社会化和专业化，积极培育现代化物流企业，加快道路物流信息化建设，提升青海省物流运营和管理水平。六是加大交通领域节能减排工作力度。鼓励发展混合动力、天然气等替代燃料运输工具，在有条件的地区加大运输车辆“油改汽”实施力度，逐步提高新能源车辆比例。

参考文献

青海省发展和改革委员会：《青海省国民经济和社会发展第十二个五年规划纲要》，2011 年 2 月 14 日《青海日报》。

交通运输部：《公路水路交通运输环境保护“十二五”发展规划》，2012 年 2 月。

青海省交通厅：《青海省“十二五”公路水路交通发展规划》，2011 年 11 月。

B.10

青海特色优势产业发展现状及对策

孙发平*

摘　要：近年来，青海省特色优势产业的发展取得了明显成效，但也存在着特色农牧业发展基础薄弱、高耗能产业在特色工业中比重较大、企业规模偏小、产品技术含量低、服务业内部发展不平衡等问题。因此，必须进一步明确特色生态农牧业、特色优势工业、高原特色生态旅游业和特色文化体育产业发展的主攻方向和主要任务，强化对策措施，推动青海省特色优势产业实现跨越式发展。

关键词：特色优势产业　发展现状　任务与对策

特色优势产业是一个地区资源优势、区位优势的集中体现，是经济全球化背景下增强地区经济综合竞争力的根本着力点。特色优势产业根据其形成基础可以分为三类：一是绝对优势型特色产业，即该地区在发展某一产业的要素禀赋上具有绝对优势；二是比较优势型特色产业，即该地区发展某一产业相对于其他产业更具发展优势；三是竞争优势型特色产业，即一个地区虽在资源禀赋上没有任何优势，但凭借先发优势、规模效应、科学技术等占领了市场，在某些领域取得了竞争优势，也可以成为该地区的特色产业。经过多年的发展和培育，青海省特色优势产业框架体系初步形成，并在推动全省经济又好又快发展中发挥着重要作用。面向未来，针对国际、国内宏观经济形势的深刻变化，迫切需要在总结历史经验的基础上，进一步解放思想，理清发展思路，转变发展方式，推动特色优势产业实现跨越式发展。

* 孙发平，青海省社会科学院副院长、研究员，研究方向：区域经济。

一 青海省特色优势产业发展成效

近年来，青海围绕“跨越发展、绿色发展、统筹发展、和谐发展”的部署要求，着力转方式、调结构，大力发展高原特色农牧业，重点打造支柱产业、优势产业和战略性新兴产业，推动全省产业结构不断优化，发展质量和效益较大提升。以特色农牧业、四大支柱产业、四大优势产业、新材料产业、新能源产业、生态旅游业等为代表的特色产业快速发展，成为拉动地区经济增长的主要动力。

（一）高原特色农牧业发展成效明显

围绕农牧业十大优势产业，全省加快了特色农牧业生产基地和产业带建设，进一步加大畜种品种结构调整力度，全面实施百里百万亩马铃薯、百里百万亩油菜、百里万棚蔬菜、百里十万亩薄皮核桃、百里万头奶牛、百里万头肉牛肉羊、百里万头生猪、百里万亩大果樱桃等 8 个百里万亩万头计划，促进了优势产业向优势产区集中，规模效益和聚集效应不断显现，特色产业规模进一步扩大。截至 2011 年底，全省肉类总产量达 32.37 万吨，较上年增加 1.2 万吨；奶类总产量达 32.1 万吨，较上年增加 1.98 万吨；油料作物面积 274.91 万亩，较上年增加 4.25 万亩，总产达到 36.3 万个；蔬菜总播面积达到 70 万亩，比上年增加 4.1 万亩，蔬菜总产达到 148 万吨，新增 10 万吨；各类果品总产量达到 3.65 万吨，较上年增加 0.65 万吨；中藏药材种植面积达到 30 万亩，较上年增加 6 万亩，总产达到 6 万吨，新增 0.15 万吨。全年特色作物种植面积比重达到 80.3%，比 2010 年提高了 2.3 个百分点。

2011 年，根据特色农牧业发展要求，全省大力推进设施农牧业工程建设，新建日光节能温室 3 万个、农牧区畜用暖棚 1.7 万个，建成 5 个特色经济作物百里万亩（万头）基地，建设 8 个农业标准化建设基地、7 个蔬菜果品标准园、6 个水产健康养殖场和 3 个标准化奶站，河湟流域特色农牧业百里长廊建设取得重大进展。全年省级以上龙头企业实现销售收入 40.3 亿元，比上年增加 5.8 亿元；出口创汇 9070 万美元，比上年增加 850 万美元。农产品加工转化率达 30.0%，比上年提高 3 个百分点；辐射带动农牧户 50.7 万户。农畜产品品牌建设取得重大进展，互助青稞酒、雪舟三绒、晶珠藏药、三江源虫草、藏羊地毯、可可西里藏牦牛肉等6个产品获得中国驰名商标；“西北骄”牦牛肉干、“一片绿”蜂蜜、“小西牛”酸奶、乐都长辣椒、循化“仙红”线辣椒等10个产品获得青海省著名商标；柴达木枸杞，乐都紫皮大蒜、大樱桃，河南苏呼欧拉羊、河曲马，天峻牦牛等6个产品获得农产品地理标志。

（二）特色优势工业发展步伐不断加快

近年来，为加快特色优势工业发展，推进产业结构优化升级，相继建成了盐湖集团100万吨钾肥，西钢百万吨钢铁、洁神5000台环保设备、亚洲硅业2000吨多晶硅等60多个大项目。在此基础上，一批带动性强、技术含量高、产业链长、符合产业政策的大项目如百万吨钾肥综合利用二时期、两台66万千瓦火电机组、255万平方米地毯纺纱、万吨枸杞深加工等项目开工建设，大型多功能锻压机、金属镁一体化等项目加快推进，福田专用车、磷酸铁锂材料、风力发电设备制造等项目全面竣工，建成1000兆瓦光伏电站并安全并网发电，促进了铝镁合金、多晶硅等新材料和太阳能发电、盐湖化工综合利用、高原动植物深加工等新兴产业的快速崛起。青海特色优势产业进一步壮大，资源开发规模化水平提高，新材料、新能源等新兴产业作为经济发展新的特色和增长点在高起点起步。

2011年，青海省规模以上工业增加值增长19%，工业企业实现利润203亿元，增长29%。特色优势产业呈现如下特点：一是制造业比重提高。全省积极围绕市场需求，立足产品结构调整，以高新技术和高附加值产品研发为重点，培育形成了一批高纯硅铁、多（单）晶硅、铜箔、铝箔、太阳能光伏电池及组件等技术含量高、市场竞争力强、市场占有率高、品牌效应大的重点产品，制造业比重显著提高。2010年全省规模以上工业增加值中，制造业完成增加值363.41亿元，比2005年增加266.45亿元，占全省规模以上工业增加值的63.6%，比2005年的54.0%提高9.6个百分点。二是支柱产业继续发展壮大。石油天然气开采及加工业、电力生产、有色金属、盐化工这四大支柱产业的规模不断扩大，成为全省工业增长的主力军。2010年四大支柱产业完成工业增加值397.16亿元，比2005年增加254.33亿元；占全省规模以上工业增加值的69.5%，对全省工业增长的贡献率为62.5%。从产能看，2010年全省规模以上工业企业原油开采量生产能力为191.08万吨，原油加工量150万吨，发电设备装机容量1236.08万千瓦，电解铝191.26万吨，农用氮、磷、钾化学肥料总计（折纯）462.53万吨。三是煤炭生产及其深加工业成为青海新的支柱产业。积极促进煤炭产品由单一性向深加工和综合利用发展，提高了产品附加值和资源开发的综合效益。全省规模以上工业企业煤炭生产能力由2006年的1044万吨提高到2010年的2042万吨。2010年完成煤炭工业增加值51.81亿元，占全省规模以上工业增加值的9.1%，对全省工业增长的贡献率从“十五”末期2005年的1.8%提高到2010年的17.1%。四是冶金、非金属矿物制品等优势产业发展迅速。加大建材行业产业结构调整力度，建材行业产业结构趋于合理。积极发展冶金工业，形成矿山开采—冶炼—精深加工产业链，产业发展质量进一步提高。2010年，冶金业、非金属矿物制品业完成工业增加值60.56亿元，占全省规模以上工业增加值的10.6%，对全省工业增长的贡献率从2005年的6.4%上升至2010年的10.8%。五是特色轻工产业取得突破发展。进一步加快特色轻纺工业发展，不断推进绒纺、皮革、服装、包装等产业的发展，做大藏毯产业，积极开发具有民族特色的旅游纪念品和工艺美术品，重点发展以羊毛、牦牛绒、山羊绒、驼绒等畜产品资源为原料的毛纺织业；少数民族特需用纺织品及服装行业不断优化品种结构，提高竞争力。积极发展以中藏药为重点的医药工业，产品种类不断增多，生产规模不断扩大，已成为青藏高原重要的中藏药材加工基地。同时，充分发挥利用高原冷凉气候、生物资源丰富和无污染的高原生态环境优势，积极推进农畜产品加工增值与综合利用，形成了不同层次、不同类别的农畜产品加工企业。2010年，全省规模以上轻工企业实现增加值45.35亿元，对全省工业增长的贡献率由2005年的6.1%提高到2010年的8.8%。

（三）现代服务业发展迅速

青海服务业蓬勃发展，新型业态不断涌现，服务领域拓宽，服务水平提高。全省服务业年均增长速度达到12.3%，接近全省生产总值年均增长速度。2010年服务业增加值达到470.9亿元，占全省生产总值的34.9%，按2005年不变价格计算，为381亿元，超额完成“十一五”规划确定的349亿元的目标。特别是以信息、金融、商务服务、文化体育等为代表的现代服务业加速发展，占服务业的比重分别提高1.8、1.9、0.7和0.8个百分点，发展速度分别达到24.7%、15.7%、20.8%和29.0%。2011年，西北地区规模最大的标准化农贸综合市场在西宁投入运营，朝阳物流园区建设初具规模，电子商务、物流配送等现代经营方式和新型业态开始向农牧区延伸。全社会消费品零售总额增长17%，消费拉动能力进一步增强。科技创新能力持续提升，新实施60个“123”科技支撑项目，西宁开发区的生物产业园区升级为国家高新技术产业开发区，海东国家农业科技园区正式挂牌。高新技术产业增长12%。现代服务业的快速发展在全省调整产业结构、增加就业、扩大内需、统筹城乡发展等方面发挥了重要作用。

（四）生态旅游业实现跨越发展

自青海省提出了“建设高原旅游名省”的重大战略部署，全面打造“大美青海”旅游品牌以来，全省旅游业迎来了历史上最好的发展时期，掀起了旅游发展的新热潮，旅游业保持了快速增长的势头。游客接待量和旅游总收入连续多年呈现20%以上的增长速度，高于全国平均增长幅度，旅游综合效益不断提升。截至2010年底，全省接待国内外旅游人数1226.2万人次，比上年增长10.6%。其中，国内旅游人数1221.5万人次，增长10.5%；境外入境人数4.67万人次，增长29.4%。在全部旅游人数中，过夜旅游者占41.3%。国际旅游外汇收入2044.9万美元，增长32.6%；旅游总收入71.02亿元，增长18.1%。2011年，青海启动“旅游倍增计划”，全年接待境内外游客1412万人次，增长15.2%；实现旅游总收入92.3亿元，增长30%；青海湖景区升级为国家AAAAA级景区。生态旅游业的快速发展为全省保增长、保稳定、保民生作出了巨大贡献。

二　青海省特色优势产业发展存在的问题与困难

受特定资源禀赋条件、科技水平、产业基础等因素的影响，目前青海特色优势产业发展也存在层次偏低、产业链较短、产业发展速度和效益有待进一步提升等突出问题。

（一）特色农牧业发展基础薄弱

受特定自然条件和农牧业基础设施建设滞后的影响，青海特色农牧业抵御自然灾害能力仍然较弱，农业稳定发展和农民持续增收的基础不够牢固。2010年，全省畜产品加工业增加值仅占规模以上工业增加值的0.5%，农林牧渔服务业总产值仅占农业总产值的2.3%左右，近三年来年均增速1.8%，比重低且发展缓慢。自然风险和市场风险的双重制约，严重影响着青海特色农牧业的发展壮大。

（二）高耗能产业在特色工业中仍占较大比重

受资源禀赋和技术条件等因素制约，资源型、高耗能产业在全省特色工业中始终占有较大比重。2010 年，全省石油及炼焦加工、化学原料及化学制品制造、非金属矿物制品、黑色金属冶炼及压延加工、有色金属冶炼及压延加工和电力热力生产供应等六大高耗能行业完成工业增加值 367.54 亿元，占规模以上工业增加值的比重高达 64.3%。工业产品主要是电解铝、铅锌矿，硅铁、氯化钾等初级产品，产业链短，精深加工产品少，新产品开发缓慢，附加值低。相反，全省称得上高新技术的太阳能光伏、盐化综合利用等产业仍处于起步阶段，企业单位数及经济总量均较少。2010 年，全年全省高新技术产业增加值为 10.50 亿元，同比增长 18.0%，增速低于全省工业平均增速 2.6 个百分点，高新技术产业增加值占规模以上工业企业增加值的比重仅为 1.8%。

（三）企业规模偏小

2010 年，青海规模以上工业企业 584 户。其中，大中型企业仅 83 户，占 14.2%；小型企业 501 户，占 85.8%，但实现利润 35.06 亿元，仅占 19.4%。为数众多的小企业，由于规模小、固定资产投入少、资金运作困难，加上设备陈旧、生产工艺落后、产出能力不高、发展后劲不足，严重影响了工业的整体素质和市场竞争力，无法形成产业集群，造成了极大的浪费。少数几家大企业是支撑全省工业发展的绝对主力，但与广大中小企业联系不紧密，未能形成有机的产业集群。

（四）产品技术含量有待提高

受多方面因素影响，全省资源综合开发水平还很有限，企业技术创新能力和市场竞争能力弱，产品技术含量不高、附加值较低，产业链条较短，抗风险能力较弱。如有色金属产业主要产品仍为电解铝等初级产品，精深加工技术与全国先进水平差距较大；化学工业中钾肥等传统产品比重大，综合开发等还需积极推进。

（五）现代服务业比重偏低，内部发展不平衡

“十一五”期间，青海第三产业占生产总值的比重下降4.4个百分点，比全国平均水平低8.1个百分点，年均增速较工业低4.6%，对经济的贡献率较工业低23个百分点。不仅如此，目前全省服务业仍以传统的交通运输仓储及邮政业和批发零售贸易业为主，生产性服务业发展不充分，旅游业发展水平与全省的旅游资源条件很不相称。

三　青海省特色优势产业发展重点

当前，青海正处于加快转变经济发展方式的攻坚时期，必须进一步深化省情认识，开拓思路，强化项目的支撑引领作用，加快产业结构战略性调整，促进特色产业扩大规模绿色发展、新兴产业争先进位跨越发展、传统产业改造升级优化发展，推进增长方式由粗放型向集约型转变、生产方式由高耗低效向低耗高效转变、产业链由低端扩张向高端延伸转变，构建结构优化、技术先进、清洁安全、附加值高、能源资源消耗低、环境污染少、竞争力强的现代特色优势产业体系。

（一）大力发展特色生态农牧业

加快转变农牧业发展方式，把发展设施农牧业和产业化经营作为推进农牧业现代化的重要突破口，发展壮大高效设施农牧业，集中力量建设一批农牧业示范园区和种植基地、养殖基地、制种基地，打造一批特色主导产业和品牌，重点发展油菜、马铃薯、蚕豆、蔬菜、果品、中藏药材、牛羊肉、奶、毛绒、饲草料十大特色产业，提高农牧业综合生产能力和菜篮子主要产品供给能力，力争基本实现肉、菜、奶、蛋自给，基本实现新型农牧业合作组织全覆盖，全面形成生态农牧业发展新格局。

（二）全力打造特色优势工业

紧紧把握低碳、循环、生态、绿色的发展方向，以发展园区经济为载体，以发展循环经济为主要途径，以建设百个项目、培育百家重点企业的“双百”工程为抓手，加快培育战略性新兴产业，发展壮大优势产业，改造提升传统产业，

着力发展新能源、新材料、盐湖化工、有色金属、油气化工、煤化工、装备制造、钢铁、轻工纺织和生物产业，打造在西部乃至全国有影响的十大特色优势产业，全面促进工业结构优化升级。

（三）加快发展高原特色生态旅游业

依托青海独特的高原自然生态、历史文化、民族风情等旅游资源，把“众山之宗、千湖之地、江河之源”的美誉推向世界，对三江源、年保玉则、青海湖、可可西里等在世界上具有较高品位又具有不可复制性的旅游资源进行科学规划、合理开发，努力把青海建设成为全国著名的高原旅游目的地，促使旅游产业迅速崛起。坚持高起点规划、高层次招商，提升“大美青海”旅游品牌。以旅游景区景点开发为中心，提升“食、住、行、游、购、娱”六大环节服务水平，完善市场、服务、管理和政策法规四大体系。突出重点，着力打造青海湖旅游区、青海金银滩（原子城）旅游景区、中国（青海）藏医药文化博物馆等国家AAAAA级旅游景区，把青海省建设成为全国高原旅游名省和新兴的国际型、复合型旅游目的地，使旅游业成为战略性支柱产业。加快推进以西宁为中心的环夏都旅游圈，西宁——三江源生态旅游南线、兰青——青藏铁路观光旅游北线、门源——祁连森林草原风光旅游线的产品化配套建设。加快青海湖国家级风景名胜区、黄南热贡文化生态保护试验区和海南贵德高原旅游示范区建设，抓住玉树灾后重建机遇，打造藏区深度旅游新亮点。加快交通、通信、电力等旅游基础设施、配套服务设施和重点景区建设，全力提升旅游业发展保障水平，使旅游业成为第三产业的龙头产业，进而逐步发展成为全省新的支柱产业。

（四）大力培育特色文化体育产业

坚持一手抓公益性文化体育事业，一手抓经营性文化体育产业，始终把社会效益放在首位，促进经济效益与社会效益有机统一。统筹文化、旅游、体育等产业发展，加快形成互为依托、相互促进、融合发展的新格局。大力挖掘民族文化资源和历史文化资源，奠定文化产业发展的基础。做大做强青海国际唐卡艺术与文化遗产博览会、青海湖国际诗歌节、中国·青海三江源国际摄影节暨世界山地纪录片节等文化品牌。以深化文化体制改革为动力，积极发展民族歌舞演艺业。培育壮大热贡艺术、藏毯、昆仑玉雕等特色工艺美术产业。促进具有区域特色的图书、音像制品出版发行，培育壮大出版发行业。建设青藏影视城和影视外景拍摄基地，发展广播影视制作、文化创意、民族语动漫等产业。集中建设热贡国家级文化生态产业园、康巴文化风情园、昆仑神话园等文化产业基地，培育一批具有浓郁民族特色的文化品牌，建成一批功能全、品位高的公共文化体育服务设施，形成一批大型文化骨干企业。打造提升环青海湖国际公路自行车赛、世界攀岩赛和抢渡黄河极限挑战赛“三大体育品牌”，积极发展竞赛观赏、高原训练、运动体验、健身休闲等产业，形成以多巴高原体育、尖扎水上运动、玉珠峰登山等国家体育训练基地为核心的体育产业链，使文化体育产业成为青海转变经济发展方式的着力点。

四　加快发展青海省特色优势产业的对策建议

“十二五”时期是青海步入经济加速发展、结构加速转型的战略机遇期，也是建设富裕文明和谐新青海和实现全面小康目标的关键期。青海应积极适应发展形势的新变化，加快经济发展方式转变，加大经济结构调整的力度，着力发展壮大特色优势产业。

（一）以循环经济为导向，开发优势矿产资源

以矿产资源为依托的特色优势产业是青海经济发展的主体和支柱，在全省占有举足轻重的地位。今后，青海以矿产资源为依托的特色优势产业发展，必须以有效保护当地脆弱的生态环境为前提，着力发展循环经济。重点以柴达木盆地盐湖、煤炭、油气等矿产资源为依托，扩大金属镁及镁盐系列产品、碳酸锂及金属锂系列产品、天然气—盐湖化工系列产品规模，延长能源、化工循环产业链，实现煤化工与盐湖化工等多产业融合发展。以锡铁山铅锌矿资源和周边地区的铅、锌、铜金属资源为依托，建设铅锌铜冶炼项目，通过废物交换、循环利用、清洁生产形成企业间的工业代谢和共生关系，形成“铅锌精矿—硫精矿—硫酸厂—硼酸厂—硼镁肥”等多行业综合的生态链，实现资源的高效利用、物料的闭路循环和污染物的低排放、“零排放”。以肯德可克、索拉吉尔及周边地区铁矿资源为依托，建设铁精粉、生铁、连铸坯用钢、成品钢材、球团等钢铁一体化产业链。以青海丰富的石英岩、铜、锂、锶等矿产资源为依托，大力发展高纯硅、金

属薄膜材料，锂、锶电子工业和新型能源产业基础材料，铝镁合金、铝锂合金、镁锂合金、铜合金材料，铝基、铜基复合材料。以丰富的太阳能、风能资源为依托，充分利用省内现有的多晶硅、单晶硅和太阳能电池组件产业基础，大力发展新型能源产业，力争使其尽快成为全省工业的新支柱。

（二）转变农牧业生产方式，用现代发展理念引领农牧业加快发展

重新认识青海独特的冷凉气候资源、无污染的自然地理优势，促进传统农牧业向现代高效农牧业转变。一是做大做优现代农牧业示范区，着力打造海东高原特色现代农业、海北高原现代生态畜牧业、黄南有机畜牧业、海南生态畜牧业四个可持续发展现代农牧业示范区和大通国家级现代农业示范区，加快改善示范区基础设施条件，提升物质装备水平，推进示范区发展主导产业形成核心产业群，进一步提升示范区带动作用。二是提升产业化经营水平，重点扶持培育与农牧业十大特色优势产业相对应的龙头企业。进一步完善产业化扶持的效益评估和监督管理机制，确保扶持效果。鼓励和引导龙头企业通过兼并、重组、租赁、股份制等形式，组建紧密型大企业、大集团，加快农畜产品加工转化，提高附加值。三是加大对农牧区金融政策支持力度，持续增加农牧民信贷投入，确保银行金融机构涉农贷款增速高于全部贷款平均速度。完善涉农贷款税收激励政策，健全金融机构县域金融服务考核评价办法，引导县域金融机构强化农牧区信贷服务。大力推进农牧区信用体系建设，完善农户信用评价机制。加大对科技型农牧区企业、科技人员下乡创业的信贷支持。四是加大农畜产品品牌建设，围绕优势主导企业，抓好品牌农畜产品生产基地标准化建设和无公害、绿色、有机农畜产品生产基地建设，加快“三品一标”认证步伐。加大农牧民专业合作社培育力度，通过政府订购、定向委托、招投标等方式，扶持农牧民专业合作社广泛参与农牧业产前、产中、产后服务。

（三）加快发展产业园区，增强对特色优势产业的拉动效应

充分发挥园区经济对结构调整和转型升级的引领、辐射和带动作用，加强园区发展的统筹规划，加强基础设施建设，创新建设管理模式，增强园区经济的聚集效应、规模效应和品牌效应，建设一批主导产业明确、关联产业集聚、基础设施共享、污染治理集中的产业园区，重点建设柴达木循环经济试验区、青海国家

高新技术产业开发区、西宁经济技术开发区、海东国家级农业科技园、海东高原现代农业示范区、海北现代生态畜牧业示范区、海南生态畜牧业可持续发展实验区、黄南有机畜牧业实验区、热贡国家级生态文化产业园区、贵德高原旅游示范区。加快发展平安临空综合经济区、乐都装备工业园、民和下川口工业园等产业园区，启动格尔木藏青工业园建设，打造新的省级产业集聚区。引导对口帮扶地区和单位在东部城市群建设“承接产业转移示范区”，鼓励青南等地区发展“飞地经济”，培育新的增长极。加快基础设施建设，促进土地、草场、牲畜、资金、技术等生产要素向园区集中，着力提高规模化生产、集约化经营、产业化发展水平，使园区经济成为支撑全省特色优势产业跨越发展的新引擎。

（四）积极发展会展经济，提升特色优势产业的知名度和影响力

坚持“政府主导、企业主体、市场运作”的原则，以“大会展”理念，实施“会展、旅游、贸易、物流”互动战略，促进会展业与特色优势产业的有机结合。要以建设国际会展品牌为目标，依托青海主导产业、新兴产业、特色产业，培育民营专业性会展企业龙头，通过创新机制、整合资源、培育主体、拓宽市场，努力将青海建设成既有自身特色优势又与国际会展业融合接轨的青藏高原区域性会展中心。结合“夏都”旅游品牌建设，加强以西宁市为重点的会议经济和会展经济发展。鼓励和支持各会议经营企业联盟发展，建立协会统一管理资源分配、交易，制定标准，提高行业整体的服务能力和竞争能力。支持贵德、大通、平安等西宁周边县城充分利用西宁会议溢出效益承接会议经济发展。完善会展配套基础设施建设，提升会展承办能力和服务水平，引进一批有实力的会展营运商，积极培育有特色、有影响、有规模的品牌展会，将青洽会、国际藏毯展览会、清真食品博览会创办成全国和国际知名展会。

（五）推进企业整合和结构调整，提高特色优势产业竞争能力

第一，政府要为企业整合过程中的资产转让、土地使用权交易、员工就业安置等事宜创建完备的制度环境，充分发挥各政府综合主管部门、行业协会、工商联等机构的协调作用，为相关企业搭建信息沟通平台。第二，明确政府在企业整合中的引导作用，坚决避免“拉郎配”以及政府承担无限责任，引导企业在横向联合、纵向联合和兼并重组中把提高企业的市场影响力放到重要位置。第三，

通过企业整合重组，提高企业的技术水平和对资源的综合利用水平，延长产业链，打造企业品牌，培育企业核心竞争力，增强企业抗风险能力，努力形成一批具有明显竞争优势的品牌。第四，切实把发展循环经济作为优化产业结构和转变发展方式的主攻方向，支持企业通过整合优化产业结构，大力发展市场前景广、能源消耗低、环境污染少、与青海资源优势密切相关的产业，并不断提高产业发展的技术水平，增强产业竞争力。第五，加强政府财政税收引导力度，促使企业针对自身发展存在的突出矛盾和问题，积极主动地通过结构调整和技术改造，挖掘新的经济增长点，通过企业整合进一步优化产权结构和完善企业治理结构，形成更加科学高效的管理运营机制，提升企业综合素质和核心竞争力。

参考文献

青海省发展和改革委员会：《青海省国民经济和社会发展第十二个五年规划纲要》，《2010～2011 年青海经济社会形势分析与预测》，青海人民出版社，2011。

孙发平、朱华等：《财政支持青海特色产业应对金融危机研究》，《青海省财政厅委托课题调研报告》，2009 年 11 月。

B.11

青海物价运行态势分析与展望

李勇　刘亚州*

摘　要：2011年青海物价运行轨迹呈现“总体高位运行，局部冲高回落”的态势。抑制物价过快上涨、确保商品供应是保障城乡居民生活水平稳步提升的关键举措。2012年考虑到外部宏观形势和多重因素共同推动物价上涨的特点，青海物价涨幅较大的情况将有所改善，但CPI仍有可能在高位运行，应从当前和长远两个方面进一步采取完善价格联动机制、着力解决结构性矛盾、积极组织农业生产、减少市场流通环节、改善和保障民生、提高中等收入阶层比重等措施稳定物价。

关键词：物价上涨　分析展望　对策建议

2011年受一系列内外部因素的多重影响，青海同全国各地一样，物价一直在高位运行。自2011年初以来，按照中央的统一部署，青海省委省政府高度重视物价上涨问题，多次召开专题会议，积极落实相关政策和措施，切实做好市场和物价工作，已取得了明显效果。

一　2011年青海省物价运行态势及特征分析

2011年以来，青海省国民经济保持了良好的发展态势，在经济快速发展与市场价格机制的作用下，全省物价快速上行的势头得到有效调制。2011年，全省居民消费价格指数由3月份的最高点109.2回落至12月的101.5，全年物价涨幅6.1%，摘掉了连续四年全国物价涨幅最高的帽子。

---

* 李勇，青海经济研究院院长、中国柴达木循环经济研究院副院长、高级经济师，研究方向：宏观经济；刘亚州，青海经济研究院助理经济师。

（一）总体物价水平持续高位，城镇居民受影响较大

2011 年，全省物价运行轨迹可以用“总体高位运行，局部冲高回落”来概括。可以说“总体高位运行”是改革开放 30 年青海 GDP 年均保持 8.6% 的高增长和近 10 年来连续两位数增长所带来的客观结果；“局部冲高回落”是 2010 年入冬以来，为抑制物价过快上涨，确保市场商品供应，保障居民生活，省政府出台多项举措，4 月份后全省居民消费价格涨幅开始逐步回落（见图 1）。从城乡居民消费价格上涨水平来看，物价上涨特别是农产品价格上涨，对带动农民增收、促进农业生产等有积极的作用，但物价上涨也考验着居民的承受能力，特别是给城镇居民家庭生活带来了较大的压力，产生了较大的影响。

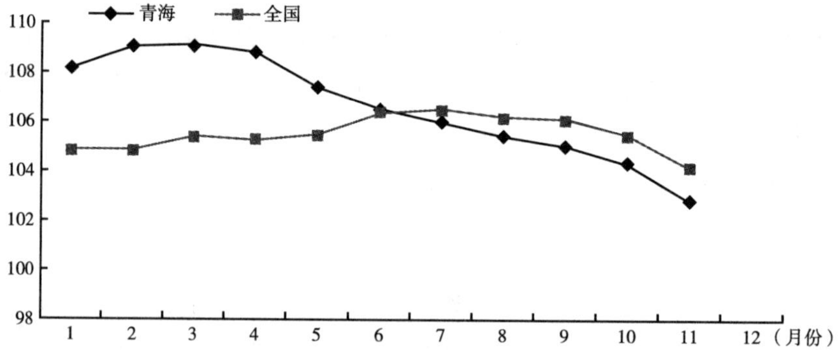

图 1　2011 年青海与全国消费价格指数变化（上年同月 =100）

资料来源：国家统计信息网。

（二）食品价格上涨对物价水平上涨拉动依然较为突出

2011 年以来，全省居民消费价格从八大类消费品看，食品类价格同比上涨 12.7%，居住类价格上涨 12%，衣着类价格上涨 5.2%，医疗保健及个人用品类价格上涨 3.7%，烟酒及用品类价格上涨 2.9%，娱乐教育文化用品及服务类价格上涨 2.0%，家庭设备用品及维修服务类价格上涨 1.8%，交通和通信类价格上涨 0.2%。其中，居民食品类消费价格涨幅居八大类消费品之首，拉动物价上涨 4.14 个百分点，对物价上涨贡献 56.7%，物价上涨近六成来自食品价格上涨。由此看出，2011 年物价上涨主要以食品价格的较大幅度上涨为第一推手。

（三）物价水平上涨是多种因素共同作用的结果

通过对近10年来青海总体物价变动态势及成因的深入分析，青海物价上涨既有结构性因素，也有输入性因素，还包括成本推动因素，总体上是一种复合型、混合型的物价表现形式，是多种因素共同作用所形成的结果。

1. 结构性上涨

纵观近10年青海物价上涨的态势和内部构成，具有显著的结构性特征。从反映青海居民消费价格指数的八大类商品涨幅来看，食品类价格上涨对CPI的贡献度最大，10年间平均贡献达45.12%，其中2010年的贡献度高达69.94%，成为拉动青海居民消费价格上涨的最主要力量；其次是居住类、娱乐教育文化服务类、衣着类对居民消费价格的平均贡献度分别为22.53%、21.29%、16.04%；只有交通通信类、家庭设备用品及服务类的平均贡献度分别为-8.98%和-0.32%，对物价上涨有一定的抑制作用。

2. 输入型上涨

长期以来，青海生产资料和生活消费品主要依靠省外市场输入，这就形成东中部生产地价格波动通过市场传导并输入到青海，进而推动青海物价上涨的价格传导机理，主要表现在生产资料和生活资料两个方面。

生产资料方面，青海工农业生产所需的大型电器及机械设备、化工机械设备、石油天然气设备、煤化工设备、仪器仪表、零配件及钢铁制成品、有色金属制成品、非标配件、塑料制品、化纤制品、化学制剂等生产资料和工业品主要依靠中东部沿海地区购进，这些产品的价格由中东部沿海主产区的市场价格决定，并通过市场机制输入到省内。随着近些年东部沿海地区工业品出厂价格上涨，快速传导和输入到青海，进而推动青海工农业生产资料价格的上涨（见图2）。

生活资料方面，根据市场调研和推算，全省约有85%的各类食品、服装、布料、鞋袜、化妆品、洗涤用品、家电、五金工具等生活消费品以及70%的蔬菜、猪肉、禽蛋、奶制品等生活必需品都依靠省外输入，只要省外市场价格发生波动，就会马上输入到青海，进而引发全省的物价上涨（见图3）。

3. 成本推动型上涨

第一，农业生产资料价格大幅上涨。近10年来国内外煤炭、石油、天然气、电力等能源价格不断上涨，农业生产资料生产企业成本不断增加，直接推动了饲

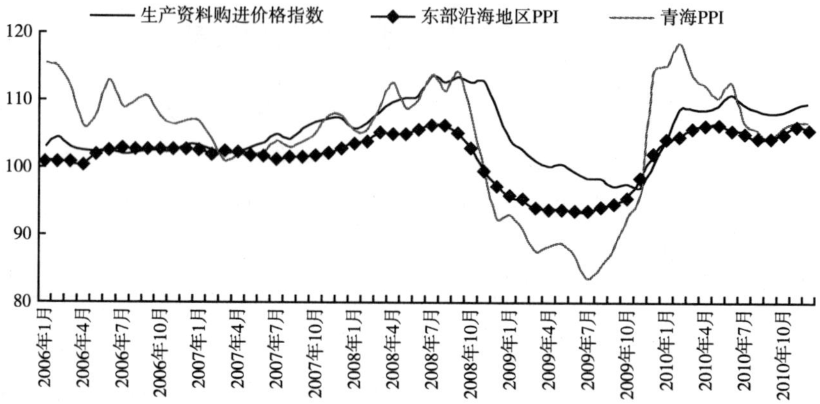

图2　近年来东部沿海地区、青海生产资料购进价格指数与PPI变化

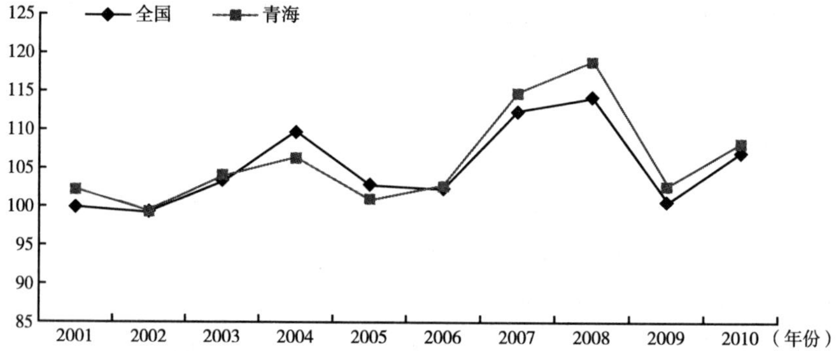

图3　近10年全国和青海省食品价格指数变化

料、化肥、农药、农膜等农业生产资料价格的不断上涨，也直接导致国内农畜产品价格的逐步攀升。随着金融危机影响逐步减退，2011年农业生产资料价格虽有回落，但仍处在较高水平，继续推动着下游蔬菜、食用油、食品等价格的上涨。

第二，工业生产资料价格持续走高。随着国际、国内及青海省的能源资源性产品价格持续上涨，制造业的生产成本不断加大，其中2006～2010年5年间，青海成品油价格年均上涨9.7%，有色金属价格年均上涨7.6%，这些资源型产品价格上涨增加了企业经营成本，推高了工业制成品价格，并最终影响到全省居民消费品的价格。

第三，社会劳动力成本不断增加。从宏观层面来看，我国正进入一个生产要素成本周期性上升的阶段，劳动力成本推动的压力加大。一是劳动力价格除了由供求关系导致的低成本外，也存在着体制和政策上人为压低劳动力成本的因素，随着近年来各地对科学发展观、构建和谐社会理念的逐步落实，调整或改革不可避免，中国廉价劳动力时代即将成为过去。二是我国经济发展到目前这个阶段，人均 GDP 达到一定程度后（一般为 2000 美元），多种生产要素价格走势都出现了拐点，劳动力价格的提升也是一个自然过程。三是流动性充裕导致的物价上涨，使各地区不得不陆续提高社会最低工资标准，从而推升劳动力成本价格。如西宁市最低工资标准由 2005 年的 330 元提高到 2011 年的 900 元，涨幅达到 173%；西宁市职工平均工资由 2005 年的 1497 元提高到 2010 年的 2749 元，涨幅达 83.6% 等，这些新增人力成本将间接影响物价总水平的上涨。

第四，税收因素一定程度上推高了物价。在构成商品价格的主要因素中，税收是内嵌于商品价格的重要因素，税收与物价之间的密切联系决定了税收的增长也会相应推高物价。在我国现行税制体系中，以增值税、消费税、营业税、关税为主的流转税税率较高，一直是财政收入的主要来源，比重达到 70% 左右，这部分间接税是作为成本直接进入价格的。高税率和税制结构是影响我国物价上涨的重要因素。

二　2012 年青海省物价形势展望

受多种因素影响，2012 年青海物价的走势仍然有很多不确定性，既有物价上行的压力，也有物价下行的趋势。

（一）物价上行的主要因素

1. 从外部宏观形势看

一是全球经济发展环境异常复杂，经济复苏的不稳定性、不确定性上升。欧债危机向深层次演变，不排除欧美国家为遏制经济下滑势头，采取控制失业率、调整福利政策等政府干预政策，再实施量化宽松的货币政策，输入性通胀对中国的影响依然存在可能性。二是全国性的劳动力成本上升可能带来物价上涨压力。国际金融危机后，国内劳动力供给形势显现转折迹象，“劳动力红利”日益枯竭，劳动力成本显著上升，用工由充裕变为短缺；同时，近几年政策上重视保障和改善民生，各地最低工资标准调整的幅度较大，抬高了劳动报酬的低限，直接影响二、三产业从业的大量低端劳动力报酬水平，对企业尤其是劳动密集型企业的用工成本形成了较为明显的推涨作用。三是政策性价格调整压力释放可能推动价格水平上升。出于2007～2008年价格水平快速上涨及其后应对国际金融危机等的考虑，近年来主要公用事业的价格调整及相关改革推进迟缓。当前，公共事业价格上涨压力不断积累，政策调整紧迫性加剧，2012年面临推进的公用事业价格调整和资源税、房产税、环境税等相关改革任务，无疑会对价格水平产生一定的成本推动压力。

2. 从青海具体情况分析

一是从短期来看，近10年来迅猛增长的大规模投资和充裕的流动性所带来的青海经济持续快速的两位数增长，在一定程度上带动了社会总需求的增加，从而在客观上会影响市场物价的上涨。可以说，未来一段时间，经济快速增长的惯性仍然会拉动青海物价在相对高位的水平上运行。二是从长期来看，青海结构性偏离问题在短时间内难以解决。一直以来，在经济高增长的形势下，在工业化、城市化加速发展的条件下，在当前国内市场大多数商品供过于求的景象下，往往掩盖了青海经济增长主要依赖投资与消费拉动，经济发展战略取向缺乏多样性，三次产业发展不均衡，工业加工增值程度较低、过度依赖资源性产业，区域和城乡发展失衡仍然存在，财政、投资和金融结构仍需优化等问题，这些结构性问题在发展过程中往往被忽视。即便是长期以来的以食品为主的物价上涨，通过政府宏观调控、市场调节、扩大生产等手段，经过一段时间，问题就可能得到缓解，但是青海经济发展中的结构性矛盾、深层次问题将依然长期存在，也将长期影响青海的物价问题。

（二）物价下行的主要因素

1. 从外部宏观形势看

一是2011年中央经济工作会议确定“稳中求进”是2012年全国经济发展工作的总基调。当前政策目标顺序已由此前的“防通胀，调结构，保增长”调整为“稳增长，调结构，防通胀”，在这种宏观政策方向下，中央进一步提出了要扩大内需、保障和改善民生、提高中等收入阶层比重、强调资本回流实体经济、坚持促进房价理性回归、防止恶意投资等重点任务，这些宏观政策将有利于控制物价上涨。二是2011年物价出现快速上涨以来，货币政策持续紧缩性操作，使货币供应量增速快速下降到较低水平。2011年初以来，M2增速始终在18%以下，M1增速在15%以下，低于历史平均水平。中央经济工作会议定调2012年仍然坚持稳健的货币政策，支持为小微企业提供服务的金融机构的健康发展，同时继续实施积极的财政政策，加大结构性减税力度。这些政策的实施将会对2012年价格水平上涨形成一定的抑制作用。三是为满足国内经济社会发展及消费需求，2012年我国将对730多种商品实施较低的进口暂定税率。这些商品主要涉及能源资源性产品，高端装备制造、新一代信息技术、新能源汽车等战略性新兴产业所需的关键设备和零部件，农业生产资料，用于促进消费和改善民生的日用品，以及与公共卫生相关的产品。进口关税的下调会在一定程度上缓解物价上涨的压力。四是粮食产量的“八连增”为稳定通货膨胀预期发挥决定性作用。2011年全国粮食总产量达到57121万吨，比2010年增产2473万吨，增长4.5%，再创历史新高；通过连续多年“菜篮子”工程的实施，全国各地都在积极确保足够的蔬菜市场供应，以及通过加大对畜牧行业的扶持力度，不断保障畜产品市场的有效供应，这些都为稳定通胀预期发挥决定性作用。

2. 从青海具体情况分析

一是从短期来看，自2010年底以来，青海省委省政府陆续出台了一系列平抑物价的措施，既有短期的也有长期的，既有直接的也有间接的，并在全省范围内首次实施了为期三个月的临时价格干预，使青海成为全国唯一实行临时价格干预的省份。从效果来看，物价过快上涨的趋势已得到了遏制，部分商品的价格也出现了回落态势，这对平抑全省物价具有一定的作用。二是从周期性规律来看，考虑到近年来青海物价上涨因素中食品类涨幅最大，而在其中尤以蔬菜类产品波动最大，通过对全省蔬菜综合价格（以大白菜、土豆、萝卜、豆角、尖椒、蒜薹的平均价格为参考）的季节性波动分析来看（见图4），近5年来全省蔬菜价格呈现周期性波动上升态势，并且每年的2～3月份为波峰，8～9月份为波谷，虽然2011年的蔬菜价格水平总体偏高，但从周期规律来看，未来一段时期会有下降趋势。

2012年，从中央到地方都将稳增长、控物价和安民生当做长期战略和各项工作的重中之重，都在进一步提高政府宏观调控的针对性、灵活性和前瞻性。综

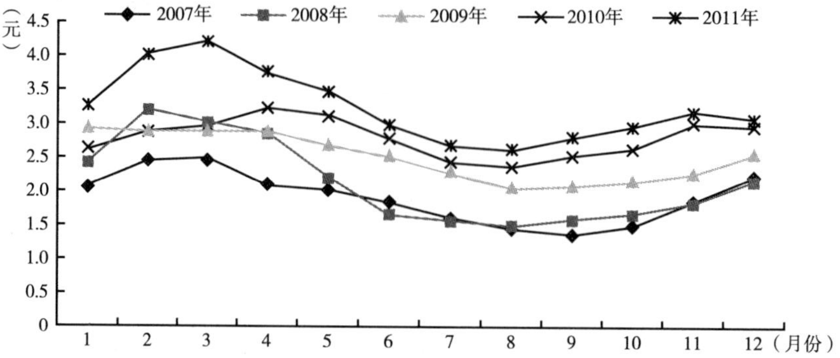

图 4　2007 年以来青海蔬菜价格走势

合考虑外部因素以及青海长期存在的结构性问题导致自给率低、产品严重依赖外部市场、物流运输成本高等自身原因，预计 2012 年青海物价涨幅将有所收窄，但 CPI 将处在 104 ~ 105 之间的较高水平。

三　对策建议

稳定市场物价既是青海当前一项重大而紧要的任务，又是伴随经济发展长期存在需要加以解决的重要经济问题。应从当前和长远两方面对稳定物价采取措施。

（一）完善价格联动机制，多渠道稳定物价

一是积极多方组织货源，保障省内市场供应。加强与蔬菜大省的联系，建立省区蔬菜供销合作机制，保证省内市场正常供应，重点保障和稳定冬春季（10 月份至来年 4 月份）蔬菜供应量，维护市场价格稳定。健全省内粮食、食用油、食糖、食盐、肉类、边销茶等生活必需品储备制度，扩大储备规模，完善储备结构，建立健全蔬菜储备制度，扶持农业产业化龙头企业和大型商业企业保留必要的企业周转储备，增强物资储备应对市场波动能力。二是完善价格补贴制度，发挥财政补贴政策职能。对城乡低保和优抚对象、农牧区五保家庭发放价格临时补贴，增加对大中专院校、职业技术学校学生食堂和家庭困难学生的补贴，建立最低生活保障标准与物价上涨联动机制，保障低收入群体的正常生活。三是发挥行

业协会作用，减少中间流通环节。充分调动和发挥全省蔬菜、食品、日用品等行业协会的作用，加强与省内大型超市、商场、百货公司、专卖店以及州县和社区商店、农牧区杂货店等销售终端的紧密联系，减少经销商采购、批发市场、分销商等中间环节，保障稳定的货源供应。高校、寄宿制学校等特殊消费群体，根据就餐人数多、农副产品用量大的特点，依然建议减少副食品及蔬菜采购环节，采取直供的方法来保证学生食堂饭菜价格稳定。四是加强市场价格预警，全面做好市场价格监管。价格主管部门应加强与工商、税务、卫生、质检、环保、农牧、统计等部门的协作，不要政出多门却无龙治水，做好重要商品的价格监测和预警工作。同时，落实好专项检查工作，加大对恶意囤积、串通涨价、制造价格谣言、操纵市场价格等违法行为的惩处力度。此外，应整合收费，进一步清理不合理收费项目，降低收费标准，尽可能少收或免收生产、加工、运输、检测、检疫等环节的费用。针对青海这样一个蔬菜自给能力弱、居民收入低、物价水平高的省份，应重点减免市场的入场费、卫生费、摊位费、管理费等市场环节收费，降低流通成本。

（二）着力解决结构性矛盾，加快促进转型升级

一是充分发挥青海特色和比较优势，把保持经济平稳较快发展作为首要任务。坚持资源开发与精深加工并举、重工业与轻工业并举、特色农业与设施农业并举、自我加工与省外输入并举，走多元化发展之路，不断优化全省经济结构，提升日用消费品生产能力，逐步满足城乡居民生活必需品的消费需求。二是加快农牧业转型升级，走现代农业发展之路。通过提高水利化、设施化、电气化水平，优化农业种植结构，大力发展设施农业和特色农牧业，提高土地单位面积产出和综合经济效益，提升农副产品加工水平，完善农产品市场流通体系，加强农副产品批发市场、仓储、冷冻保鲜、运输通道建设以及农超对接，降低物流成本，保障农产品的市场供给能力。三是加快工业转型升级，构建轻重工业协调发展的现代工业体系。立足资源优势，依靠科技创新，在做精做强油气化工、盐湖化工、有色金属、电力、冶金、畜产品加工、建材等支柱和优势产业，改造提升装备制造等传统产业，加快培育新能源、新材料、生物医药等战略性新兴产业基础上，重点发展与人民生活紧密相关的食品加工、纺织服装、日用消费品、小五金、中藏药加工、农副产品加工等轻工业，促进国民经济和居民生活质量的同步

增长。四是加快服务业转型升级，不断提升为经济发展和居民生活的配套服务水平。坚持市场化、产业化、社会化发展方向，统筹推进现代物流、金融保险、科技咨询、中介服务、生态旅游、房地产等生产性服务业，以及文化体育、养老、托幼、社区服务等生活性服务业发展，不断提升为资源综合开发利用、高端加工制造、特色轻工业、现代农业及城乡居民生活的服务能力。统筹城乡服务业发展，重点推动城市服务业向广大农牧区和社区延伸，提升基层服务产品的供给能力。

（三）抓紧组织农业生产，逐步提升省内自给能力

针对青海生活消费品自给率低、对外依存度高等结构性矛盾，要把提升省内自给能力作为保障市场供应、稳定市场物价的一项长期工作抓紧抓好。进一步抓紧“菜篮子”工程建设，以扩大设施农业面积为突破口，优化菜品种植结构，重点提高冬春季蔬菜生产供应能力，争取在3年内全省设施温棚达到16万个以上，夏秋季省内蔬菜自给率达到80%以上，冬春季蔬菜自给率达到60%。加强养殖基地建设，逐步扩大畜禽养殖规模，提高省内肉、禽、蛋、奶类产品的生产供应能力。组织好种子、种苗、化肥、农药等农资生产、供应和储备工作，保障农牧业生产顺利开展。可以探索建立蔬菜种植专项扶持基金、畜牧养殖专项扶持基金，通过财政贴息、免息等方式，提高农牧民生产积极性。

（四）减少市场流通环节，降低物流成本

一是完善省际物流运输网络。逐步建立西北5省区跨区域物流运输合作机制，或陇海—兰新—青藏铁路沿线跨区域物流运输合作机制，构建跨区域大物流网络体系，以降低省际运输费用；各省区在出省通道对接、交通运输信息通报、过往车辆收费、物流企业市场准入、物流服务标准和工作规范、应急运力共享、跨省应急保障等方面加强协作，在落实好现行农副产品运输税费减免基础上，完善农副产品“绿色”运输通道体系，扩大覆盖范围和品种，重点对装载食品、日用消费品等居民生活必需品的车辆减收或免收通行费，降低区域间物流运输成本。二是完善省内物流运输体系。以兰新—青藏铁路、109国道、227国道、兰西高速公路为骨干，加快建设西宁至各州府高速公路、省道主干及通县通乡通村公路，提升公路等级，加快建设西宁朝阳、平安临空、格尔木、德令哈物流园区

以及各州府物流节点，支持物流企业增加在州县和基层乡镇的布点，减少运输时间，降低省内物流成本。三是优化农贸市场布局。加快构建“省级农副产品批发市场（大型农副产品批发市场）──→一般农贸市场（如各州县农贸市场、城区农贸市场等）──→基层农贸市场（如社区、村镇农贸市场等）”体系，对省级农副产品批发市场和一般农贸市场沿用现有发展模式，在农副产品价格异常波动或持续上涨时运用政府调价手段，其余时间通过市场机制自我发展。重点发展基层农贸市场，增加社区、村镇农贸市场布点，作为公益性岗位对外出租，通过降低或减免房租、摊位费、卫生费等日常性收费减轻经营者负担；同时，严格控制基层农贸市场农副产品的批零差价，通过建立动态的价格调节机制，完善价格补贴办法，保障经营者合理的利润空间，防止经营者随意涨价，切实减轻城乡居民的价格负担。

（五）加快推进价格改革工作，着力保障和改善民生

加快推进资源性产品价格改革，稳步推进石油、天然气及电价形成机制改革。抓好民生价格工作，重点加强教育、医疗卫生、通信、住房等价格监管，抓好供水、供暖、供气、城市公交、乡村客运等与群众生活息息相关的公益性行业的价格工作。争取国家对包括青海在内的广大藏区实行成品油价格调整倾斜政策，通过完善成品油价格形成机制中相应的配套补贴办法继续给予补助支持，降低成品油价格调整对经济发展和居民生活的影响。加大财政对价格调节基金的补助力度，充分发挥价格调节基金扶持生产、调控市场、稳定物价、补贴困难群众的作用，增强地方政府运用经济手段调控市场物价的能力，保持全省市场价格总体水平基本稳定，保障人民群众基本生活。

（六）加快推进收入分配制度改革，提高中等收入阶层比重

重点加快电力、铁路、邮电、通信、石油天然气、烟草等垄断行业和国有企业收入分配改革，逐步缩小行业间收入差距。完善最低工资标准调整机制，争取各州地市最低工资标准达到当地城镇从业人员平均工资的40%以上，努力提高低收入者收入水平，逐步缩小群体间收入差距。继续加强支农、惠农、强农的工作力度，大力发展乡镇企业、中小企业、劳务经济等非农产业，多渠道增加农牧民收入，逐步缩小城乡居民收入差距。

B.12
青海培育市场主体问题研究

詹红岩*

摘　要： 近年来青海市场主体发展迅速，为推动青海经济社会发展发挥了支撑性作用。但总体上，市场主体总量少、规模小，非公经济占比较低、竞争力不强等问题仍然突出。青海加速培育市场主体，应重点从经济发展的方向、产业发展的节点、优化发展环境等方面培育市场主体；应引导和帮助企业在机制、技术、产品、管理等方面不断创新，加强企业家队伍建设，实施员工培训计划，增强发展后劲和市场竞争力。

关键词： 培育　市场主体　对策建议

市场主体是指在市场上从事经济活动、享有权利和承担义务的个人和组织，是具有独立经济利益和资产、享有民事权利和承担民事责任的可从事市场交易活动的法人或自然人，企业是最重要的市场主体。因此，实体企业是决定一个国家和地区经济实力和竞争力的重要因素。青海省委省政府高度重视市场主体的培育工作，把加速培育市场主体作为推进青海产业结构调整和优化升级，转变经济发展方式，实现跨越发展、绿色发展、和谐发展、统筹发展的重要抓手。

一　青海市场主体的现状和特点

近年来，全省企业紧紧围绕“稳增长、调结构、转方式、促发展”这一主线，努力巩固经济回升基础，积极推进生产要素有效配置，通过推动大企业做优做强，加快结构调整和技术创新，推进改革和重组，大力实施建设百个重点项

* 詹红岩，青海省社会科学院经济研究所副研究员，研究方向：工业经济。

目、培育百户重点企业的“双百”行动，充分发挥大项目、大企业对青海工业经济发展的引领和支撑作用，引导中小企业与大企业协作配套，走“专精特新”之路，为全省经济健康发展奠定了坚实的基础。

（一）工业经济总量再上新台阶，工业增加值增速稳步提升

青海规模以上工业企业增加值在2006年首次突破200亿元大关之后，每年跨越一个100亿元台阶（2009年受金融危机影响除外），2010年突破500亿元大关，完成增加值571.76亿元。2010年全省工业生产克服金融危机影响，逐步恢复平稳较快发展态势，全年规模以上工业企业实现增加值比上年增长20.6%，比全国平均水平高4.9个百分点，位于全国第10位，在西部12省区中排第4位，在西北5省区中排首位。

（二）非公有制经济较快发展，支撑作用明显增强

“十一五”期间，国家在支持和引导非公有制经济发展方面又出台若干文件和配套政策，进一步拓宽民间投资的领域和范围，改善非公有制经济的发展环境。全省为非公有制经济发展营造良好的环境，使非公有制经济得到了持续快速健康发展，已遍布全省30个行业，非公有制经济对经济发展的支撑作用进一步增强。“十一五”以来，个体、私营经济、外商投资、股份制经济得到进一步发展。非公有制经济总量迅速增加，非公有制经济逐步成为国民经济持续发展的重要力量和最具有活力的增长点。2011年全省非公有制工业企业实现增加值258.73亿元，比上年增长29.8%，占规模以上工业增加值的33.1%，比重较上年提高2.7个百分点。

（三）第三产业发展迅速，招商引资实现新突破

一是大力推动经济提速与结构优化，把抢抓机遇与创新发展理念、转变发展方式相结合，相继出台了《关于促进消费升级推动经济发展的意见》等措施，加大财政支持力度，大力发展第三产业，全省旅游、交通、金融等第三产业呈现加快发展的势头。2011年全省第三产业增加值542亿元，比上年增长10.1%。二是实行重点招商项目省厅级领导负责制和联席会议制度。在招商的同时更加注重选商、更加注重质量，招商引资工作由“招”到“选”，实现了从被动到主动

的转变，彰显了科学的发展理念。2011 年招商引资到位资金突破 300 亿元，同比增长 58.7%，项目签约率、履约率、开工率创历史新高。

（四）股份制企业仍居主导，园区经济快速发展

从经济类型看，2010 年全省规模以上股份制工业企业完成增加值 494.24 亿元，增长 20.6%，占规模以上工业企业增加值总量的 86.4%，是规模以上工业经济的主力军；国有企业完成增加值 45.71 亿元，增长 42.8%；集体企业完成增加值 2.59 亿元，增长 0.6%；外商及港澳台投资企业完成增加值 17.77 亿元，增长 14.1%；股份合作企业完成增加值 5.95 亿元，下降 15.6%；其他经济类型完成增加值 5.49 亿元，增长 29.2%（见图 1）。

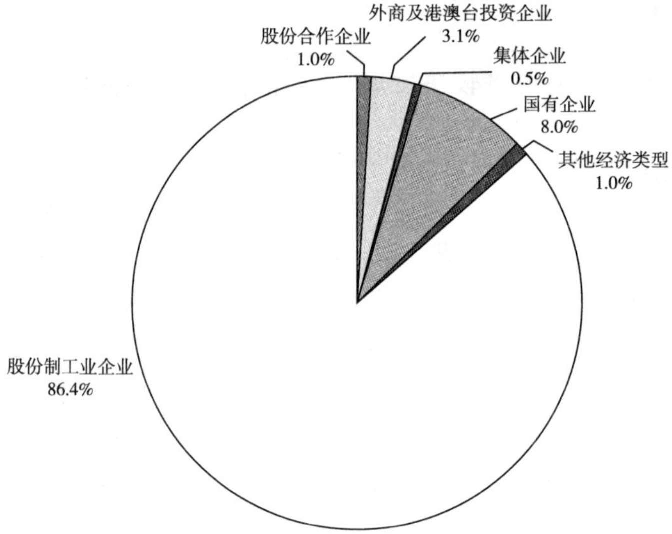

图 1　2010 年青海省规模以上工业各经济类型比重

“十一五”以来，青海创“品牌”产品、搭“园区”平台，不断提升工业发展层次，全面提升工业产品的市场竞争力。2010 年，全省园区内已建成投产工业企业 218 户，比 2005 年增加 80 户；创造总产值 447.05 亿元；园区工业实现工业增加值 159.73 亿元，“十一五”年均增长 43.0%，高出全省规模以上工业企业工业增加值年均增速 24.7 个百分点。园区工业企业利润快速增加，2010 年实现利润总额 17.12 亿元，比 2005 年增加 14.94 亿元；税金总额 9.37 亿元，比 2005 年增加 8.19 亿元；企业从业人员 4.06 万人，比 2005 年增加 2.86 万人。

（五）企业利润大幅增长，节能减排实现新突破

青海出台了支持柴达木循环经济发展的政策意见，积极培育市场主体，金属镁一体化、锂电池正极材料、高精铝板带重点工业项目加快推进，新能源、新材料、先进装备制造、特色生物医药等新兴产业实现高起点起步，清洁可再生能源产值占到能源工业的35%左右，培育市场主体工作取得积极进展。2011年规模以上工业企业实现利润203亿元，比上年增长12.3%。同时，积极应对节能减排攻坚战，坚持在发展中推进节能减排，以节能减排推动科学发展。按照国家产业结构调整和加强环境保护的有关要求，结合青海实际，先后出台了一系列节能减排政策措施，与重点企业、重点地区签订了节能减排目标责任书，淘汰关闭近百家能耗高、污染重的工业企业。

二　青海培育市场主体实践中存在的问题及难点

近年来青海市场主体发展迅速，为推动青海经济社会发展发挥了支撑性作用，但总体上看，青海市场主体仍然存在总量少、规模小，非公经济占比较低、竞争力不强等问题。培育壮大多元化、多层次的市场主体，是加快发展面临的一项紧迫而重大的任务。

（一）企业数量总体较少

根据第2次全国经济普查资料，全国万人拥有企业25个，青海共有各类企业法人单位9816个，经测算，青海万人拥有企业只有约20个，与全国平均数相比仍有一定的差距。同时，近年来许多中央企业进驻青海，在快速发展的同时，对当地经济发展的带动和牵引作用还不够突出，未真正形成与地方经济协调发展的新局面，使青海国有经济占比更大。

（二）非公有制经济、港澳台商在青投资企业和外资企业较少

根据第2次青海经济普查资料，港澳台商在青海投资企业46个，较2004年增加1个，增长2.2%；外商投资企业57个，与2004年持平。2010年全省非公有制经济比重提高到31.5%，而2005年我国非公有制经济占全国GDP比重已达

到65%，这说明青海与全国平均水平相比仍有较大差距，市场主体比较单一，主要是国有及国有控股企业。

（三）企业技术创新能力较弱

虽然全省发展循环经济的理念逐渐形成，在延伸产业链、实现资源的综合开发利用方面取得了一定进展，但受多方面因素影响，全省资源综合开发水平还很有限，企业技术创新能力和市场竞争能力弱，产品技术含量不高、附加值较低，产业链条较短、抗风险能力较弱。如：有色金属产业主要产品仍为电解铝等初级产品，精深加工技术与全国先进水平差距较大；化学工业中钾肥等传统产品比重大，综合开发还需积极推进。

（四）高新技术产业发展较慢

近年来，青海大力推进产业结构优化升级，产业层次获得了一定程度的提升。但大部分仍属于资源型工业，高新技术产业及资金、技术密集型产业发展较为缓慢，工业结构调整的任务依然艰巨。2010 年全省高新技术产业增加值为 10.50 亿元，同比增长 18.0%，增速低于全省平均水平 2.6 个百分点，高新技术产业增加值占规模以上工业企业增加值的 1.8%，近几年来比重没有大的提升，仅比“十五”期末的 2005 年提高 0.2 个百分点。

（五）中小企业融资仍然较难

中小企业是培育市场主体的重要力量。目前，我国大型和中小型金融机构存款准备金率已分别上调至历史最高的 21.5% 和 18%，连续上调存款准备金率和控制全年信贷额度，使得商业银行放贷能力备受制约。同时，各商业银行对中小企业贷款设置门槛较高，审批程序异常复杂，中小企业上市融资等渠道仍不畅通，民间资本进入中小企业的合法通道不多，使中小企业长期游离于主体融资体系之外。

三　加速培育市场主体的对策和建议

新形势下，各级政府在培育市场主体方面要进一步树立服务意识，政府围绕市场主体搞服务，而不是市场主体围着政府转。通过加大政策支持、完善服务体系，为市场主体培育创造良好的环境和条件。充分尊重企业家、培育造就企业家、真诚爱护企业家，积极搭建有利于企业家成长的宽广平台。企业家也要大力弘扬改革创新、勇于拼搏的精神，不断更新知识结构，提高素质，完善自我，增强适应市场、挑战未来的本领，推动企业可持续发展。同时，积极把小企业做大，把大企业做强，不断提高企业的核心竞争力。这既是新形势下培育青海市场主体的定位，又是市场主体发展的重要支撑和基础。由此，青海加速培育市场主体，在“外因”推动上，要重点从经济发展的方向、产业发展的节点、优化发展环境上培育市场主体；在“内因”推动上，引导和帮助企业在机制、技术、产品、管理等方面不断创新，加强企业家队伍建设，实施员工培训计划，增强发展后劲和市场竞争力。

（一）从经济发展的方向上培育市场主体

1. 着力扩大工业总量

工业总量较小是当前青海工业发展和培育市场主体中存在的突出问题之一，因此，必须扩大青海工业总量。一是增加工业投入，实现外延和内涵扩大再生产。增加工业投入，主要依靠招商引资。实践证明，招商引资是增加工业投入的最直接、见效最快的途径。二是放手发展民营工业企业，在市场经济条件下，增加工业投入的主要渠道是吸引和聚集民间资本投向工业领域。

2. 优化产业空间布局

按照“四区两带一线”的区域发展战略，结合西宁经济技术开发区、柴达木循环经济试验区、曹家堡空港综合经济区，引导优势企业向园区集中，优化产业空间布局。同时，按照“区域经济特色化，特色经济产业化，产业经济规模化，规模经济优质化”的发展思路，认真研究做好10个中小企业工业集中区（创业园）的建设工作。

3. 发展战略性新兴产业

发展战略性新兴产业将有力地推进产业结构调整、加快转变经济发展方式。当前，我国战略性新兴产业发展已经启动，在新一轮发展机遇面前，青海应“抢先发展、先行先试”，加大相关产业投资力度和强度。应围绕新材料、新能源、装备制造、环保产业发展，下大气力引进人才和资金，以只争朝夕的精神，积小胜为大胜，逐步形成对经济发展有带动和引领作用的高新技术群体。

4. 大力促进非公有制经济发展

消除制约非公有制经济发展的制度性障碍，鼓励民间资本进入法律法规未明确禁止准入的行业和领域，引导民间资本投资建设重要基础设施，参与土地整治、矿产资源勘探开发、特色经济发展，引导非公有制企业通过参股、控投、资产收购等多种形式参与国有企业改制重组。

（二）从产业发展的节点上培育市场主体

1. 提高工业增加值率

工业增加值是工业总产值减去在生产过程中消耗或转移的物质产品和对外支付服务费用的余额（还要加上所缴纳的增值税），是工业企业生产过程中新增加的价值，反映了生产单位对国内生产总值的贡献。工业增加值率则反映了工业行业或企业获得的附加值水平，更为全面地反映工业经济运行的质量和效益。2010年青海规模以上工业企业的工业增加值率为36.4%。而发达国家一般在45%以上，青海还有较大的提升空间。提高工业增加值率的途径主要是两个着力点：一是在增项上做文章，以创新、质量、品牌、服务获得高附加值，由主要依靠物质资源消耗向主要依靠技术进步、高素质人力资源和管理创新转变；二是在减项上下工夫，减少消耗、降低成本，推进减排治污，提高资源节约和集约利用水平。必须努力做到“一增”、“一减”，创造出更多的工业增加值和GDP，从根本上提高经济发展的质量和效益。

2. 发展循环经济和产业集群

大力发展循环经济和产业集群是青海实施资源转换战略、实现经济又好又快发展的长远选择，也是优化产业结构、提升产业竞争力、应对金融危机的有效途径。在未来几年中，青海要以国务院正式批复《青海省柴达木循环经济试验区总体规划》为契机，加快发展青海循环经济和产业集群，把应对危机的过程变为产业结构调整和升级的过程。不断总结经验、发现问题、把握规律、深入推进，促进循环经济试验区产业间的耦合。

3. 做好项目，做活招商引资

项目是资金、技术、劳力、土地、能源等一系列生产要素的组合和载体，是培育市场主体的切入点和着力点。青海培育市场主体必须瞄准市场，依托资源优势，培植一批大工业项目，孵化一批骨干企业，做大企业规模，增强产品优势，带动经济总量的扩张。当务之急要做好项目的前期工作，抓紧落实项目业主和建设资金，使其尽快开工建设、尽早发挥效益。同时，将“十二五”规划确定的各项工作任务和十大特色优势产业细化落实到具体项目上，集中力量建设一批投资规模大、带动能力强的转型升级重大项目，优化投资结构，促进产业结构升级，尽早形成一批新的工业经济增长点。

近年来，青海的招商引资工作取得了明显进展，应继续加快招商引资步伐，做活招商引资文章，把青海经济的“蛋糕”做大。一是创新招商引资体制。深入推进领导招商、会展招商、以商招商、中介招商和委托招商。二是打造经济协作新格局。加快编制完成“十二五”重大招商引资项目库和招商项目册，每年在京津、长三角、珠三角等沿海发达地区举办项目推介会；继续加强与西藏、甘肃、新疆等周边省区的合作。三是着力优化投资环境。做好协调服务，通过优质、高效、务实的服务，营造亲商、引商、安商、富商的氛围，确保大项目、大工程引得进、留得住、做得强、发展得快。

（三）从优化发展环境上培育市场主体

1. 加快转变政府职能

一是解决好定位问题。必须放弃长期形成的热衷扮演市场主体角色的“政府偏好”，彻底解决政府“越位”问题；集中精力履行自己的公共服务职能，解决好“缺位”问题。二是解决好市场环境问题。主要是放宽限制，降低门槛，减少审批项目和程序，提高行政和办事效率，减少市场主体在市场准入及扩大再生产等环节的交易成本。三是解决好依法行政问题。对内要规范政府自身行为，防止和严惩寻租及腐败；对外要规范市场主体行为，防止和严惩恶性竞争及不法行为。四是努力为企业做好服务工作。各级政府要做企业不愿做、不想做、做不了的事，集中力量改善投资环境、培育要素市场、维护市场秩序，让市场主体公平竞争。

2. 强化人才开发利用

市场经济的竞争，归根到底是人才的竞争。谁赢得了人才，谁就赢得了主动，谁就能占领经济发展的制高点。青海拥有一定的人才资源，但总体上比较匮乏，必须以新的人才观念，加大开发力度，做好人才的培养、引进和使用工作。特别是要加强对本地企业家队伍的培育，可考虑从机关事业单位选派一批年轻干部到企业去锻炼，着力培养一批具有战略眼光和创新能力的企业家。加大人才引进力度，以相对丰厚的物质回报、真挚的感情、体现知识和人才价值的事业吸引和留住人才。关键是要建立完善报酬与业绩挂钩的分配和激励机制，允许技术要素参与收益分配，积极推行技术入股和管理入股。此外，要盘活人才存量，并充分发挥本地人才的才智和潜能，为经济发展提供智力支持。

3. 大力支持全民创业

按照全民创业的特点和需要，建立和完善社会服务体系，在创业指导、技术创新、信息服务、市场拓展、人才培训以及融资、社保等方面，为创业者提供良好服务。企业是市场经济的主体，企业家是企业的灵魂。要建立起对企业家有效的激励和约束机制，让企业家从企业的长远发展中谋取自身的利益，自觉规范自己和企业的行为。同时，政府相关部门应加大对科技创业园和孵化器的支持力度，鼓励大学生的创业激情，给予创业青年更多的精神和物质支持。

（四）在“内因”推动上，引导和帮助企业在机制、技术、产品、管理等方面不断创新，加强企业家队伍建设，实施员工培训计划，增强发展后劲和市场竞争力

1. 调整企业组织结构

企业组织结构要围绕做大做强支柱产业和优势产业，通过市场化运作提高企业组织集中度，逐步形成一批以骨干企业为核心、以名牌产品为龙头、以资产联合为纽带的具有技术优势、产品优势和效益优势的企业集团。基于青海中小企业的现状，应引导基础较好的企业走“小而精”、“小而专”、“小而特”的路子，生产适销对路、竞争力强的产品，围绕有实力的产品和大企业开展生产服务。

2. 积极推进技术创新

健全多元化的科技投入机制，强化企业创新主体地位，引导和支持创新要素向企业聚集，使企业真正成为研究开发投入的主体、技术创新活动的主体、创新成果应用的主体，全力提升企业的自主创新能力；加快科技成果转化与应用，积极引导高等院校、科研院所面向企业、面向市场需求开展科技创新活动，提高科研成果转化率，为产业升级和经济发展提供有力的科技支撑。

3. 实施品牌战略

品牌是企业的竞争力，是一个地区经济实力的重要标志，谁拥有名牌产品，

谁就能在市场竞争中独领风骚。实施品牌带动，着力推动企业品牌和集群区域品牌的有机结合，重点引导企业走品牌提升的路子。目前，青海的企业不论生产规模还是竞争能力都与国内外先进地区存在很大差距。因此，必须把实施品牌战略，培育、扶持品牌产品，提高竞争力和知名度，作为培育市场主体的一项重要举措。

4. 抓好管理创新

对企业经营管理者实行年薪制、期权制等分配制度和激励机制，将经营管理技能视为生产要素，进入企业分配，把经营管理者的利益与企业的发展业绩紧密联系在一起，以激励经营管理者开拓奋进，力促企业快速发展。

5. 鼓励资本运作和金融创新

鼓励企业进行战略重组、兼并收购、增资扩股、上市融资、风险投资等多种形式的资本运作，支持企业加快股份制改造和上市融资，创造条件直接到境内外上市，或通过收购、借壳实现间接上市，帮助上市公司运用好现有资源，支持有条件的企业积极申请争取发行债券，积极探索和争取运用股权融资、贸易融资、短期融资券、产业投资基金、资产证券化、风险投资等新型融资渠道和金融工具。

参考文献

《青海省“十二五”工业投资规划》，2011年6月。

骆惠宁：《2011年青海省政府工作报告》，2011年1月30日第1版《青海日报》。

社　会　篇

Social Reports

B.13
青海教育发展状况分析与预测

王振岭*

摘　要： 2011 年青海教育完成“两基”目标并顺利通过国检，标志着其发展进入新的历史时期。此外，学前教育、职业技术教育、高等教育及民族教育迈出新步伐，教育发展基础、民生保障水平有了新的改善和提高。2012 年，青海各级各类教育面临着加速发展的条件和机遇，需要在努力解决教育领域存在问题的基础上，进一步在教育发展理念更新、教育结构优化、教育公平、教育信息化、政策理论研究等方面有所突出，最终闯出一条欠发达地区教育实践科学发展观的成功之路。

关键词： 教育　发展　形势　预测

2011 年，青海省教育战线紧紧抓住国家实施第二轮西部大开发战略和党中央、国务院支持青海等省藏区经济社会发展以及玉树灾后重建等重大政策机遇，

* 王振岭，青海省教育科学研究所研究员，研究方向：民族教育。

大力实施“科教兴青”和人才强省战略，正确把握教育发展的阶段性特征，优先发展基础教育，稳步推进高等教育，大力发展职业教育，积极扶持民族教育，为富裕文明和谐新青海建设作出了新的贡献。2012 年，青海各级种类教育面临着新的发展环境和条件，站在新的起点上，要有更加快速的发展，需要下大力气解决教育领域存在的突出问题，坚定不移地实施“科教兴青”战略，进一步优化教育结构，逐步缩小教育资源分配在区域间的差别，使青海教育质量和水平有大的提升，努力闯出一条欠发达地区教育实践科学发展观的成功之路。

一　2011 年青海教育发展状况分析

2011 年，青海省全面落实各项教育惠民政策，不断加大教育投入，积极转变教育发展方式，使各类教育得到较快发展，全省教育民生保障水平得到明显提升。

（一）发展状况

1. “两基”工作扎实推进，顺利通过国检

一是建立目标责任制。全省从省到乡各级政府、教育行政部门层层明确“两基”责任。二是各地、各部门认真履行各自职责，对照“两基”迎国检七项内容和“五个一票否决”，进一步核实“两基”迎国检各项指标、数据，确保万无一失。三是加强师资培训。全年完成中小学教师培训 27457 人次，同比增加 5297 人次。四是按照“区域均衡、城乡共进、分类指导、积极推进”的思路，结合实施中小学布局调整及“校安工程”，加快推进中小学标准化建设。到 2011 年底，全省特殊教育学校发展到 11 所，在校生 2352 人；小学 1533 所，在校生 511867 人；初中 304 所，在校生 223398 人；高中阶段教育总规模达到 186968 人，毛入学率达到 71.05%。2011 年 10 月 20 日，青海省已经顺利通过国家教育督导团“两基”督导检查验收，实现“两基”目标。这是青海教育发展史上的重要里程碑，是省委、省政府改善民生方面取得的重大成果，它标志着青海教育站上了新的历史起点。

2. 强化政策措施，大力推进学前教育

抓住国家重点支持中西部和贫困地区学前教育发展的历史机遇，超前谋划，

制订方案，完善措施，扎实推进全省学前教育发展。一是按照国家教育体制改革工作的要求，成立学前教育工作机构，制订了“青海省学前教育三年行动计划”，明确了目标任务。二是省政府出台了《青海省发展学前教育实施意见》，对扩大学前教育资源、加大财政投入力度、配备师资、加强管理、健全机制、提高质量做出了明确规定。三是积极争取国家扶持学前教育的四大类七个项目，拟定了加大学前教育财政投入、扶持民办幼儿园发展、开展巡回支教试点、加强幼师队伍建设等一系列文件和方案。四是落实全国学前教育三年行动计划现场推进会精神，按照“分类指导、分区推进”的原则，分别在海南州贵南县和海东地区乐都县召开了牧业区和农业区现场推进会。五是召开学前教育“走教模式”启动会，省财政支持1500万元在全省15个县推广乐都走教模式。六是为农牧区“双语”幼儿免费发放教材，并及时培训了使用免费教材的教师。在上述政策的推动下，2011年全省幼儿园达到980所，比上年增加421所；在园（班）幼儿达到133722人，比上年增加21772人，增长了19.5%。

3. 转变发展方式，增强职业教育吸引力

2011年全省中等职业教育招生达到29073人，超额完成2.8万人的招生任务。在校生达到80057人，比上年增加1952人，再创历史新高。同时根据企业需求、市场需求，对中职学校专业结构进行优化，调整压缩了文科类、卫生类专业，增加了工科类专业，增强了服务能力。全省6所中职学校被列入“国家中等职业教育改革发展示范学校建设计划”立项建设，共争取项目资金6220万元。中职学校基础能力建设得到加强，2011年省级职业教育专项资金由上年的5000万元增加到7100万元，中央财政支持职业教育实训基地建设资金1690万元，地方配套730万元；同时，省财政支持专项经费944万元，用于3所中职学校基础设施建设。2011年青海省还参加了由教育部等10部门在天津市举办的全国职业院校技能大赛，并获得了5个二等奖、13个三等奖的好成绩。2011年全省职业学校毕业生一次性就业率达到95%以上，为促进就业、改善民生作出了重要贡献。

4. 提高人才培养质量，增强高等教育服务能力

2011年青海省报考普通高校考生共40673人，比上年增加1700人，实际参加高考38235人。省内外940所普通高校在青计划招生33311名，实际录取34204人，完成招生计划的102.68%，录取率为84.09%，比上年提高2.35个百分点。少数民族考生录取率占全省录取率的37.6%，占少数民族考生总数的

82.01%。全省高等教育在校生达到60673人，比上年减少1427人。根据社会需求，高校加大了理工类专业建设力度，逐步使理工类专业及在校生规模比重由目前的42%提升到60%左右。2011年新增工科类本专科专业7个，停招和限招就业形势不好、社会需求不旺的本专科专业48个。2011年高校毕业生初次就业率达到86.7%，比上年提高3.56个百分点，创近年新高。大力实施国家和省级质量工程，青海大学31个一级学科获得硕士学位授权，2个实验室获批国家重点实验室培育基地，实现了青海国家重点学科、重点实验室以及一级学科博士授权点、长江学者与创新团队发展计划零的突破。积极推动产学研合作。3所本科高校获批省（部）级以上科研课题192个，获科研经费4413.21万元。同时，青海民族大学实现了国家民委与青海省人民政府共建，青海交通职业技术学院获批国家骨干高职院校。

5. 完善政策措施，推动民族教育科学发展

各级各类教育中少数民族在校生达到58.6万人，比上年增加2.5万人。教育对口支援和异地办学办班工作力度加大。一是制定完善政策措施。组织协调青海藏区六州与教育对口支援省（直辖市）制定了“十二五”期间教育对口支援规划，确定了异地办学奖补范围由目前的三江源地区4个州扩大到藏区6个州。在教育部的支持帮助下召开了教育援青工作会议，印发了《青海省藏区六州“十二五”受援教育项目规划》，为落实教育对口支援项目奠定了基础。二是多方协调，扩大对口支援渠道。与山东省教育厅签订了合作办学协议书，确定了“十二五”期间山东省接受10000余名青海籍学生到山东接受中职教育，山东省4000余名教师到青海挂职授课。三是积极争取重庆市从2012年起每年帮助培训青海六州400名中小学校长、中层管理干部和教师。招收40~45名6州少数民族学生赴重庆市就读高中；招收海东地区80名左右中职学生前往重庆市就读中职。挑选6所国家级重点中职学校和海东地区的6所中职学校进行对接，展开合作。2011年青海向河北、湖北、浙江、天津、北京、辽宁、山东等地选送初中毕业生1200余人。四是强力推进中职异地办班工作。2011年省内外中职学校共招收6州学生8484人，其中转移到州外学习的学生3761人，占6州中职学生总数的44.33%，超额完成了青海省委省政府确定的六州1/3中职学生转移到外地学习的年度目标。

6. 扎实推进项目工作，夯实教育发展基础

青海教育以“项目建设年”为抓手，强力推动事业发展。一是实施了以中小学校舍安全及布局调整为重点的 8 个教育项目，累计投资达到 72.79 亿元，建设项目学校（含幼儿园）1094 所，建筑面积 474.85 万平方米。其中 2011 年下达中央和省级投资计划 23.70 亿元，建设项目学校 499 所（含幼儿园），建筑面积 144.16 万平方米。全年完成教育建设投资 51.3 亿元，超额完成省政府确定的固定资产投资任务；布局调整和校安工程累计下达投资 57.3 亿元，占计划投资的 75.4%；累计改造 D 级危房 167.92 万平方米，占排查鉴定面积 199.2 万平方米的 84.3%；新扩建校舍 140.5 万平方米，占计划新扩建面积的 85.97%。二是玉树灾后重建教育项目进展顺利。玉树灾后重建已竣工和基本竣工的教育项目 33 个，主体施工的项目 36 个，未开工的项目 6 个（均为幼儿园），所有灾后重建项目于 2012 年 8 月全部投入使用。三是教育园区建设取得实质性进展。青海师范大学新校区建设项目已初步确定，目前正在抓紧研究论证；青海职业教育公共实训中心和青海省三江源民族中学项目已于 6 月 25 日开工建设，两个项目总投资 9.72 亿元，已落实资金 33619 万元。同时，青海省财政下达补助资金 40235 万元，支持高校化解债务，成为青海有史以来投资最多、力度最大、办学条件改善最明显的一个重要时期。

7. 全面落实教育惠民政策，提升教育民生保障水平

一是完善教育投入增长机制。2011 年省级财政安排中央和省级教育专项资金 30.17 亿元，比上年增长 11.12%，为推动教育优先发展提供了重要保障。二是完善教育经费保障机制。2011 年下达义务教育经费保障机制各类资金 70972.6 万元（不包括校舍维修长效机制资金），比上年增加 5872.6 万元。其中全省寄宿生和非寄宿贫困学生享受到生活补助 24102.5 万元；农牧区中小学公用经费和取暖费补助资金 34518.1 万元；城市义务教育免学费和取暖费 5515.4 万元；免费教科书资金 5954 万元；农村小学教学点经费补助 882.6 万元，惠及全省义务教育阶段所有学生。三是完善学生资助体系。2011 年下达普通高中贫困学生助学金 4850.2 万元，享受人数 32335 人，占普通高中在校学生的 30%。中职学生免学费资金 2015.4 万元、国家助学金达 4107.6 万元。普通高校助学金 4941 万元。从 2011 年秋季学期起，实行了三江源地区“1+9+3”教育经费保障补助机制和异地办学奖补机制，已下达资金 23505 万元，确保了每一个孩子不因家庭经济困难不能入学或辍学。

（二）存在的主要问题

由于青海省教育集中了高原地区、西部地区、经济欠发达地区和民族地区所有特点和问题，与党中央、国务院和省委、省政府对教育工作的殷切期望相比，与缩小发达地区的差距相比，与顺应人民群众对教育的愿望相比，教育发展仍然存在着不能有效满足人民群众对更加公平、更高质量、更加多样化教育的新需求；不能有效满足加快经济发展方式转变，全力推动跨越发展、绿色发展、和谐发展、统筹发展需要教育提供强大的人才支撑和智力保障的新要求；不能有效适应市场化、工业化、城镇化发展带来的产业转型、人口大量迁移，更加迫切需要调整教育结构，促进均衡发展、提高教学质量的新变化；不能有效满足各族干部群众为了从根本上改变艰苦环境、改善生活条件更加迫切需要下一代接受良好教育的新期盼。教育事业在新的形势下仍然面临着许多新挑战。比如：学前教育正处在推动发展的起步阶段，加快普及的任务艰巨；“两基”任务已全面完成，巩固和提高的任务艰巨；中职教育提高办学能力、优化专业结构的任务艰巨；高等教育提高质量、增强服务社会能力的任务艰巨；教师队伍质量、结构矛盾突出，创新编制管理、提高教师队伍素质的任务艰巨；学校安全管理尤其是寄宿制学校管理方式粗放，确保校园安全稳定的任务艰巨；中小学党建、思想政治工作力量薄弱，加强领导、健全机制的任务艰巨。所有这些，从根本上说都是发展中的困难、前进中的问题。

二　2012 年青海教育发展预测

2012 年青海教育发展的总体趋势是：基础教育进一步加强，职业教育持续健康发展，高等教育服务能力进一步提高，民族教育与普通教育的差距进一步缩小，教师队伍整体素质进一步提升，教育投入进一步增加，整个教育呈现出蓬勃向上、强劲发展的势头。

（一）学前教育继续得到重视和加强

2012 年教育部将召开全国学前教育三年行动计划推进会。在这一背景下，青海学前教育继续得到重视和加强，城市、县镇、乡村幼儿园布局进一步优化，农牧区中小学布局调整后富余校舍加固改造、扩建、新建一批幼儿园的步伐加快。在“公办民助”、“民办公助”以及乐都“走教模式”的引领下，全省学前教育普及进程进一步加快。

（二）义务教育进一步得到巩固和提高

随着全省“两基”攻坚任务的全面完成，促进义务教育均衡发展的任务被提上重要议事日程。根据青海实际，预计通过3～5年的努力，全省逐步实现州（地、市）、县域内义务教育学校在办学条件、师资水平、管理水平、教育质量等方面基本均衡。针对“两基”工作中的薄弱环节，省上采取措施，加强督导检查，切实做好“两基”巩固提高工作。通过办好每一所学校，为每一位适龄儿童、少年提供平等受教育的机会和条件，努力消除城市公办义务教育学校择校和大额班现象。

（三）职业教育办学水平进一步提升

在国家和省上的支持下，青海职业教育将继续保持快速发展势头。职业教育层次结构得到优化，中等职业教育、高等职业教育与职业培训的统筹管理和综合协调进一步加强。办学条件继续得到改善；体制机制创新不断深化；师资培训、实训基地建设、基础能力和信息化建设得到加强；中职教育专业设置更加合理，职校特点、特色更加鲜明；中等职业学校和普通高中招生比例继续缩小；职业学校毕业生就业率继续保持较高水平。

（四）高中阶段教育普及进程进一步加快

统筹规划普通高中和中等职业学校建设，合理确定普通高中和中等职业学校招生比例，保持普通高中和中等职业学校在校生规模大体相当。鼓励普通高中学校办出特色，探索区域高中多样化发展和学校特色发展的模式和办法。深入普通高中课程改革，按照《青海省普通高中学业水平考试实施方案》，做好普通高中学业水平考试相关政策的宣传，为推进普通高中课程改革提供政策保障。

（五）高等教育服务能力进一步增强

按照省委、省政府确定的“招生跟着就业走，办学跟着市场走”和“办学围绕社会需求转，教师围绕学生成才转”的办学思路，高等院校将着力在“稳定规模、提高质量、优化结构、提升功能”上下工夫，增强高校服务“跨越发展、绿色发展、和谐发展、统筹发展”的能力。国家级和省级质量工程继续实施；重点学科和重点实验室建设进一步加强，基础设施和办学条件进一步改善；“昆仑学者”计划、“135 高层次人才培养工程”和西部人才出国计划继续实施；教育对外合作与交流的渠道进一步拓宽。

（六）民族教育水平进一步提高

国家和全省相继召开民族教育工作会议，制定未来 5 年民族教育发展的指导思想、发展目标、重大项目以及政策措施。在这一背景下，青海民族教育改革和发展步伐加快，与普通教育的差距进一步缩小。“双语”教学和“双语”师资队伍建设进一步加强；寄宿制中小学校舍改、扩建及配套设施建设继续得以实施；边远牧区寄宿制学校生活、卫生、安全等条件会得到较大改善；各级各类学校民族团结教育继续得到加强。

三　对策建议

2012 年青海教育发展要按照教育部“优先发展、育人为本、改革创新、促进公平、提高质量”的要求，深入实施教育规划纲要，以更大的力度解决突出问题，缩小发展差距，推动全省教育稳中求进，又好又快发展。

（一）坚定不移实施“科教兴青”战略，进一步推动教育优先发展

实施“科教兴青”战略，落实教育优先发展的战略地位，最根本的就是坚持党对教育工作的领导，着眼全局，落实“经济社会发展要优先安排教育发展，财政资金要优先保障教育投入，公共资源要优先满足教育和人力资源开发的需要”的“三个优先”的战略思想，不断提高财政支出中教育经费所占比重，确保教育财政拨款的增长幅度明显高于财政经常性收入的增长幅度。牢牢抓住国家支持藏区教育发展的历史机遇，争取中央在资金和政策上的更大支持，帮助藏区教育彻底摆脱落后面貌，实现跨越式发展。进一步解放思想、开拓创新，把党和国家已经制定的发展教育尤其是民族地区教育的各种政策措施用足用

够，对争取到的各类项目、资金统筹考虑、精心规划，实现项目、经费效益最大化。

（二）坚持育人为本、德育为先，全面实施素质教育

针对青海多民族、多宗教和经济发展相对滞后的特殊省情，要结合国际、国内形势变化，认真研究中小学德育和大学生思想政治教育工作面临的新情况、新问题，全面贯彻党的教育方针，认真落实《青海省贯彻〈中国共产党普通高等学校基层组织工作条例〉实施办法》和省委印发的《关于加强和改进中小学党的建设和思想组织工作的意见》，坚持育人为本、德育为先，把社会主义核心价值体系融入国民教育全过程，把德育有机融入各学科教育教学中。以社会主义核心价值体系为引领，以爱国主义为重点，在广大师生中深入开展民族精神、时代精神和青藏高原“五个特别”精神、“人一之，我十之”的实干精神和玉树抗震救灾精神的教育，积极倡导和践行社会主义荣辱观，不断增强民族自尊心、自信心和自豪感，培养自信、开放、创新的青海意识；同时，还要开展理想信念教育、形势政策教育、国情教育、革命传统教育、改革开放教育、国防教育、民族团结教育、法制教育等，形成艰苦奋斗、勇于创业、开拓进取的良好品质。要加强学生体育锻炼，牢固树立健康第一的思想，大力开展阳光体育活动，保证每天一小时校园体育活动，培养德智体美全面发展的社会主义建设者和接班人。

（三）优化结构，促进各级各类教育科学发展

优化教育结构是实现教育科学发展的必然要求。结合各地、各学校的实际情况，坚持学前教育抓普及、抓提升，义务教育抓巩固、抓均衡，高中教育抓规范、抓特色，中职教育抓招生、抓就业，高等教育抓质量、抓服务，民族教育抓提高、抓交流，学校建设抓投入、抓建设，队伍建设抓管理、抓培训，教育民生抓资助、抓保障，还要重视和抓好特殊教育和继续教育。

（四）坚持教育的公益性，大力促进教育公平

重视弱势群体的受教育问题，落实好“两免一补”和高校、高中阶段贫困生资助政策，解决好农民工子女就学问题，实施高校招生的“阳光工程”，积极做好高校毕业生就业工作，是教育公益性的要求，是教育平等的体现。民族基础

教育是青海教育的难点，改变民族基础教育薄弱的现状是教育公益性和平等性的必然要求。要牢牢抓住国家支持藏区教育发展的历史机遇，积极落实教育援青工作会议精神，通过争取更多的支持政策和项目，满足新建扩建学校、改造薄弱学校经费需要，进一步拓宽异地办学渠道，加大对口支持力度。在努力扩大优质教育资源供给，促进公共教育资源向贫困地区、民族地区和弱势群体倾斜的同时，坚持把有限的资金用在“刀刃上”，用在改善办学条件上，真正做到雪中送炭。

（五）坚持内涵发展，全面提升教育质量

一是切实提高管理水平。管理就是质量，管理就是效益。管理既包括地方政府对教育的管理、教育行政部门对学校的管理，也包括学校内部的管理，如教学管理、后勤管理、财务管理、生活管理、安全管理、科研管理等。通过加强各方面的管理，使各级各类学校尽快走向正规化、科学化的发展轨道。二是着力提高队伍整体素质。提升校长队伍和教师队伍素质是提高教育质量的关键。完善教师正常补充、城镇教师支教和县域内教师合理流动的用人机制，实现教师结构上的优化，解决农村牧区学校教师学科性缺编问题。建立和完善教师职业道德规范考核和奖惩机制，不断提高职业道德水平。积极开展以新理念、新技术为主要内容的教师全员培训，增强培训的针对性和实效性。加强对校长的选拔、培养和使用，通过专家引领，提高校长管理水平。加强调查研究，及时总结、推广基层创造的新鲜经验和成功做法，充分发挥典型学校、教学名师和教学能手的示范带动作用，把各级各类学校的教育教学质量提高到一个新水平。

（六）大力推进现代远程教育工程，以信息化带动教育现代化

信息化是当今发展的大趋势，是推动经济社会变革的重要力量。在教育工作中，国家确定了大力普及信息技术教育、以信息化带动教育现代化的发展战略。因此，用信息化带动农牧区教育的快速发展，是青海教育发展的一个战略抉择，也是基础教育发展的必由之路。青海农牧区中小学现代化远程教育工程要把应用摆到突出的位置，把远程教育与推进素质教育、推进课程改革以及日常的教育教学活动紧密结合起来，用好国家免费提供的各种教育资源。同时，加强中小学教育信息资源库建设，加大民族教育资源开发力度，推进信息技术与学科课程的整合，探索信息化条件下教育教学的新模式。在服务学校的同时辐射周

边，传播先进文化和科学技术，发挥信息教学的最大效益，以教育信息化带动教育现代化。

（七）加强政策研究，为教育的更大发展提供理论支撑

要进一步加强教育科学研究，充分发挥教育科研的先导作用，抓住青海教育改革和发展中的重大理论和实际问题进行研究。如：关于民族地区学生流动趋向的政策研究，关于农牧区学前教育发展模式研究，关于格尔木市统筹城乡教育均衡发展研究。又如：作为一个条件艰苦、待遇不高的省份，采取哪些政策、措施才能吸引、稳定、建设好教师队伍的研究；在人民群众对教育需求空前高涨的情况下，作为一个优质教育资源短缺的省份，如何既抓住机遇实现跨越发展，又切实遵循规律，统筹兼顾各方面的需求等，都是我们面对并需要潜心研究的新情况、新课题。通过研究出思想、出理论、出思路、出政策，最终闯出一条欠发达地区教育实践科学发展观的成功之路。

B.14

青海医药卫生体制改革形势分析

李增浩　杨智勇*

摘　要：2011年，青海着力推进医药卫生体制改革，取得新农合提标增补政策普惠农牧民健康、国家基本药物制度实现基层全覆盖、基层医疗卫生服务体系不断健全完善、基层医疗卫生机构运行新机制初步建立、卫生对口帮扶喜结硕果、试点城市公立医院改革迈出实质步伐、基本公共卫生服务逐步均等化、县级公立医院综合改革试点工作扎实推进的发展形势。2012年，随着改革的深入推进，这一领域将会面临诸多问题，需要坚持发挥政府主导作用，用统筹发展指导医改，用创新机制推动医改。

关键词：医药卫生　体制改革　形势分析

2011年是青海省深化医药卫生体制改革的攻坚年，全省卫生战线坚持全力推医改、借力促发展、努力促转变、着力惠民生，医药卫生体制改革取得阶段性重大进展。2012年，青海省将继续深化医药卫生体制改革，奋力推动卫生事业稳中求进、好中求快、科学发展。

一　2011年青海医药卫生体制改革进程

2011年，青海省卫生战线攻坚克难推医改、凝神聚力促发展、一心一意惠民生，2009~2011年深化医改5项阶段重点任务全面完成，卫生事业各领域协调发展，“十二五”开好局、起好步目标顺利实现。

---

* 李增浩，青海省卫生厅办公室调研员；杨智勇，青海省卫生厅办公室主任科员。

（一）新农合提标增补政策普惠农牧民健康

2011 年，青海省新型农村合作医疗筹资标准由人均 154.3 元提高到 300 元，其中海西、海北、果洛州分别高于全省平均水平 60 元、16 元和 4 元。农牧民参合率巩固在 96% 以上。从省到乡四级医疗机构政策范围内住院费用报销比例分别提高 15 个百分点，平均达到 72.2%，最高支付限额达到全国农民上年人均收入的 10 倍以上。提高重度精神病、各类恶性肿瘤、终末期肾病三类重大疾病和儿童先天性心脏病、白血病保障水平，儿童“两病”保障范围由 4 种扩大到 15 种，慢性病门诊统筹范围扩大到 22 种。海南、海西州实现州级统筹，实行就医“一卡通”。全面推行费用即时结报，支付方式更加简便，农牧民基本医疗保障能力和受益水平显著提高。

（二）国家基本药物制度实现基层全覆盖

截至 2011 年底，青海省在所有 403 所乡镇卫生院、30 个社区卫生服务中心、4243 个村卫生室全部配备使用 406 种基本药物，并实行零差率销售。完成省级 103 种基本药物目录药品增补工作。探索建立药物招采新机制，基本药物、大宗非基本药物和一般医用耗材实行以省为单位“双信封”招标、量价挂钩、招采合一制度，完成基本药物招采，用药质量得到保证。据统计，2011 年青海省基本药物中标价降幅达 49.45%，减轻群众用药负担 1.9 亿元，政府的医改投入真正转变为群众防病治病的实惠。

（三）基层医疗卫生服务体系不断健全完善

2011 年，青海省卫生部门争取资金 7.88 亿元，改扩建县级医院 4 所、地市级区域医疗中心 3 个、县级卫生监督机构 38 个、乡镇卫生院 18 所、标准化村卫生室 901 个、乡镇卫生院职工生活周转房 96 套、全科医师培训基地 2 个、县医院急救体系 18 个，配发农牧区巡回医疗车 33 辆。县级综合医院、中藏医医院、妇幼保健机构、卫生监督机构和县医院儿科建设项目进展顺利。基层医疗卫生机构标准化建设步伐加快，全省 5 所 30 万以上人口的县医院全部达到二级甲等标准，城市社区卫生服务中心、乡镇卫生院和村卫生室标准化率分别达到 100%、91% 和 100%，基层医疗卫生服务体系不断健全，服务条件显著改善。村医补助标准大幅提高到每人每年9000元，同时对每个村卫生室给予1000元物业补助，村医积极性得以激发，农村三级卫生服务网的网底进一步夯实。

（四）基层医疗卫生机构运行新机制初步建立

以建立稳定补偿渠道和长效补助机制为突破口，在基层医疗卫生机构全部执行一般诊疗费收费标准和医保支付政策，经常性收支差额由各级政府按照“核定任务、核定收支、绩效管理补助”的办法补助，实行收支两条线管理。人员总量控制、动态调整、负责人竞聘、全员聘用、绩效考核、同工同酬、优绩优酬的人事分配新机制初步建立。基层医疗卫生机构人员队伍得到充实，核定乡镇卫生院和社区卫生服务中心人员总量，增配人员6543名，平均每个乡镇卫生院和社区卫生服务中心人员分别达到14.3人和25.2人。面向社会公开招录433名医学院校毕业生。基层医疗卫生机构活力不断增强，诊疗量增长17.79%，次均门诊费用和住院费用分别下降24.73%和22.7%，呈现出“一增两降”的良好态势。

（五）卫生对口帮扶喜结硕果

在省委省政府的积极推动和卫生部的大力支持下，北京19所大医院与青海10所省级医院和部分州级医院，辽宁省、沈阳军区、本省省级三级医院与42所县医院，州县医院与90所乡镇卫生院建立医疗技术协作关系，北京、天津、上海、江苏、浙江、山东6省（直辖市）对口支援青海藏区6州医疗卫生工作，形成梯级医疗机构对口帮扶全覆盖，各支援单位从学科建设、人才培养、技术指导、手术示教、远程会诊等方面帮助受援单位提高医疗技术水平，开通北京大学人民医院—青海省人民医院—海南州从州到村六级远程医学信息系统，真帮实扶初见成效。

（六）试点城市公立医院改革迈出实质步伐

西宁市和格尔木市成立医院管理委员会，组建医疗总院、医疗联合体或医疗集团，设立药事服务监管中心，积极探索“四个分开”的有效形式，公立医院体制机制改革迈出实质步伐。西宁市一次性投入1.5亿元，支持5所改革试点公立医院创新体制机制，每年另安排2000万元专项用于公立医院设备更新、贷款贴息、清欠债务、学科建设和人才培养。格尔木市投入2.67亿元，用于试点医院基础设施建设。省级各大医院积极参与改革，在推进人事分配制度改革、绩效考核评价、优化诊疗流程、落实便民惠民措施等方面进行了有益探索。

（七）县级公立医院综合改革试点工作扎实推进

青海省在14所改革试点县级公立医院全面推行核定人员总量、健全经费补偿机制、取消以药补医机制、调整医疗服务价格、完善医保支付方式、改革人事分配制度、加强医院能力建设和医德医风建设等方面的综合改革，努力探索公立医院改革新路子。省级财政专项投入4300万元，取消基本药物和非基本药物加成，并实行人才专项工程。县级公立医院连接城乡医疗服务体系的枢纽和县域医疗卫生服务体系的龙头作用得以充分发挥，公立医院公益性主体地位更加彰显。

（八）基本公共卫生服务逐步均等化

组织实施国家重大和基本公共卫生服务项目，将城乡居民基本公共卫生服务人均补助标准由15元提高到25元，服务内容由10类拓展到11类，其中海西州、西宁市补助标准分别高于全省平均水平10元和5元。免费开展白内障复明手术5036例；完成农牧区妇女乳腺癌筛查12012例、宫颈癌筛查40040例；孕妇补服叶酸70119人，农牧区孕产妇住院分娩补助57843名；建设卫生户厕30000座；城乡居民规范化电子健康档案建档率达72.64%，65岁以上老年人健康体检33.9万人次，体检率达95.8%，海东、海西、海南、黄南等地基本卫生服务完成率高、覆盖面广，城乡居民逐步享有“政府点菜埋单、居民同质均等”的基本公共卫生服务。

虽然青海医药卫生体制改革取得阶段性成果，但仍然存在以下主要问题。一是随着医改的不断深化，医药卫生管理体制和运行机制深层次矛盾凸显，创新体制和完善机制任务艰巨；二是卫生资源结构性矛盾仍较突出，城乡间、区域间、卫生事业各领域间发展不平衡，转变卫生发展方式任重道远；三是省州两级医疗卫生领军人才、紧缺专门人才，州县级骨干人才，基层全科医生仍然稀缺，培养力度亟待加大，医疗卫生服务提供能力还不能满足人民群众基本医疗卫生需求；四是医疗卫生机构管理方式仍然粗放，建立现代医院管理制度、推进精细化管理刻不容缓；五是医患关系总体和谐中存在局部不和谐，需大力创建和谐、平安、诚信卫生行业。这些问题要在不断深化改革、推进科学发展中逐步加以解决。

二　2012年青海医药卫生体制改革的重点任务

2012年青海医药卫生体制改革仍处在大有可为的战略机遇期，各级党委政府坚强领导、各部门积极配合、国家和地方财力保障支撑、人民群众理解支持、医务人员充分参与，以及3年医改积累的实践经验，为进一步深化医改奠定了坚实的基础。同时，青海医疗卫生体制改革也将面临更为严峻的挑战。如：人口老龄化加速医学模式转变，人民生活水平提高拉动医疗卫生服务需求持续增长，社会公众对医改的期望值更高；卫生事业发展总体上仍滞后于经济社会发展，无论规模功能、结构布局，还是能力水平、服务模式，还不能适应人民群众对健康的新期盼；医改已进入深水区，深层次的体制机制障碍绕不过、躲不过，破冰创新的难度加大；转变卫生发展方式需要在认识上和实践中不断探索，优质卫生资源短缺，配置结构性矛盾凸现；各地医改进展不平衡，一些关键领域尚未取得实质突破，医改成效与社会预期存在差距。

2012年，将制定《青海省深化医药卫生体制改革“十二五”专项规划》。青海省继续深化医药卫生体制改革，重点围绕“巩固完善、扩大提高、转变创新”的要求，进一步健全新农合制度，巩固完善基层医疗卫生机构运行机制，扩大基本药物制度实施范围，提高基本公共卫生服务质量，加快公立医院改革由局部试点向全面推进转变，在管理体制、运行机制、补偿机制、监管机制改革上实现突破创新，推动可持续发展。

（一）进一步健全新农合制度，提高农牧民基本医疗保障水平

完善新农合制度是健全全民医保体系的重要组成部分。青海省将客观总结新农合实施10年来的经验，预计新农合筹资水平提高到人均400元，参合率保持在96%以上，政策范围内住院费用报销比例达到75%，最高支付限额达到全国农民年均收入的8倍以上。有序推进新农合与城镇居民医保“五统一”管理，

做好与城乡医疗救助制度的衔接，共同构筑人民群众看病就医安全网。提高慢性病门诊统筹保障水平和三类重大疾病、儿童“两病”保障水平。全面推行州级统筹，探索建立省级统筹重大疾病保障基金，适当增加纳入重大疾病保障试点范围新病种。积极探索门诊总额预付、住院按病种付费等多种支付方式改革。进一步规范新农合基金使用和监管，保障基金安全。

（二）完善基层医疗卫生机构运行新机制，巩固基层综合改革成效

巩固基层医疗运行新机制是建立中国特色基本医疗卫生制度的基石。青海省将进一步完善多渠道补偿机制，落实政府投入政策，推行一般诊疗费制度，充分发挥医保对基层医疗卫生机构的支持作用。以调动医务人员积极性为重点，落实绩效工资制，完善全员聘用制，加强绩效考核，体现多劳多得、优绩优酬。继续推进基层医疗卫生机构标准化建设，每个县再有 1 所县级公立医院、全省共有 38 所中心卫生院达到建设标准。加快转变医疗卫生服务模式，继续创建示范社区卫生服务机构，推广全科医生服务团队模式，实行社区居民签约责任医师制度，提升社区卫生服务内涵。继续深入开展农牧区巡回医疗，送医送药送健康知识，逐步实行村医分片包干农牧民健康管理模式，将基层医疗卫生机构主要功能转向提供基本公共卫生服务，进一步提高卫生服务可及性与可得性，充分发挥其基层群众健康“守门人”作用。

（三）积极推进试点城市公立医院改革，扩大县级公立医院综合改革范围

推进公立医院改革是深化医改的主攻方向。西宁、格尔木两个公立医院改革试点城市继续围绕“四个分开”，着力推进管理体制和运行机制改革，建立试点工作协作组，及时交流改革经验；在实行临床路径管理、推进精细化管理、加强成本核算、改革病种付费方式、促进合理用药、逐步取消以药补医机制、推广便民惠民措施、落实控费减负、加快信息化进程等方面进行探索创新，取得实质性进展，形成可资借鉴、值得推广的经验。

县级医院是公立医院回归公益性的主体。以破除以药补医机制为突破口，以改革补偿机制为切入点，将综合改革范围扩大到 68 所县级公立医院，坚持以投入换机制，推进人事分配制度改革，实施国家基本药物制度和人才专项工

程，建立维护公益性、调动积极性、保障可持续性的机制。重点加强以人才、科技为核心的能力建设，统筹县域内医疗卫生服务体系建设，提高县域内就诊率。

继续实施一批推进公立医院改革的重点政策和便民惠民措施，明确公立医院功能定位，优化布局结构，重点加强薄弱区域及领域的医疗服务能力建设。通过开展公立医院评审评价和国家优质医院创建工程，促进各项改革措施的落实。加快建立公立医院与基层医疗卫生机构分工合作机制，逐步实现基层首诊、分级医疗、双向转诊、急慢分治的格局。营造良好的医疗执业环境，继续推进医师多点执业，调动医务人员积极性。进一步推行优质护理示范工程、预约诊疗、便民门诊等便民惠民措施，稳步推进先诊疗后结算模式。强化成本核算和精细化管理，缩短平均住院日，运用适宜技术，促进合理用药，控制医药费用不合理增长。

（四）扩大基本药物制度实施范围，规范基本药物招标采购行为

实施基本药物制度是建立药品供应保障体系的基础工程。青海将强化基层医疗卫生机构实施国家基本药物制度，纳入改革试点城市的公立医院和县级医院全面实施基本药物制度，实行基本药物和非基本药物零差率销售。在其他二、三级公立医院全部配备、优先使用基本药物。坚持基本药物批量采购、量价挂钩、招采合一，重点做好农村和边远地区统一配送工作。同时，重点抓好紧缺药品的供应保障，充实和增加基本药物制度监测点，实行全品种质量电子抽验，基本药物监测评价体系将进一步完善。

（五）提高基本公共卫生服务均等化水平，加强新增项目管理与服务

促进基本公共卫生服务均等化是政府履行公共服务职能、体现社会公平正义的必然要求。青海将结合实施国民健康行动计划，组织实施基本和重大公共卫生服务项目，把城乡居民基本公共卫生服务人均补助标准提高到 40 元，继续实施 11 类基本公共卫生服务项目，提高服务质量。进一步完善基本公共卫生服务项目管理制度，研究制定考核暂行办法，加大省对州、州对县的考核力度。完善基层医疗卫生机构与专业公共卫生机构之间的分工协作机制，基本公共卫生服务交由基层提供，专业公共卫生机构负责绩效考核和监测评价。全面评估重大公共卫

生服务实施情况，在继续做好已有项目内容的前提下，积极推进卫生监督协管服务等新增项目，研究制定新周期重大和基本公共卫生服务项目实施方案，规范服务项目，提高服务质量，提高均等化水平，普惠城乡群众。

三 对策建议

深化医改是一项艰巨复杂的系统工程，必须理清思路，明确责任，提纲挈领，扎实有效地推进。针对深化医改进程中存在的突出问题，就青海省继续深化医药卫生体制改革提出如下对策建议。

首先，坚持发挥政府主导作用。在深化医改进程中，必须进一步转变政府职能，完善公共服务，创新社会管理，强化各级政府在基本医疗卫生服务中的责任，切实维护公共医疗卫生的公益性。一是强化制度调节职能。为人民群众提供基本医疗卫生服务是政府的重要职责，应深入研究、学深吃透“一主五辅”文件精神，做到政策实化、目标硬化、任务量化、措施细化，确保医改各项重点任务有效落实。二是强化宏观管理职能。医改涉及部门多，利益错综复杂，处于经济发展与社会发展的交会点、各种矛盾和利益调整的焦点，不可能靠个别部门完成。必须进一步增强大局意识，牢固树立医改工作“一盘棋”思想，统领相关部门按照职责分工严格落实责任，形成合力，做到目标同向、任务同度、措施同力、考核同步。三是强化公共服务职能。以基本药物制度落实为切入点的基层医疗卫生机构综合改革启动后，为保障基层机构的正常运转和医务人员的应有待遇，必须发挥财政的兜底作用，进行合理补偿，以投入换机制，确保基层医疗机构的公益性得到维护、基层医疗卫生体系网底不破、基层医疗机构收费规范合理、基本药物制度全覆盖顺利实施。四是强化医改监管职能。制定强有力的组织措施、考核措施、激励措施，健全抓落实的工作机制，加强医改监测和评估，及时掌握医改进展和整体态势，对照目标任务和时间要求评估分析医改进度、质量和效果，沟通信息，密切配合，及时发现问题、分析梳理情况并研究解决，真正形成上下联动、部门协调、各方参与的工作机制。

其次，坚持用统筹发展指导医改。医改政策性强、涉及面广，必须坚持积极稳妥的医改原则，把握工作的方法和节奏，用统筹发展来指导医改全过程。一是在发展目标上，立足当前，兼顾长远，分步实施。青海省在推进城乡基本医保一体化、扩大基本药物制度实施范围、提高村医补助、加大全科医生培训等方面力争走在前列。到“十二五”末，力争全省卫生总费用占生产总值的比重高于全国平均水平，居民个人卫生支出比例明显下降，低于全国水平。二是在改革节奏上，坚持因地制宜，统筹兼顾，有序推进。城乡基本医保一体化、基本公共卫生服务均等化、国家基本药物制度广覆盖、健全基本卫生服务体系等群众看得见、摸得着的具体改革措施，坚决办、加快推。公立医院改革艰巨复杂，影响医改全局，事关医改成败，同时缺乏经验、难度较大，必须做到重大体制机制改革先行试点，总结经验，稳步推进。三是在工作方法上，主次分明，点面结合，重点突破。要在纷繁复杂的问题中把握关键环节和工作重点，集中精力加以突破。基层医疗卫生机构综合改革方面，要突出建机制，创新人事管理模式，全面推行绩效工资制，完善经费补偿机制。公立医院改革方面，要着力抓好西宁市和格尔木市的公立医院、68 所县级公立医院的综合改革，力争在重大体制机制上取得实质性突破，为这项制度的全面推开积累经验。

再次，坚持用创新机制推动医改。医改的核心是保障供给，关键是建立起新的运行机制，使政府办基层医疗卫生机构基本回归公益性，使县级以上公立医院的公益性明显增强。必须把增投入与建机制紧密结合起来，通过深化改革，构建一个维护公益性、调动积极性、保障可持续的充满活力的运行新机制。一是在国家基本药物制度方面，着力建立稳定长效的政府补偿新机制，重点抓好添内容、广覆盖工作，确保基层医疗卫生机构平稳运行；通过建立基本药物制度，倒逼基层医疗卫生机构转换运行机制；建立招采合一、量价挂钩的药品采购供应新机制，重点抓好建平台、促规范工作，确保基本药物制度基层全覆盖、零差率。二是在基本公共卫生服务方面，着力建立绩效管理为主的政府购买公共卫生服务新机制，重点抓好增投入、促均等，确保基本公共卫生服务可及性强、可得性实。三是在基本医疗保障制度方面，着力建立以经办管理、筹资标准、保障水平、统筹层次、一卡通“五统一”管理，重点抓好提水平、上层次，确保全民覆盖、保障有力。四是在健全基层卫生服务体系方面，着力建立长期稳定、制度化的对口帮扶协作新机制，重点抓好健网络、强服务，优先建设发展县级医院，强化乡镇卫生院和社区卫生服务机构公共卫生服务功能，夯实村卫生室网底，确保基层医疗服务体系整体服务能力持续、有效提高；着力建立基层医疗卫生人才保障新机制，确保卫生人才队伍结构合理、技术适宜；着力建立以合同管理为基础的用人新机制，确保人尽其才、优绩优酬。五是在推进公立医院改革方面，着力建立以“四个分开”为核心的公立医院管理新机制，重点抓好破难点、建机制，回归公益性、调动积极性；着力建立以病人为中心的公立医院内部运行机制，重点抓好推便民、见实效，确保群众方便、快捷享受基本医疗服务。

B.15 青海科技发展状况分析与展望

何海云　朱莉华*

摘　要：2011 年，青海省进一步加大全社会科技投入、提高科技管理水平，在项目、环境、科技园、开放等方面的带动下，取得了科技创新、引领水平及支撑能力大幅度提升的成效。2012 年，青海科技发展尽管面临着投入不足、人才缺乏等不利因素，但随着项目推进、创新行动及制度健全，科技发挥支撑经济社会发展的作用将愈加显著。

关键词：科技发展　形势展望　对策建议

2011 年青海省科技工作围绕全省经济社会发展的重点，深入贯彻落实科学发展观，坚持“自主创新、重点跨越、支撑发展、引领未来”的科技工作方针，以“绿色引领、开放创新、重点跨越、能力突破”为核心，以“转方式、调结构、惠民生”为目标，加快构建以企业为主体、市场为导向、产学研相结合的开放型区域科技创新体系，使科技创新成为加快转变经济发展方式和改善民生的主要驱动力，实现了在若干战略性新兴产业和重点区域的跨越发展，为全省绿色发展和建设创新型青海提供了强有力的科技支撑。2012 年，青海科技发展面临着诸多不利因素，但也存在一些机遇。青海科技能否得以持续健康发展，很大程度上取决于诸多项目能否得以推进、行动及制度能否得以有效落实。

一　2011 年青海科技发展状况分析

2011 年，青海省科技发展迈上了新台阶。“123”科技支撑工程项目、“3920”

---

* 何海云，青海省科学技术信息研究所副研究员，研究方向：科技管理及战略规划；朱莉华，青海省科学技术信息研究所助理研究员，研究方向：科技管理及战略规划。

生态农牧业重大科技支撑工程、社会主义新玉树科技引领行动等一系列科技项目继续或开始实施，相关政策法规得到完善，社会科技投入不断加大，使全省的科技创新能力不断提升。

（一）推进实施“123”科技支撑工程项目，不断提升企业自主创新能力

在2009年开始组织实施的“123”科技支撑工程项目基础上，2011年继续组织“123”科技支撑工程项目，新增63个“123”科技支撑工程项目，预计总投资308.9亿元，形成产值443.91亿元。截至2011年6月，第一批和新增“123”科技支撑工程完成投资390.79亿元，累计实现产值453.43亿元，企业科技投入19.16亿元，企业累计申请并取得230项国家发明专利、268项实用新型专利，制定各类技术标准80余项。企业科技创新能力得到加强，对促进青海省产业结构转型升级、转变经济发展方式提供了有力的科技支撑。

（二）组织实施“3920”生态农牧业重大科技支撑工程，切实提高农牧业发展的科技含量

组织实施生态农牧业重大科技支撑工程计划，即重点打造三大农业科技示范区，力促九大特色产业链发展，集成20个技术水平高、产业化前景好的农业科技专项进行示范。截至2011年底，“沙棘白刺资源高值化利用技术集成及产业化”项目，形成了50项科研成果，申请了52项专利，制定了各类标准18个，10个原料基地取得有机产品认证。全面带动了浆果资源的药品类、保健食品类、果汁类、果粉类、籽油类、化妆品及中间体七大类50多个产品综合利用和产业集群的形成，特色产品实现了出口创汇；新增产值12.95亿元、上缴利税3.89亿元，农牧民增加收入3.15亿元，10万户30万农牧民通过采摘浆果脱贫，封育和新增浆果生态经济林面积90万亩。成立了青海省生态经济林浆果资源深度开发利用产学研战略联盟，培养了致力于浆果资源研究与开发的27名博士、硕士研究生和50余名企业技术骨干。通过科技攻关，制约浆果资源利用的关键技术得到了解决，实现了青海特色浆果资源的高值化利用，初步形成了结构合理、自主创新能力强的浆果产业。

（三）全面实施玉树灾后重建科技引领计划，打造玉树科技第一村

以玉树州玉树县代格村恢复重建为核心，分别在代格村、巴塘牧场等4个示范点，重点实施包括水光互补为主体的分布式智能型电网、农牧区多元化清洁与经济型能源体系、高原高寒草甸生态畜牧业和数字化信息服务等5类示范项目，发挥科技在玉树灾后重建过程中的引领支撑作用。截至2011年底，种植业方面建成高标准日光节能温室18个、示范带动种植温室100余个。牧业方面进行了天然草地改良及饲草基地建设，已完成巴塘和果庆牧场建植饲草基地5100亩，天然草地鼠害治理5000亩，培育改良草地3000余亩；实施了高产栽培大田作物种植技术集成与示范，示范种植7类作物、8个品种、1300亩地。新能源建设方面，60千瓦双模式光伏电站已完工，代格村110套民居和村委会太阳能采暖项目已全部安装到位。无论是太阳能一体化建筑、太阳能一体化沼气工程、双模式光伏发电系统、蔬菜种植基地，还是数字化农牧科技信息服务模式，代格村已成为玉树灾后重建中的现代化科技示范村，并以代格村5项科技示范内容树立了玉树灾后科技重建的典范。

（四）全面安排部署新设科技计划项目，更加有力地支撑经济社会发展

科技投入具有以下鲜明的特点：一是科技资金的引导作用得到进一步发挥。2011年政府财政安排科技经费1.63亿元，吸引全社会科技资金317.89亿元，政府财政科技投入和全社会科技投入之比达到1∶195，创历年新水平。二是项目质量有所提高。第一批计划共收到申报项目1032项，确定安排项目369项，项目淘汰率为64%。三是资助强度进一步加大。项目平均资助强度为43万元，与2010年相比，每项平均增长19.4%。四是支持的重点方向更加明确。重点支持“123”科技支撑工程和生态农牧业，两项合计占科技经费总额的52.9%。五是强化对项目的科技成果产出考核。确保政府科技资金投入产出效率，项目按计划完成后，预计产生专利130件、成果257项、标准51项、论文387篇。

（五）加强政策法规体系和创新体系建设，不断提高科技创新能力

一是完成《青海省科学技术进步条例》的立法调研，修订了《青海省自然

科学与工程技术学科带头人选拔管理暂行办法》和《青海省人才小高地建设管理办法》。二是举行了青海省国家高新技术产业园建设动员大会，标志着青海省高新技术产业发展进入了新的历史时期。三是召开了西宁市建设国家创新型城市动员大会，制定印发了《西宁市国家创新型城市试点工作实施方案》、《西宁市国家创新型试点城市建设责任目标考核暂行办法》、《西宁市国家创新型试点城市建设工作推进委员会主要职责及工作制度》和《西宁市2011～2015年国家创新型试点城市建设任务分工》等配套文件。四是实施自然科技基金项目计划，按照“人才＋项目＋基地”的模式，培养青海省急需的各类科技人才。五是围绕青海省十大优势特色产业振兴，对省级重点实验室进行全面整合，并组织申报国家级重点实验室。六是启动青海省科技活动周，为新增的青海海东国家农业科技园区乐都示范园等3个青海省科普教育基地授牌。七是组织实施“青海之光”科技人才推进计划，启动人才“小高地”创新团队建设工程、高层次科技创新创业人才引进培养工程、学科带头人培养选拔工程、优秀青年科技人才培养工程等4个工程。八是启动了科技成果转化综合服务平台——科技创新服务大厅，集成了科技成果对接平台、科技资源共享平台、科技中介服务平台等，涵盖内容包括科技成果推介、技术难题对接、专利申请、法律咨询、科技融资、项目评估、合同登记、专利拍卖、政策解读、信息查询等，实现了科技“一站式”服务模式。

（六）加强农村牧区科技工作，为社会主义新农村建设提供科技支撑

一是青海海东国家农业科技园区正式挂牌，标志着青海省农业科技工作跨入一个新的历史发展阶段。至此，青海省已建设29个省级农业科技园区、2个国家级园区，分布于8个州（地、市）的19个县（市、区）。二是组织召开了海南州国家可持续发展实验区建设启动大会，建立了生态畜牧业产学研联盟，共同实行草地生态畜牧业的规模化经营，探索出牧场主导型和科技园区引导型的“种草养畜”产业化开发模式，即以发展饲草基地为重点，以牦牛和藏系绵羊绿色畜产品为特色，以规模化舍饲和半舍饲养殖为载体，实施“饲草料生产基地建设—优良牧草产品产业化加工—饲草资源高值利用—规模化牦牛和藏系绵羊健康养殖—有机肥生产还田—高原特色畜产品加工”为一体的全产业链模式。三

是农牧业信息化智能服务方面，已建成青海省农牧区科技信息综合服务平台和7个分中心、120个基层服务站、210多个农户服务点。推出了“中科农信”手机服务模式，先后为科技特派员及农户发放龙芯笔记本电脑及中科农信智能手机630余台（部）。农牧区健康诊疗服务方面，搭建西宁到基层卫生院的远程医疗诊治服务平台。利用电子健康档案系统，为农牧民群众提供医疗服务、体检、卫生保健、慢性病传染病预防诊治等服务，同时为村、乡镇、县各级医疗单位和医疗管理部门提供统计管理及医疗技术服务。农牧业远程教育服务方面，联合教育部门开通远程教学网络直播系统。农牧区社会管理信息化服务方面，开发虹膜识别应用系统，对灾后人员信息统计、民政救灾物资的发放、救灾资金的领取、工商证件和土地房屋所有权的等级管理等方面的信息化管理起到高效的保障作用。四是根据《科技兴县（市）专项工作管理办法》要求，21个县（市、区）通过了科技进步考核，其中6个被评为全国科技进步考核先进县（市、区）。4个地区（市）通过科技进步考核，其中2个被评为全国科技进步考核先进地级市。五是玉树州曲麻莱县、治多县等9个县被列入国家科技富民强县专项行动计划县，共获得国家资金资助1687万元。六是在青海湖南畔完成了高原生态节能建筑试验住宅示范工程。该工程由10栋住宅组成，总建筑面积820平方米，项目总投资133.5万元，融合了太阳能和风能发电、沼气、太阳房等多项技术，实现了建设绿色、清洁、环保民居的目的，成为新牧区建设的一个窗口。

（七）扩大科技合作与交流，提升科技创新和科技引资水平

一是举办科技部和青海省会商制度议定书签字仪式暨第一次工作会议；同时，与中国工程院签订科技合作协议，在开展重大决策咨询、推动产业发展、加强合作研究与开发、组织学术活动、培养和引进科技人才和建立省院会商协调机制六个方面开展合作。二是成立“青海—犹他科技创新联盟”，并与美国“犹他—青海产业技术战略联盟”联合申报“中美能源与环境十年框架·绿色伙伴计划”获得成功，双方在华盛顿举办的“中美第三次战略与经济对话”上举行了签约仪式。三是与格尔木市政府联合引进国电龙源公司“龙源格尔木兆瓦级光伏发电项目示范电站”，签约引资20亿元；与安徽建工集团有限公司签订了《关于设立青海建机装备产业园合作框架协议》，签约引资8000万元。

（八）知识产权保护与成果管理进一步加强

2011 年，青海省向国家知识产权局共申请专利 534 件，同比增长 92.1%。其中，发明 143 件、实用新型 134 件、外观设计 257 件，同比分别增长 24.3%、61.4%和 221.2%；发明专利授权 55 件，同比增长 129.2%；登记各类科技成果 280 项，数量创历史新高。由青海省的科技工作者主持完成的“高原移居人群高海拔作业低氧损伤的综合防治”、参与完成的“中国陆地碳收支评估的生态系统碳通量联网观测与模型模拟系统”和“青藏高原牦牛乳生加工技术研究与产品开发”等 3 项科技成果，获得 2010 年度国家科技进步二等奖。召开青海省科学技术奖励大会，中国石油天然气股份有限公司青海油田分公司总经理宗贻平荣获青海省科学技术重大贡献奖，“高原环境下炼焦工艺适应性研究”等 6 项成果、“高产优质抗病马铃薯品种青薯 3 号选育与推广”等 8 项成果、“国外良种肉牛改良青海牛综合配套技术示范”等 12 项成果分别获得青海省科学技术进步一、二、三等奖。

（九）争取国家支持，积极促进科技与金融结合，全社会科技投入进一步加大

多渠道利用社会资金，启动政府引导基金，搭建贷款平台，构建担保融资平台。一是积极组织申报国家科技项目，争取得到国家更大支持力度。围绕高原特色农业、生态畜牧业、高原资源开发等重点领域，并结合玉树抗震救灾和灾后重建工作，积极组织申报国家各类科技计划项目 231 项，落实 89 项，已获国家资金资助 3.7 亿元。二是青海省科技型中小企业创业投资引导基金分别与北京华控汇金投资管理有限公司、英国欧瑞基金公司达成合作意向，拟设立总规模 5 亿元和 2 亿元的引导基金。三是以青海省创业发展孵化器为平台，政府出资 600 万元（占 20% 股份），与西宁经济技术开发区投资控股集团有限责任公司等 5 家单位出资筹建青海开投科技创新小额贷款有限公司，重点扶持在西宁经济技术开发区内注册经营的各类中小型企业，解决其生产经营过程中短期小额流动资金贷款难的问题。四是与省内 3 家知名担保公司达成初步共识，以参股或形成战略合作伙伴的形式，为省内中小型科技创新企业提供担保服务。五是制定完成《青海省促进科技与金融结合试点工作方案》，通过与省农发行

等银行签署的科技贷款业务合作协议，向银行推荐农业科技成果转化项目19个。

二 2012年青海科技发展形势展望

2012年，青海科技发展虽然面临着经济和社会尚未完全转入依靠科技创新的发展轨道、科技投入不足、科技人才相对缺乏等诸多不利因素，但随着相关科技支撑项目的继续推进、“十二五”节能减排科技行动的实施、科技计划指南的编写和省部会商制度的全面落实，将进一步促进企业的科技创新能力，充分发挥科技在全省经济社会发展中的引领支撑作用，推动科技工作迈上新台阶。

一是“123”科技支撑工程项目的继续推进，将促进企业的科技创新能力和市场竞争能力。按照项目进度要求，将对实施的“123”科技支撑工程项目进行检查验收，确保有关技术指标得以实现。推动新增的60项“123”科技支撑工程项目，将会攻克一批制约青海省经济发展的关键技术难题，企业的科技创新能力和市场竞争能力有望得到极大提升。计划围绕盐湖特色化工循环经济产业集群的发展，积极申报项目，争取得到科技部的更大支持，通过项目加快推进新型工业化进程。

二是生态农牧业重大科技支撑工程的实施，将提高农业科技创新能力。生态农牧业重大科技支撑工程的实施，充分发挥科技对农村牧区经济发展的支撑作用，农业科技创新能力将不断得到提高。先进适用农业科技成果向生产第一线的转移和扩散，将促进农牧业生产方式转变，农牧区综合生产生活条件得到改善，农牧业持续发展得以确保。农牧民持续增收，农牧区和谐稳定，富裕文明和谐的新青海将得到更好建设。

三是玉树灾后重建科技引领计划的继续实施，将进一步发挥科技的支撑作用。按照重建社会主义新玉树科技引领行动计划，分别在代格村、巴塘牧场等4个示范点，水光互补为主体的分布智能型电网、农牧区多元化清洁与经济型能源体系、高原高寒草甸生态畜牧业和数字化信息服务等5类示范项目将得到重点实施，进一步发挥科技在玉树重建过程中的引领支撑作用。

四是“十二五”节能减排科技行动的实施，将全面提升节能减排科技创新能力。“十二五”节能减排科技行动的组织实施，将全面提升节能减排科技创新能力，为青海省“十二五”节能减排目标的实现提供有效支撑，对资源节约型、环境友好型社会的加快建设以及青海经济社会的又好又快发展将起到极大的推动作用。

五是农村信息化试点省建设工作的推动，将形成新型农村农业信息服务体系。围绕推动青海省农村信息化试点省建设工作，将会依靠组织部门已建成的党员远程教育网络，全省统一的农村综合信息服务平台得以初步建成。以现代农村发展需求为出发点，涉农部门的信息资源将得到整合。加强顶层设计，突出青海特色，以物联网技术、云计算为代表的现代信息技术在青海省农村农业领域的示范应用进一步开展，将全面推进农村信息化工作的应用水平，有望形成科学规范、功能完善、服务全面、长效发展的新型农村农业信息服务体系。

六是科技创新平台的建设，将进一步加强推进科技创新能力。围绕青海省十大优势特色产业振兴和战略性新型产业的发展，将指导培育新的创新型企业的建设工作，工程技术研究中心和技术创新产业战略联盟等技术创新平台得以组建。轻金属材料、特种钢、油气化工、装备制造等省级重点实验室的建设和整合，支持强度进一步加强，省级重点实验室的研究方向、研究目标和人才培养计划进一步明确。对2个新获批的省部共建重点实验室培育基地的建设，将推动实验室更好地发展。“人才+项目+基地”的人才培养模式的形成，将使优秀科技人才的培养力度进一步加大。围绕重点支柱产业、优势产业、新兴产业、高新技术产业，学科带头人选拔培养体系及高层次科技创新人才和创新团队的培育将会加强。

七是科技与金融的进一步结合，将推进科技成果产业转化。科技与金融的进一步结合，将会进一步推进科技成果的产业化发展，一大批竞争力强、成长性好的高新技术企业将得到发展壮大。青海省科技创新服务大厅的全面启用，将使技术市场、专利服务、科技成果推广、农业科技服务等科技服务工作得到充分发挥，科技成果产业化发展得到大力推进。

三　对策建议

科技是引领经济社会发展的主导力量。加快青海科技事业发展，为贯彻落实科学发展观和实现“四个发展”提供强有力的科技支撑，必须切实加强政府的组织领导，创新科技管理机制，不断加大科技投入，强化科技政策落实，积极营造科技创新氛围，加强基层科技工作，建立有效机制。

（一）切实加强组织领导

要把科技工作作为一件大事来抓，把不断提高科技发展能力作为贯彻落实科学发展观和实现“四个发展”的重要内容，切实加强组织领导和统筹协调，强化政府的科技宏观管理能力，及时研究和解决制约经济和社会发展的突出科技问题。完善各级政府科技进步目标责任制，推动科技进步促进地方经济发展。以项目为载体，集成全社会科技资源，形成横向和纵向的科技工作联动机制。进一步强化各级科技管理部门的管理能力，加强组织机构建设和科技管理干部培训，不断提高科技管理水平。强化科技与相关部门的政策协调机制，推动科技进步与经济发展的相互促进。建立技术创新协调机制，加强对技术引进和消化吸收再创新工作的管理和引导。

（二）不断加大科技投入

以政府投入为引导、企业投入为主体、银行贷款为支撑、社会筹资和引进外资为补充，建立多层次、多渠道的科技投融资体系，增加全社会科技投入总量。强化财政科技投入增长的保障机制，建立财政部门会同科技部门编制财政科技预算的会商与协调制度，加强对科技投入的统筹管理，确保各级政府财政科技投入增长幅度达到法定增长的要求。完善财政科技投入管理机制，建立适应新形势的科技经费监督管理和绩效评估体系，提高财政科技经费的使用效率。调整和优化财政科技投入结构，加强对基础研究、社会公益性研究、前沿高技术研究、科技基础条件建设的支持。强化企业科技投入的主体地位，引导和鼓励企业加大对技术创新的资金投入，解决制约经济社会发展的关键科技问题。引导全社会加大科技投入，综合运用财政拨款、贴息及补助、金融担保等多种方式吸引社会资金投入科技创新活动，积极探索科技与金融相结合模式，支持科技风险投资企业发展，鼓励科技型企业上市融资，促进自主创新的多层次资本市场建设。

（三）强化科技政策落实

落实《科学技术进步法》，加快配套法规建设。加强科技资源共享、科研机构、科技中介等方面政策法规的研究制定，强化科技法律法规的执法检查和公众监督。落实《中共青海省委青海省人民政府关于贯彻〈中共中央国务院关于实施科技规划纲要增强自主创新能力的决定〉的实施意见》、《青海省增强科技创新能力的若干政策措施》中关于科技投入、税收激励、金融支持、知识产权创造与保护、人才队伍建设、考核机制等相关政策措施。推进研发费用加计扣除、科技企业孵化器税收优惠等政策实施，落实高新技术企业扶持政策。继续完善科技奖励制度，鼓励技术要素参与收益分配，重奖在科技创新创业中作出重大贡献的科技人员。

（四）加强创新团队建设

认真贯彻落实《青海省中长期人才发展规划纲要（2010～2020年）》，继续实施青海省高层次人才培养工程、学科带头人工程，加强创新人才培养，在特色基础研究、重大关键技术研究、特色公益研究等若干关系青海省经济社会发展的科技领域，着力培养造就一批创新能力强的高水平学科带头人，形成一批新的优秀创新人才群体和创新团队。大力实施“青海之光”科技人才培养引进计划，选拔和引进一批重点学科的高层次人才，对博士后工作（流动）站以及大学博士、硕士点择优支持。支持依托重大科研和建设项目培养创新人才。在科技项目评审和绩效评估中，把创新人才培养作为重要指标。

（五）积极营造创新氛围

大力弘扬“自信、开放、创新”的青海意识和“人一之、我十之”的实干精神，为增强自主创新能力营造良好的舆论氛围、文化氛围和社会氛围，弘扬科学精神、传播科学思想、倡导科学方法、普及科学知识，尊重劳动、尊重知识、尊重人才、尊重创造，形成敢为人先、勇于创造、宽容失败的良好风尚。倡导创新文化，在科技界形成求真务实、诚实公正、协作开放的精神。在企业界倡导崇尚竞争、敢冒风险、追求卓越的精神；在全社会培养创新意识，共建创新型社会，为科技创新奠定广泛的社会基础。

（六）加强基层科技工作

建立省地会商机制，设置地方科技专项，支持和鼓励由地方牵头组织实施若干重大项目。加大对基层科技工作的投入力度，采取政策推动、项目支持、对口支援、互动合作等方式，解决事关各地区经济社会发展的关键问题。围绕区域特色经济发展，积极实施科技特派员专项行动计划和科技富民强县专项行动，推进科技进步示范县（市）建设，形成城乡统筹、区域互助、和谐发展的科技工作新局面；按照“健全机构、加强队伍、转变职能、提高能力”的要求，加强科技管理队伍建设，发挥基层科技机构的管理、指导、协调和服务职能，根据实际制订区域科技发展规划，指导和协调地方科技创新与服务体系建设。深入开展科技培训、科技扶贫和科学普及工作，搭建科技公共服务平台，发挥科技公共服务职能，带动区域经济的发展。

（七）不断完善计划管理

进一步深化科技计划管理体制改革，构建“权责明确，定位清晰，结构合理，运行高效”的科技计划体系和“公正、公开、规范、高效”的项目管理体系。创新管理机制，促进分类管理。构建统一的科技计划管理信息平台，实行计划动态调整机制，强化项目实施全过程的监督和绩效评估，保证管理的公开、公正与透明，提高科技资源的配置效率。逐步建立第三方独立评估、信用管理、目标管理和问效问责等制度。

（八）建立有效的落实机制

建立健全规划实施协调机制，发挥“十二五”科技发展规划对未来 5 年青海省科技发展的指导性作用，加强规划与计划的衔接。根据“规划”确定的总体思路、战略目标和重点任务，结合全省国民经济和社会发展计划的总体部署，制定和实施各类科技计划；建立健全技术预测机制，跟踪规划确定的技术领域和重大项目变化，为科技规划的滚动实施和动态调整提供决策依据。建立健全技术预测制度、技术预测机构、技术预测队伍，广泛吸收社会科学领域、产业界和科研管理部门专家参与技术预测，保证技术预测工作的稳定性和持续性。建立规范的评估监督机制，定期评估规划的实施情况，增强评估和监督的公开性与透明度。加强与公众的交流与沟通，建立必要的公示制度和公众参与制度，定期公布评估报告。建立动态调整机制，根据科学技术的新进展和社会需求的新变化，适时对规划作出必要的调整。

B.16

青海人力资源和社会保障形势分析

傅天珠　高永宏*

摘　要： 2011 年，青海省完善就业与社会保障体系，推进各项人事、工资收入分配制度改革，落实人才强省战略，加强劳动者权益维护，人力资源和社会保障事业呈现良好发展势头。2012 年，面对复杂的国内外形势，人力资源和社会保障工作既面临有利条件，也存在不少困难和问题。解决这些问题并充分利用好有利条件和积极因素，就要在就业政策导向、社会保障制度健全、人才队伍建设、工资结构调整、劳动关系构建等方面深入推进。

关键词： 人力资源　社会保障　形势分析

一　2011 年青海人力资源和社会保障现状

2011 年，青海省人力资源和社会保障形势较上年进一步趋好，就业规模继续扩大，职业培训更加规范、效果明显，公共就业服务体系更趋完善，覆盖城乡的社会保障体系基本建立，待遇水平有所提高，人事制度与工资收入分配制度改革稳步推进，人才强省战略积极实施，劳动关系大局继续保持和谐稳定。

（一）积极的就业政策体系更趋完善，就业局势保持稳定

1. 实施积极的就业政策，就业规模进一步扩大

以及促进高校毕业生就业、发展家庭服务业促进就业等政策性文件，进一步

* 傅天珠，青海省人力资源和社会保障厅办公室主任科员；高永宏，青海省社会科学院法学研究所副研究员，研究方向：社会法、司法制度。

完善了积极的就业政策体系。以省委省政府实施“建设百个重点项目、培育百户重点企业”为契机，探索建立政府投资、重大项目和产业规划共同促进创业就业机制，强化就业供需对接，实现经济增长和就业扩大的良性互动。积极引导高校毕业生面向企业、面向基层就业，推动自主创业，实施了藏区高校毕业生就业能力提升计划，高校毕业生就业率稳步提高。大力推进创业型城市建设，重点支持西宁、格尔木市两地创业孵化基地建设，以创业促就业成效显著。政府引导和市场化运作相结合，精心打造“金秋采棉”和“枸杞采摘”等劳务品牌，劳务输出规模进一步扩大。全省已累计为就业再就业各类失业人员支付各项补贴4.59亿元，累计向3337名下岗失业人员、创业农牧民和高校毕业生等各类失业人员发放小额担保贷款2.37亿元。全年城镇新增就业达5.2万人，较上年增加1.6万人；城镇登记失业率为3.8%，控制在4.2%以内。农牧区富余劳动力转移就业105万人，较上年同期增加1万人。高校毕业生就业1.43万人，省属高校毕业生初次就业率为86.6%，总体就业率约为85%。

2. 加强和规范职业技能培训工作，技能培训促就业效果显著

针对以往全省劳动力技能培训中存在的部门各自为政、培训交叉重复、补贴标准不一、培训效果不佳的问题，省政府出台了统筹规范城乡劳动力技能培训工作意见，提出并实施了统筹项目计划、招标认定培训机构、使用培训券、统一补贴标准、统一核验合格证等一系列管理措施，有效整合了省内培训资源，形成了技能培训合力。同时，根据全省特色产业发展和就业需求，继续推进省属国有企业招工定向培训活动，实施青南三州万人技能培训促就业计划、“3+1”技能培训项目和“创业培训进校园”活动，全年各类技能培训人数达7.7万人，当期就业率达80%，有5.3万人参加职业技能鉴定，4万人取得职业资格证书。全年新增高技能劳动者1600人，技能型劳动者占比达到25%，劳动者技能结构发生积极变化。

3. 积极开展各项公共就业服务活动，就业服务体系日趋完善

在继续加强公共就业人才服务机构建设和日常就业服务的同时，组织开展就业援助月、春风行动、民营企业招聘周、高校毕业生就业服务月和重点项目重点企业招聘周暨高校毕业生就业洽谈会等就业服务专项活动，利用网站平台为各类求职人员及时提供相关政策咨询和就业信息，按季发布劳动力市场供求状况分析报告，促进了各类人员就业。举办各类招聘会130场次，提供就业服务10

万人次，其中有2.6万人达成就业意向，市场在劳动力资源配置中的作用日益突出。

（二）覆盖城乡的社会保障体系基本建立，各项社会保险待遇普遍提高

1. 社会保险制度进一步完善

全省46个县（市）全部纳入国家新农保试点范围，城镇居民全部纳入2011年国家城镇居民社会养老保险试点范围，实现养老保险制度全省城乡居民全覆盖。进一步完善了城镇职工和城镇居民基本医疗保险政策，建立了城镇职工基本医疗保险最低缴费年限制度、城镇居民基本医疗保险个人缴费结转制度和城镇居民异地参保制度，完善了城镇职工和城镇居民基本医疗保险门诊统筹制度。积极推动付费方式改革，出台了按病种付费办法，统筹区域内医疗费用实现即时结算。完成了州、地、市新农合的职能划转移交工作。研究制定了缓缴失业保险费、支付在岗培训补贴等促进青海省工业企业平稳发展的政策措施，失业保险预防失业的功能得到更好发挥。修订颁布了《青海省实施〈工伤保险条例〉办法》，制定出台了《青海省城镇职工生育保险办法》。社会保险的统筹层次稳步提高，养老保险省级统筹进一步完善，失业保险实现省级统筹，城镇职工和城镇居民医疗保险实现州（市、地）级统筹。各项社会保险制度全部建立和推行，政策措施日趋完善，覆盖城乡的社会保障体系基本形成。

2. 社会保险待遇水平进一步提高

企业退休人员月人均基本养老金增加238元，调整后的企业退休人员月人均养老金达到2027元（含取暖费），较上年提高13%。城镇职工基本医疗保险政策范围内住院医疗费用报付比例提高到80%，统筹基金最高支付限额提高到22万元左右；城镇居民在三级、二级、一级定点医疗机构政策范围内住院医疗费用报付比例由45%、65%、75%提高到65%、75%、85%，城镇居民基本医疗保险财政补助每人每年提高80元。全省失业保险金标准平均由460元提高到530元；建立了失业保险与居民基本生活费用价格指数联动机制，为领取失业保险金人员每人每月发放30元临时物价补贴，保障了失业人员基本生活。

3. 社会保险参保覆盖率进一步提高

积极解决养老保险历史遗留问题，年内将4.91万名原集体企业、与原机关

企事业单位建立劳动关系或有事实劳动关系等各类未参加社会保险的城镇户籍人员纳入养老保险社会统筹范围，在全国率先解决了城镇职工基本养老保险历史遗留问题。将关闭破产、改制、困难国有企业和供销社系统国有身份退休人员1328人全部纳入城镇职工基本医疗保险范围，基本解决了国有关破企业医疗保险历史遗留问题。将2131名符合条件的老工伤人员纳入统筹管理，“老工伤”问题进一步得到解决。并以非公有制企业职工、个体工商户、灵活就业人员和农民工为重点，继续加大各项社会保险参保扩面工作，截至2011年底，全省城镇职工养老保险、城镇职工基本医疗保险、城镇居民基本医疗保险、失业保险、工伤保险参保人数分别达到81万人、81.9万人、67.36万人、37.25万人和45.7万人；全省新农保参保人数达到177万人，参保率76%；城镇居民社会养老保险参保人数达到3万人。

（三）各项人事制度改革稳步推进，公务员和事业单位人事管理进一步加强

1. 公务员管理进一步规范

年内制定出台了公务员考录笔试、面试、考查三个办法和省直机关公开遴选公务员实施细则等规范性文件，组织开展了县乡两级机关公务员考录、省直机关公务员公开遴选、基层政法干警招录培养、公安机关特警考录、应届优秀大学毕业生选调和从企业生产一线考录乡镇（街道办事处）公务员工作，共有1.79万人报名参加公务员考录，录用1157人，其中县乡一线职位占97.76%。以公务员能力建设为核心，以“四类”培训为抓手，继续加强公务员培训工作，年内共培训公务员1.4万人，公务员的综合能力和道德素质进一步提升。

2. 事业单位人事管理不断加强

事业单位岗位设置管理工作不断完善，重点加强了对州、地、市事业单位岗位设置的指导和监督，全省事业单位岗位设置完成率和聘用合同签订率均达到95%。研究制定了事业单位公开招聘工作人员笔试、面试、考核聘用三个实施细则，实行省直事业单位集中统一面试办法，进一步规范了事业单位公开招聘工作。职称改革稳步推进，将职称申报与岗位设置有机结合，职称评定与继续教育紧密衔接，评委库建设及各项评审规范化建设得到加强，职称评审的公正性和公信力得到显著提升，专业技术人员的考核评价机制进一步完善。年内完成了33

个高级职称评审系列评审工作，有347人申报正高级专业技术职务，2778人申报副高级专业技术职务，80%的申报人员通过评审。完成全国专业技术人员职称外语等级考试及各类职（执）业资格考试42项，参考人员1.94万人。

3. 军转安置工作任务全面完成

坚持重德才、重表现、重实绩的安置导向，完善了计划分配军转干部考试考核、双向选择相结合的安置办法，确保了安置工作的公开、公正、公平。年内完成计划分配军转干部安置任务148人，自主择业军转干部安置任务179人，安置率均为100%。调整提高了企业退休军转干部生活补助标准，保证在岗企业军转干部人均收入不低于全省在岗职工平均工资水平、退休企业军转干部养老金不低于全省企业退休人员基本养老金平均水平，确保了企业军转干部整体稳定。

（四）工资收入分配制度改革稳步推进，职工工资收入水平稳步提高

1. 继续推进机关事业单位工资改革

在巩固义务教育学校实现绩效工资成果的基础上，配合公立医院改革进一步推动公立医院实施绩效工资工作。完成全省二至三类区艰苦边远地区津贴标准调整工作，规范了青海省机关事业单位工作目标责任考核奖发放办法，开展了第三步规范公务员津贴补贴工作，调整了部分艰苦行业和岗位补贴标准，提高了机关事业单位退职人员的生活待遇，全省干部职工工资收入水平进一步提高。

2. 加强对企业工资分配的宏观指导

发布了2011年企业工资指导线、各地区人力资源市场工资指导价位和2010年部分行业人工成本信息，为企业搞好内部分配提供了依据。进一步调整提高了全省最低工资标准，全省月平均最低工资标准由750元提高到900元。深入推进集体合同“彩虹计划”，加强企业工资集体协商工作，促进了工资分配共决机制和职工工资正常增长机制的逐步形成。

（五）认真落实人才强省战略部署，各类人才队伍建设进一步加强

1. 加强专业技术人才培训培养

组织开展了2010年度青海省优秀专业技术人才选拔工作和2011年青海省优秀专家选拔工作。加强留学回国人员和博士后工作，向国家争取到留学人员科技

资助项目5项，省地质调查院博士后科研工作站正式运行。组织开展了“万名专家服务基层青海行活动”，有2名院士、13名知名学者来青海开展学术指导和科技咨询活动。深入实施三江源人才培训和专业技术人才知识更新工程，全省培训专业技术人员5万人。青海大学成教学院被认定为国家级继续教育基地。

2. 继续加大引进国外智力工作力度

年内落实引智专项资金和培训经费1464万元，带动企业投入引智和培训资金1500万元，有针对性地实施了三江源生态保护、特色工业、新能源新材料、医疗卫生、旅游管理等引智项目，先后聘请国（境）外专家来青海服务280人次，组织884名专业技术和管理人员参加出国（境）培训。省政府与国家外专局签署了《实施引智援青工程合作框架协议》。

（六）加强劳动者权益维护，劳动关系保持和谐稳定

1. 全面推进企业劳动合同制度

集中开展了小企业劳动合同签订专项行动和以农民工为重点的签订劳动合同“春暖行动”，全省规模以上企业劳动合同签订率达到95%，小企业劳动合同签订率达到80%。全面推行劳动用工备案制度，实现了对用人单位劳动用工的动态监管。

2. 进一步加强协调劳动关系三方机制建设

深入推进和谐劳动关系创建活动，年内省委专题召开了全省构建和谐劳动关系先进表彰会，表彰命名了30户青海省模范劳动关系和谐企业和2个模范劳动关系和谐工业园区。

3. 劳动人事争议调解仲裁工作稳步推进

进一步提高企业自主处理劳动争议的能力，建立健全各级劳动争议调解仲裁组织，推进劳动人事争议仲裁实体化建设，办案能力不断提高。西宁市劳动人事争议仲裁院正式成立。年内全省共受理各类劳动人事争议案件824件，结案率95%，其中调解结案占案件总数的38%。

4. 劳动监察及维权工作力度进一步加大

在加强劳动用工年检工作的同时，集中开展了清理整顿人力资源市场、劳动合同签订、用人单位遵守劳动用工和社会保险法律法规专项检查，累计取缔非法中介组织27个，责令补签劳动合同2.75万人、支付工资及补偿267.9万

元、缴纳社会保险金3286.74万元。在建设、交通等领域继续实施农民工工资支付保证金制度，集中开展了工资支付专项检查，共受理投诉案件406件，查处拖欠农民工工资8341万元，清欠率达到96.3%。

二 青海人力资源和社会保障面临的形势

当前，受欧美债务危机冲击，国际经济环境有所恶化，世界经济形势复苏的不稳定性、不确定性上升。我国经济增长下行压力加大，市场总需求有所回落，固定资产投资增速放缓，部分企业生产经营困难。青海省受国内外大环境影响，保持经济持续较快发展的难度增大，相应的对就业、社会保障、工资收入分配和劳动关系等方面带来不同程度的影响，加之一些历史积累的问题，未来人力资源和社会保障工作面临诸多困难和问题。一是就业形势复杂严峻，高校毕业生就业、农牧区劳动力转移就业和城镇就业困难人员就业问题交织，就业供求矛盾和结构性矛盾叠加，“就业难”和“招工难”问题必然并存。二是社会保障制度城乡分割且存在较大差距，保障水平不高，并面临人口老龄化、就业形势多样化、收入分配差距拉大的挑战。三是公务员队伍能力建设不适应科学发展要求，事业单位改革任务艰巨，工资收入分配秩序亟待完善，改革任务繁重。实现经济发展方式转变和产业结构调整的目标，对引进和开发新型科技人才、经济社会发展紧缺人才和高技能人才提出了更高要求。四是劳动关系不稳定因素增加，一些企业尤其是非公有制企业用工行为不规范，劳动合同签订率偏低，超时劳动、欠薪等侵害劳动者合法权益的问题依然存在，劳动者的利益诉求增加，协调劳动关系的任务将更加艰巨。五是基层公共和社会保障基础建设比较薄弱，现有人力资源社会保障公共服务机构基础条件、人员编制、队伍素质与现实需要和形势发展明显不适应。这些问题亟待认真研究解决。

同时，做好2012年青海省人力资源和社会保障工作也存在诸多有利条件和积极因素。一是中央经济工作会议和省委十一届十一次全体会议提出，将实施积极的财政政策，保持经济平稳较快发展，并把就业作为发展经济的优先目标，把保障和改善民生作为转变经济发展方式的根本出发点和落脚点，把创新社会管理提到更加突出的地位，这为青海人力资源和社会保障事业发展提供了政策支撑，创造了有利条件。二是2012年是中央支持青海等藏区发展、玉树灾后重建的第三年，一批扶持政策和项目已经落实并发挥效益，一批建设项目逐步落实，将进一步改善青海省基础条件和发展环境，为人力资源和社会保障事业发展注入新的活力。三是经过多年的积累和发展，青海省积极的就业政策体系基本形成，覆盖城乡的社会保障体系基本建立，公务员和事业单位人事管理日趋规范，劳动保障法规不断健全，为人力资源和社会保障事业的持续快速发展奠定了良好的基础。

三　加快青海人力资源和社会保障事业发展的对策建议

当前和今后一段时期，受国内外经济形势影响，青海省人力资源和社会保障尤其在就业方面仍将面临不少压力与风险挑战，未雨绸缪、及早应对，通过制度创新、政策引领、法制保障，才能化压力和风险挑战为机遇与发展成效。

（一）实施就业优先战略和更加积极的就业政策，促进就业持续稳定

要进一步强化政府促进就业职责，充分运用好中央扩大内需、调整结构和改善民生的各项政策措施，发挥好政策的支持引导作用，统筹协调财政、货币、产业政策和就业政策，发挥政府投资和重大建设项目对就业的带动作用。要正确处理结构调整与扩大就业、发展高新技术产业与扩大就业的关系，特别要鼓励支持劳动密集型产业和第三产业发展，鼓励支持非公有制经济、中小企业和微型企业发展，帮助解决企业生产经营中的突出问题，稳定和创造更多就业机会。坚持把促进高校毕业生就业放在就业工作的首位，多措并举，全力促进高校毕业生就业。全面落实有利于劳动者创业的税收优惠、小额担保贷款、资金补贴等扶持政策，为劳动者创造良好的创业环境。继续抓好农牧区劳动力转移就业，加强劳务中介组织和劳务经纪人队伍建设，精心打造劳务品牌，扩大转移就业规模，增加劳务收入。进一步规范公益岗位开发管理，完善失业登记制度，落实岗位补贴和社会保险补贴政策，帮助就业困难人员和零就业家庭实现就业。进一步加强城乡劳动力技能培训工作，提高培训质量，实现培训与就业的有效对接。加强基层人力资源和社会保障平台建设，完善信息服务网络，畅通信息渠道，为城乡求职者提供及时、有效的就业信息，实现就业信息服务对称与共享。

（二）进一步完善覆盖城乡的社会保障制度，稳步提高社会保障水平

要坚持“广覆盖、保基本、多层次、可持续”方针，进一步完善各项社会保障制度，大力推进城乡统筹，不断增强维护社会保障的公平性、适应社会结构的流动性、保证制度运行的可持续性。建立完善基本养老金正常调整机制，加快推进养老保险社会化管理。切实加强新型农牧区和城镇居民社会养老保险乡镇、村（社区）经办服务管理基础能力建设，确保基金安全和资金发放。适时统一新农保与城镇居民养老保险缴费档次，提高城乡居民基础养老金水平。建立被征地农民养老保险制度，解决好失地农民的社会保障问题。实施扩大失业保险支出范围试点工作，充分发挥失业保险保障基本生活、促进就业和预防失业的“三位一体”功能。完善失业保险金发放和物价上涨挂钩的联动机制，确保失业人员基本生活。根据省医药卫生体制改革方案，进一步完善基本医疗保险政策，提高城镇居民和新农合财政补助标准，提高基本医疗保险政策范围内住院医疗费用支付比例，推进医疗费用直接结算、总额付费和单病种付费方式改革，切实减轻城乡群众的医疗负担。加快推进城乡医疗保险制度整合，逐步实现城乡居民基本医疗保险“五统一”。落实《青海省实施〈工伤保险条例〉办法》，积极推进工伤康复、工伤预防工作，完善和规范工伤认定和劳动能力鉴定程序，进一步提高工伤保险待遇。全面启动城镇职工生育保险工作，提高育龄妇女保障水平。加快社会保障信息化建设，逐步实现全省社会保障一卡通。进一步理顺经办体制，优化经办流程，提升精确管理水平，全面提升经办管理服务水平。

（三）加强公务员队伍建设，加快事业单位人事制度改革步伐

深入贯彻落实《公务员法》及其配套法规规章，探索推进公务员分类管理。完善制度，加大从基层考录公务员到党政机关工作的力度，健全公务员任用和退出机制，逐步解决公务员能进不能出、能上不能下的问题。进一步完善参照公务员法管理人员办法，建立参公人员动态管理机制，严格审批条件，控制参公人员无序增长。按照统一指导、分级管理、分工负责的原则，继续抓好公务员“四类”培训和对口培训，加强职业道德建设，全面提升公务员道德素养和机关工作效能。进一步做好规范评比达标表彰工作，严格各项评比达标表彰的审批管

理，建立和完善公务员激励机制。按照中央分类推进事业单位改革的总体部署，积极推进教育、卫生、文化等领域的改革，完善政策措施。进一步完善事业单位人员聘用和岗位设置管理，建立“因事设岗、以岗定薪、岗变薪变”的岗位管理新机制。完善事业单位工作人员公开招聘和聘用制度，严格实行省、州（市、地）两级事业单位公开招聘和进人审批制度，把好事业单位工作人员“进口关”。加快推进职称制度改革，建立与行业和专业技术人才发展相适应的评审制度，加强各级、各系列评审专家库建设，加强执业资格、职称资格考试工作，实现公开、阳光评审。坚持把妥善安置军队转业干部作为重要的政治任务，进一步完善计划分配军转干部安置办法，建立完善公平公正的安置机制。抓好自主择业军转干部管理服务工作，拓宽自主择业军转干部就业创业渠道。做好计划安置军转干部岗前培训和自主择业军转干部就业创业培训。认真落实企业军转干部解困政策，确保企业军转干部思想稳定。

（四）推进工资收入分配制度改革，加快建立合理的工资收入分配格局

进一步完善公务员工资制度，研究建立公务员与企业相当人员工资水平调查比较制度，建立公务员工资水平正常调整机制。稳步推进事业单位实施绩效工资工作，建立符合事业单位特点、体现岗位绩效和分级分类管理的工资制度。加强对企业薪酬分配的指导和管理，加快推进企业工资集体协商制度，严格执行最低工资标准，继续完善企业工资指导线、人力资源市场工资指导价位、企业人工成本信息等宏观指导制度。建立企业职工工资正常增长机制和支付保障机制，确保机关事业单位和企业职工收入合理、稳定增长。

（五）积极落实人才强省战略，加强各类人才队伍建设

认真落实《青海省中长期人才发展规划纲要（2010～2020）》，继续做好国务院特殊津贴专家、新世纪百千万人才工程、青海省优秀专家等各类高层次人才选拔工作，加快培养一支基本满足青海省经济社会和重点领域发展需求的创新型高层次人才队伍。加强现有博士后工作站的管理服务工作，吸引更多博士进站工作，积极开展博士后工作站申报工作。继续加强高层次人才和留学人员创业园建设，优化园区用人环境，加大政策扶持力度，着力引进各类急需人才。利用

“赤子计划”、留学回国人员科技项目择优资助、留学回国人员创业启动支持计划等有效抓手，搭建周期短、见效快的创业平台，吸引留学回国人员在青海干事创业。继续组织实施“三江源”人才培训计划、专业技术人才知识更新工程，加大对基层专业技术人员的培训力度。重视高技能人才培养工作，研究制定青海省和重点行业的高技能人才建设规划及培养示范基地建设，充分发挥技工院校和各类职业培训机构作用，指导各类企业建立职工技能培训制度，加快后备技能人才培养。进一步规范职业资格管理，落实技能鉴定考培分离制度，指导开展企业评价高技能人才试点工作，完善职业资格认证管理，加快建立全省企业高技能人才库。落实省政府与国家外专局签署的《实施引智援青工程合作框架协议》，紧密结合青海省农牧经济、生态建设、特色产业、循环经济发展要求，积极争取青海省急需的经济社会发展项目，引进紧缺的海外高层次人才，重点解决发展中遇到的科研和关键性技术难题。结合文化体制改革，加大对文化产业发展、文化人才培养方面的引智项目支持力度。

（六）积极构建和谐劳动关系，切实维护劳动者合法权益

大力推动劳动关系制度创新，以落实工时制度、工资保障制度、休息休假制度等劳动标准为主，完善职工权益保障机制。深入开展小企业劳动合同制度实施专项行动，积极引导和督促民营企业、小企业和农民工签订劳动合同，进一步提高劳动合同签订率。加强对劳务派遣的规范引导，切实解决虚假派遣、变相派遣以及不签订劳动合同、不参加社会保险、同工不同酬等问题。继续推进劳动用工备案制度，建立劳动用工信息库，实现对企业劳动用工的宏观动态监管。进一步加强基层调解组织建设和仲裁实体化建设，建立和完善各级劳动人事争议调解仲裁委员会，指导企业建立健全自主调解组织，充实调解员和仲裁员队伍，推动建立重大集体劳动人事争议应急调解协调机制，完善调解仲裁规章，简化办案程序，提升调解仲裁办案能力。加大对突出问题、热点问题的专项检查，建立健全劳动保障监察重大案件督办制度和报告制度。继续完善农民工工资支付保证金制度，建立有效解决农民工工资清欠问题的长效机制。积极推进劳动监察“两网”化建设试点工作，逐步实现监管范围以城镇为主向统筹城乡转变、监管模式逐步从被动反应向主动预防转变，切实维护劳动者和用人单位的合法权益。

B.17

青海扶贫开发难点分析与对策建议

葛岩清　杜青华*

摘　要： 近年来，青海的扶贫开发虽然取得了阶段性成效，但根据国家新的扶贫开发政策，青海98%以上的面积属于集中连片特殊困难地区，“十二五”期间尚有最贫困的138.36万扶贫开发对象。加之自然环境严酷，自我发展能力较差，因灾因病返贫率高，扶贫开发面临新的更大挑战。贫困重点区域集中、生存条件恶劣、贫困人口综合素质低、收入差距大等问题是当前青海扶贫开发中的难点。

关键词： 扶贫开发　难点分析　对策建议

中共中央、国务院颁布的《中国农村扶贫开发纲要（2011～2020年）》提出新阶段我国扶贫开发的“两不愁”、“三保障”、“一高于”、“一接近”和“五个大突破”的总体目标。要在青海这样一个贫困面广、贫困程度深、扶贫开发任务重和生存条件恶劣的环境下实现这个目标，有相当难度。对青海来讲，做好新阶段扶贫开发工作，不仅是经济问题，更是政治问题和社会问题。

一　青海扶贫开发现状分析

2011年，青海扶贫开发紧紧围绕跨越发展、绿色发展、和谐发展、统筹发展的要求，加快扶贫开发方式转变，拓宽思路，创新机制，加大投入，突出重

---

* 葛岩清，青海省扶贫开发局政策法规处副处长；杜青华，青海省社会科学院办公室副主任、副研究员，研究方向：区域经济。

点，真抓实干，扶贫开发取得新的成绩，全省25个扶贫开发工作重点县农牧民人均纯收入达到4068元，比2010年增长16.5%；减少贫困人口22.06万人。

（一）资金投入和政策措施更加有力

一是争取中央财政扶贫资金8.97亿元，比上年增加1.03亿元，增幅为13%；落实辽宁援助青海帮扶资金4718万元，比上年增加10%。二是青海藏区6州33个县（市、行委）和西宁市、海东地区的7个县纳入了全国集中连片特殊困难地区，成为新阶段国家扶贫开发的主战场。三是明确了全省不同贫困区域的发展思路、重点项目、重点区域和工作措施，先后制定《青海省“十二五”扶贫开发规划》、《青海省“十二五”异地扶贫搬迁规划》和《辽青扶贫协作十二五规划》；青海省委省政府也先后出台了《关于贯彻〈中国农村扶贫开发纲要（2011～2020年）〉的实施意见》、《关于贯彻中央扶贫开发工作会议精神加快推进我省扶贫事业的意见》和《进一步加快农牧民异地扶贫搬迁的指导意见》，为打好新阶段扶贫开发攻坚战提供了科学依据和政策保障。

（二）扶贫开发实践经验日益丰富

一是在全省387个贫困村组织实施整村推进项目。先后投入资金8.06亿元，扶持贫困人口7.84万户、33.47万人；新建各类产业扶贫基地和专业合作社217个，实施集中连片开发产业带动整村推进项目村比例达到97.42%，产业带动集中连片实施整村推进规模进一步扩大。二是推广了“三集中”（农民集中居住、土地集中使用、产业集中发展）异地扶贫搬迁模式。按照社会主义新农村新牧区建设标准规划异地搬迁项目，投入资金1.715亿元，在全省28个县（市）60个贫困村新建异地扶贫项目57个，覆盖贫困人口6228户、27622人，使实施整村整社搬迁的村达到了有住房、有安全饮用水、有照明、有硬化路、有学上、有卫生室、有村级活动场所、有广播电视、有产业的社区化标准。三是开展了短期技能培训、职业学历教育培训和创业培训。投入资金637万元，培训贫困劳动力4570人，实现了贫困劳动力培训方式从实用型培训向技能型培训转变。

（三）社会扶贫形式和内容不断拓展

一是加大与辽宁省的沟通协调力度，完善了辽宁省 13 个市 1 个企业帮扶青海省东部干旱山区 9 个县的帮扶协作模式和管理运行机制。二是协调国家、省级定点帮扶单位落实帮扶资金 2997.5 万元（含物资折价），引进资金 2.07 亿元，实施各类帮扶项目 205 项，资助贫困学生 1555 名，举办各类培训班 238 期，培训技术人员和贫困农牧民 1.54 万人次。三是不断拓展“村企共建”形式，联合开展了“百企联百村”活动，进一步扩大了企业帮扶贫困村的规模。全省 278 家企业与 361 个贫困村建立了共建关系，投入帮扶资金（含物资折价）5137.7 万元，扶持发展特色优势产业项目 5 个，实施基础设施和公益事业建设项目 52 个，开展技能培训 1930 人次，吸纳用工 2465 人次，资助贫困大学生 14 人。四是社会各界参与扶贫开发渠道拓宽，全省 43332 名社会各界人士结对帮扶活动 32088 户贫困户，投入帮扶资金（含物资）982.43 万元。组织成立了青海省扶贫开发协会，为各类企业参与扶贫开发提供了平台。

（四）玉树贫困村灾后产业恢复重建实现推进

根据《玉树地震灾后恢复重建总体规划》，安排扶贫开发资金 1 亿元，在玉树州 6 县 14 个乡（镇）受灾较重的 53 个贫困村实施了灾后恢复重建项目，覆盖贫困人口 8278 户、4.14 万人。协调落实了中国扶贫基金会、中国扶贫开发协会援建项目。玉树县禅古村组建运输队和石料场扩建项目、甘达村组建运输队项目已产生显著效益；玉树县蔬菜温棚建设项目和称多县拉布乡德达村养殖项目全部建成投入运营，初见成效；玉树县加涅滩农畜产品综合交易市场项目启动，结古镇路灯项目正在进一步衔接落实。

二　青海扶贫开发面临的主要难点

青海经济社会发展总体水平还比较低，区域发展不平衡问题突出，贫困问题呈现出区域分布集中、致贫原因复杂、脱贫难度加大等特征，农村牧区面临的最大实际仍然是贫穷落后，扶贫开发形势严峻、任务艰巨。

（一）贫困区域分布集中

青海42个县（市、行委）中40个县（市、行委）属于全国连片特困地区，2个县为国家扶贫开发工作重点县，扶贫开发范围全覆盖。但现有最贫困的138.36万扶贫开发对象主要集中在自然环境严酷、气候条件恶劣的三江源地区和东部干旱山区的偏远地区。

（二）生存条件恶劣

由于青海贫困人口主要集中在海拔4000米以上的三江源地区和十年九旱的东部干旱山区，受自然和地理环境制约，贫困群众长期生活在温饱、返贫、再温饱、再返贫的低水平生活状态。常年返贫率在13%左右，灾年达到25%，高于全国11%的平均水平。生存条件的恶劣直接制约着扶贫开发对象的发展空间，据青海省扶贫开发局统计，全省目前仍有883个贫困村不通电，837个贫困村不通公路，94.9万贫困人口饮水困难，11.2万贫困牧民没有实现定居。

（三）贫困人口综合素质较低

贫困地区教育、科技、文化、卫生事业落后，青壮年人口中文盲、半文盲比例高。据青海省第六次人口普查数据显示，青海全省平均文盲率为10.23%，而青南三州的文盲率则高达17.39%，是全省文盲率最高的地区。对于贫困人口来讲，除了自己的劳动力外几乎没有其他任何技能和手段来增加收入，较低的劳动者素质使农牧民掌握和运用适用技术能力差，转移就业十分困难。加之自然环境封闭、长期贫困等因素，群众的信息交流和生产手段还比较落后，生产力发展缓慢，严重影响扶贫效益的发挥。

（四）地方经济支持扶贫开发能力有限

尽管国家给青海的财政扶贫资金逐年增加，但青海贫困地区的贫困程度、扶贫难度与资金投入成反比，与西部省（自治区、直辖市）相比，青海地方经济支持扶贫开发能力十分有限，贫困地区很多项目因缺乏资金难以落实，资金投入严重不足直接影响着扶贫开发工作的进程。西部12省（自治区、直辖市）省级财政扶贫资金历年投入情况详见表1。

表1　西部省（自治区、直辖市）省级财政扶贫资金历年投入情况（2001～2010年）

单位：万元

省　份	2001	2002	2003	2004	2005	2006	2007	2008	2009	2010	合计
内蒙古	3320	3320	3320	3320	3320	3320	3820	7000	11800	12000	54540
广　西	12000	13000	15000	15000	15300	16200	17200	19500	30514	40130	193844
重　庆	6180	5660	6180	6548	7224	11372	12462	12523	24721	31718	124588
四　川	4900	4000	4000	4000	4000	5000	17000	21000	21000	25800	110700
贵　州	3000	3000	3000	3000	5000	7000	27000	31000	36425	47425	165850
云　南	50000	45000	45000	46380	45020	51020	51020	51896	57584	60600	503520
西　藏	2850	3270	3700	4240	4570	5170	5300	6000	8500	13500	57100
陕　西	5453	5711	4591	5591	5765	6435	11632	14635	19635	22400	101848
甘　肃	8755	8455	8455	8585	8555	8605	9455	10205	10655	11155	92880
青　海	0	0	0	0	320	1000	1700	3000	7700	8785	22505
宁　夏	1500	1500	1500	1500	1500	1500	1800	2000	3200	4000	20000
新　疆	12000	12000	12000	12000	12000	12000	12000	12000	14500	20800	131300

资料来源：国务院扶贫开发领导小组办公室《扶贫开发基础资料简明手册（1978～2011年）》。

（五）收入差距大

2011年，青海省25个扶贫开发工作重点县农牧民人均纯收入4068元，与全国农民人均纯收入6977元和全省农牧民人均纯收入4608.47元分别相差2909元和540.47元；青海贫困地区农牧民人均纯收入与城镇居民人均可支配收入之比为1∶4，城乡之间、地区之间发展差距大，不平衡问题突出。

三　青海扶贫开发实现跨越发展的对策建议

青海要破解贫困难题，实现扶贫开发的跨越发展，需要采取制度性、区域性、倾斜性、参与性等多种手段，并充分发挥贫困群体的主观能动性，集聚各方力量参与扶贫开发，以统筹、综合、多管齐下的有力措施全面推进。

（一）以发展产业为核心，着力拓宽贫困地区群众致富增收渠道

产业扶贫是贫困地区脱贫致富的现实途径。青海各地自然条件和资源禀赋差异性较大，必须因地制宜地发展具有资源优势和市场需求的特色产业。一要着力拓展产业扶贫领域。扶持贫困户发展符合区域定位和当地区位优势的特色农牧业，特色旅游业和服务、运输、劳务输出等二、三产业，着力推进“一村一品、一乡一业”发展模式，培育和扶持农牧民专业合作社和农牧户产业园项目，增强贫困群众的“造血”功能；积极鼓励发展村企共建模式，引导产业化龙头企业结对帮扶贫困村，吸纳农村剩余劳动力入驻工业园区就业，促农增收。对于部分既无增收产业又无发展前景的贫困村，统筹整村推进到户资金，积极鼓励农民创办开发性经营商铺等经济实体，促进农村劳动力就地转向二、三产业，增加贫困农民收入。二要着力转变农牧业发展方式。大力发展设施农业和生态畜牧业，着力推进设施农牧业扩大规模、提升档次，使日光节能温室、牧区畜用暖棚、规模养殖场建设总量满足特色农牧业发展需求；要全面推进生态畜牧业建设，对草场、牲畜等生产要素进行全面优化重组，促进农牧业由分散型向规模型、粗放型向集约型、单纯种养型向种养加结合型转变，以农牧业效益的提高促进农牧民的稳定增收。三要着力提升产业化龙头企业带动能力。按照“企业带基地，基地带产业，产业带农牧户”的思路，围绕结构调优、规模调大、品种调新、效益调高的目标，依托青海10大特色优势农产品生产基地建设，着力扶持贫困地区产业基地和扶贫龙头企业，加强企业、基地、农牧户之间的联系，推动产业升级和结构优化，发展壮大特色优势扶贫产业，加快脱贫步伐。

（二）以基础设施为抓手，着力推动贫困地区公共服务均等发展

在基本公共教育方面，通过教育资源投入均等化，增强东部干旱山区脱贫的人力资源基础。通过建立地方各级政府义务教育经费的分级分担制度，争取中央财政加大对贫困地区义务教育经费专项转移支付制度的实施力度等。同时，争取将国家义务教育投资的责任主体适度上移，把由县乡级财政支出为主转变为由国家和省级财政支出为主导核心，确保义务教育有稳定的经费来源。在基础设施建设方面，通过基础设施供给的均等化，增强贫困地区社会资本积累。首先，加快高标准基本农田建设，实施耕地开发工程，加强农田水利基础设施建设。其次，

解决贫困地区存在的水源不足、水质超标、用水困难及季节性缺水严重、保障能力低等问题；大力推广户用沼气、秸秆气化、太阳能利用技术，形成生活生产良性互动关系。再次，加大公路和铁路交通网络建设力度，并将其与贫困地区城镇化建设有效结合，最大限度地为这些地区提供后续发展的基础支撑。在基本医疗卫生服务方面，继续加大对贫困地区医疗、卫生领域的投入，推进农村新型合作医疗水平的不断提高。采取减免费用等特殊措施，改善贫困地区卫生保健服务工作，以保证合作医疗能够覆盖所有贫困人口。在基本社会保障服务方面，建立社会保障水平合理增长机制，逐年稳定加大财政投入，有效减轻农民的医疗负担，使农民真正从合作医疗中得到保障。

（三）以强化服务为保障，着力提高贫困地区群众脱贫致富能力

科技扶贫是提高贫困人口综合素质和自我发展能力、促进农牧民长期稳定增收的重要手段。在科技服务方面，要积极推广优良品种选育、设施温棚栽培、水肥一体化、立体栽培、标准化生产等先进实用技术，不断提高科技扶贫的贡献率。在培训服务方面，要通过收入结构和就业结构的转化，推动贫困地区农村富余劳动力向非农产业转移。一是加强“订单式”培训。由用工企业向各地劳动就业服务机构提供就业信息，由省级劳动就业服务机构根据市场需求把这些信息加以整合梳理后通过网络、电视、报纸等媒体定期公开发布，各级培训机构把这些信息作为主要判断依据，结合劳动力的就业意向，本着“市场需要什么就培训什么”的原则，充分利用全省现有的国家级、省级各类培训基地和职校，采取订单、定向、定点培训等多种灵活多样的培训方式，开展多部门协作培训，最终获得用工单位、培训单位、中介组织和劳动力的“多赢”结果。二是开展对农民工的“二次培训”。针对那些原本已顺利实现第一次转移就业，但由于知识技能老化、产业更新换代等原因失业，希望进一步学习职业技能的农民工，采取费用由双方按一定比例共担的方式进行职业技能培训。三是重视农村富余劳动力在农业内部的转移。应充分发挥农业内部在转移农业富余劳动力中的作用。因此，在将农村富余劳动力向第二、第三产业转移的同时，需要重视充分发挥土地和农业产业链的劳动力吸纳能力，提高农村富余劳动力的农业技能，缓解当前及今后一段时期内劳动力转移就业的压力。

（四）以完善机制为关键，着力优化贫困地区扶贫开发政策环境

今后，青海在扶贫开发中需要由工作创新向机制创新突破，在深化完善扶贫开发工作机制上下工夫，增强扶贫开发的动力与活力。一是深化完善农村低保和扶贫开发两项政策有效衔接的机制。重点做好严格识别农村低保和扶贫开发对象、认真落实低保和扶贫开发政策、实行动态管理等重点工作，努力做到应保则保、应扶则扶，努力构建“生存靠低保，发展靠扶贫”的工作新格局。二是深化完善扶贫对象动态管理机制。进一步加强贫困监测工作，建立和完善扶贫开发对象档案，做到“户有卡、村有册、乡有簿、县录入”，实行有出有进的动态管理，切实做到“扶真贫，真扶贫”。三是深化完善富民政策和项目资金整合机制。按照“渠道不乱、用途不变、统筹安排、各负其责、各记其功”的原则，以专项扶贫、行业扶贫和社会扶贫为平台，下工夫整合各类富民政策和项目资金，形成强大的扶贫攻坚合力。四是深化完善扶持贫困村与贫困户的机制。坚持实行富民政策普惠制和扶贫开发政策特惠制，把推进区域发展与扶贫开发对象脱贫致富有机结合起来，坚持扶贫到村、效益到户的原则，基础设施和社会公益项目要实施到村，确保扶贫开发整村推进、异地扶贫搬迁、培训就业等扶贫开发项目要落实到户，实现村级基础优化、逐户实现脱贫的双重目标。五是建立集中连片特困地区为重点的工作机制。围绕集中连片特困地区区域发展与扶贫攻坚规划，切实加强片区扶贫攻坚的组织、指导、协调、统筹工作，着力建立政府主导、部门联动、群众主体、社会帮扶的工作机制，全方位加大主战场扶贫攻坚力度。六是深化完善扶贫开发绩效考评激励机制。要把扶贫开发目标任务和政策措施纳入各级党委、政府和有关部门年度领导班子和领导干部目标责任考核的重要内容，制定扶贫开发绩效考评办法，建立符合科学发展观要求的自下而上的扶贫开发绩效考评机制，加大考评力度，实行奖罚机制。

参考文献

《中共中央关于制定国民经济和社会发展第十二个五年规划的建议》，2010 年 10 月 28 日《人民日报》。

青海省发展和改革委员会：《青海省国民经济和社会发展第十二个五年规划纲要》，2011 年 2 月 14 日《青海日报》。

都阳、蔡昉：《中国农村贫困性的变化与扶贫战略调整》，《中国农村观察》2005 年第 5 期。

熊理然、成卓：《中国贫困地区的功能定位与反贫困战略调整研究》，《农业经济问题》2008 年第 2 期。

苏海红、杜青华：《中国藏区反贫困战略研究》，甘肃民族出版社，2008。

B.18 青海社会管理创新面临的形势及对策建议

苏海红　肖 莉　凌 宁*

摘　要：青海是一个欠发达的多民族多宗教省份，既肩负着艰巨的社会管理和公共服务任务，又面临着加快发展和维护地区稳定和谐的挑战。社会管理创新面临着三个并存，即经济转型与社会转型并存，传统社会发展问题与现代社会发展问题并存，人民内部矛盾与对敌斗争并存。加强和创新社会管理，应积极建立包括政府主导、社会协同、公民参与的多中心治理结构，着力由政府单一主体转变为政府行政管理与社会自我调节、群众自治管理的良性互动；着力由单位管理为主要载体转变为社区管理与单位管理的有机结合；着力由以行政办法为主要手段转变为多种手段的综合运用；着力由以管控为主要目的转变为管理与服务融合、有序与活力统一的多元治理和共建共享。同时，还应从转变思想观念、改革体制机制、创新管理模式、转换方式方法等多方面推进社会管理。

关键词：社会管理　形势分析　对策建议

随着我国社会转型的深入推进，强化政府社会管理和公共服务职能，建构高效开放的社会管理体系，不断提高政府的服务水平，更好地满足人民群众不断增长的公共产品需求，是对政府管理效能的一个全新挑战。青海是多民族多宗教省份，经济社会发展滞后，社会建设历史欠账多，当前社会管理面临诸多新问题和

---

* 苏海红，青海省社会科学院副院长、研究员，研究方向：区域经济；肖莉，青海省社会科学院哲学社会学研究所副研究员，研究方向：社会学；凌宁，四川省成都农业科技职业学院讲师，研究方向：农村经济。

薄弱环节。探索和研究青海社会管理的新形势，对于提高全省社会化管理水平、加快社会建设步伐、推进新青海建设具有重要意义。

一　青海社会管理创新的现状及存在的问题

近年来，在科学发展观的指导下，青海各级政府在加快地方经济发展的同时在社会管理方面做了大量的实践探索，为进一步有效开展社会管理创新工作奠定了良好基础。一是着力整合优化社会管理体系，各级政府和各部门齐抓共管，初步形成了党委领导、政府负责、社会协同、公众参与的社会管理格局，建立健全了社会管理工作领导体系和社会管理组织网络。二是着力加强社会管理体制和能力等机制建设，以夯实基层和群众工作为基础，建立了网格化管理、社会稳定风险评估、乡镇综治工作中心大调解、村（社区）维稳工作队、“三官两员组团式”进村入户、联动联调等工作制度，探索建立矛盾纠纷评估预警机制、矛盾纠纷调处化解机制、矛盾纠纷应急处置机制、矛盾纠纷责任查究机制等，推动了社会管理方式由管理型向服务型的重大转变。三是着力建设社会事业和改善民生，积极探索赶超跨越的经济发展之路，在提高全省自我发展能力和经济发展水平的基础上，坚持小财政办大民生，强化基层社会组织建设，保障惠民政策落到实处，筑牢了社会管理创新的组织基础。四是着力促进各族人民和衷共济、和谐发展，管理以服务为依托，服务以管理为导向，大胆创新民族宗教领域社会管理的方式方法，积极推进宗教寺院的社会管理，促进了民族和谐和宗教和顺，较好地激发了宗教服务于社会的功能，有效防范了国外敌对分裂势力带来的各种隐患。五是着力建立社会治安防控体系，全方位、多层次的社会治安防控体系基本形成，在解决影响社会和谐稳定的突出问题上取得了突破性进展。

青海是一个经济社会发展比较落后的多民族、多宗教地区，既面临着艰巨的社会管理和公共服务任务，又面临着加快发展和维护地区安全稳定的挑战。青海社会管理工作基础薄弱、难度大，社会管理中尚存在诸多问题。一是“党委领导、政府负责、社会协同、公众参与”的管理格局还未实现从“点”到“面”的全面推进。二是现有社会管理部门条块分割，管理边界、职能不清，承担社会管理职能的上下级政府和部门之间职责分工不明确，事权与财权不对等，存在多头管理、推诿扯皮、放松或过度管理、越位和缺位等现象。三是社会管理理念落后，手段单一，不少干部群众对社会管理存在认识上的偏差，现有的社会管理方式主要采取单一性行政化管理方式，仅在社会问题集中暴露或问题成堆时采取突击性、运动式的被动整治。四是治安案件、刑事犯罪仍在高位徘徊，司法案件不能完全做到“案结事了”，有法不依、执法不严、违法不究的现象还不同程度存在。五是一些社会管理领域存在薄弱点、空白点和盲点，食品安全、生产安全、交通安全、疾病防控难度大；应急管理体系建设、防灾减灾基础设施建设、应对各类突发事件的能力水平低；相当数量的领导干部和基层执法人员驾驭复杂局面、处置群体性事件能力水平还有限。六是民族宗教领域管理难度大，一些基层组织处理民族宗教问题的能力、手段还不能适应形势发展的需要，僧人的法制教育、寺院及僧人的属地管理、依法规范管理仍未得到完全落实，反分裂反渗透的形势依然严峻。

二　青海社会管理创新面临的形势

青海正处于经济体制深刻变革、社会结构深刻变动、利益格局深刻调整、思想观念深刻变化的经济转轨、社会转型的特殊历史时期。社会管理面临着三个并存，即经济转型与社会转型并存，传统社会发展问题与现代社会发展问题并存，人民内部矛盾与对敌斗争并存。加之社会发展滞后经济发展、农村牧区社会发展滞后城镇社会发展、社会管理滞后社会建设等，这些特殊省情决定了青海社会管理的长期性、艰巨性和复杂性，社会管理创新面临的形势不容忽视。

（一）经济基础薄弱，改善民生的任务繁重

青海是西部欠发达的民族地区，经济发展比较落后，公共服务覆盖面大，管理成本高，人及生产要素高度分散与政府集中提供公共产品能力之间的矛盾比较突出，使得全省贫富收入差距、城乡居民收入差距呈扩大趋势。特别是青海农村牧区自然条件差，基础设施建设更为薄弱，绝大多数牧业区地处全国重要的水源涵养区或生态功能区，发展经济与保护生态之间的矛盾较为凸显，农牧民增收难度大。近年来，在物价水平居高不下的压力下，物价上涨使城乡居民生活成本进一步攀升，加之社会保障能力低，医疗卫生供需矛盾突出，就业问题严峻，使全省改善民生这个社会管理创新的基础任务十分繁重。

（二）各种矛盾相互交织，社会管理压力较大

青海经济发展落后，社会发育水平低，很多历史遗留问题和经济社会发展中的新矛盾、新问题相互叠加，呈现出经济问题与社会问题相互影响、新矛盾与旧矛盾相互交织、个人利益与群体诉求相互呼应、境内外因素相互联系、传统安全与非传统安全因素相互作用、虚拟社会与现实社会相互影响、敌我矛盾与人民内部矛盾相互交织等新特点，并呈现出区域性多发、阶段性高发的特征。特别是随着城镇房屋拆迁、土地征用、涉法涉诉、企业重组改制、生态移民安置、工程建设、拖欠工程款和农民工工资、工商企业经营中，侵害群众合法利益及劳资纠纷、债权债务纠纷等常见性、多发性的矛盾和纠纷有可能在今后进一步显现并有不断增多趋势，加之一些部门和干部的不当行为引发的社会，面对新形势，全省社会管理将面临更为严峻的压力和挑战。

（三）新行业新群体不断涌现，社会管理服务模式亟待转型

随着经济的快速发展和社会事业的进步，行业管理、社会组织管理、社区管理、物业管理、互联网管理等新领域不断涌现，各类非公经济组织、非政府社会组织、互联网新兴媒体等快速发展，社会管理的基本单元发生重大变化，社会群体发生重大变迁，越来越多的“单位人”变成“社会人”，流动人口不断加大，把各类社会人、社会组织纳入有序的管理当中，服务好、管理好“社会人”和“社会组织”成为新课题，给社会管理带来新挑战。同时，随着民主法治进程的加快，人们思想活动的独立性、选择性、多变性、差异性明显加大，公平意识、民主意识、权利意识、尊严意识不断增强，共享改革发展成果的要求日益强烈。而目前社会组织参与公共事务和社会治理功能有限，基层公民自治程度有限，政府单一的行政管理模式亟待转型，实现管理主体多元共治成为社会管理模式发展的新趋势。

（四）公共安全和应急管理面临严峻形势

青海不仅自然灾害多发、频发，而且公共安全隐患、公共卫生事件防控难度大。现有应急管理体系建设以及防灾抗灾能力等方面还存在诸多薄弱环节，尤其是城乡防灾减灾基础设施建设相对滞后、防范应对各类突发事件的基础能力低、

应急管理社会动员水平不高、公众防灾避险意识和自救互救知识不足等问题突出，公共安全和应急管理面临严峻考验。各级地方政府不仅面临着繁重的社会管理和公共服务任务，还面临着艰巨的维护地区稳定和国家安全的任务，社会治理难度大。

（五）和谐社会建设和民族宗教工作面临诸多挑战

随着青海城市化进程加快和资源开发的不断推进，越来越多的少数民族向城镇转移，越来越多的外来人口和务工人员进入少数民族地区，民族分布格局和交往状况发生深刻变化，不同民族、不同信仰群众之间的思想碰撞频繁加大，文化传统、宗教信仰、生活方式和风俗习惯等差异显现，涉及民族关系问题增多，涉及民族宗教因素的矛盾纠纷增多，加之各种治安问题，都在一定程度上成为社会的不稳定因素。同时，青海是全国第二大藏族聚居区，境外敌对势力对青海藏区的分裂渗透活动从没有停止过，反分裂渗透、维护地区安定的形势依然严峻。

（六）流动人口、特殊人群、困难群体的新变化需要社会管理积极应对

一方面，随着对外开放的深入，流动人口管理任务越来越重。据统计，青海现有流动人口50.03万，占常住人口的9%，并以每年3%以上的速度持续增长。由于青海经济社会发展水平总体较低，解决流动人口的就业、子女就学、社会保障等问题的难度更大。现有流动人口的信息系统还没有实现与其他部门系统的接洽，对流动人口的管理服务仍然缺位。另一方面，一些特殊人群如出境回流人员、刑释解教人员、社会闲散人员、部分生态移民和库区移民以及非政府组织、互联网虚拟社会成为管理服务上的盲点和薄弱点。对外来流动人员、高危人群登记、掌握、管理还程度不同地存在着底数不清、情况不明、信息不灵、漏管失控的问题。同时，不能排除困难群众、城乡低保人员、特困户、下岗失业人员、零就业家庭等困难群体、弱势群体和流动群体的个别人因社会竞争、生活压力、贫富差距而采取极端行为的现象存在。上述这些都对社会管理提出新的要求。

三 加强和创新青海社会管理的对策建议

社会管理创新包括转变思想观念、改革体制机制、创新管理模式、转换方式方法等多方面内容。加强创新社会管理工作是一项重要而又非常复杂的系统工程，需要理清思路、突破瓶颈、抓住重点、落到实处。

（一）坚持以人为本，强化服务理念

在加强和创新社会管理的进程中，坚持以人为本、以民为本的发展取向不能变，以民为主的工作方略不能变，以民为重的考核标准不能变。解决好民生问题，是社会管理源头治理的根本，要把维护人民群众根本利益作为社会管理创新的出发点和落脚点，加大对社会建设的投入，重视民生事业、社会事业、公共服务方面的工作，以人民群众最关心、最直接、最现实的利益问题为重点，在尽力满足人民群众物质文化需要前提下，妥善处理好社会矛盾，努力确保社会公正、公平。强化培养和提高公民参与社会建设与社会管理的能力，充分培育、发展社会组织并发挥其引导公众参与社会管理中介服务能力。整合优化社会管理体系，以服务为中心加强社会管理体制和能力等机制建设，在解决影响社会和谐稳定的突出问题上取得突破性进展，推动社会管理创新工作的全面有效开展。

（二）构建齐抓共管的社会管理格局

多主体平等参与以及多中心社会治理格局的形成，是实现社会管理模式现代化的主要路径。应建立包括政府主导、社会协同、公民参与的多中心治理结构，着力由政府单一主体转变为政府行政管理与社会自我调节、群众自治管理的良性互动；着力由单位管理为主要载体转变为社区管理与单位管理的有机结合；着力由以行政办法为主要手段转变为多种手段的综合运用；着力由以管控为主要目的转变为管理与服务融合、有序与活力统一的多元治理和共建共享。一是发挥社会组织在社会管理中的协同作用。重视发挥城乡基层自治组织和社团、行业组织、社会中介组织等各类社会组织协同政府进行社会管理的功能，推动公民在社会组织中参与社会管理。着力加强对社会组织特别是境外非政府组织的监管，也是青海社会管理创新的重要内容。二是建立健全群众参与社会管理的有效制度和形

式。人民群众是社会管理的主体，要积极探索新形势下组织发动群众参与社会管理的载体和形式，完善群众参与公共政策制定、实施、监督以及评估的常态化制度办法，加快建立健全公众参与政府决策的一系列规则和程序，同时进一步加大政务公开力度，营造公众参与的良好环境。三是严格依法实施社会管理。政府社会管理创新要合法合规、依法行政，公务人员应按照法治政府的要求推进各项工作，公平公正地行使权力，依法疏导、处理、化解各类社会矛盾。

（三）完善社会管理体制机制

经济社会的发展迫切要求创新社会管理体制，应加强以社会保障制度为核心的社会安全政策，建立公正合理、制度化的利益表达及利益协调机制；创新社会心理疏导机制，调节思想情绪；创新社会矛盾化解机制，努力使社会处于动态平衡、井然有序、健康运行的状态。一是完善群众基本利益保障机制。当前，大量的社会矛盾和不稳定因素是由民生问题引发的，要从民生这个源头上减少和化解矛盾，坚持小财政办大民生，进一步将财政支出重点向民生倾斜、向农村牧区倾斜、向困难群众倾斜，帮助人民群众解决好教育、就业、社会保障、医疗卫生、住房等现实问题，建立覆盖城乡的社会保障体系、社会救助体系、职业培训体系、就业服务体系等公共服务体系。二是完善群众利益的表达、协商和博弈机制。建立多维的利益表达机制，拓宽社情民意表达渠道，形成便捷通畅的诉求表达的制度安排和比较均衡的利益表达环境；建立健全利益协商和利益博弈机制，引导公民以组织化的形式参与决策、参与对话、参与谈判，争取实现社会的自我管理、自我调节，最终实现利益的协调。三是建立完善经常性排查整治机制。将治安复杂地区以及高发案地区作为治安隐患排查整治的重点地区，把杀人、抢劫、重大伤害等暴力性犯罪和入室盗窃、盗窃牲畜、盗窃机动车辆、诈骗等侵财犯罪作为严厉打击的重点内容。着重解决城镇房屋拆迁、土地征用、涉法涉诉、企业重组改制、生态移民安置、工程建设、拖欠工程款和农民工工资、工商企业经营中侵害城乡群众合法利益等常见性、多发性的重点矛盾和问题。四是完善社会矛盾纠纷解决的机制。注重从源头上化解社会矛盾，以法律途径解决社会矛盾纠纷，加大人民调解组织化解矛盾纠纷的力度，把人民调解、行政调解和司法调解有机结合起来，综合运用法律、政策、经济、行政等手段及教育、协商、疏导等多种办法，统筹化解社会矛盾纠纷。重视社会调解资源的引入，在医疗纠纷、劳动争议、交通事故、征地拆迁、食品安全、环境保护等重点领域建立“第三方”调解机制和专业调解委员会。注重发挥工会、妇联等人民团体和行业协会等社会组织在化解矛盾纠纷中的作用。

（四）创新社会管理方式方法

社会管理过程是管理和服务相结合的过程，要通过提供服务来引导群众积极参与社会管理实践。一是采用服务性的管理方式，把社会管理寓于解决实际问题之中、寓于搞好服务之中，吸引人民群众自觉参与，为加强和创新社会管理奠定良好基础。二是建立群众积极参与社会管理的机制，加快提高公民素质，培养群众参与意识，提高群众参与公共事务的积极性，提高他们的参与能力和决策能力，创造群众参与的良好环境；建立健全群众参与政府决策的规则和程序，包括建立健全重大行政决策群众参与机制，健全和完善群众批评、建议、申诉、控告、检举、信访、监督等制度，使这些制度成为群众有序参与社会管理的法律机制。三是采用民主的方式实施社会管理，社会管理过程必须把被管理对象当作平等主体来对待，在管理的方式方法上尽可能选择对公民权益影响最小的方式和手段来进行管理，尽可能以平等对话、沟通、协商、谈判等方式解决不同利益主体之间的利益冲突，使决策做到民主化、科学化、公开化。四是要善用“柔性”方式推进社会管理创新，善于用“软方法”来统一思想、理顺情绪，提升文明素养，培养健康心态，不断夯实社会和谐稳定的思想文化基础。五是关注不同阶层、不同群体的思想变化，重视对新型经济社会组织、流动人口的思想引导，重视对困难群体的思想关怀，增进人民群众与党和政府的感情。

（五）加强和创新社会管理的综合治理

围绕人民群众关注的社会治安问题，不断提高社会治安防控能力，增强人民群众的安全感。一是依法打击严重刑事犯罪和经济犯罪活动。严厉查处制售假冒伪劣商品、坑农害农、偷税漏税等事关群众切身利益、严重破坏市场经济秩序的犯罪行为；加大对黑恶势力犯罪、严重暴力犯罪、多发性侵财犯罪、涉众型经济犯罪的打击力度。二是提高社会治安防控能力。健全完善农村牧区治安联防网络、城镇街道治安巡控网络、单位内部治安受控网络、边际部位联控网络和重点部位治安管控网路为重点的社会治安防控体系建设；加快完善治安防控网络，建立公安武警、保安辅警和群防群治队伍为主体的治安巡控模式，鼓励支持保安公司等社会力量参与治安防范。三是不断扩大社会管理服务的覆盖面。把工业园区、生物园区、移民社区、非公有经济组织和社会组织、各类宗教社团纳入属地管理和网络化管理，确保社会管理无死角；建立“大情报”管理信息系统，重点把流动人口、社会闲散青少年、精神疾患人员、吸毒人员、刑释解教人员、社区矫正对象等重点人员以及出租屋、中小旅馆、网吧等纳入信息系统管理。四是加强法制宣传教育和法律援助，引导群众依法维权。研究制定司法案件“案结事了”、信访案件“终结退出”办法，推动涉法涉诉信访案件从根本上解决；加强对弱势群体的法律援助，使法律援助成为疏导民意和化解冲突的有效形式。

（六）创新民族宗教领域的社会管理

新形势下的民族宗教工作既要发挥传统优势，完善体制机制；又要制定和完善与新形势任务相适应的新政策，创新管理模式，提高管理效能。一是构建平等和谐的民族关系。青海的少数民族人口占全省总人口的46.98%，要尊重各民族群众的主人翁地位，尊重不同民族群众的文化、习俗和信仰等合法权益；正确处理各民族关系，坚持各民族一视同仁、平等对待，依法、平等、协商解决各族群众间的各类人民内部矛盾；积极创新民族团结进步共创共建机制，利用节假日、集体活动、庆典等平台，开展地区间、民族间、警民间经常化的共创联谊活动。二要改进宗教管理的方式方法。宗教管理要善于区分一般矛盾和政治诉求，区分一般性社会问题和政治性事件，不断改进管理策略和方法，实行对症的管理措施，注重从源头解决问题，认真排查调处各类矛盾隐患，增强宗教管理工作的前瞻性和主动性。三是寺院管理采用刚柔相济的方式。寺院管理是青海社会管理的重点和难点，必须采取有别于其他领域的特殊的管理办法。要做到政府规范与寺院内部完善相结合，健全完善宗教事务依法管理、宗教寺院社会管理和寺院内部民主管理三位一体的长效工作机制，建立信息化和动态化的寺院社会管理机制，把寺院社会管理工作纳入属地社会治安综合治理目标责任体系，把宗教活动纳入社会化、法制化管理轨道；要做到服务与管理相结合，把寺院管理与对僧尼的公共服务相结合，将寺院、僧尼、宗教活动全部纳入社会管理，将基本公共服务覆盖到寺院和僧尼身上，寓管理于服务之中；要做到法制教育与依法处置相结合，推进寺院法规宣传教育和依法治寺的常态化，强化僧人和教职人员的法制宣传教育、宗教政策法规学习，提高僧人和教职人员的国家意识、法制意识和公民意识。

（七）强化和创新基层组织服务

加强社会基层组织是社会管理创新工作的重中之重。社会管理创新工作的根基在基层，只有整合资源、夯实基层，才能推进基层社会的管理服务工作。基层社会组织是党委政府联系群众的桥梁，要加强基层党组织建设，充分发挥基层党组织引领服务群众、凝聚人心、反映群众诉求、化解社会矛盾的特殊的积极作用。社会管理创新工作能否取得成效的关键，就要看是否牢固树立固本强基的思想，把更多的人力、物力、财力投向基层；是否有效整合资源，夯实基层，强化基层组织建设；是否真正把社会管理服务的触角延伸到社会的末梢。在基层组织建设发展中还特别要关注基层组织的社会管理相关人才的培养。

（八）整合社会管理资源

对民族地区而言，民族众多、宗教多元、宗教教派相对复杂，宗教问题又往往与民族、社会问题错综交织，构建与经济社会发展相适应的社会管理长效机制和工作体制，确保各个社会管理机制发挥作用、相互配合、相互补充，是推进社会管理创新工作、维护宗教与社会稳定的保证。一是进一步健全社会管理的组织领导机构，成立政法综治部门牵头的社会管理委员会。管委会具体负责社会管理的各项准备、组织、协调、推进和整合工作，督促各成员单位既履行好自身职责，又相互配合，形成齐抓共管的合力。二是明确划分各级政府部门社会管理的范围和边界及任务分工。在政府社会管理委员会的领导下，明确各级政府部门间的分工合作问题，解决因分工不明而出现互相推托、扯皮的现象，防止越位管理或管理不到位情况的发生。三是加强社区网格化管理，集社会治安防范管理、流动人口登记管理、特殊群体服务管理、低收入人群帮扶管理、矛盾纠纷排查化解、维稳信息搜集报告等工作于一体，形成多部门业务和多方面力量的组团服务新模式，有助于了解民意、化解民怨，有助于社会长治久安和经济可持续发展。

B.19
青海收入分配问题研究

丁忠兵*

摘　要： 改革开放以来，随着社会主义市场经济体制的建立及财税、社会保障体制改革的不断深入，青海收入分配格局发生了深刻变化。目前，青海收入分配领域存在的主要问题是劳动报酬和居民收入在国民收入分配中的比重偏低，城乡居民之间的收入差距过大，行业收入差距较大，城乡居民总体收入水平、消费水平偏低。着眼未来，需从加强宏观调控、实施结构性减税政策、抑制房租过快上涨、加大物价调控力度、完善工资形成机制等方面着力推动全省收入分配结构的优化。

关键词： 青海　收入分配　问题研究

收入分配是否公平、合理，不仅对财富的创造具有巨大的影响，而且关系整个社会的和谐、稳定，关系人类自身的生存和发展。改革开放以来，随着社会主义市场经济体制的建立及财税体制、社会保障体制改革的不断深入，青海收入分配格局发生了深刻变化，传统收入分配问题得到不同程度的缓解，一些新的收入分配问题又不断涌现。迄今为止，收入分配问题仍是青海社会各界普遍关注的焦点问题，也是青海加快转变经济发展方式、构建和谐社会必须着力破解的难题之一。

一　收入分配问题研究的理论内涵

收入分配是传统宏观经济学研究的核心命题之一，它包括国民收入分配与居

* 丁忠兵，青海省社会科学院经济研究所副所长、副研究员，中国社会科学院博士研究生，研究方向：农村经济。

民收入分配两个方面。其中，国民收入分配问题主要是指国民收入在个人、企业、政府之间的分配是否合理，居民收入分配问题主要是指国民收入在不同地域、不同户籍、不同职业的居民之间的分配是否公平。在不同的国家、不同的发展阶段和不同文化前景下，人们对国民收入分配是否合理、居民收入分配是否公平的判断标准并不完全一致。一般来讲，在社会主义国家，由于政府承担了较多的经济职能，政府在国民收入分配中的比重会高一些。而资本主义国家，特别是那些受自由主义思潮影响较深的资本主义国家，其政府职能被限定在有限的范围内，政府在国民收入分配中的比重相对较低。而对居民收入分配的公平性要求，按原理推论，应该是社会主义国家对居民收入分配公平性的要求更高一些，资本主义国家对居民收入分配公平性的要求会低一点。另据库兹涅茨的研究成果揭示，一个国家或地区的经济发展水平与居民收入分配差距之间存在密切关系，一般规律是收入分配差距随着经济发展水平的提高先是不断扩大，后又不断缩小，呈倒U形曲线。还有学者研究指出，适度的收入分配差距是推动经济增长的重要动力源泉，过小、过大的收入分配差距都不利于经济增长。中国社会科学院刘迎秋研究员明确将我国居民收入水平差距较大作为其提出的中国将继续保持较高经济增速的论据之一①。在国际上，基尼系数是衡量居民收入分配差距的最重要指标。按照联合国有关组织的规定，一般认为，基尼系数低于0.2表示收入绝对平均，0.2~0.3表示收入比较平均，0.3~0.4表示收入相对合理，0.4~0.5表示收入差距较大，0.5以上表示收入差距悬殊，其中0.4是社会分配不平均的“警戒线”。在中国，人们对居民收入分配问题的关注不仅指分配结果的公平，还包括起点的公平和过程的公平。

二 青海收入分配现状及存在的主要问题

2011年，青海生产总值为1634.72亿元，同比增长13.5%。城镇居民人均可支配收入15603.31元，同比增长12.62%；农村居民人均纯收入4608.47元，同比增长19.31%。全省国民收入分配的总体格局是全省财政一般预算收入为270.4亿元，同比增长31.9%，占地区生产总值的16.54%；城镇居民收入约为

① 刘迎秋：《中国宏观经济走势分析的逻辑与方法探讨》，《经济研究》2009年第9期。

396.51 亿元，农村居民收入约为 144.77 亿元，城乡居民收入合计为 541.28 亿元，占地区生产总值的 33.11%①；规模以上工业企业利润为 203 亿元，同比增长 29%，占地区生产总值的 12.42%。其中，财政收入的增幅和规模以上工业企业利润的增幅都数倍于地区生产总值的增幅，表明财政收入和规模以上工业企业利润占地区生产总值的比重都有一定程度的提高。城乡居民收入增速扣除物价因素后低于全省经济增长速度，居民收入在国民收入分配中的比重仍继续下降。具体来看，当前青海国民收入分配和居民收入分配存在的问题主要有以下五点。

（一）劳动报酬在国民收入分配中的比重偏低

在社会主义市场经济条件下，劳动报酬是人民群众、特别是城镇居民获取收入的最主要渠道，劳动报酬在国民收入分配中占有合理比重，不仅是我国以按劳分配为主体的基本分配制度的必然体现，也是人民当家做主、实现共同富裕的内在要求。据 2011 年《青海统计年鉴》相关数据显示，在 1990～2010 年间，青海劳动者报酬占地区生产总值的比重总体呈下降趋势。1996 年比重最高，为 59.2%，2010 年降到 47.05% 的历史新低（见图 1）。由此说明，在近 20 年里，受分配制度改革和市场竞争格局变化的影响，劳动相对于资本、土地、技术等其他生产要素而言，其相对价格是在不断下降的，这种收入分配格局变化趋势有利于调动人们投资的积极性，但不利于调动人们劳动的积极性。更进一步地看，由于以劳动报酬为主要收入来源的居民总体上处于社会的底层，而以资本报酬等为主要收入来源的居民总体处于社会的较高层，劳动报酬占国民收入分配比重的下降必然意味着全社会低收入阶层与高收入阶层的差距进一步拉大。横向比较，2010 年，全国 31 个省（自治区、直辖市）劳动者报酬占地区生产总值的平均比重为 46.97%，青海比全国平均水平高 0.08 个百分点，位次居全国倒数第 15 位。可以说，青海的劳动报酬在国民收入中的分配格局基本处于全国的平均水平和中间位置，意味着劳动报酬在国民收入分配中的比重偏低问题在全国具有一定的普遍性。

---

① 城镇居民收入是按城镇居民人均可支配收入与城镇人口数相乘而得；农村居民收入是由农村居民人均纯收入与农村居民人口数相乘而得。

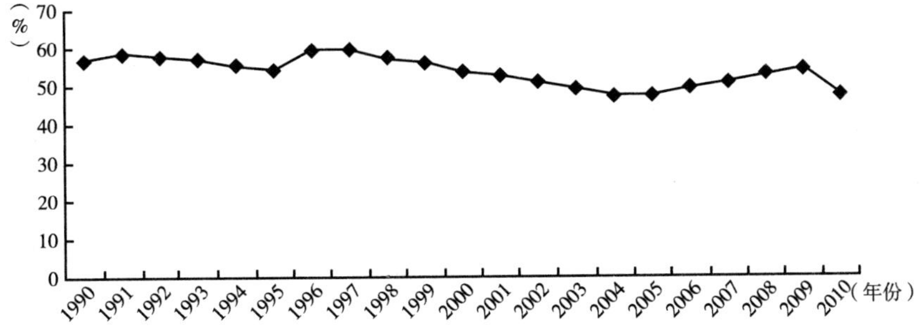

图1　1990~2010年青海劳动者报酬占地区生产总值的比重

（二）居民收入在国民收入分配中的比重偏低

居民收入一般由劳动者报酬、经营收入、财产性收入、转移性收入等几大部分组成。增加居民收入是增加居民消费支出，实现消费、投资、出口对地区经济发展协调拉动的重要前提，也是让全体人民共享改革发展成果的必然要求。1990~2010年，青海居民收入占地区生产总值的比重呈持续下降趋势（见表1）。其中，2003年以前，青海居民收入占地区生产总值的比重基本保持在50%以上；2004~2006年，青海居民收入占地区生产总值的比重在40%多；而近5年（包括2011年），青海居民收入占地区生产总值的比重已降到30%多。受收入分配格局的影响，1990~2010年，青海居民消费占地区生产总值的比重也呈持续下降趋势，已由20世纪90年代的50%以上降到近几年的30%多（见图2）。也正是由于青海近年在收入分配方面存在的这一突出问题，导致消费始终难以成为拉动地区经济增长的稳定动力，转变经济发展方式、实现投资消费出口对全省经济发展的协调拉动始终面临较大困难。

（三）城乡居民收入差距过大

居民收入差距对一个地区经济发展、社会和谐具有重要影响，缩小收入差距、实现共同富裕是社会主义国家的本质要求。在我国，受统计资料的限制（城乡居民收入分开统计），人们很难对全社会的收入差距问题进行定量判断，而比较容易对城乡居民之间的收入差距进行分析。1990~2011年，青海城乡居民收入比值总体呈上升趋势。1990年城乡居民收入比值最低，为2.39；2007年

表1　1990～2010年青海居民收入占地区生产总值比重

年份	城镇居民人均可支配收入(元)	农村居民人均纯收入(元)	城镇人口数(万人)	农村人口数(万人)	居民收入(亿元)	地区生产总值(亿元)	居民收入占地区生产总值比重(%)
1990	1335. 90	559. 78	153. 22	294. 44	52. 83	69. 94	52. 83
1991	1486. 60	555. 56	155. 11	299. 32	39. 69	75. 10	52. 85
1992	1756. 03	603. 40	157. 34	303. 68	45. 95	87. 52	52. 51
1993	2078. 87	672. 56	158. 04	308. 66	53. 61	109. 68	48. 88
1994	2769. 36	869. 34	160. 90	313. 10	71. 78	138. 40	51. 86
1995	3379. 85	1029. 77	163. 13	318. 07	87. 89	167. 80	52. 38
1996	3829. 78	1173. 80	166. 93	321. 37	101. 65	184. 17	55. 20
1997	3999. 36	1320. 63	171. 94	323. 66	111. 51	202. 79	54. 99
1998	4240. 08	1426. 00	174. 18	328. 62	120. 71	220. 92	54. 64
1999	4703. 52	1486. 31	176. 33	333. 47	132. 50	239. 38	55. 35
2000	5169. 96	1490. 49	179. 54	336. 96	143. 05	263. 68	54. 25
2001	5853. 72	1610. 87	190. 00	333. 10	164. 88	300. 13	54. 94
2002	6199. 88	1710. 80	199. 16	329. 44	179. 84	340. 65	52. 79
2003	6731. 88	1817. 38	203. 80	330. 00	197. 17	390. 20	50. 53
2004	7319. 67	2004. 59	207. 51	331. 09	218. 26	466. 10	46. 83
2005	8057. 85	2165. 11	213. 21	329. 99	243. 25	543. 32	44. 77
2006	9000. 35	2358. 37	215. 02	332. 68	271. 98	648. 50	41. 94
2007	10276. 06	2683. 78	221. 02	330. 58	315. 84	797. 35	39. 61
2008	11648. 30	3061. 24	226. 49	327. 81	364. 17	1018. 62	35. 75
2009	12691. 85	3346. 15	233. 51	323. 79	404. 71	1081. 27	37. 43
2010	13854. 99	3862. 68	251. 98	311. 49	469. 44	1350. 43	34. 76

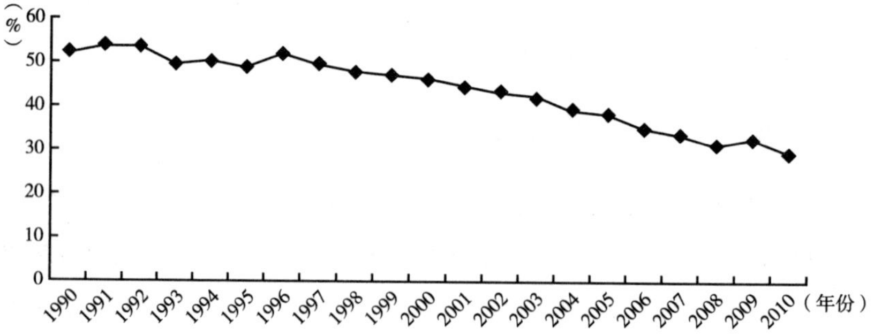

图2　1990～2010年青海居民消费占地区生产总值的比重

比值最大，为3.81。近4年里，随着国家及地方政府对“三农”问题的高度重视和大力扶持，青海城乡居民收入比呈缓慢下降趋势（见图3）。横向比较，2011年，青海城镇居民人均可支配收入是农村居民人均纯收入的3.39倍，全国城镇居民人均可支配收入是农村居民人均纯收入的3.13倍。青海城乡居民收入差距大于全国平均水平。

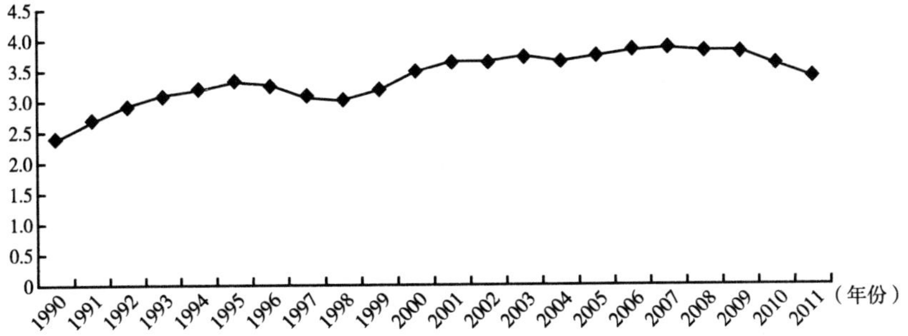

图3　1990～2011年青海城乡居民收入比

（四）行业收入水平差距较大

在市场机制比较完善的情况下，包括劳动力在内的生产要素配置受价格信号的引导，必然从低价格行业向高价格行业转移，并由此推动产业结构的升级，实现行业收入差距的缩小。具体到青海，从不同所有制单位的工资收入差距来看，1990～2010年，全省国有单位与城镇集体单位人均工资的比值总体呈增大趋势，国有单位与其他单位人均工资的比值总体也呈增大趋势（见图4）。反映出在这期间青海国有单位与城镇集体单位及其他单位的人均工资水平差距在不断拉大。从不同行业的工资水平差距看，2010年，在青海19个主要行业中，住宿和餐饮业的平均劳动报酬最低，为16823元/年；其次是房地产业，为18380元/年。人均劳动报酬较高的行业主要有电力燃气及水的生产和供应业、交通运输仓储和邮政业、金融业、科学研究技术服务和地质勘察业、教育、公共管理和社会组织，人均劳动报酬分别为41386元、41373元、41454元、45889元、42132元、40648元。农林牧渔业、采矿业、制造业、建筑业、信息传输计算机服务和软件业、批发和零售业、租赁和商务服务业、水利环境和公共设施管理业、居民服务和其他服务业、卫生社会保障和社会福利业、文化体育和娱乐业等11个行业的人均劳动报酬在20000元/年～40000元/年之间。虽然从总体水平看，2010年青海19个主要行业人均劳动报酬的离差系数为28.88%，低于全国34.61%的平均水平，行业收入差距还不算太大，但问题是青海人均报酬超过4万元/年的行业几乎都是垄断行业及政府和公共服务部门，而竞争性行业和民间资本进入较为容易的行业人均报酬水平普遍较低。这种行业收入差距特征更容易使人们把问题的根源归咎于制度安排（而不是市场竞争的结果），更容易引发社会的不满情绪。

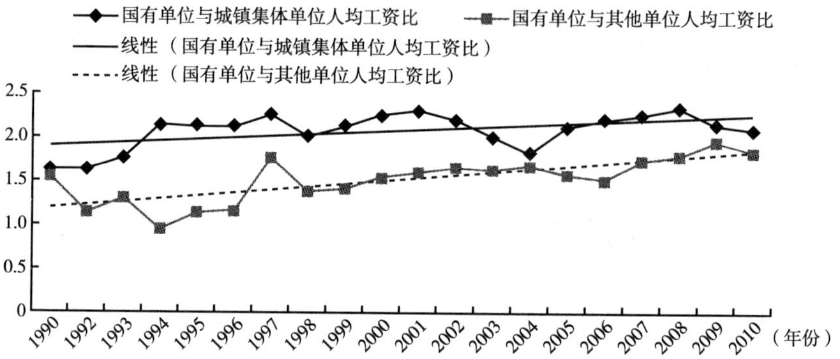

图4　1990～2010年青海国有单位、城镇集体单位、其他单位人均工资比

（五）居民收入水平、消费水平偏低

居民收入水平和消费水平是衡量一个地区经济发展水平和人民生活水平的重要指标，也是一个地区竞争力的重要体现。受恶劣自然条件和较为落后的经济发展水平的影响，青海城乡居民的收入水平、消费水平普遍较低。1990～2010年，青海城镇居民人均可支配收入占全国城镇居民人均可支配收入的比重呈持续下降趋势，从1990年的88.46%下降到了2010年的72.5%。青海农村居民人均纯收入占全国农村居民人均纯收入的比重也呈下降趋势，从1990年的81.56%下降到了2010年的65.26%。2011年，青海城镇居民人均可支配收入占全国的比重进一步下降为71.54%，青海农村居民人均纯收入占全国的比重为66.05%。受较低的收入水平的影响，青海城乡居民消费的恩格尔系数多数时候都高于全国平均水平。在1990～2010年的21年中，青海城镇居民消费的恩格尔系数有16年高于全国水平，青海农村居民消费的恩格尔系数有17年高于全国水平（见图5）。可见，青海城乡居民收入水平和消费水平偏低问题是比较突出的。

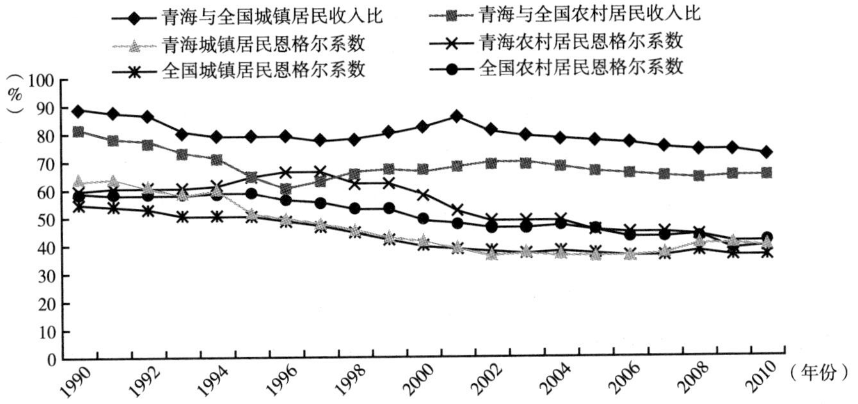

图5　1990～2010年青海与全国城乡居民收入水平、消费水平比较

三　破解青海收入分配问题的形势分析

近年来，党和国家及青海省委省政府高度重视国民收入分配不合理、居民收入分配不公平问题，制定实施了提高个人所得税起征点、完善社会保障体系、提高最低工资标准、加大种粮直补力度、规范大型国有企业管理人员薪资标准等一系列政策措施，对推动青海收入分配向着合理、公平方向发展发挥了一定的积极作用。但从横向比较、从群众的反映及转变经济发展方式的现实需要来看，当前及今后一段时间，青海继续深化收入分配体制改革、破解收入分配问题的任务仍比较艰巨，既面临难得机遇，也存在不少挑战。

首先，人口红利的减少和市场工资水平的持续上涨为优化收入分配格局创造了极好契机。关于全国的人口红利问题，中国社会科学院蔡昉研究员的研究结果预测，2009年，全国劳动年龄人口（15～64岁）占总人口的比重达到最高，为72.3%，此后这一比重将逐步下降。这也就预示着中国的“刘易斯拐点”已经到来。全国劳动年龄人口绝对数将在2017年达到最高10亿人，此后也将逐渐减少①。在青海，2010年全省人口自然增长率已下降到8.5‰，且连续5年每年自然增加的人口只有4万多人，而近年青海每年增加的就业人数有5万～9万人。

① 蔡昉：《刘易斯转折点——中国经济发展新阶段》，社会科学文献出版社，2008。

可见，虽然目前青海尚有一定的人口红利存在，每年也还有数千人口净迁入，但随着全国劳动力市场供求关系的变化，青海劳动力短缺问题也将日益突出。这种人口变动规律、劳动力供求关系变化规律是自然规律和市场规律的体现，它有利于提升劳动者在市场中的谈判地位，可以使劳动者的工资上涨速度跟上甚至超过劳动生产率的提高速度，有利于改善国民收入的初次分配格局，缩小居民收入差距。

其次，中央政府对青海经济社会发展的巨大支持为青海优化收入分配结构提供了重要保障。在市场经济条件下，市场竞争的结果很可能就是收入分配差距的不断拉大，因此，必须通过政府的税收和转移支付等手段进行国民收入再分配，缩小居民收入差距，保障每一个人的生存权和发展权。但在青海，由于地方经济发展水平较低，地方财政收入尚不足以应付政府机构的基本支出，几乎没有能力对落后地区、贫困人口进行必要的扶持。正由于此，近年国家不断加大对青海的财政、政策支持力度，帮助青海率先建立起了覆盖全省的新型农村合作医疗制度、新型农村养老保险制度，实施了游牧民定居工程、草原生态保护补助奖励机制、生态移民工程等，为青海改善农牧民生产生活条件、缩小城乡差距发挥了积极作用。当前及今后一段时间，随着西部大开发第二个十年规划、支持青海等省藏区经济社会发展、新的扶贫开发十年规划纲要等重大战略的实施，国家对青海的财政、政策支持力度有望继续得以保持甚至增强，将为青海优化收入分配结构奠定坚实的物质基础。

再次，社会保障体系的建立和完善为青海优化收入分配结构搭建起了平台。在社会主义市场经济条件下，政府对居民收入的调节不可能通过直接发放现金、提高工资的方式进行，而必须通过税收、支付社会保险金等间接方式进行。其中，税收方式对抑制居民、企业、行业的过高收入有较大作用，但对增加低收入人群的收入却无能为力。近年来，在国家的大力支持下，青海建立起了较为完善的社会保障体系，保障水平也在不断提高，不仅为遏制近年全省城乡居民收入差距的过度扩大发挥了积极作用，而且为政府继续调节居民收入、提高弱势群体和困难群众的收入水平搭建起了一个理想平台，可以使政府今后随着财力的增强和社会发展的需要灵活、方便地增加低收入人群的收入，缩小全社会的收入差距。

另外，今后一段时间，青海破解收入分配难题也面临一些挑战，如部分企业面临的竞争压力增大，大幅度增加工人工资力不从心；垄断行业改革和政府自身改革有可能面临既得利益集团的巨大阻力而难以推进；经济社会发展进入矛盾凸显期，群众增加工资的合理诉求与其他社会问题交织在一起，增加了处理的难度和风险。如何妥善处理这些矛盾和问题，无疑是今后青海推进收入分配制度改革的难点所在。

四　政策建议

根据党的十七大报告及十七届五中、六中全会确定的我国基本收入分配制度及其改革方向，结合青海收入分配领域存在的突出问题及面临的机遇与挑战，我们就青海破解收入分配难题、优化收入分配结构提出以下几点对策建议。

（一）明确政府定位，加强政府对国民收入分配的宏观调控

完善收入分配体制、促进国民收入的合理分配及实现共同富裕是政府义不容辞的重要职责，也是政府宏观调控的重要目标。因此，各级政府无论是在制定未来发展规划中还是在常规的年度目标考核中，不仅要关注经济增长、产业发展、招商引资、环境保护、社会事业发展等内容，还必须将促进国民收入的合理分配及缩小行业、地区、不同性质单位之间收入差距作为重要内容，必要时将基尼系数纳入政府目标考核范围。与此同时，政府在调控收入分配时还必须明确定位，有所为有所不为，对初次分配减少直接干预，保持各行各业工资的适度弹性，充分发挥市场机制通过工资这一价格信号配置资源的基础性作用。对再次分配则应进一步加大政府调控力度。如根据实际需要及时调整个人所得税征收标准，将机关、事业单位及垄断行业的工资水平与全社会平均工资水平进行统筹考虑，重点缩小全省国有部门与非国有部门、垄断行业与竞争行业间的工资差距，促进社会和谐稳定。

（二）实施结构性减税政策，提高居民、企业在国民收入分配中的比重

针对青海近年企业收入占国民收入的比重下降、居民收入增长滞后于 GDP 增长以及青海财政支出主要依靠国家财政支持的实际，建议青海在国家政策法律允许的范围内实施结构性减税政策，实现藏富于民、控制物价、降低成本的多重

目标。如对城乡居民基本生活消费品和服务项目的生产、流通、消费领域，提高税收起征点，降低税率。对全省人均工资水平最低的住宿餐饮和批发零售行业，扩大减免税政策覆盖范围，扶持中小企业和个体工商户发展。同时，积极完善和落实主体功能区定位的相关政策，争取国家对三江源地区实施生态补偿，对全省的限制开发区和禁止开发区给予必要补偿，缓解地方财政压力，形成减轻农民、企业负担的长效机制。加强对各级政府财政预算的审议和执行监督，厉行节约，严格控制政府收支的不合理过快增长。

（三）抑制地租、房租的过快上涨，促进收入分配的公平

地租、房租的上涨虽有助于提高所有者的财产性收入，但它实际上是财富的转移，对租用者和全省整体经济运行而言都意味着成本的增加及竞争力、效率的下降，并会进一步加剧收入分配不公。因此，在当前及今后一段时间的收入分配调整中，决不可把提高地租、房租作为提高居民收入的主要途径。相反，政府应通过加强保障房建设、完善城镇建设用地使用权出让办法、加大信息公开力度等措施，遏制建设用地出让金及房租的过快上涨，保持青海地租、房租的价格优势，使青海成为我国重要的生活、创业乐园。当然，目前全省农村牧区耕地、草场的租金过低，也不利于耕地草场资源的集约、节约利用。今后应根据市场供求关系变化及农牧业生产的实际需要，推动耕地、草场租金的适度上涨，拓展农牧民增收渠道。

（四）加大物价调控力度，改变银行存款负利率状态

物价上涨过快及长期的银行存款利率低于通货膨胀率状态，导致人民群众的货币资产无法通过银行储蓄实现保值目标，是造成城乡居民无法安居乐业、踏实生活及被迫进行高风险投资、投机甚至诱发腐败的一个重要原因。因此，一方面各级政府部门要深刻认识到现行的银行存款实际利率为负的巨大危害，增加深化金融体制改革的紧迫感。另一方面应在地方政府权力许可的范围内进行积极探索，如尝试在地方商业银行中推出保值储蓄类金融产品，将银行储蓄利率与通货膨胀率挂钩，加大控制通货膨胀的力度，力争使居民消费价格上涨速度低于银行存款利率，从而实现银行存款的实际利率由负转正的目标。对总体物价的调控，要从货币供应、商品供给、市场机制三方面着手。如积极落实国家货币政策，解

决流动性过剩问题；加大对农牧业生产的扶持力度，稳定农畜产品供应；深化石油、电力等垄断行业改革，降低能源生产成本和产品价格；加强对公路收费的监管，降低物流成本；加强市场信息体系建设，依法打击垄断和恶意炒作，保障物价平稳运行；等等。

（五）完善工资形成机制，力争实现劳动报酬与劳动生产率同步提高

实现劳动报酬与劳动生产率同步提高是近年党中央国务院在收入分配领域的一项重大理论创新成果和方针政策，是青海深化收入分配制度改革、调整国民收入分配格局必须坚持的一条重要原则。因此，首先，各级地方政府要从理论高度上清楚认识到，缩小收入分配差距、优化收入分配格局不等于简单的涨工资，如果离开了劳动生产率的提高，工资上涨的结果就是成本的增加、物价的上涨、工资实际购买力和企业竞争力的下降，有害无益。其次，要积极稳妥地建立和完善工资集体协商机制，扩大覆盖范围，按照市场机制调节、企业自主分配、平等协商确定、政府监督指导的原则，形成反映劳动力市场供求关系和企业经济效益的工资决定机制和增长机制，减少政府对企业工资的直接干预。最后，要大力加强科技创新和管理创新，着力提高劳动生产率，为劳动者报酬提高和企业效益提高创造条件。

B.20

贫困地区未来10年异地扶贫搬迁安置调查报告

——以青海乐都县李家乡为个案

青海省社会科学院课题组*

摘　要： 异地扶贫搬迁试点工程是我国为改善贫困地区群众生产生活条件做出的重大选择，也是适应新形势、新阶段扶贫开发工作的内在要求。乐都县李家乡属于典型的贫困山区，搬迁的原因和面临的困难在青海省东部干旱山区具有代表性。通过异地扶贫搬迁，可改善农民生产、生活条件，有效提高农民生存和发展空间。

关键词： 贫困地区　异地扶贫　搬迁安置

减贫是建设富裕文明和谐新青海的重要任务，也是解放生产力，发展生产力，消除两极分化，最终实现共同富裕的根本任务。异地扶贫搬迁试点工程是党和政府为改善贫困地区群众生产生活条件做出的重大选择，也是适应新形势、新阶段扶贫开发工作的内在要求。“十一五”期间，青海异地扶贫搬迁工作取得了一定成效，共投资2.38亿元，实施异地扶贫项目116个，搬迁安置贫困户10816户、4.73万人。实现有住房、产业、饮用水、照明、硬化路面、卫生室、广播和电视的“八有”目标，改变了农民生产、生活条件，有效地提高农民生存和发展的空间，拓宽了农民致富奔小康的路子。同时，由于在东部干旱山区和青南高寒牧区，自然条件严酷，尚有贫困人口138.36万人，占青海省农牧民总人口的37.6%，对异地扶贫搬迁工作提出了新的挑战。为深入推进异地扶贫搬迁安

---

* 课题组主要成员：淡小宁、苏海红、张立群、胡芳、詹红岩、李卫青。

置工作顺利进行，青海省社会科学院课题组选择具有代表性的东部干旱山区乐都县李家乡甘沟岭村、马圈村，在了解实际情况的基础上，对两个扶贫村的异地扶贫搬迁情况进行摸底调查，以期为青海未来10年异地扶贫搬迁工作提出对策和建议。

一　乐都县李家乡甘沟岭村、马圈村异地扶贫搬迁抽样调查情况

乐都县李家乡位于青海东部干旱山区，生存条件恶劣，土地产出率低，交通不便，信息闭塞，是青海农村贫困人口较集中、增收难度较大、任务较为艰巨的地区。李家乡属于浅脑山地区，全乡总面积为163.1平方公里，辖17个自然村，总人口约12000人，以汉族为主，还有藏族、土族、回族。海拔2500～3000米，年降水量300～400毫米，年平均气温6℃，早晚温差大，降雨量少。这里山大沟深，十年九旱，水土流失严重，灾害频发，农民群众行路难、上学难、看病难、发展难的问题十分突出。受自然环境、经济发展、生产力等因素制约，李家乡的经济社会发展十分缓慢，山区的大部分群众生活很贫困，脱贫致富难度任务艰巨。甘沟岭村和马圈村位于李家乡下北山地区，海拔在2600～2650米，两村共有8个生产合作社，总296户，常住农户数为253户，常住人口数为1075人，其中汉族960人、藏族15人，外出打工人数为613人。两村现有耕地面积分别为1709.8亩和2119.3亩，其中退耕地分别为813.6亩和1138.3亩，现种植地分别为897.8亩和1053亩。

课题组采用问卷方式对两村村民进行了抽样调查，发放调查问卷表66份，收回有效问卷62份。调查共涉及285人，集中劳动力140人、外出打工者73人，分别占被调查人数的49%和26%；有初中以上文化的113人、半文盲65人、文盲107人，分别占被调查人数的39.7%、22.8%和37.5%。

（一）农户对当地发展环境的基本看法

农户对当地发展环境有不同的看法，认为交通不便的有48户，饮水困难的有30户，分别占调查户数的77%和48%；有61户农户认为供电基本有保障，认为供电无保障的农户有1户，占调查户数的0.16%；所有调查农户都认为居

住地离县城太远，村民外出基本是步行，尤其是学生上学交通十分不便。甘沟岭村低年级学生要走 3 公里山路才能到乡里的学校，村里没有教学点，致使有的学生辍学；村里有个医疗室，只卖一些常用药品，没有看病的医生。

（二）农户生产生活基本情况

2008～2010 年两村人均收入仅为 1667.77 元，只占 2010 年青海省农民人均纯收入平均水平 3863 元的 43.17%。两村农民主要种植马铃薯和小麦，部分农户种植少量玉米。马铃薯收入是当地村民主要的经济来源。被调查的 62 户农户的家庭生活水平较低。其中，拥有摩托车的 18 户，占被调查农户数的 29.03%；拥有电视的 35 户，占被调查农户数的 56.45%；拥有电话的 22 户，占被调查农户数的 35.48%；拥有拖拉机的 12 户，占被调查农户数的 19.35%。经济条件富裕的 0 户，中等偏上的 3 户，一般的 44 户，困难的 12 户，特困的 3 户，分别占被调查农户数的 0%、4.84%、70.97%、19.35% 和 4.84%。其中，每年粮食收成不能自给的共 7 户，占被调查农户数的 11.29%。

（三）农户认为需要异地搬迁的原因

一是甘沟岭村地处独岭孤梁，马圈村地处山坡，两村大部分耕地坡度超过 45°，村民春耕秋收基本靠人力和畜力，拖拉机无法使用；二是自然条件恶劣，干旱少雨，靠天吃饭，种植业收成不好；三是人多地少，两村村民加上退耕地人均 3 亩，靠种植业不能维持全家生活，必须外出务工搞副业；四是收入水平低，村民收入主要靠种植马铃薯，有体力的外出务工，但由于技能单一、文化程度低，就业机会少，打工收入也很低。

（四）异地搬迁方式的选择和资金问题

调查农户选择集中搬迁的 37 户，就地就近安置的 6 户，插花搬迁安置的 2 户，自主搬迁安置的 17 户，分别占被调查户数的 59.68%、9.67%、3.23% 和 27.42%。在被调查是否自愿搬迁时，两村被调查的农户全部选择自愿搬迁。同时，能拿得出自筹资金的群众 53 户，无自筹能力的 9 户，分别占被调查农户数的 85.48% 和 14.52%。

（五）农户对异地搬迁的建议

被调查农户绝大多数希望政府在设计搬迁规划时应考虑对残疾人的照顾；搬迁后能有可供种植的土地；迁入地选址在教育、就业、就医等方面更加便捷；搬迁后青年人能够学到一些实用技术，以便通过务工增加收入；搬迁后要对种植农作物和务工的村民进行分类统筹考虑。

二　李家乡农民愿意异地扶贫搬迁的原因分析

李家乡属于典型的贫困山区，其异地扶贫搬迁的原因和所面临的问题在青海东部干旱山区具有代表性，通过以李家乡为例，可以对青海未来异地扶贫搬迁面临的困难和有关问题有所思考和认识。

（一）自然条件严酷

李家乡农民群众生产生活区域多在海拔2700～2800米的山坡地带，地形地貌类型多样，气候变化无常，农业生产受自然环境和自然条件的约束较大，自然界的各种自然灾害如干旱、冰雹、霜冻、低温、阴雨、虫害、鼠害和风灾等频频发生，给农业生产造成损失，轻则减产减收，重则劳而无获。李家乡耕地基本为山旱地，春季降水少、蒸发快，特别是春旱威胁最为严重，容易形成“卡脖子”旱，个别年份出现春夏连旱，甚至春夏秋三季连旱的现象，往往亩产只有几十斤，有时颗粒无收。植被稀疏，水土流失严重，沟壑纵横，森林覆盖率低。据介绍，平均每亩坡耕地每年流失的氮、磷、钾相当于一年的化肥使用量，导致土壤肥力下降，而且李家乡大部分村能源短缺、燃料缺乏，农民砍伐林木或采挖草根作燃料，加剧了水土流失。

（二）种植效益低下

自然条件的限制和制约使得李家乡可供选择的适宜种植的农作物品种十分有限且大多品质不佳，种植效益较低。由于大部分耕地粮食亩产不到400斤，扣除种子、化肥等支出，种植粮食作物没有经济意义。而且种植业缺水的问题严重，又不能从根本上得以解决，种植效益不高。

（三）基础设施差

李家乡山高路陡，有些村至今还未实现道路硬化，各村之间没有客运车辆，交通极度不便。该乡双坪村离乡政府有十几公里，村民们有时一天见不到一辆机动车，办事基本上要步行。小学生就近上学需走5公里山路，有些学生因上学路途较远而辍学。特别是李家乡中心学校教学条件简陋，硬件设施薄弱，教学设施老化，与现代化教学要求差距较大；学生住宿条件很差，宿舍少，冬天无暖气，基本上是十几人住一间宿舍，十分拥挤；老师的住宿和办公条件也是8人一间，没有办公室，只能在宿舍备课和改作业；学校虽办有食堂，但地方狭小，不能保证正常的学生就餐；特别是学校的用水用电存在困难，有时正常教学无法保障，远程教学使用率不高。

（四）扶贫成果难以巩固

由于李家乡特殊的地理环境以及历史原因，使得温饱程度低，返贫率高，扶贫成果不明显。有27%左右的人口年均收入不足3000元，人均耕地不足2.5亩。贫困类型主要为：一是干旱缺水型贫困。水源枯竭，降水量少，蒸发量大，农民穷在水上、苦在水上。二是受灾型贫困。浅脑山地区旱灾年年有，加之山区雹灾时有发生，导致贫困面大，贫困人口居高不下。三是能力约束型贫困。因病、因学致贫型，弱智致贫型，懒惰不节俭致贫型和缺乏专业技能致贫型比较突出，除了自己的劳动力之外几乎没有任何技能增加收入，劳动者素质低，农民掌握技能有限，转移就业很困难。

三　青海贫困地区未来10年异地扶贫搬迁安置需要关注的几个问题

从李家乡地处的严酷自然环境以及农民生产生活所面临的特殊困难可以看出，在这类地区实施异地扶贫搬迁工程是改善当地农民生产生活条件和长远发展环境所作出的重大选择，也是适应新形势、新阶段扶贫开发工作的内在要求，对有效提高农民生产和发展空间，以及改善搬迁地生态环境都有着重要作用。但异地扶贫搬迁是一项系统工程，涉及面广，实施前应进行深入调研和缜密安排，应特别关注以下几个问题。

（一）需要搬迁的人口较多且情况复杂

根据“十二五”规划，青海省异地搬迁涉及8个州、地、市，26个县，108个乡镇，209个村，1.31万户，6万人。每年搬迁42个村，2620户，1.2万人。这些异地搬迁的乡镇分布情况千差万别，有的属于旱无水地区，有的属生态保护地区；同时迁出的农户思想观念、经济能力、经营能力和人口状况都参差不齐，这些对准确界定对象、区别扶持政策、落实各项工作带来一定的复杂性和艰巨性。由于在异地扶贫中政府坚持自愿搬迁的原则，往往一些比较富裕的农户最积极、最自愿，而贫困农户因为建不起住房而无法搬，或由于智力、能力均较差等，搬迁顾虑大，不愿搬，这种状况必然影响异地扶贫搬迁安置的实施效果。

（二）后续扶贫资金和扶贫政策问题

青海各级地方财政较为困难，大部分配套资金只能依靠项目区群众自筹完成。由于配套资金不足，项目配套设施建设受到影响。据统计和测算，每搬迁一人，在不需征地的情况下，需要5万元左右，才能较好解决搬迁后生产、生活问题，而异地扶贫搬迁国家补助标准为每人5000元，造成建设资金缺口较大。与此同时，移民在搬迁前自我发展能力严重不足，导致搬迁后脱贫也十分缓慢。劳务输出人员中做“苦劳”的多、“技劳”的少，经纪人、能人不多，收入总量不高，贫困人口面大，群众收入总体水平不高。省委省政府虽然在异地扶贫工程中一次性投入大量资金，但后续资金能否跟上成为影响异地扶贫工作能否顺利实施的重要因素。

（三）土地问题成为异地扶贫搬迁的瓶颈

从青海实际看，贫困地区整体搬迁难度逐渐加大，搬迁安置方式有待积极探索。目前青海省异地扶贫搬迁工程主要在本村、本乡行政区域内进行，安置的土地资源在当地解决，同时不改变农牧民土地承包现状。随着项目的实施，在本村、本乡适宜迁入地的土地资源越来越有限，整村整社搬迁难度将会加大。在调研中了解到有的贫困地区因没有水源、土地资源匮乏、地质灾害、贫困程度深等确实需要实施异地扶贫，进行跨行政区安置，但由于土地补偿资金量大、地方财力无法承担、各项协调工作难度大等实际，存在部分最为贫困的地区暂缓安排异地扶贫项目的情况。同时，有部分群众认为补助经费太低，对异地安置工作积极性不高，思想上存在顾虑。

（四）项目建设标准偏低和管理问题

青海异地扶贫项目建设标准偏低，有的项目由于资金有限，概算中漏项较多，对于地质勘察、施工设计等前期工作未全面进行，导致建设项目缺乏规范性和保障性。异地扶贫搬迁安置工作又是一项比较复杂的工程，工作任务重、操作难度大、涉及部门多、费用开支大，主要在国家级、省级贫困县实施，但是这些县财政困难，无法解决项目前期经费，影响部分项目的顺利开展。有些项目县上有关部门在规划、设计、调查、统计、交通、差旅方面完全没有经费，项目建设的有关问题难以解决。

（五）搬迁户存在着经济来源单一的问题

从调查情况来看，搬迁户家庭收入的60%～70%是劳务收入，具有不稳定性。青海在实施异地扶贫搬迁工程中，虽然指导搬迁群众发展增收致富产业，并已取得了一定成效，但还未形成真正支持搬迁群众生存和发展的具体配套政策，发展主导产业的后续资金保障不足，技术培训仍不到位，农业科技推广力度和支柱产业的培育存在问题。

四 推进青海今后10年异地搬迁安置工作的对策建议

异地扶贫搬迁安置为人口与资源的优化配置、人口与环境的协调发展提供了良好的平台，特别是缓解了贫困压力，为迁出地产业结构调整、生态环境改善创造了条件，使迁入地的资源得到合理开发利用，有利于促进迁入地经济发展、民族团结和社会进步，也有利于农民思想观念的转变和技能的提高。未来10年，青海应加快推进异地扶贫搬迁安置工作，并做好以下几方面的工作。

（一）严格掌握迁出地及搬迁对象的条件

异地扶贫开发投资大、矛盾多，在确定异地扶贫对象时要从严控制，防止搬富不搬穷和优亲厚友，盲目扩大移民户范围和规模。确定异地移民户对象应掌握以下条件。居住在高寒偏远山区，气候恶劣，耕地极差，生存环境恶劣；群众就医、就学、行路困难；扶贫开发解决路、水、电、教育、医疗等基础设施和发展产业难度大；不具备生存发展条件的村社贫困农户。此类搬迁一般为村（行政村或自然村）或社整体搬迁。整体搬迁要坚持按统一规划、分期分批、先易后难的原则组织实施。对整体搬迁的原居住地，国家扶贫资金不再投资兴建基础设施，这是保证异地扶贫搬迁质量的关键。

（二）认真选择安置形式及安置地

异地扶贫安置应该采取多种形式，根据青海全省实际情况，应以插花分散安置、集中安置为主安置移民。

1. 插花分散安置

插花分散安置具有投资少、容量大、矛盾小、生活易解决的特点。工作方式，一是自己联系、投亲靠友，二是政府联系、协调安置。房屋解决的途径一是购买利用一些进城镇居住的农户旧房，二是新建房屋。这类安置形式工作难点在安置地的村社要解决好搬迁农户的耕地、宅基地等问题。政府在选择或审批插花安置地点时，一定要注意几个条件。一是安置地必须是具备长久生存条件的地方；二是安置地有可供耕种的土地，能够保证移民搬迁安置后的稳定增收，逐步致富；三是安置地的农民能够接受移民安置，生活习俗差异不大，能够使搬迁后的农户很快融入当地农民群体中。

2. 集中安置

在农村适当地方建居民点，以便集中解决路、水、电等基础设施和小区管理，工作方式主要为政府统一组织协调。房屋建设由政府统一调剂土地（耕地和宅基地）、统一规划设计、统一基础设施建设、统一资金管理、统一竣工验收。建房可由农户按统一设计要求自建，也可委托政府统建。政府统建一定要注意保证质量、降低成本、减轻农民负担。在选择安置地点时要注意几个条件。一是必须较好地解决土地问题，或者有可供安置的集体耕地；安置地的村社人少地多，可以调剂解决；或者是村内的山上搬到山下，距离不远可继续耕种经营原来山上的退耕还林土地和耕地，也可以与山下农户置换耕地等。二是安置地的基础设施条件较好，路、水、电都已基本解决，农民的基本生产生活条件相对较好。三是村民的风俗习惯大体一致，搬迁农民能够很快适应并融入当地民众当中。四是安置地及其农民对接受移民有正确积极的认识，能够接受安置外来农户。

（三）实行政府引导、群众自愿、适当补助相结合

为了让移民心中有数，当地政府应当组织群众到迁入地现场察看，了解迁入地的风土人情，真正做到迁进去高兴、定居了满意。通过异地扶贫开发工作，使搬迁农户在新环境中参加兴修水利、平整土地、修路建房、植树造林等一系列移民点基础设施建设，将政府投资与移民劳动有机结合起来，形成移民点可观的私人财产和公共资产。政府引导和群众自愿是搞好异地扶贫开发工作的重要环节。

（四）异地扶贫要与退耕还林还草和劳务输出紧密结合

将异地扶贫与退耕还林还草有机结合起来，重点解决好后续产业发展问题。重点发展舍饲畜牧业，大力发展特色种养业，扩大饲草料或中藏药材、蔬菜的种植面积，以市场为导向，积极发展特色种养业。要积极培养一批从事运输、经纪、销售和善于经营、懂得管理的人才，发展壮大中介流通组织，拓宽农产品收购、加工和销售渠道，促进产业化经营。要加强农民技能培训，根据市场经济的发展和劳动力市场的需要，对贫困地区的劳动力有计划、有重点地进行培训，增强其脱贫致富的能力。要积极寻求长期劳务输出关系，建立长期稳定的劳务输出基地，逐步做到建一个基地，拉动一方经济，脱贫一批群众。

（五）处理好国家扶持与自力更生的关系

实施异地搬迁安置工程必须坚持国家和个人相结合的原则，充分调动群众的积极性，做好宣传工作，使群众深刻认识到，国家财力主要是用于搬迁安置地的水利、交通、学校、医疗卫生等基础设施建设。在国家扶持的同时，需要更多依靠群众自身的力量。一方面实施用好国家补助的资金，可否考虑将各种渠道的扶贫资金集中起来，直接补贴到农户手上，鼓励他们向外转移，并利用转移资金，在自然环境和基础设施条件较好的地区实行就近就地安置和插花搬迁安置，实现搬得出、稳得住、不反弹的目标；另一方面要克服等、靠、要的思想，引导农民投工投劳，努力建设新的家园。目前，还应大力支持那些有能力、有要求的农户尽快实现自主搬迁安置。

（六）处理好农业开发与生态保护、移民区与被移民区的关系

异地开发扶贫工程是一个数万人口大迁移的巨大工程，大面积耕地的开发势必会打破迁入区的生态平衡，必须处理好移民区与被移民区的关系。异地开发扶贫工程的实施，既要考虑到移民区群众利益的保护问题，尤其是要在移民安置、水资源的利用、土地承包租赁、基础设施建设等方面充分考虑双方的利益，避免顾此失彼，引发新的矛盾。当地政府也要提前介入工程，直接参与项目的设计、规划和建设，协商处理好移民过程中的有关问题，制定有关法规，切实把移民与开发有机结合起来，优势互补、互相促进、共同发展。

（七）制定异地扶贫搬迁安置的有关政策

异地扶贫搬迁安置是一个综合性、政策性强、涉及范围广、关系到贫困群众根本利益的系统工程，需要各部门通力协作，积极支持配合异地扶贫工作。要多部门参与，鼓励农民进集镇新建农民新村，新建农民新村要简化审批程序，允许农民用原有的宅基地置换符合有关规定的地块异地建设。要实行灵活且符合实际的户籍管理、土地使用流转政策。异地移民户离开本乡、本村、本社搬迁到其他地方，户籍管理部门要为其提供便捷、优惠的服务，并使其在子女入学、参军、就业等方面享受城镇居民同等待遇；对在小城镇落户的农民一律免收入籍增容费或其他类似费用，优惠土地政策。根据国家《土地承包法》第28条规定集体经济组织依法预留的机动地，通过依法开垦等方式增加的，承包方依法、自愿交回可以调整用于安置异地扶贫移民人口。在土地承包期内承包方全家迁入小城镇落户的，应当按照承包方的意愿，保留其土地承包经营权或者允许其依法进行土地承包流转。承包期内，承包方全家转为非农业人口后将承包的耕地交回发包方的，可用于安置异地扶贫移民人口。

区 域 篇

Regional Reports

B.21

青海民俗文化旅游发展研究

——以湟源县为例

赵宗福 李国权 胡 芳*

摘 要： 青海是文化资源大省，多民族民俗文化积淀深厚，民俗文化旅游的发展空间大，后发优势强。但受诸多条件制约，青海的民俗文化旅游发展相对滞后。近年来，湟源县不遗余力地挖掘和整理民俗文化资源，积极打造民俗文化品牌，大力发展民俗文化旅游，其积极探索和发展路子为青海省发展民俗文化旅游提供了良好的借鉴。本文以湟源县民俗文化旅游发展为例证，观照和探索推进青海民俗文化旅游发展的科学路径，并提出相应的对策建议。

关键词： 青海湟源 民俗文化旅游 文化品牌

* 赵宗福，青海省社会科学院党组书记、院长，教授、博士，研究方向：民俗学、民间文艺学；李国权，中共西宁市委宣传部常务副部长；胡芳，青海省社会科学院文史研究所副研究员，研究方向：民俗学、地方文学。

文化是经济发展的“软实力”，是一个国家或地区实现特色经济发展的一个重要经济增长点。在现代社会进程中，发展民俗文化，打造文化品牌，是各省（自治区）、市、县彰显区域特色文化、推动本地区经济发展的科学路径。青海省湟源县位于日月山东麓，史称“西戎羌地”，曾是中原入藏的门户、青藏高原茶马互市和文化交流的重镇，向有“海藏咽喉”之称。特殊的历史和地理环境孕育了湟源县独特深厚的民俗文化，如排灯、皮绣、社火、曲艺、民居、地方特色饮食，以元宵节排灯展、城隍庙会、六月朝山会为代表的节庆习俗等民俗文化绚丽多彩、闻名遐迩，既是湟源县特有的民俗文化品牌，也是极具旅游开发价值的文化资源。在民俗文化日益成为文化旅游的热点之际，对湟源县的民俗文化资源开发现状进行调研，并在此基础上提出一些对策建议，对推动湟源县乃至青海省民俗文化旅游、发展特色经济有着重要的现实借鉴意义。

一　湟源县民俗文化旅游开发概述

近年来，湟源县文化旅游业发展较快，已成为省内新兴的和正在崛起的重点文化旅游区。随着湟源文化旅游业的进一步发展，湟源县将民俗文化旅游作为一个新的切入点和经济增长点，不遗余力地挖掘和整理民俗文化资源，用民俗文化提升湟源文化旅游的品位，努力构建“文化湟源”的旅游品牌，使湟源文化旅游的优势日益凸现。

（一）确立发展文化旅游战略，为县域经济发展注入新的活力

湟源历史文化悠久，早在西汉时期，就是中原通往西部牧业区和西藏的重要通道，是汉、藏等民族进行经济、文化交流的重镇，也是唐蕃古道、丝绸南路的必经之地。境内有昆仑文化遗存、卡约遗址、汉唐古堡、明清寺庙、日月山、“茶马商都”——丹噶尔等诸多历史文化遗迹，历史文化、民俗文化资源极其丰富，是青海省文化旅游的“富矿区”。但这些珍贵的历史文化和民俗文化资源一直没有引起人们的重视，直到20世纪90年代，湟源也没有一个在全省有影响的文化旅游景点。21世纪初，随着旅游经济的发展和人们对文化旅游认识的加深，凭借省上打造高原旅游名省的大好时机，湟源县委、县政府以科学发展观为统领，依托湟源的区位优势和丰厚的文化积淀，把文化旅游业作为发展县域经济的

主导产业，按照“挖掘资源，整体策划，突出特色，打造品牌，旅游富民”的工作思路，确立了打造“文化旅游重点县”的发展战略。近年来，湟源克服各种困难，举全县之力相继开工实施了以丹噶尔古城保护性修复、日月山景区、人民公园、青藏线石刻文化走廊、赞普林卡藏文化展览馆等文化旅游项目，使旅游基础设施有了很大的改善。目前，以丹噶尔古城景区为中心，日月山、赞普林卡、石刻公园、人民公园、乡村农家乐、华石山、宗家沟、北极山公园、大黑沟森林公园等人文景观和自然景观为补充的旅游景点网络构架初步形成。同时，以丹噶尔古城品牌为核心，茶马商都、排灯之乡、民俗文化旅游目的地、王母故里等为补充的文化品牌群雏形初步形成，为文化旅游的发展奠定良好的基础。

（二）挖掘开发民俗文化资源，打造特色文化品牌

特色是旅游业的生命。对民俗旅游而言，特色是指“人无我有，人有我优，人优我特”的资源优势。湟源县在民俗文化旅游开发中，充分利用丰厚而独特的民俗文化资源，开发、打造出了一系列独具个性、具有品牌效应的民俗旅游产品、景点和娱乐项目。如在旅游产品方面，湟源县初步形成了以“湟源三大宝——排灯、陈醋、羊皮绣”为主，昆仑玉、牛角梳、剪纸、木雕、手工刺绣鞋垫等特色旅游纪念品为补充的民俗商品体系。其中，排灯和羊皮绣是湟源县独有的民俗文化艺术珍品，湟源县将其作为民俗文化旅游的品牌产品大力向外界推介，不仅独出心裁地将排灯作为丹噶尔古城的照明设施，彰显老街的民俗色彩，还研制设计了家庭式排灯投入市场。在古城景区的保护性开发建设中，湟源县也将大量的民俗文化元素融入其中，不仅开发、修复了古城门、城隍庙、洋行、文庙、丹噶尔署衙等文化景点，还研发了署衙升堂断案、文庙诵经、曲苑曲艺花儿、《羌风流韵》歌舞、青海民间原生态音乐等文化娱乐项目，从而将丹噶尔古城打造成青海省少有的呈现羌、汉、藏多元民俗文化，融古代民俗和现代民俗为一体的高品位的文化旅游景区。

（三）文化创意活动异彩纷呈，知名度和影响力不断扩大

湟源县依托丰厚的民俗文化资源，精心策划和组织开展了一系列有特色的文化创意活动，向外界展示湟源多姿多彩的民俗文化。如丹噶尔民俗文化旅游节，丹噶尔之夏诗歌朗诵会暨昌耀诗歌馆开馆仪式，青海湟源中华昆仑文化周

暨西王母祭拜大典，昆仑文化与西王母国际学术论坛，日月山风筝邀请赛，2010年中国（青海）三江源国际摄影节“丹噶尔杯”摄影大赛，万人“品腊八、共祝福”活动，六月六城隍庙朝山会等一系列高品位的文化创意活动，有效地扩大了湟源地域文化尤其是民俗文化的影响力，使“文化湟源”的印象深入人心。其中，于2009年、2010年连续两年举办的昆仑文化周暨西王母祭拜大典以高品位、高规格而著称，在省内外产生了较大影响，已成为了湟源县的又一文化品牌，该活动的举行不仅极大地提升了湟源的知名度和影响力，还对推动青海省昆仑文化研究、打造昆仑文化品牌有着积极的意义。同时，湟源县以这些活动为平台，加大宣传营销力度，加强和媒体的联系与合作，通过做专刊、专家访谈、播放专题、开设网站等多种方式，大量、深入地宣传湟源的历史文化和民俗文化，扩大了影响，引起了社会的广泛关注。2009年，湟源县积极参与了人民网旅游频道举办的“中国最具民俗文化特色旅游目的地”评选活动，不仅成功入选，还以高分位居20强第三名，极大地提升了湟源民俗文化旅游在全国的知名度。

二　湟源县民俗文化旅游存在的不足与困难

湟源县的民俗文化资源开发虽取得了一定成绩，但其资源优势还远远未转化成经济优势，湟源的民俗旅游尚处于起步阶段，存在诸多不足与困难。

（一）基础设施和服务体系亟待完善

湟源县多方筹措资金改善旅游基础设施建设，不断完善日月山景区的旅游服务功能，较好地完成了景区内的道路、供电、通信、给排水、停车场及垃圾处理等项目。目前全县有6个旅游接待点、4个游客接待中心，中小型宾馆17家、床位700多张，并建设了一些与旅游相关配套的旅游购物商店、餐饮接待及娱乐服务设施，旅游从业人员0.3万人，旅游产业体系已基本形成。但从总体上看，湟源县的旅游基础设施和服务体系建设还很薄弱，旅游配套设施也亟待完善，尚存在市政建设、接待设施较差，景区、景点卫生、环境保护跟不上，缺乏高素质的文化产业人才等问题，特别是各文化景区内的公厕数量少、卫生条件差，各景区停车场和游客接待中心达不到相应要求，宾馆与餐饮服务接待规模小、档次低，全县尚没有一家星级宾馆，也没有自己的旅行社，这些都严重制约着湟源民俗文化旅游的进一步发展。

（二）民俗旅游文化资源开发程度低

就青海而言，湟源的民俗旅游资源开发起步较晚，目前虽取得了一些令人瞩目的成绩，但与湟源民俗文化的丰厚度相比远远不够，其开发尚处于初级阶段，其资源优势也远未转化成经济优势。具体地说，湟源的民俗文化资源多元而厚重，既有以西王母崇拜为主的昆仑文化，以卡约遗址、羊皮绣、社火为代表的古羌文化遗存，以丹噶尔古城、日月山为核心的茶马互市文化遗存，也有以近百座儒、道、佛及伊斯兰、基督等教寺院庙宇为中心进行文化传承的多元宗教民俗，以及20多座古城堡、古战场遗址为代表的军事文化遗存。目前，湟源县的民俗文化资源开发工作只是挖掘了这个文化宝库的一部分，大量的、珍贵的文化遗存亟待进一步挖掘、开发。如在历史上享有盛名的东科尔寺、扎藏寺，声势浩大的祭海仪式与习俗，明清老街前店后住家的古民居、名人古居，演绎古羌风韵的社火，神秘奇特的庙宇法会，古老奇特的摩崖石刻，地方风味浓郁的汉族婚礼习俗等，均未纳入到湟源民俗旅游的文化景观之中。而已发掘、开发的民俗文化资源，如西王母崇拜、排灯、花儿、曲艺、节庆等，大多以展示为主，或尚未走向市场，或市场化程度不高，特色小吃的品牌也未打响等。

（三）民俗商品市场培育严重不足，远未形成产业化

就民俗商品而言，湟源排灯、羊皮绣的研发、营销情况不是很理想。如已投入市场的微型排灯制作较为粗糙；羊皮绣所绣的内容单一，原创性不足，加上价位较高，对游客的吸引力不是很强，产品的转化升值空间很大。其他民俗商品，如民间刺绣、剪纸、皮影、根雕等与别的地方雷同，缺乏地方特色。从乡村旅游来看，湟源的“农家乐”档次低、服务单一，发展较为缓慢。据统计，2007年，湟源经营“农家乐”的农户有65户，完成投资350万元，安置就业人员370多人，年均总收入约350万元。后因道路改造、菜式陈旧、卫生条件差等影响，不少“农家乐”关闭，到了2010年，全县经营“农家乐”、茶园的农户缩减到45户。目前，这些“农家乐”只提供餐饮服务，没有住宿、娱乐条件和设施。

（四）过境游客多，且滞留时间不长

湟源位于西宁大旅游圈和青海湖旅游圈的交集处，既有独特的区位优势，又有其局限性。一方面，游客无论经日月山往青海湖，还是经湟源县城往金银滩草原，日月山和丹噶尔古城都是必经之地。因此，湟源往往被当成青海湖旅游圈的第一站。另一方面，湟源县的过境游客多，但真正在日月山景区和丹噶尔景区逗留、买票参观的游客并不太多，省内专门去湟源旅游的游客也不多，“引不来人”、“留不住人”的现象较为严重。即使游客买票到景区参观，由于导游对参观时间有限制，仅有40～60分钟，游客没有充裕的时间去观看各种民俗表演、购买民俗商品和品尝特色小吃。

三　推进青海省民俗文化旅游的思考

大美青海，不仅有着雄奇壮丽、气象万千的自然景象，还有着博大精深、丰富灿烂的人文景观。汉、藏、回、土、撒拉、蒙古六大世居民族丰富多彩和独具个性的民俗文化共同构筑了青海高原古朴、神秘、多元、绚丽的民俗文化风貌，民俗文化旅游的发展空间很大，后发优势极强。但遗憾的是，目前，全省除了互助土族风情、循化撒拉族风情旅游稍具规模、有一定知名度外，其他各县的民俗旅游还未真正开展起来，青海省的民俗文化旅游尚处在“起步、探索、培育、发展”的初级阶段，很多资源、项目没有得到真正开发。在这种情形下，湟源县充分重视民俗文化资源在构建“文化湟源”中的重要作用，积极打造民俗文化品牌，大力发展民俗旅游是十分有意义的，其积极探索和发展路子为青海省打造“文化青海”、“大美青海”品牌，发展民俗文化旅游提供了良好的借鉴。因此，建议以湟源县民俗文化旅游发展为例证，观照和探索推进青海省民俗文化旅游的科学路径。

（一）实施“统一规划、合理开发、突出特色、创立品牌”的总体开发战略

近几年，青海省在利用民俗文化资源方面做了不少工作，取得了一定成绩。开发了在省内外有一定知名度的民俗文化品牌，如互助土族民俗风情

游、循化撒拉族风情游、丹噶尔古城游、热贡艺术、土族刺绣、藏族歌舞等，但这些与青海民俗文化的总丰度和厚度相比远远不够，青海的民俗文化资源开发还存在着许多问题。主要表现在：对民俗文化资源的开发缺乏统一规划和科学论证，盲目开发、低层次开发现象严重；民俗旅游景观和产品品牌少，知名度低；民俗旅游产业链短，市场培育严重不足等。针对以上情况，青海省应实施“统一规划、合理开发、突出特色、创立品牌”的民俗文化旅游总体开发战略。

1. 坚持“统一规划、合理开发”的方针

青海的民俗文化资源储藏丰富，分布广而杂，即使是同一民族，因聚居区生态环境、生产方式、文化空间的不同，其民俗文化也有较大的差异性。如玉树、果洛、黄南、海东等地区的藏族，其民俗文化既有共性，也各有自己独特的个性；互助、民和、同仁等地的土族，其民俗文化也不完全相同。因此，必须全盘考虑，在对全省民俗文化资源进行摸底、盘点，对旅游地相关情况、客源市场进行调查、可行性论证的基础上，制定民俗文化资源开发规划，对青海省的民俗文化资源开发进行统筹规划、合理布局。青海省的民俗文化资源开发规划，应充分考虑全省的民俗文化资源分布情况、发展现状和未来发展需要，充分考虑市场需求和各旅游点的区位条件，有层次、有重点、分区进行配置，按步骤进行开发。整个规划要与青海省的发展总体要求相适应，有具体的实施项目和量化的阶段发展目标。要处理好重点开发与兼顾一般的关系，避免民俗文化资源的盲目、无序开发。在同一民俗旅游区，民俗旅游景点、景观、娱乐项目的设置要多样化，尽量避免重复；不同民俗旅游区，景点、景观也应各具特色、互为补充。

2. 实施“突出特色、创立品牌”战略

特色是民俗旅游的根本，而民俗旅游的特色源于其差异性，差异性又是旅游者旅游动机的形成引力。青海省地域辽阔，文化形态多样，各民族、各地区的民俗均不相同、特色鲜明。要根据各民族、各地区民俗文化资源的种类和特色，积极打造民俗旅游景区、景观和商品品牌，形成多样性、丰富性的民族文化旅游商品，以推动青海省民俗旅游的大发展。必须树立精品意识，对互助小庄村、湟源丹噶尔古城、同仁吾屯、海北金银滩草原等民俗旅游景区，玉树歌舞、黄南藏戏、土族婚礼、花儿演唱等民俗表演，河湟花儿会、土族纳顿节、热贡六月会、玉树赛马节等民间节庆，唐卡、昆仑玉、青稞酒、民间刺绣、湟源陈醋、藏毯、农民画、牛角工艺品等有一定影响力的民俗旅游项目和商品，进行深层次开发，努力将其打造成精品项目。同时，还应高标准、高起点地打造新的民俗旅游品牌，如汉族社火、曲艺、皮影、藏族锅庄、藏族婚礼、河南蒙古族风情、回族宴席曲、各民族服饰表演和饮食、西宁周边各县及黄河沿岸的农家乐和茶园等都是颇具吸引力和影响力的旅游项目，有很大的开发潜力，应将其打造成新的民俗旅游品牌，以增强青海民俗旅游的吸引力。

（二）优化旅游发展模式

目前，青海省民俗旅游发展模式较为单一、滞后，除互助土族小庄村的民俗旅游发展较为成熟外，其他区域的民俗旅游大多停留在提供餐饮、旅游商品的阶段，没有深层次地展现各民族的民俗文化风貌，且存在夏季兴旺、冬季冷清现象。优化青海省的民俗旅游发展模式，首先，要选取有区位优势、有一定发展基础的村落建立一批实地型民俗文化村，如在同仁吾屯村建立热贡民俗文化村，在循化街子三兰巴海村建立撒拉族民俗文化村，在丹噶尔古城建立茶马商都民俗文化村，在尖扎直岗拉卡建立藏族民俗文化村等，以此弥补青海省民俗文化村数量少、开发内容单一等方面的不足。其次，要克服就地展示型民俗文化村在节令性强、民俗活动分散、文化多样性不足等方面的缺陷，在主要旅游观光点建立主题公园式的民俗文化村，如在西宁建立“青藏高原民俗风情园”，引进汉、藏、回、土、撒拉、蒙古等民族的民居、饮食、歌舞、曲艺、礼仪、工艺特产、生活习俗等，供游客参观。再次，要因地制宜，大力发展秋冬季旅游。就河湟谷地而言，可通过改善民俗文化村、乡村旅游的基础设施条件，如建造暖棚、热炕，利用节庆和青海冬季的休闲文化吸引游客；青海湖、玉树、果洛等地，可借鉴周边省（自治区）的经验，通过举办“青海湖冰雕节”、“祁连山滑雪节”等节庆活动，打造青海冬季旅游线路和品牌。

（三）多渠道融资，解决民俗文化旅游发展中的资金短缺问题

资金短缺是青海民俗文化旅游发展的重要“瓶颈”，财政投入少、基础设施差制约了青海民俗文化旅游的发展。青海省要解决资金短缺问题就必须贯彻谁投

资谁受益原则，多渠道、多形式地筹措民俗旅游建设资金，改变过去投资主体单一的现象，采取国家、集体、个人多元投资主体战略。首先，民俗旅游是富民工程，直接受益的是各民族群众，政府应从关注民生出发，加大投资力度。青海应借助西部大开发和国家重视青海等省藏区建设的大好时机，多争取旅游产业开发建设项目，同时也加大省财政对民俗旅游的投资力度，大力改善各旅游地的基础设施建设，为青海民俗文化旅游发展奠定良好基础。其次，鼓励民营经济投资，做好招商引资工作，在贷款、土地征用、减免税费等方面给予优惠政策，努力扩大民营经济直接投融资民俗旅游的渠道。最后，“大众旅游，大家办”。民俗文化旅游是大众旅游，一些小的旅游接待点如农家乐、牧家乐、民俗旅游商店等，可以放宽信贷渠道，采用贴息、减税等方式，鼓励群众创业投资。

（四）大力培养复合型高素质的民俗文化人才

民俗文化旅游是高层次的文化旅游，提高民俗旅游资源开发的质量和品位，需要各方面的人才，尤其是民族学、民俗学、人类学、文化学、经济学及规划设计的人才。青海省民俗文化旅游人才应采用自己培养与吸收引进相结合的灵活多样的人才机制。首先，在充分利用好省内各高校、文化部门、科研院所现有文化人才的同时，高度重视民俗旅游人才的培养，在高校教学、旅游从业人员培训中增设与民俗文化、民俗旅游相关的课程，将纯正、丰富的民族、民俗内容充实到各类教育培训中去；加大人才培养力度，创新用人机制和激励机制，营造良好的民俗文化产业人才发展环境，促进民俗文化产业人才集聚。其次，打破各种条件限制，建立灵活的人才引进机制，鼓励和支持文化企业采取高薪聘用、客座制等多种形式，从省外引进一批高层次的民俗文化产业人才。同时，受各种条件限制难以引进人才的州县，也可因地制宜，采取“不为所有，但为所用”的方式，像湟源县一样，聘请省内相关领域的专家学者为文化顾问，让他们为本州县的民俗文化发展献策献力。最后，农牧民是青海省民俗文化旅游产品（景观）的主要载体，要将青海民俗旅游做活、做大和做强，就必须加强对农牧民的培训和引导工作。通过教育培训，对从事民俗旅游的农牧民进行乡土历史知识、民族文化等方面的培训，提高农牧民对本土、本民族文化价值的认识，使之成为自己文化的主动传承者和保护者，并从对本土和民族文化资源的利用中获得经济利益，增强其参与民俗旅游的积极性。

（五）加大宣传力度，加强宣传促销工作

在市场竞争激烈、“酒香也怕巷子深”的今天，“大美青海”的人文之美也需要多方“吆喝”才能引起国内外更广泛的关注。要加快青海省民俗文化旅游业的发展，必须充分利用各种现代传媒手段，多管齐下，大力加强宣传营销工作。在继续利用省内报刊、杂志、电视、电台反复宣传青海民俗文化资源及有影响的民俗旅游产品的同时，还要积极创造条件，重视中央电视台、香港凤凰卫视、《中国旅游报》、《中国文化报》、《中国国家地理》等国内主流媒体的传播影响；通过举办区域性的艺术节、省及地（州、市）大型民族文化活动，如青海民族文化旅游节、黄南热贡艺术节、果洛玛域格萨尔文化艺术节、玉树青滇藏川毗邻地区文化旅游节、中国土族旅游文化节、海西柴达木文化艺术节、丹噶尔春节民俗文化之旅等，大力展示和宣传青海神秘绚丽的民俗文化景观；组织团队赴北京、上海、广州、香港等主要客源地和特大城市开展集中营销活动，重视对日本、韩国、新加坡、欧美等国的宣传工作，争取境外客源，大力拓展跨区域、跨国界的民俗旅游信息传播；广泛开展网络宣传和营销工作，利用互联网的图像、声音等效果给人以心灵的震撼，激发游客来青海旅游的欲望；把民俗文化旅游宣传与影视文化结合起来，通过民族风光片、电视、摄影作品等，充分展示青海多姿多彩的民族文化，将青海民族文化游、生态游、自然风光游推向全国、推向世界。

（六）处理好保护和发展的关系，走可持续发展道路

利用民俗文化资源发展旅游业，同时又能成功保护文化遗产，这是个世界性的难题，也是青海民俗旅游发展中面临的一个重要课题。一方面，全球经济一体化和现代化进程的快速发展，已经对青海民俗文化的传承造成了一定冲击，各民族古老的民居、民间文艺、服饰、饮食、民间工艺等正濒临瓦解和消亡的危机，在这种情形下，发展民俗旅游有利于挖掘、抢救这些珍贵的文化遗产，有利于其良性传承。但不可否认，另一方面，发展民俗旅游必然对各民族民俗文化的传承造成一些负面影响，如民俗旅游中的破坏性、掠夺性开发，一些民俗娱乐项目的失真、庸俗化现象等。因此，必须用发展的眼光、可持续的眼光来对待青海省的民俗文化资源，坚持“保护第一、开发

第二”的原则，探索在保护中发展、在发展中保护的可持续发展道路。如在原生性的民俗文化村中，尊重各民族民俗文化的原貌，尽可能地给游客展示原汁原味的当地民俗文化风貌，保持各民族民俗的民族、乡土和古朴色彩，不随意篡改，不洋化，不艺术化和舞台化，杜绝虚假民俗现象的产生；弘扬各民族优秀传统民俗文化，极力保持各民族民俗文化的特性，切忌传统民俗的同化，尤其是衣、食、住、行方面的同化；正确区分民俗旅游中的精华与糟粕，坚决杜绝以迷信、色情、赌博招徕旅游者的现象，提倡环保旅游、绿色旅游；大力开发具有纪念性、工艺性和实用性的民族特色旅游商品，巩固传统产品，开发新产品；加强对各民族群众的宣传教育，使其保护好自己的文化传统。只有民族的才是世界的，失去自己的民俗文化特色，也就基本失去了旅游生命力，不可能实现可持续发展。

（七）联动发展，走多样化发展道路

从宏观上看，青海省的旅游业是一篇大文章，自然生态游、历史文化游和民俗旅游共同构成了青海省旅游业的辉煌篇章，三者是三位一体、相得益彰、紧密不可分的。因此，青海省的民俗文化旅游不能单一、孤立发展，必须与自然生态游、历史文化游联动发展，走共同发展道路。一方面，以民俗旅游为新的经济增长点，通过打造民俗旅游景区、景观和旅游商品，丰富、延伸、完善青海省旅游业的产业链条，增加其产业附加值和转化值；另一方面，在自然生态游、历史文化游中注入民俗文化的元素，借此补充、丰富自然生态和历史文化景区、景观的内涵，提升其文化品位和层次，增加吸引力和感召力。

从青海省民俗旅游业的产业链条看，不同旅游区域、线路、景点之间，也必须联动发展，走多样化发展道路。必须加强西宁市和各州、县之间的联系，以西宁市为中心，数个州、县联合开发，将各民俗旅游点串联成线，联动发展，走多样化发展道路。建议以西宁市为轴心，向北开发互助土族民俗游、大通回族民俗游，向东开发平安、乐都乡村旅游，向东南开发民和土族风情游、循化撒拉人家游，向西开发丹噶尔古城民俗游、湟源和湟中乡村旅游、化隆卡力岗文化考察游，同仁、尖扎等地开发热贡文化艺术游和藏家乐旅游，海西开发河南蒙古族风情游，海北、海南、玉树、果洛开发藏族风情游、藏文化生态游等，打造、推出“青海高原千里民俗旅游线”，推动青海民俗文化旅游的大发展。

参考文献

湟源县志编纂委员会编《湟源县志》，陕西人民出版社，1993。
钟敬文：《民俗学概论》，上海文艺出版社，1998。
彭兆荣：《旅游人类学》，民族出版社，2004。
刘晖：《旅游民俗学》，民族出版社，2009。
巴兆祥：《中国民俗旅游》，福建人民出版社，2006。

B.22

青海柴达木循环经济试验区发展态势与思考

孙发平　丁忠兵*

摘　要： 2005年柴达木循环经济试验区成立以来，在构建盐化工循环产业、油气化工循环型产业和煤炭综合利用等方面取得了明显成效，循环产业链框架初步形成。但也存在着水资源供求矛盾突出、关键技术尚待突破、产业层次偏低等问题。需要进一步从改善发展软环境、完善循环产业链、加大关键核心技术研发、加强资源环境保护等方面强化对策措施，促进试验区又好又快发展。

关键词： 柴达木　循环经济　对策建议

青海柴达木循环经济实验区位于青藏高原北部、青海省西北部，主体为素有"聚宝盆"之称的柴达木盆地，面积约25.6万平方公里。试验区是我国乃至世界上少有的资源富集区，分布有丰富的盐湖资源、油气资源、有色金属资源、煤炭及其他非金属资源，具有资源类型全、品位高、品种组合好和产业关联度强的特点，特别适合建立循环经济工业产业链。2005年10月，柴达木循环经济试验区被列入国家首批13个循环经济试点产业园区。2010年3月15日，国务院正式批复由国家发改委和青海省人民政府编制的《青海省柴达木循环经济试验区总体规划》，标志着海西柴达木循环经济试验区正式上升为国家战略，试验区建设由先期探索阶段转入全面加快发展的新阶段。

---

* 孙发平，青海省社会科学院副院长、研究员，研究方向：区域经济；丁忠兵，青海省社会科学院经济研究所副所长、副研究员，研究方向：区域经济、农村经济。

一　海西柴达木循环经济试验区建设的理论与政策探索

海西柴达木循环经济试验区作为我国面积最大和唯一布局在青藏高原少数民族地区的区域循环经济试点园区，6 年多来，在国家的宏观指导和省委省政府的大力支持下，基础设施建设快速推进，循环产业链初步形成，资源综合利用水平和总体经济效益大幅提升，为青海优化产业结构、加速推进新型工业化进程、加快经济发展方式转变发挥了积极的推动作用，对全国循环经济发展产生了积极的典型示范效应。

（一）发展思路探索

2007 年 5 月，青海省第十一次党代会将海西柴达木循环经济试验区发展定位为柴达木地区要依托优势资源和现有基础，以循环经济试验区为载体，建设新型工业化基地，努力创造高原地区循环经济模式，为全省发展作出更大贡献。2010 年 3 月，国务院正式批复的《青海省柴达木循环经济试验区总体规划》中提出：重点建设“一区四园”，构建“六大产业”，形成资源、产业和产品多层面联动发展的循环型产业格局，争取在经济发展的同时实现废水、废气、废渣等“零”排放或者是最少的排放。其中，“一区”是指柴达木循环经济试验区；“四园”是指以盐湖化工、石油天然气化工、金属冶金产业融合发展为特色的格尔木循环经济工业园，以盐碱化工、硅产业、新型建材产业融合发展为特色的德令哈循环经济工业园，以配套盐湖资源开发为主导、以煤炭清洁利用为特色的乌兰循环经济工业园，以能源、煤炭综合利用、盐湖化工一体化发展为特色的大柴旦循环经济工业园；“六大产业”指以盐湖资源综合利用为核心、以钾资源开发为龙头的盐湖化工循环型产业，以盐湖资源综合利用为基础的金属产业，以配套盐湖资源开发为主导的油气化工循环产业，以配套盐湖资源开发为前提的煤炭综合利用产业，以及高原特色生物产业和可再生能源产业六大主导产业体系。

（二）主要政策措施

作为首批国家级循环经济示范园区，2010 年国家对柴达木循环经济试验区给予了十大政策支持。一是制定产业结构调整和产业布局政策的时候，将试验区的重大项目纳入国家的产业发展规划。二是在不降低技术水平和环保标准的前提下，对合理配置生产要素和延伸产业链的配套项目，可适当地放宽准入条件。三是对试验区用于循环经济产业化项目的天然气优先保障资源配额。四是对试验区的机场、铁路、给排水、污水垃圾处理等基础设施项目建设给予支持。五是在试验区内，企业用于绿化的土地被视为实施生态工程用地，享用国家的土地划拨政策。六是在试验区发展过程当中，对亟须解决的公共技术、延长产业链的关键技术给予研发经费的支持。七是为满足试验区循环经济发展所需产业工人等人才需要，进一步加大对试验区职业技能培训设施建设的支持力度。八是加强规划水利枢纽、绿洲灌区改造、节水农业项目建设。九是进一步支持资源开发集中区域公路基础设施建设。十是进一步支持电网建设。同时，国家在发展循环经济方面还有一些价格、税收方面的优惠政策。近年国家制定实施的深入推进西部大开发战略的政策意见、中央支持青海等省藏区发展的政策措施等重大战略决策，也都包含有许多支持循环经济发展的优惠政策。

2010 年 8 月，青海省人民政府制定出台了《关于加快推进柴达木循环经济试验区发展的若干意见》，提出 20 条支持柴达木循环经济试验区发展的政策措施。如在“十二五”期间，建立年均 10 亿元的循环经济发展专项资金，以贷款贴息、以奖代补、投资补助等方式，重点支持项目前期工作和基础设施建设，支持具有示范性、导向性的资源综合利用、节水节能、污染防治、技术开发、产业升级和应用推广等项目，支持试验区进口适用技术和产品等。在土地利用总体规划确定的城镇建设用地范围外，利用戈壁荒滩建设产业集聚园区、引进产业项目的，免交土地出让金和土地有偿使用费。工业用地出让金最低标准，可区别情况按《全国工业用地出让最低价标准》的 10% ~50% 执行，适当降低园区建设用地的基准地价。对试验区内由政府养护的集中成片绿化用地和利用国有未利用地建设太阳能、风能等新能源项目，在不改变土地用途的前提下，采用划拨方式供地。这些政策为推动海西柴达木循环经济试验区的快速发展发挥了积极作用。

二　海西柴达木循环经济试验区发展现状

自 2006 年以来，海西柴达木循环经济试验区遵循“减量化、再利用、资源化”的循环发展理念，着力构建盐化工循环产业、油气化工循环型产业和煤炭综合利用等主导产业，推动地区经济发展实现了由“挖资源”向“综合利用”和“产业循环”的转变。

（一）取得的成效

1. 基础设施得到较大改善

试验区充分利用国家支持循环经济发展的有利时机，多渠道筹措资金，实施了一批重大交通、电力等基础设施项目，使当地基础设施条件得到明显改善。在交通方面，建成涩格天然气输气管道复线、青藏铁路西格段复线、乌兰焦化工业园铁路专用线、格尔木至老茫崖二级公路等交通项目，开工建设当金山至大柴旦、察汗诺至德令哈等6条高速公路，兰新铁路第二双线工程加快推进；德令哈支线机场、锡铁山至北霍布逊铁路开工，花土沟机场奠基。在电网方面，相继建成330千伏湟源—德令哈Ⅱ回路、锡铁山—鱼卡、热水—江仓木里专属供电区输变电工程等项目，新增330千伏输电线路352公里，大电网覆盖面积达到25万平方公里；2011年，世界海拔最高、规模最大的输电工程——青海至西藏750千伏暨±400千伏交直流联网工程建成并试运行。在水利方面，开工建设下湾水库和格尔木河、巴音河、布哈河河道治理工程，完成黑石山、怀头他拉、西赛、英德尔等病险水库加固工程。在园区设施方面，德令哈、格尔木、东部、西部等重点工业园水、电、路、通信等基础设施项目陆续开工建设和建成投运，承载能力和服务功能显著提升。

2. 项目建设取得重大突破

随着国际市场资源价格的提高，柴达木盆地丰富的能源资源、盐湖资源、有色金属资源日益突显出其巨大的经济价值和重要的战略地位，大型国企、跨国公司、上市公司等纷纷将投资目标瞄向试验区，先后建成100万吨钾肥综合利用、90万吨纯碱、60万吨甲醇、50万吨铁矿采选等30多个重点产业化项目。其中，盐湖化工方面，建成盐湖集团综合利用一期、青海锂业和中信国安东西台盐湖碳酸锂及硫酸钾镁肥、青海碱业一期、德令哈纯碱蒸氨废液利用12万吨氯化钙、大盐滩30万吨氯化钾等产业项目，基本建成青海盐湖科技1万吨碳酸锂、三元钾肥10万吨硫化碱等产业项目。煤化工方面，建成鱼卡和大煤沟两个90万吨、高泉45万吨、木里聚乎更90万吨煤炭开发及乌兰300万吨洗精煤、100万吨焦化、鱼卡6000万块煤矸石烧结砖项目等。油气化工方面，完成青海油田30万吨甲醇、150万吨炼油厂扩建升级改造、中浩天然气化工公司60万吨甲醇项目建设。金属冶金方面，建成滩间山15万盎司黄金扩建、肯德可克250万吨铁矿开发、西豫有色金属矿业10万吨铅冶炼、都兰黄龙沟红旗沟岩金开发项目。特色生物产业方面，建成22.3万亩枸杞生产基地、1万亩高原青稞繁育基地，完成8000吨沙棘浓缩汁、2000吨枸杞干果加工生产线项目。新能源开发方面，建成格尔木30万千瓦燃气电站项目，42个总投资达170亿元的光伏并网电站正加紧建设。2011年，建成1000兆瓦光伏电站并安全并网发电，创世界之最。

3. 循环产业链初步形成

试验区充分发挥区域比较优势和资源组合优势，着力推动石油天然气化工与盐湖化工的融合发展，初步形成了盐湖化工、油气化工、煤化工、金属冶金、特色生物产业和新能源开发六大循环经济主导产业框架，产品之间、产业之间、地区之间大循环大发展的格局基本成型。其中，电力、石油天然气化工、盐湖化工、煤化工、有色金属、建筑材料等产业已横向链接起来，初步构建起了循环型产业链，如“油气—盐化工”产业链、“煤—焦—盐化工”产业链、“有色金属—天然气—盐化工”产业链和“铁矿—焦炭—钢铁”产业链。在区域产业协作方面，试验区“一区四园”的总体发展布局已初步形成。格尔木工业园区充分利用区内丰富的石油天然气资源、盐湖资源和有色金属资源，着力发展油气化工产业链、盐湖化工产业链和冶金工业产业链。德令哈工业园区充分利用柯柯盐湖及察尔汗盐湖的废弃盐、德令哈的石灰岩和鱼卡、大煤沟的煤炭资源，着力构建盐碱化工产业链。乌兰工业园区以木里焦煤及茶卡、柯柯盐湖资源为依托，加快推进煤化工与盐化工的融合发展，着力发展煤化、盐化产业链。大柴旦工业园区充分利用大煤沟、鱼卡、马海湖、大盐滩、昆特依等地丰富的煤炭、盐湖资源，着力构建能源、煤化、盐化工产业链。

4. 招商引资成效显著

试验区始终把招商引资作为加快发展的重要抓手，先后赴北京、上海、广州、宁波、苏州、西宁等地召开新闻发布会和项目推介会，全面展示柴达木盆地独特的资源和良好的投资环境。先后引进了中航集团、中农集团、中盐集团、加多宝集团、浙江海虹、西部镁业、五彩矿业等一批投资者落户试验区，开工建设了盐湖海虹10万吨ADC发泡剂一期、德令哈10万吨高纯氢氧化镁、青海碱业二期、五彩矿业110万吨纯碱、昆仑碱业100万吨纯碱、加多宝集团2000万箱矿泉水等项目。

2011 年 4 月 27 日，由海西州委、州人民政府、柴达木循环经济试验区管委会主办的“2011 中国・柴达木循环经济试验区项目（苏州）推介会”在江苏省苏州市科技文化艺术中心隆重举行，实现签约项目 53 个，签约总金额 230 亿元。2011 年 6 月 10 日，“青海绿色经济投资贸易洽谈会”在西宁隆重举行，柴达木循环经济试验区累计签约各类项目 49 个，签约金额达 559.19 亿元。

5. 地区经济持续较快增长

“十一五”期间，柴达木循环经济试验区地区生产总值年均增速 16.5%，工业生产总值年均增长 18.71%，均高于同期全省平均增速。2010 年，柴达木循环经济试验区完成地区生产总值 350 亿元，工业增加值达到 250 亿元。2011 年上半年，柴达木循环经济试验区完成地区生产总值 207.86 亿元，同比增长 20.5%；完成工业增加值 154.63 亿元，增长 25.1%；完成固定资产投资 93.3 亿元，同比增长 33.3%。一批核心建设项目进展良好。镁钠资源综合利用 10 万吨金属镁项目完成投资 14.1 亿元。PVC、纯碱、焦化、洗煤等主装置桩基工程共完成 38 万根，占总工程量的 70%。格尔木尕林格 250 万吨铁矿采选工程建成投产，野马泉 50 万吨铁锌矿和 120 万吨球团项目正在抓紧建设。青海煤业鱼卡 400 万吨矿井建设项目、木里矿区煤炭开发项目、中广核 40 兆瓦光伏电站等 13 个能源项目进展有序，累计完成投资 7.28 亿元。

6. 节能减排与资源综合利用取得较大突破

试验区遵循循环经济发展理念，强化节能减排降耗目标责任考核，节能减排工作取得了明显成效。万元 GDP 能耗从 2006 年的 2 吨标煤下降至 2010 年的 1.61 吨标煤，规模以上工业万元增加值能耗从 2005 年的 1.79 吨标煤下降至 2010 年的 1.3 吨标煤，二氧化硫、化学需氧量排放总量分别为 3.14 万吨、0.95 万吨，指标控制在“十一五”目标以内。资源综合利用方面，海西柴达木循环经济试验区资源综合利用率由 2006 年的 29.38% 提高到 2010 年的 40%，实现“三废”综合利用产品产值累计近 13 亿元。

（二）存在的主要困难和问题

1. 水资源供求结构性矛盾突出

柴达木盆地降水主要集中在北部的祁连山和南部的昆仑山地区，盆地中、西部地区年降水量常不到 50 毫米。而盆地中的矿产资源，特别是盐湖资源又集中分布在盆地底部，水资源与矿产资源的错位分布加剧了当地水资源的供求矛盾。在工业密集的巴音河德令哈区，水资源开发利用率已达 51.9%；柴开湖—柯柯盐湖水系水资源开发利用率达 47.4%；都兰湖水系水资源开发利用率达 39.1%；格尔木地区水资源开发利用率为 25.2%。而盆地内其他地区的水资源开发利用率尚处于较低水平。另外，盆地内用水结构不合理和用水效率偏低也在一定程度上加剧了水资源矛盾。目前试验区第一、第二、第三产业用水比例为 89.9∶9.3∶0.8，而第一、第二、第三产业增加值占 GDP 的比重为 2.2∶79.2∶18.6。试验区万元 GDP 用水量为 502 立方米，农业灌溉亩均用水量达 1284 立方米，灌溉水利用系数平均仅 0.34，水分生产率不足 0.2 公斤/立方米；工业用水重复利用率仅 45% 左右，单位工业增加值用水量为 59 立方米/万元。①

2. 关键技术尚待突破

受多种因素制约，目前试验区高层次科技人才极度短缺，实验室设备差、利用率低，总体技术创新能力弱，致使不少有资源、有市场、有效益的项目一直难以取得重大突破，严重制约着试验区循环产业链的完善和资源开发水平的提升。如硫酸型盐湖直接提取硫酸钾、盐湖锂矿采选、低品位硼矿除杂工艺、高纯碳酸锶生产、含锶新型材料及锶精细化工等，多年来一直未取得实质性突破，使盆地里的大量资源难以转化为现实经济价值。特别是一些小型矿山企业，综合利用技术欠缺，设备陈旧，机械化水平低，普遍存在采富弃贫现象，导致资源浪费严重。

3. 产业层次偏低

受传统产业基础和相关技术条件的制约，试验区多数企业仍集聚于资源开发和粗加工的上游产业，产业链短，产业层次偏低。目前，试验区资源开发类产业增加值占到规模以上工业增加值的 80% 左右，原材料工业占全部制造业的 90% 左右，石油天然气开采、电力、盐湖化工三大资源型产业和有色金属、冶金、水泥三大高耗能产业占规模以上工业的 80% 以上。这种产业结构不仅使试验区企业的产品附加值偏低、市场竞争力较弱、易受国际市场价格波动的影响，而且使单位产值的资源能源消耗水平高，面临较大的节能减排压力。

4. 中小企业融资难问题仍然突出

在柴达木循环经济试验区，企业的资金状况呈现出明显的两极分化，大型国

① 闫丽娟、李丹、欧阳晓红、郭富庆、王学凤：《柴达木循环经济试验区水资源配置原则与思路》，《水利发展研究》2010 年第 12 期。

有企业、上市公司资金实力雄厚，与金融机构建立起了长期合作关系，融资难度小、成本低，资金宽裕；而一些中小企业、特别是新入驻园区的企业由于既缺少可抵押资产，又缺少资信信息，很难获得金融机构的资金支持，而通过发行债券、上市等方式直接融资的门槛更高，难度更大。加之试验区社会信用中介组织发展缓慢、信用担保机构实力较弱、民间金融发育程度低等因素的限制，使得当地中小企业融资难问题较为突出，严重制约着企业的节能改造和技术升级。据调查，目前试验区中小企业资金缺口达30亿元。如果中小企业扩大生产规模以实现规模经济，或是进行节能降耗技术改造，迅速增大的资金需求量极易使企业陷入生产流动资金不足的窘境。

三　海西柴达木循环经济试验区发展形势分析与展望

（一）发展形势分析

1. 宏观形势

展望2012年及整个“十二五”时期，世界经济总体形势将十分严峻复杂，世界经济复苏的不稳定性和不确定性较大，国际经济秩序和市场经济规则有可能出现重大调整，全球技术革新孕育着重大突破。在这种大的宏观背景下，只要中国应对得当，继续保持经济的平稳增长，极有可能在这一轮危机中实现弯道超车，不仅经济规模及在全球经济中的份额大幅提升，而且可以较大程度提高国际社会对中国特色社会主义市场经济体制的认同，增强中国企业的国际影响力和市场竞争力，进一步改善发展环境。当然，在这一经济震荡时期，西方发达国家也必然会从各方面寻找出路，其中最核心的举措当属寻求科技创新的突破。基于此，在未来几年里，如果发达国家不能在科技创新方面取得重大突破，或者是中国率先在重大科技方面取得突破，那么中国在传统工业领域相对于发达国家的竞争优势将继续保持。柴达木循环经济试验区作为中国重要的能源和原材料基地，其市场地位将随之进一步提升，发展前景更加明朗。

2. 政策环境

从总体看，2012及以后几年试验区发展的政策环境将保持基本稳定。首先，国家、青海省、海西州三级政府通过的“十二五”发展规划都将支持循环经济发展作为重要举措列入了发展规划，标志着未来几年各级政府支持循环经济发展的立场将不会改变。其次，国家正式批准了《柴达木循环经济试验区总体规划》，青海省人民政府还制定出台了20条具有较强操作性的配套政策措施，共同构建起了确保试验区持续健康发展的良好政策环境。再次，新一轮西部大开发战略将兰（州）西（宁）格（尔木）经济区列入国家战略层面，为格尔木加快发展提供了新的机遇。对此，最大限度地抓住、用好各种政策机遇，必然会推动试验区和企业持续健康发展。

3. 发展条件

近年来，在国家和省级财政的大力支持下，试验区基础设施条件得到极大改善，承载产业发展的能力不断增强。特别是省政府年均10亿元的循环经济发展专项资金的设立，为未来试验区基础设施条件的改善提供了基本的资金保障。未来几年，随着国家西部大开发战略的继续实施和对民族地区实施特殊扶持政策，一大批新的基础设施建设项目将陆续开工建设和竣工，园区发展条件有望得到进一步的较大改善。2012年青藏铁路西宁至格尔木增建二线工程将建成通车，兰新铁路第二双线青海境内工程、锡铁山至北霍布逊支线铁路正在加快建设，格尔木至敦煌铁路、鱼卡至一里坪地方铁路有望开工，格库铁路项目有望国家立项。目前，正在全力推进德令哈、花土沟机场建设。2012年将再新建1000兆瓦光伏电站并上网运行，开工建设750千伏青海与新疆联网工程，这将为试验区未来发展提供更加坚实的能源保障。

（二）发展目标展望

对于2012年试验区的发展目标，考虑国家将继续实施积极的财政政策和稳健的货币政策，结构性减税、转变发展方式、扩大内需、优化结构将构成全年经济发展主线，柴达木盆地作为国家重要的能源原材料基地、优化发展区和结构性减税政策受益区，持续较快发展的总体态势将在很大程度上得以保持。同时，2012年也将是中国经济面临众多国内外严峻挑战和形势异常复杂的一年。物价过快上涨的压力虽在一定时期还将存在，但出现经济增速过快回落、出口水平大幅下滑、中小企业困难面扩大的潜在风险大幅增加，全国经济发展形势正面临着较大的不确定性。受此影响，2012年柴达木循环经济试验区发展也可能面临一些严峻挑战，如资源品价格回落，企业可能承受产品价格下降和成本上升的双重压力；新增可配置矿产资源缺乏，民间资本投资活力不足；节能减排压力大，技术设备的升级改造任务艰巨；产业结构深度调整，钢铁、水泥等产业产能过剩问题更加突出；等等。基于此，我们对2012年试验区的发展形势持谨慎乐观态度，预计地区生产总值增速大致可保持在10%～15%，固定资产投资能保持20%左右的增速。

对于整个“十二五”的发展目标，根据国务院批准的《青海省柴达木循环经济试验区总体规划》（以下简称《总体规划》），试验区将全面铺开六大循环经济产业项目和基础设施建设，培育形成年产值100亿元以上企业8户、50亿元以上企业12户、10亿元以上企业20户。完成固定资产投资3000亿元。到2015年，试验区循环经济特色产业体系基本形成，工业增加值将达到800亿元，综合经济实力实现跨越发展，建成全国最大、有世界影响的盐湖化工产业基地，国内最大的金属镁生产基地和我国重要的锂、锶等盐湖轻金属产品生产基地，国家重要的太阳能发电基地和风力发电基地，成为全国循环经济发展示范区。

四　对策建议

2012年及今后几年是《总体规划》的全面实施期，也是逐步完善产业链、不断增强自我发展能力、实现由投入型向产出型转变的关键时期，必须更加重视软环境的建设，更加重视循环产业链的构建和完善，更加重视关键核心技术的研发突破，更加重视资源环境的可持续发展。

（一）着力改善试验区发展软环境

公开透明的政策环境、公平竞争的市场环境和稳定有序的社会环境是柴达木循环经济试验区可持续发展的根本保证，也是区内企业健康发展的重要条件。软环境的改善不可能像硬环境一样依靠国家的大力支持，而只能依靠各级地方政府坚持不懈的努力才有可能实现。一是进一步深化行政管理体制改革，理顺试验区的管理体系，明确各级管理部门的权、责，科学界定试验区的各级管理机制与当地政府部门的关系。二是积极推进政务公开，将政府支持循环经济试验区发展的各类政策、项目和资金通过各种有效形式公之于众，公平施惠于试验区内符合条件的各类市场主体。三是加强对各级政府管理部门的司法监督、组织监督和民主监督，防止相关部门在项目审定、优惠政策落实方面的暗箱操作，避免国家的优惠政策和项目沦为少数部门和个人寻租的工具。四是保持对各类犯罪行为打击的高压态势，积极化解社会矛盾，防止发生破坏社会秩序的群体性事件，维护民族团结，为试验区经济发展创造一个和谐有序的社会环境。

（二）进一步完善循环产业链

构建相对完善的循环产业链是提高资源综合利用水平、充分发挥柴达木盆地资源组合优势的关键所在。一是以打通产业链之间的连接为重点，以关联节点技术创新为突破口，重点推进盐湖化工、石油天然气化工、煤化工、冶金工业四大产业链之间的相互融合和产业耦合，形成由内生式产业链延伸到发散式产业链融合的网状生态型高级循环模式。二是推动新能源开发与其他产业的有机融合，特别是应在试验区建立光伏太阳能产业的完整产业链，通过矿产资源开采、冶炼、提纯、切片、制作太阳能板、建大型光伏太阳能电站、提供电能的完整产业过程，实现范围经济，形成试验区独特的竞争优势。三是高度重视农业和服务业发展，为试验区不断增加的人口提供有保证的农产品供应，防止试验区因为农产品价格、服务业价格的过快上涨而丧失吸引力和竞争力。

（三）加快研发关键核心技术

重大核心技术的突破不仅是中国增强国际竞争力的关键所在，也将是柴达木循环经济试验区最终取得成功的根本保证。一是进一步加大政府对试验区内关键核心技术研发的支持力度。如将《总体规划》中提出的盐湖氯元素循环利用关键技术研发、柴达木盆地低品位钾矿开发开采技术研究、万吨级吸附法高纯碳酸锂产业生产技术研究等25项重大科技攻关项目纳入国家科技攻关计划，并由国家投资、组织国内科研机构对这些重点科技攻关项目开展联合攻关。二是搭建柴达木国家级科技攻关平台，实施特色学科重点实验室、工程技术研究中心建设，将一些制约循环经济发展的技术瓶颈、共性问题和相关工艺列入国家级科技攻关计划，集中国家科研力量进行攻关。三是支持试验区企业与省内外科研机构、高等院校共建跨地区、跨部门和跨行业的联合实验室、工程技术研究中心，支持盐湖集团、西部矿业、青海锂业、庆华集团、中航资源公司等骨干企业建设国家级重点实验室、技术工程中心。四是充分利用国家的对口支援政策，协调国家重点科研院所对试验区积极开展对口支援；协调相关科研院所和大专院校在试验区对口设立研究生、博士后工作站，吸引国内外高层次科技人员参与试验区科技项目的研究工作。

（四）加强资源环境保护

柴达木盆地地处亚洲大陆腹地，自然条件恶劣，生态环境十分脆弱，加强对当地资源环境的保护是实现试验区可持续发展的重要前提。一要加强监督管理，提高矿产资源的利用率。重点对矿产资源开发利用方案的审查、采选回收率以及综合利用指标的考核、动用矿产资源储量的审批核销、闭坑地质报告审查等方面进行监督检查，逐步建立和完善矿山开发利用方案审批制度、矿山督察制度、统计年报、年度报告和年检制度、资源储量损失报批制度、矿山闭坑审查制度。对违法勘察和开采矿产、严重浪费资源以及破坏矿山生态环境者要坚决查处，依法追究责任。二要加强对共伴生矿产资源的综合开发利用。对于新建矿山，凡是有共生矿产资源的，必须同时开发、同时利用，严禁单打一的开发方式。凡共生矿产不进行综合利用的，不应颁发采矿证；对已经开发或正在筹建的矿山，其重要共生矿产综合利用问题暂不能解决的，应限定时间，加速选矿工艺的研制与完善，然后再进行规模开发。三要积极争取国家支持，在柴达木盆地同步开展生态环境的保护与治理工作。如参照三江源生态补偿实施办法，拨付财政专款，在柴达木盆地实施生态补偿。加强与国际环保组织的沟通与合作，积极争取资金技术援助，推进盆地的荒漠治理与修复工程。

参考文献

李良才、孙凌宇、郭海君：《中国背景下的地方循环经济发展研究报告——聚焦柴达木循环经济试验区》，《攀登》2011 年第 5 期。

张晓容：《完善布局深化规划推动柴达木循环经济科学发展》，2011 年 10 月 17 日《青海日报》。

陆智平、李熙鑫、宋顺昌：《柴达木循环经济试验区矿产资源节约与综合利用的初步研究》，《中国矿业》2011 年第 7 期。

孟赤兵主编《区域循环经济》，化学工业出版社，2008。

B.23

青海东部城市群建设的战略思考

杨自沿*

摘　要： 城市群建设是世界经济发展的重要力量和我国城镇化发展的主要方向。建设西宁市为中心的东部城市群，不仅是青海省城镇化发展的必然选择，也是培育打造引领青海经济社会跨越发展新增长极的需要。应抓住良好的发展机遇，进一步完善建设规划，逐步建立长效发展机制和完善的政策体系，着力推进青海东部城市群的一体化建设。

关键词： 东部城市群　战略任务　对策建议

一　青海东部城市群发展现状及存在的主要问题

"十二五"时期，青海推进以西宁为中心的东部城市群建设，范围包括西宁市4区和大通、湟中、湟源、平安、乐都、民和、互助等7县。2010年底，青海东部城市群总人口达到327.83万人，占全省总人口的58.2%；人口密度为198.7人/平方公里，是全省人口密度的25.5倍；城镇人口166.54万人，乡村人口161.30万人，城镇化率为50.8%。东部城市群国民生产总值764.3亿元，为全省的56.6%；人均GDP23313元，比全省平均水平低802元；地方财政一般预算收入38.02亿元，全社会消费品零售总额262.77亿元；城镇居民人均可支配收入13956.65元，农牧民人均纯收入5044.71元，分别为全省平均水平的100.7%、130.6%（见表1）。

* 杨自沿，中共青海省委政策研究室副主任。

表1　2010年青海东部城市群经济社会发展指标

单位：亿元，万人

地　区	GDP	总人口	城镇人口	地方财政一般预算收入	社会消费品零售总额
西宁市区	440.41	119.83	115.34	30.04	212.00
大通县	80.77	43.59	14.45	3.01	8.97
湟中县	90.02	43.78	7.38	0.75	6.23
湟源县	17.08	13.66	3.52	0.72	3.06
平安县	25.70	10.30	5.05	0.61	6.83
乐都县	35.31	26.02	6.99	0.73	8.03
互助县	46.16	35.64	5.75	1.10	7.24
民和县	28.85	35.01	8.06	1.06	10.41
合　计	764.30	327.83	166.54	38.02	262.77

资料来源：《青海统计年鉴（2011）》。

（一）东部城市群建设现状

1. 规划编制工作快速推进

2011年以来，青海把编制规划作为推动东部城市群建设的首要任务来抓，相继开展《青海省东部城市群发展总体规划》以及东部城市群交通、城镇体系、基础设施、电网、产业发展、公共服务、生态保护等专项规划编制工作，完成总体规划和交通发展、城镇体系等专项规划的编制。同时，通过成立城乡规划建设领导小组和规划委员会，指导完成《西宁市2030年城市空间总体发展规划》及平安、乐都、互助、民和4县城市总体规划和主城区控制性详细规划的编制。

2. 功能定位进一步明确

随着对东部城市群认识的不断深入，东部城市群的功能定位也进一步整合、拓展和延伸，东部城市群是全省经济社会发展中新技术、新产品、新业态、新体制、新模式的孵化地、扩散源和桥头堡，也是推动全省跨越式发展的重要引擎和引领经济发展方式转变的综合经济区。西宁市功能定位为东部城市群发展的龙头，全省政治经济文化中心，青藏高原现代化中心城市，重要的现代物流中心、区域性金融中心和文化教育中心，全国有重要影响的新能源新材料产业基地，青藏高原重要的宜居城市；乐都县功能定位是海东地区政治经济文化中心，东部城市群副中心城市，高原生态宜居城市，人才教育培养基地；民和县功能定位是兰西经济区现代化重要节点城市；平安县功能定位是现代化园林空港城市；互助县功能定位是国家级高原休闲度假旅游名城。

3. 基础条件逐步完善

东部城市群基础设施建设力度不断加大，基础支撑条件不断改善。交通方面，以兰新第二双线铁路、绕城高速公路、西宁火车站综合改造、曹家堡机场二期扩建工程等重大项目建设为依托，加快区域交通网络化和园区道路标准化步伐，交通条件逐步改善和提高。能源方面，加快城乡电网一体化建设步伐，延伸油气干支线管道至区域内各主要城镇，实施西宁热电联产和综合利用项目等，着力打造能源供应和输送一体化。信息方面，加快推进“三网”融合试点，推动公共信息管理系统互联，积极构建城市群信息高速公路和信息资源共享平台。水利方面，加快“引大济湟”和城镇输水管网等重大水利工程建设，加大湟水河治污力度，不断提升水资源保障能力。城镇建设方面，西宁市着力推动海湖新区和西宁火车站中心商务区、中心广场商务区等重点区域建设，海东地区各县加强老区改建、新区建设、主街道拓展以及景观带建设，不断提升城市的功能和品位。

4. 政策效应不断显现

各部门纷纷出台政策措施，为加快推进东部城市群建设提供有力的政策支持。省国土资源厅从加快西宁市和海东各县土地利用总体规划的修编及报批、适当增加西宁市和海东地区土地利用年度指标、保障东部城市群各园区建设用地指标、实施优惠地价政策、支持东部富硒农业区建设、建立建设用地审批绿色通道、及时提供土地产权保障服务等7个方面出台具体措施，提高了国土资源保障和服务能力；省财政向西宁市一次性注资3亿元，向海东4县一次性注资2亿元（每县5000万元），专项用于补充市县投融资平台资本金；金融机构加强对城市群发展的信贷支持作用，鼓励和支持境内外各类金融组织设立分支机构。

（二）东部城市群建设中存在的问题

1. 城市体系不健全

城市群内部的城市体系结构应以大城市为核心，中等城市为支撑，小城市和卫星城市为依托，形成大、中、小紧密连接的城市体系。目前，青海东部城市群中只有一个核心城市——西宁市，缺乏次中心城市和小城市，只有“核心城市—

县城”简单的两层架构，无法形成“核心城市—次中心城市—小城市（卫星城）—重点乡镇”四级城市体系，尚未形成真正意义上的“群”体结构。由于城市体系不健全，导致城市建设成本加大，城市群集聚和辐射功能发挥不够。

2. 城乡二元结构矛盾突出

青海东部城市群属于典型的“大城市”与“大农村”并存的经济社会发展结构，既有全省唯一一个人口超百万的大城市，也包括7个贫困县（其中5个国定贫困县、2个省定贫困县），呈现较发达城市与相对落后农村并存的二元结构。同时，城市群农村人口达161.3万人，既需要大量的资金、就业岗位和社会保障能力，还需要强有力的政策支持和长效机制，统筹城市群发展的困难较多。

3. 产业趋同化明显

受历史、地理区位、发展路径等诸多因素影响，东部城市群以行政区划管理为主的产业发展格局尚未完全打破，区域产业发展的互补性不强，产业结构趋同，西宁市工业结构偏重，海东地区农业结构偏重，两地在工业产业链、现代服务业等领域联系松散，尚未形成合理分工与合作的局面。同时，县区之间产业同构现象普遍，特别是工业结构雷同，如冶金、建材、有色金属、农副产品加工等在各县都有布局，产业规模、技术水平、科技研发等无法实现优化和集聚，削弱了城市群发展的规模效益和竞争力。

4. 内部协调机制尚未建立

东部城市群内部经济发展的协调机制尚未建立，主要以行政上的联络机制为主，还没有形成市场化的区域协作机制，各县之间的协调仍由上级政府出面，同级政府尚未建立平等、互信、高效的利益共享和协调机制，不利于城市群的资金、土地、矿产、劳动力、技术、人才等资源要素的自由流动和高效配置，在一定程度上制约了东部城市群综合功能发挥和长远发展。

5. 整体功能和服务能力不强

东部城市群整体经济实力不强，财力较弱，市场化融资渠道相对单一，基础设施建设投入严重不足，城镇综合服务功能不强。尤其是各县城市基础设施定位低、投入少、规模小，城镇供水及污水处理能力不高，人均道路和绿地面积低，严重影响城市整体功能的发挥。同时，长期以来各县公共服务设施投入不足，公共服务功能不齐全，城市管理水平不高，城市公共服务水平较低。

二　青海东部城市群发展形势分析

“十二五”时期是青海大力推进工业化和城镇化的关键时期，也是东部城市群发展的重要建设阶段，面临着难得的发展机遇。

（一）东部城市群发展面临的外部环境

1. 城市群成为推动世界经济发展的重要力量

伴随全球工业化进程的加快，城市化也进入快速发展时期，城市化的形态由原来的单个城市向成熟阶段的最高空间组织形式——区域内若干个城市的城市群过渡。经过上百年的发展，全球已形成英国伦敦城市群、美国大西洋沿岸城市群、日本太平洋沿岸城市群、法国巴黎城市群、德国莱因—鲁尔区城市群等，城市群已成为推动全球经济发展的重要力量。如美国大西洋沿岸城市群仅占美国国土面积的1.5%，拥有全国总人口的20%，却占全国经济总量的67%，是全国最大制造业生产基地、商业贸易中心及世界最大的国际金融中心；日本太平洋沿岸城市群以不到1/7的国土面积，集聚了全国一半的人口以及70%的经济总量，是全国的政治、经济、文化中心。

2. 城市群是我国城镇化发展的主要方向

我国城市化经过30多年的发展取得巨大成就，城市规模和数量大幅增加，建成一批大城市和特色城镇，形成十几个以特大城市为中心的城市群，城市布局进一步优化，城市化水平不断提升。2010年全国城市化率达到49.7%，城市人口达到6.66亿人，全国建成城市655座，其中百万人口以上大城市122座，200万人口以上超大城市41座，已形成长三角、珠三角、京津冀三大核心城市群以及辽中南城市群、山东半岛城市群、中原城市群、长株潭城市群、武汉城市群、环鄱阳湖城市群、海峡西岸城市群、成渝城市群、呼包鄂城市带、关中—天水城市群等一批新兴城市群，城市群已成为我国城镇化发展的主要方向和形态。

3. 青海东部城市群是全省城镇化发展的重大选择

经过多年的发展，青海省相继建成了一批城市和重点城镇，2010年全省城市化率达到44.7%，城镇化进入一个新的发展阶段。环顾周边省（自治区），陕西、甘肃、新疆、宁夏、内蒙古等都提出打造具有地域特色的城市群的规划，而青海省受人口、地理区位、经济社会发展水平等影响，缺少带动区域乃至全省经济社会发展的城市群。在这样一个宏观背景下，加快建设以西宁为中心的青海东部城市群，既是青海省城镇化发展的主要选择和方向，也是培育打造引领全省经济社会跨越发展新的增长极的现实需要。

（二）东部城市群发展面临的机遇和挑战

1. 发展机遇

从全国看，当前我国正处在工业化和城镇化发展的关键时期，国家把推进城镇化作为“十二五”期间的一项重要战略任务加以实施，通过大中小城市和小城镇协调发展，加快提高城镇化水平。国家实施新一轮西部大开发战略，对西部区域中心城市发展支持力度不断加大，提出打造“兰西经济区”的重大战略部署，加上京藏高速、兰新客运专线等一大批重大基础设施项目的建设，为青海东部城市群发展提供了新的发展机遇和条件。从青海看，经过改革开放30多年的发展，全省综合经济实力明显增强，发展基础和条件明显改善，为加快推动青海经济社会跨越发展和城镇化进程奠定了坚实基础。青海省实施“四区两带一线”区域协调发展战略、加快推动“四个发展”、稳步推进“十二五”经济社会发展规划、加快建设西宁（国家级）循环经济实验区和全省统筹城乡发展先行区、建设海东（国家级）现代农业示范园、积极承接东部产业转移等重大举措，为建设东部城市群提供了前所未有的发展机遇。

2. 面临的挑战

西宁市作为青海省省会中心城市，集聚了全省大部分人流、物流、资金流、信息流，发展基础和条件相对优越；而海东地区受人口、产业结构、市场发育等影响，属于全省经济发展滞后地区，区域之间发展不平衡问题突出。中心城市的集聚能力不断加强，使周边地区（县）成为城市集聚和辐射的“阴影区”。部分干部和群众的思想认识不到位、发展理念保守以及体制不适和管理低效仍然是建设青海东部城市群的重要制约因素。按照国务院关于设立县级市的标准划分，乐都县、民和县、平安县、大通县等撤县建市都存在制度约束。

三　加快青海东部城市群发展的战略任务

青海东部城市群发展受自然地理、经济社会发展等诸多制约因素影响，历史欠账较多，建设任务重。“十二五”时期，应着力推进东部城市群的区域空间一体化、产业发展一体化、城乡建设一体化、市场建设一体化、公共服务一体化以及生态环境保护一体化。

（一）加强基础设施建设，推进区域空间一体化

完善交通运输网络，重点提高区域内公路等级，打造城市群高等级公路网，并适时建设城市群轨道交通；合理布局兰新复线、兰青铁路、青藏铁路站点和运输场站，加快各主要铁路场站扩能改造，适时开展西宁—成都、西宁—玉树—昌都铁路等重大项目前期工作；加快曹家堡现代化航空港建设步伐。统筹建立湟水流域水资源共享机制，加快引大济湟工程及水利调蓄骨干工程建设，改造城市供水管网。加强城市群电网一体化建设，实现分层分区供电。建设油气干支线管网工程，延伸天然气管道至区域内各主要城镇。积极发展城镇集热利用，逐步提高城市清洁能源消费比重。加快电信网、广电网、互联网三网融合，健全和完善社会保障、公共交通、空间地理、社会治安等公共信息管理系统，构建东部城市群信息高速公路和交流平台。

（二）整合优势资源和产业，推进产业发展一体化

整合东部城市群的资源和产业优势，统筹规划产业布局，强化城市群内部产业分工协作，注重产业配套与产业链延伸，促进产业互补发展和错位发展。依托西宁市区位、人才、资源、资金、技术等优势和现实基础，大力培养先进装备制造、高新技术产业、文化产业和现代服务业，培育壮大主导产业，提升服务业发展水平，形成全省现代产业战略高地；促进传统产业向周边城市和小城镇转移和集聚，有计划地引导产业链向下游中心城镇延伸，在周边城市和小城镇形成与区域中心城市分工合理、配套协作的加工、生产和制造基地，积极营造产业洼地。抓住国内产业转移的发展趋势和国家支持中西部地区承接产业转移的政策机遇，在东部城市群设立青海承接中东部高端产业转移示范区。

（三）完善城镇体系，推进城乡建设一体化

调整西宁市域区划，建设核心都市圈。按照构建圈层、网络化城镇体系的要求，以西宁为中心城市，乐都县为次中心，优选大通县、湟源县、平安县、互助

县等作为区域重点发展城市，打造卫星城、都市圈。跳出各城市“一城一地”单独、个体发展模式，着眼于发展全局，以县域为中心，规划建设一批区位优势突出、产业特色鲜明、经济实力较强、辐射带动作用较大的中心镇和卫星城，通过适度优化行政区划、扩市提位等宏观政策和产业分级、市场重构等多种举措，完善区域城镇体系，打造东部网络化城市集群，使城镇与城市衔接、城镇与农村相连，加快形成以城带乡、以工促农、城乡一体化发展的新格局。

（四）培育要素市场，推进市场建设一体化

坚持区域统筹发展方向，立足培育市场共同体，加强西宁与东部各县城的物流联动，消除行政壁垒和市场障碍，建立统一、开放、竞争、有序的现代市场体系，促进劳动力、资本、技术、土地等生产要素合理流动与高效配置。深化西宁和海东的联系互动，建立和培育一体化的资本金融市场、消费市场、信息技术市场、人力资源和产权交易市场及物流集散基地，建立区域市场准入和质量互认制度，构建区域市场一体化的管理体制。重点优化区域土地利用结构，尝试开展农村建设用地跨乡镇、跨县、跨区置换。

（五）加大统筹协调力度，推进公共服务一体化

整合城市群科技资源，加大资源精深加工和新能源、新材料、装备制造、生态环保等关键领域的科技研发，争取在开发重大科技项目、培育特色产业、增强创新能力、加速成果转化等方面取得新突破；健全区域技术创新体系，加强科研成果应用、重大产业项目与资源开发、企业运营管理等方面的合作与交流。加强教育交流与合作，支持西宁和海东两地的名牌学校跨地区设立分校，鼓励开展跨区域招生，实现教育资源优势互补；实施名校战略，以重点职中为核心，以建设职业学院为提升手段，推动西宁和海东职业教育“强强联合”办学，提升办学层次和质量。加强两地文化交流，创新文化产品，打造优秀文化品牌，培育骨干文化企业，发展壮大特色文化产业；创新公共文化服务方式，加快构建覆盖城乡、功能完备的公共文化服务体系。进一步整合卫生资源，探索建立西宁—海东医院对口帮扶和纵向业务合作为主要形式的公共卫生服务长效机制；完善农村和城镇社区卫生服务网络，提升医疗服务能力。统筹推进基本养老、基本医疗、失业保险、工伤保险和生育保险，完善社会保障体系，提升保障水平。

（六）强化节能减排，推进生态环境保护一体化

以建设资源节约型、环境友好型社会为目标，加快推动西宁市和海东地区的生态建设与环境治理共防共治。共同制定区域污染治理和生态环境保护规划，适时评估区域内的环境承载能力，强化节能减排和清洁生产，将环境友好型产业作为发展重点和项目审批的基本条件，严格控制环境污染项目的审批。加强湟水流域生态综合治理和区域环境污染防治。继续实施城乡绿化工程，建立废弃物资源化利用体系。通过共同规划、共同建设、共同监测、共同出资、共同治理，构建东部城市群发展的生态屏障。

四　加快推进青海东部城市群发展的对策建议

制订规划只是青海东部城市群建设的基础性工作，要实现东部城市群的跨越式发展，尚需建立发展的长效机制及完善的政策体系。

（一）健全规划衔接协调机制

突出规划在东部城市群建设过程中的引领作用。一方面，加强西宁市与海东地区的“十二五”经济社会发展规划的衔接，既包括总体规划的衔接，也包括产业发展、社会事业、基础设施、生态保护、改善民生等专项规划的衔接，突出发展重点，发挥比较优势，为东部城市群建设打好基础。另一方面，在东部城市群总体规划的统领下，统一编制西宁市和海东地区的交通体系、产业发展、城镇建设、土地综合利用、基础设施、生态环境保护等专项规划，统筹区域重大项目布局及各项建设任务，争取一步到位。同时，加强东部城市群建设规划与“十二五”经济社会发展规划的衔接，使二者在发展目标、发展定位、重大建设项目等方面体现一致性和协调性。

（二）建立城市群协调发展机制

进一步完善区域合作机制，突破现有行政管理体制束缚，健全东部城市群联席会议制度。创新重点专题合作机制，进一步提升重点专题的合作层次，深化合作内容，健全考评办法。在健全和完善西宁市、海东地区政府层面合作机制的同

时，不断提高非政府层面的参与度，充分调动企业和社会组织的积极性，探索建立新型的管理体制和运行机制，加快构建“政府引导、企业主体、社会参与”的东部城市群区域合作新格局。通过建立重大项目责任共担机制、建设项目利益共享机制和产业转移引导机制，完善责任共担、利益共享的合作制度，加快推动东部城市群经济社会一体化发展。

（三）进一步完善政策支撑体系

产业政策方面，制定《青海东部城市群产业指导目录》，合理确定鼓励类、限制类、禁止类产业类型，明确鼓励类产业的相关优惠政策，并根据实际情况每年进行修订。投资政策方面，对东部城市群的重大基础设施、城镇建设、产业发展、生态治理等重大项目布局给予优先支持。财税政策方面，争取省上加大对东部城市群一般性转移支付力度和专项转移支付力度，确保每年增幅不低于20%；争取发行东部城市群地方政府债券；制定对企业用地减征耕地占用税、土地出让契税等各项优惠政策。土地政策方面，加大对城市群建设用地的倾斜，支持开展城镇建设用地增加与农村建设用地减少相挂钩试点，增加周转指标。户籍政策方面，进一步放宽西宁市区和县城落户政策，鼓励和支持居住环境恶劣的农村人口整体向城镇搬迁，建立城乡一体化的户籍制度。健全进城落户人员的就业、子女教育、基本养老、基本医疗、住房保障、低保救助等基本公共服务配套建设，保障其享有与其他城镇居民同等的权利和福利待遇。

（四）建议国家调整现行的县改市政策

按照国家现行县改市标准，东部城市群县改市条件还不具备。建议国家调整现行设市标准，根据东、中、西部地区省份在区域面积、人口、经济总量等方面的差异，实行差别化的设市政策。对青海等人口稀疏、区域辽阔的西部省份在参照人口、GDP、产业结构、就业结构等基础上，更多地从完善区域主体功能、优化区域空间布局、促进产业和人口积聚、提升公共服务水平等方面确定县改市标准和政策。

B.24 三江源地区生态保护建设成效及展望

张贺全*

摘　要： 三江源地区是我国水资源涵养和生态屏障的重要组成部分。保护好三江源地区的生态环境，并将生态保护与改善民生、发展地方经济紧密结合起来，转变发展方式，有着重要的现实意义和深远的历史意义。自2006年实施了以生态保护和建设、农牧民生产生活基础设施建设、生态保护支撑以及其他生态保护等建设工程以来，三江源地区生态恶化得到初步遏制，人民生活明显改善，区域经济良好发展，对初步探索生态重要区域可持续发展的实践路径奠定了良好基础。

关键词： 三江源地区　生态保护建设　成效与展望

党中央、国务院历来高度重视三江源地区生态建设与环境保护工作。近年来，在三江源地区实施的自然保护区生态保护和建设、天然林资源保护、“三北”防护林体系建设、退牧还草、退耕还林及可可西里、隆宝国家级自然保护区建设等生态保护和建设工程进展顺利，成效显著。特别是2011年11月16日国务院决定建立青海三江源国家生态保护综合试验区，批准实施《青海三江源国家生态保护综合试验区总体方案》（以下简称《总体方案》），标志着三江源生态保护和建设进入系统化、大规模实施的国家战略阶段。

一　三江源地区基本情况

在国务院批准的《总体方案》中，将三江源地区界定为青海玉树、果洛、

---

* 张贺全，青海省工程咨询中心主任，高级工程咨询师。

黄南、海南4个藏族自治州21个县，以及格尔木市唐古拉山镇所辖区域，总面积39.5万平方公里。三江源地区地处青藏高原腹地，是黄河、长江、澜沧江的发源地。源区河流密布、湖泊沼泽众多、雪山冰川广布，是世界上海拔最高、湿地面积最大且分布最集中的地区，湿地总面积916.91万公顷。水资源丰富，黄河、长江、澜沧江三条江（河）省内多年平均产水量499亿立方米，是我国重要的淡水供应基地，被誉为“中华水塔”。

三江源地区地势高亢，平均海拔4000米以上，山脉纵横、地形复杂，主要山脉有东昆仑山及其支脉阿尼玛卿山、巴颜喀拉山和唐古拉山。江源地区为典型的高原大陆性气候，水热同季、干湿分明，年温差小、日温差大，日照时间长、辐射强烈，空气稀薄，植物生长期短。三江源地区地域辽阔，草原面积2396万公顷，可利用草场面积1850万公顷；林地面积235万公顷，均为重要水源涵养区。生物多样性丰富，是世界上独特的高寒种质资源和高原基因库。截至2010年底，三江源地区人口125万，其中藏族人口93.84万，占75.1%。近年来，三江源地区已形成国道、省道、县乡道路的公路网，广播电视进村入户，通信基础设施日趋完善，初步形成了覆盖全区的邮电通信网络，社会面貌发生翻天覆地的变化，各项事业取得了长足发展。

二　三江源自然保护区生态保护和建设实施现状

青海三江源自然保护区建立于2000年5月，2003年1月经国务院批准晋升为国家级自然保护区。2005年国务院批准了《青海三江源自然保护区生态保护和建设总体规划》（以下简称《总体规划》），并于同年8月启动实施，建设内容有三大类，计22项工程，规划总投资75.07亿元。

（一）生态保护和建设

主要有12项工程，包括退牧还草、退耕还林（草）、封山育林、沙漠化土地防治、湿地生态系统保护、黑土滩综合治理、森林草原防火、鼠害防治、水土保持、保护区管理设施、野生动物保护、湖泊湿地禁渔等工程，规划投资49.25亿元。截至2010年底，规划区已实施退牧还草427万公顷，草地围栏654.12万公顷；减畜342万羊单位；完成封山育林15.57万公顷，人工补植4.66万公顷，建设封育宣传牌 87 块，安排管护人员 386 人；沙漠化土地防治面积 4.41 万公顷；黑土滩综合治理面积 9.23 万公顷；完成鼠害防治面积 586.43 万公顷；重点湿地生态系统保护 1.87 万公顷；完成水土保持面积 75.2 平方公里。同时，在 13 个县 1 个林业局 2 个林场建设森林防火体系，在 2 个州 17 个县（市）建设草原防火体系。保护区管理设施与能力建设方面，已建设 1 个局 16 个站和 43 个管护点，野生动物保护和湖泊湿地禁渔尚未启动实施，各地野生动物的巡护检查执法工作暂由各保护管理站（点）监管。

（二）农牧民生产生活基础设施建设

共有 6 项工程，包括生态移民、小城镇建设、养畜配套建设、能源建设、灌溉饲草料基地建设、人畜饮水等工程，规划投资 22.23 亿元。截至 2010 年底，生态移民工程已迁出生态移民 10733 户、53921 人。小城镇建设工程已在 23 个城镇建设了 41 个生态移民社区，基本解决了生态移民的供水、供电、道路以及管理、上学、医疗等需求，但建设标准较低，配套设施不够完善。能源建设方面，主要推广建设太阳能利用工程，建设了太阳灶 18397 台、太阳能电池 18569 套、太阳房 61 所，面积 7653 平方米。注重结合水源地水库建设，在县城小流域逐步发展中小型水电站，在开发利用风能资源的良好地带建立风力发电机群，利用干净清洁的可再生能源解决当地牧民用能困难。灌溉饲草料基地方面，建设养畜暖棚 365.06 万平方米，贮草棚 121.69 万平方米，人工饲草料基地 1.01 万公顷，共在 30421 牧户中实施。已建设人工饲草料基地 0.65 万公顷，灌溉饲草料基地 2.5 万公顷，牲畜暖棚 237.72 万平方米，贮草棚 79.24 万平方米。人畜饮水方面，安排 165 项工程，对解决当地人畜饮水的困难起到了关键作用。

（三）生态保护支撑

共有 4 项工程，包括人工增雨、科研课题及应用推广、生态监测、农牧民培训等工程，规划投资 3.59 亿元。人工增雨工程具有投资少、见效快、实施便捷的优点，已成功在三江源地区实施了人工增雨，建设覆盖青海省整个黄河流域的人工增雨系统，作业综合能力大大提高，工程实施后对三江源地区的生态环境恢复起到了明显的作用。规划科研课题及应用推广项目共 14 项，至 2011 年已开展 12 个项目，取得了一批可供推广的科研成果，有力推动了工程的实施，并壮大了科技力量。生态监测工程由生态环境监测系统、信息传输系统、预警服务系统、监测基地技术保障系统和评价服务系统五部分组成，截至 2011 年底，五大系统已基本建成。农牧民培训工程至 2010 年已培训 3.29 万人（次），通过培训，提高了管理能力和技术人员执行三江源地区各项工程的能力，牧民的实施能力有很大提高，促进了工程的实施。

三 其他生态保护和建设工程实施概况

自党的十一届三中全会以来，我国加大了生态保护和建设力度，先后实施了“三北”防护林建设、天然林资源保护工程、隆宝自然保护区建设、可可西里自然保护区建设、三江源自然保护区生态和建设、退耕还林（草）等工程。

（一）“三北”防护林建设

1978 年我国东北、华北、西北地区启动实施“三北”防护林体系建设工程。青海省三江源地区有 7 个县（海南州的共和、贵德、贵南、兴海、同德 5 县和黄南州的同仁、尖扎 2 县）列入防护林建设工程。工程主要实施了荒山、荒滩、沙化土地的人工造林，开展了封山（沙）育林，进行了疏林地补造、灌木林地改造，实施了火烧迹地、采伐迹地更新造林。1979～2009 年，该区有林地面积由 4.31 万公顷增加到 8.96 万公顷，灌木林地面积由 11.9 万公顷增加到 43.8 万公顷，成效明显。

（二）隆宝自然保护区建设

隆宝自然保护区以保护黑颈鹤等水禽候鸟为主，始建于 1984 年，1986 年晋升为国家级自然保护区。保护区成立以后，完善了基础设施建设，加强了巡护力度和对珍禽黑颈鹤的监测，控制了野生鸟类高致病禽流感疫情。黑颈鹤等珍贵稀有鸟类的生存环境有了很大的改善，种群数量增加较快，由保护区建立前的 22 只增加到目前的 158 只。

（三）可可西里自然保护区建设

可可西里自然保护区以保护藏羚羊、野牦牛、藏野驴为主，始建于 1995 年，

1997 年晋升为国家级自然保护区。自然保护区建立前，该地区有藏羚羊 10 万多只，在偷捕滥猎之下，数量一度下降到不足 2 万只。保护区成立后，前后建成了 6 个动物保护站以及野生动物救护中心、高原医学研究基地、动物和生态监测站，加大了保护巡查和打击偷捕滥猎的力度，成功地遏制了违法犯罪活动，藏羚羊等国家Ⅰ、Ⅱ级保护动物得到有效保护。目前藏羚羊已恢复到 7 万多只。

（四）天然林资源保护工程

该工程 2000 年启动实施，对三江源地区范围内的有林地、疏林地、灌木林地全部进行保护。主要措施是：禁止对乔木林进行一切性质的采伐；将森工企业和自收自支的事业林场全部转为以森林经营为主的事业单位，支出由财政负担；实施人工造林、封山育林、迹地更新、森林抚育、森林有害生物防治、森林防火为主的经营活动；对国家重点公益林中央给予森林生态效益补偿。工程有力地保护了三江源头十分珍贵的森林资源，扩大了森林面积，改善了森林质量，提高了森林生态效益。

（五）退耕还林（草）工程

该工程 2000 年进行试点，2001 年全面铺开实施。主要措施有：在退耕地上造林种草、周边荒山荒地造林种草、封山育林草等。对退耕还林（草）工程，中央给予造林、种草补助，发放口粮补贴以及生活补贴等。至 2007 年，三江源地区共完成退耕还林（草）7.63 万公顷，其中退耕还林 6.42 万公顷、退耕还草 1.21 万公顷；同时完成宜林荒山荒地造林 11.65 万公顷，封山育林 1.15 万公顷。

四　三江源地区生态保护和建设工程实施成效

三江源地区生态保护和建设工程加快推进，截至 2011 年 8 月，累计投入 50 多亿元，减缓了生态环境持续恶化的态势，促进了区域经济社会发展，极大改善了当地农牧民群众生产生活水平，全力促进三江源地区经济社会全面、协调、可持续发展。

（一）三江源地区生态恶化得到初步遏制

1. 生态系统向良性循环转变

主要表现在淡水生态系统、草地生态系统和森林生态系统的恶化趋势得到初步遏制，并开始向良性循环过渡。最突出表现在水域和湿地面积的扩张。据监测，水域和湿地面积净增 141.9 平方公里，其中鄂陵湖面积净增 56.5 平方公里，扎陵湖面积净增 18.4 平方公里。荒漠化土地面积减少 95.6 平方公里，其中有 64.9 平方公里变为水域。

2. 植被明显恢复

草地植被平均盖度提高 3.08 个百分点，在黄河源和长江源两个重点工程区草地植被平均盖度提高幅度在 10 个百分点左右。退化草地植被好转面积 1.25 万平方公里，占 14.1%，基本未发生草地退化加剧的情况。草地产草量提高 24.79%，由原来的 532.5 公斤/公顷提高到 664.5 公斤/公顷。灌木林植被的平均盖度由 25.18% 提高到 36.42%，提高了 11.24 个百分点；乔木林郁闭度由 0.36 提高到 0.38，提高了 2 个百分点。沙漠化地区植被盖度由 18.4% 提高到 27.5%，提高 9.1 个百分点。

3. 江河径流量大幅增加

2006 年三江源地区径流量 412 亿立方米，2009 年达到 776.3 亿立方米，增加 364.3 亿立方米。据黄河唐乃亥水文站资料，2005～2009 年年均径流量 639.2 立方米/秒，较 2002～2004 年年均径流量 448.1 立方米/秒增加 191.1 立方米/秒；据长江直门达水文站资料，2005～2009 年年均径流量 536.8 立方米/秒，较 2002～2004 年年均径流量 328 立方米/秒增加 208.8 立方米/秒。

4. 水土流失有所减轻

植被的增加，减少了水土流失。据监测，禁牧封育后三江源地区每公顷草地有效防止水土流失量 3.56 立方米，沙漠化治理后每公顷能固沙 500 立方米左右，人工草地每公顷能固沙 500 吨。

（二）人民生活水平明显改善

1. 人民群众收入不断提高

人民生活水平保持了快速增长态势，2010 年与 2005 年相比，三江源地区城镇居民人均可支配收入由7532元提高到13304元，农牧民人均纯收入由2045元提高到3309元。截至2011年6月，三江源地区城镇居民人均可支配收入和农牧民人均现金收入分别达到6891元和1128元。城乡居民消费能力显著提高，消费结构优化，恩格尔系数大幅度降低。扶贫开发工作力度进一步加大，组织实施了整村推进扶贫项目，贫困人口逐年减少，大规模的扶贫开发为三江源地区经济发展、政治稳定、民族团结、社会进步发挥了至关重要的保障和推动作用。社会保障体系基本建立，以大病统筹为主的城镇居民医疗保险在三江源地区全面铺开，城镇职工养老保险制度进一步完善，保障标准逐步提高。农牧区新型合作医疗参合率达到97%，农村居民最低生活保障制度基本建立，保障水平不断提高。城镇住房保障体系开始建立，廉租房、经济适用房建设全面启动。社会救助体系逐步完善，建设了一批救灾、养老、残疾人康复、社区、儿童福利院等民政设施。

2. 基础设施不断完善

在国家的支持下，大力实施基础优先战略，从确保青海藏区资源开发和人民生产生活需要出发，不断加大投入，一大批建设项目相继建成投入使用，有效缓解了三江源地区经济社会发展的瓶颈制约。“十一五”期间，三江源地区4州累计完成固定资产投资249亿元，2011年上半年完成固定资产投资66.22亿元。实现了省会到三江源地区各州府通二级、州府到县城通三级及以上等级、乡镇通公路的目标，有88.6%的行政村通公路。先后建成了一批水利项目，农村安全饮用水普及率显著提高，城乡经济社会发展的水资源保障能力进一步提高。通信设施的建设力度不断加强，边远地区通信难问题得到缓解。游牧民定居工程稳步推进，集中实施了一批城镇基础设施项目，城镇综合服务功能明显提高、带动和辐射功能得到增强，藏区各族人民群众的生产、生活环境明显改善。三江源地区城镇化水平由2005年的18%提高到23%。

3. 公共服务水平明显提高

青海省积极筹措建设资金，对三江源地区教育、卫生、文化社会事业和基础设施建设加大了投入和支持力度，一批社会事业项目相继建成并投入使用。先后组织实施了国家贫困地区义务教育工程、农牧区寄宿制学校、农村初中校舍改造、民族教育和中小学现代远程教育等项目，中小学办学条件有了极大改善。普及九年制义务教育和扫除青壮年文盲攻坚任务如期完成，15周岁以上人口平均受教育年限达7.28年。城乡免费义务教育全面实施，义务教育经费保障机制逐步建立。实施了州级中心医院、藏医院、县中藏医院、县计划生育服务站、乡镇卫生院等一批卫生基础设施建设项目，医疗卫生服务水平得到极大提高。加强了农牧区卫生服务体系建设，城镇社区卫生服务网络开始建立并逐步完善，建立了疾病预防控制体系和突发公共卫生事件应急救治体系，卫生医疗普遍服务能力显著提高。加强了文化、广播电视、体育设施建设，启动了农牧民健身工程，重点实施了州县乡（镇）级文化馆、体育馆、图书馆、农牧区电影放映工程、“西新”工程和“村村通”等一批文体设施建设项目，广播、电视人口综合覆盖率由 2005 年的 83.8% 提高到 2010 年的 87.4%。

（三）区域经济发展态势良好

1. 发展速度明显加快

“十一五”以来，全省经济的快速发展有力地带动和促进了三江源地区经济社会的全面发展。三江源地区 4 州地区生产总值由 2005 年的 73.62 亿元提高到 2010 年的 145.3 亿元，人均 GDP 由 2005 年的 6918 元增加到 2010 年的 11988 元，地方一般预算收入保持快速增长，由 2005 年的 2.15 亿元提高到 2010 年的 4.05 亿元，初步形成了跨越式发展的良好态势。据初步统计，截至 2011 年 6 月，三江源地区 4 州实现地区生产总值 59.1 亿元，同比增长 12%；地方一般预算收入保持快速增长，达到 4 亿元。

2. 特色经济发展壮大

2005 年以来，青海省从统筹区域经济协调发展的需要出发，结合三江源地区实际，加大了结构调整力度，取得显著成效。高原特色农牧业向区域化、规模化、产业化方向发展，有力地促进农牧业结构调整和农牧民增收。旅游业引领作用开始显现，具有地方和民族特色的生态旅游线路和产品的开发进入全新阶段，2010 年旅游总收入比 2005 年增长了 2 倍以上。

3. 生态意识普遍增强

随着经济社会的持续发展，通过生态工程建设实践和培训、宣传，项目区广大干部群众进一步加深了对生态保护和建设重大意义的认识，增强了建设和保护三江源的历史使命感和责任感，主动参与工程建设的热情高涨，干部群众保护三江源生态环境的意识进一步增强。

五　三江源地区生态保护和建设中面临的挑战

三江源地区经过10余年的森林禁伐、退牧还草、退耕还林等一系列工程与技术措施，加之近年降水的增加，源区生态系统功能得到了一定的恢复。从态势上分析，项目实施区生态改善势头良好，为三江源地区生态环境的正向演替赢得了时间和空间。但源区生态整体恶化趋势尚未得到根本遏制，生态保护与建设正处于关键时期，扩大生态项目实施范围和规模已经迫在眉睫。

（一）生态恶化趋势依然严重

尽管实施了《总体规划》和其他生态工程，均取得了阶段性成果，但由于建设范围、建设内容、建设规模以及单位投资标准较低等影响，还未达到生态系统整体好转，生态系统恶化现象仍然十分严重。一是草地退化仍然严重。三江源地区中度以上退化草地面积有1330.9万公顷，占三江源地区可利用草地面积的50.5%，即有一半多的可利用草地退化仍然比较严重。二是沙化治理任务较大。三江源地区沙化土地面积为312.9万公顷，另有明显沙化趋势的土地315.1万公顷。经过治理，沙化土地面积近5年减少4.6万公顷，下降率仅为1.46%。三是水土流失依然严重。据在三江源地区36.3万平方公里内调查，水土流失面积12.15万平方公里，占36.4%。水土流失造成草地退化、沙化，土壤肥力下降，牧草和粮食产量降低。四是森林覆盖率较低。三江源地区森林覆盖率为3.7%，比全省森林覆盖率低0.87个百分点。有宜林地和未成林造林地129.11万公顷，能封山育林的面积更大，森林建设任务仍非常繁重。五是鼠害猖獗，出现反弹。鼠害防治工作在2005年和2006年实施，多用生物毒素进行防治，取得较为明显的成效。但2010年调查，残鼠复发现象严重，尤其是防治区的结合部和防治死角地区鼠害尤为猖獗，不少地区出现反弹，又恢复到2005年防治前的水平。因此，巩固灭鼠成果任务十分艰巨。

（二）生态保护建设任务艰巨

三江源地区的生态系统复杂多样，有高寒草原、草甸、灌丛、寒温性针叶林、冰川、沼泽、湖泊、江河、冻原、荒漠、农田等生态系统。生态恶化的原因，有自然因素，也有人为因素。生态系统和生态恶化原因的复杂性，决定了生态保护和建设措施的长期性。一是源区海拔高、气候寒冷、空气稀薄、紫外线强，人类生存条件恶劣；山大沟深，河流纵横，交通不便，加上基础设施建设欠账较多，增加了生态保护和建设工作的难度和成本。二是源区属经济不发达地区，农牧民人均年收入低，加之人口增长与有限自然资源之间矛盾突出，必须协调好发展与保护之间的关系，坚持贯彻落实科学发展观，坚持建设生态文明，坚持发展生态经济。三是前期已开展生态保护和建设的自然保护区面积为15.23万平方公里，仅占源区总面积的38.6%，要遏制源区生态恶化趋势，使生态整体好转，还亟须扩大建设范围，在整个源区实施生态保护建设工作。四是从源区生态系统多样、生态恶化原因复杂、自然条件严酷、基础设施建设薄弱、建设范围及规模亟须扩大等因素看，源区生态保护和建设的任务仍十分艰巨，生态平衡和生态系统的良性循环还需要较长的时间才能实现。

六　三江源地区生态保护和建设展望

实践证明，实施了保护和建设工程的地区，生态系统逐步向良性循环发展；在未开展生态保护和建设的地区，生态在继续恶化，生态功能下降。正反两方面的经验表明，三江源地区生态保护和建设不但要继续实施，还应拓展实施范围、充实建设内容、扩大建设规模、提高建设标准，尽快遏制生态恶化趋势，逐步实现生态系统良性循环，充分发挥生态功能。

2011年11月国务院决定建立青海三江源国家生态保护综合试验区，批准实施《总体方案》。这是党中央、国务院基于全局高度作出的战略决策，是国家生态文明建设的具体实践，是支持青海省藏区经济社会发展的重大举措。应紧紧抓住这个历史机遇，坚决贯彻落实《总体方案》，到2015年，力争完成退牧还草950万公顷，治理荒漠化土地10万公顷，治理水土流失面积2.3万公顷，植被平均覆盖度提高15~20个百分点，保护湿地面积12万公顷；有效控制超载过牧，自然保护区管护不断加强；生物多样性逐步恢复；城市生活垃圾无害化处理率力争达到60%；江河径流量基本保持稳定，Ⅰ类水质河段增加，总体保持在Ⅱ类以上；生态环境恶化趋势得到初步遏制，局部有明显改善；城乡居民收入和基本公共服务能力大幅提高；特色经济初具规模，建立起生态补偿机制和比较完善的管理体制。到2020年，力争完成退牧还草1285万公顷，治理荒漠化土地20万公顷，治理水土流失面积4.3万公顷，植被平均覆盖度提高25～30个百分点，保护湿地面积20万公顷，水土流失得到有效遏制，水源涵养等生态功能进一步增强；自然保护区得到有效管护，生物多样性显著恢复；重点城市垃圾无害化处理率力争达到85%；江河径流量稳定性增强，长江、澜沧江水质总体保持在Ⅰ类，黄河Ⅰ类水质河段明显增加；生态环境总体改善，生态系统步入良性循环；社会事业全面发展，城乡居民收入接近或达到本省平均水平，基本公共服务能力接近或达到全国平均水平；特色经济形成规模，体制机制更加健全，全面实现小康社会建设目标。到2030年，三江源地区生态系统良性循环，山川秀丽、草原茂盛、水质优良、湖泊星布、物种丰富、环境优美，高原生态安全屏障功能明显，为全国乃至全球提供优质的生态产品，充分发挥生态文明建设示范作用；社会事业不断进步，城乡居民收入接近或达到全国平均水平；特色经济规模凸显，体制机制健全，为富裕文明和谐新青海建设作出突出贡献。

针对源区生态环境现状和区域发展水平以及《总体规划》实施情况，为确保落实《总体方案》，还需要组织开展好以下工作。一是加快《总体规划》实施进度。《总体规划》已实施7年，尚余约1/3的工程量。因此，必须加大工程实施的力度，提高工程施工质量，做好检查验收以及竣工验收工作，为《总体方案》的实施奠定良好的基础。二是贯彻落实《总体方案》。目前，青海正在抓紧编制以落实《总体方案》为主线的三江源生态保护和建设二期工程总体规划，应尽早完成规划的编制、论证和报批等工作，在国家批准后组织实施，保证生态保护和建设的连续、持久开展。

总之，通过不断加大三江源地区生态保护和建设的范围和规模，促进生态系统良性循环，构建国家生态安全屏障；注重民生改善和发展方式的转变，深化改革体制创新，增强公共服务能力，不断提高各族群众生活水平；建立生态保护建设的长效机制，形成尊重当地文化、符合源区功能定位的保护发展模式，努力将三江源地区建设成为全国生态文明、经济发展、生活富裕、社会和谐的先行区和示范区。

B.25

海北藏族自治州现代生态畜牧业示范区建设路径研究

包正清*

摘　要：现代生态畜牧业是现代农业产业体系的重要组成部分。将海北藏族自治州建设成为高原现代生态畜牧业示范区，有着得天独厚的区位、政策、生态、资源和发展基础等方面的优势。发展高原现代生态畜牧业，必须走集约化经营、产业化带动、市场化经营、标准化生产、生态化发展、企业化管理和城镇化发展的路径。

关键词：现代生态畜牧业　示范区　建设路径

现代生态畜牧业是现代农业产业体系的重要组成部分。发展高原现代生态畜牧业就是在高海拔地区以保护生态环境为基本前提，用现代发展理念引领、现代物质条件装备、现代科学技术改造、现代产业体系提升、现代经营方式推进，不断提升畜牧业整体发展水平，促进畜牧业向高产、优质、高效、生态、安全的方向迈进。青海省根据“四区两带一线”的区域战略布局，以及海北藏族自治州生态畜牧业发展的实践探索，提出将海北州建设成为全省高原现代生态畜牧业示范区，为海北州畜牧业发展指明了方向，同时为全省现代生态畜牧业发展提供了范式。

一　海北州高原现代生态畜牧业发展优势分析

海北州是青海乃至西部高寒地区发展现代生态畜牧业有基础、有潜力、有前景的地区，具有以下几方面优势。

* 包正清，青海省海北藏族自治州交通局局长。

（一）区位优势

海北州地处青海省东部农业区和西部牧业区的接合部，东接全省经济最发达的湟水谷地，与大通、互助、湟中、湟源县接壤；西连柴达木经济圈，与海西州的天峻县毗连；南与海南州共和县隔青海湖相望；北与甘肃省河西走廊经济较活跃的天祝、山丹、民乐、肃南等县为邻，青藏铁路、国道315线、国道227线和湟嘉公路横穿全境，州府西海镇是全省离西宁最近的自治州府，相对省内其他州区位优势十分明显。

（二）政策优势

国家高度重视“三农”工作，扶持发展“三农”的政策力度越来越大，特别是实施草原生态保护补助奖励等各项强农惠农政策性投入越来越多。同时，实施新一轮西部大开发战略、支持藏区经济社会跨越式发展和对口支援帮扶政策等从宏观到微观层面都为海北州发展高原现代生态畜牧业提供了前所未有的重大机遇。省委省政府也为海北州建设高原现代生态畜牧业出台了许多政策措施，给予了大力支持和帮助，为海北州发展高原现代生态畜牧业指明了方向，确定了目标。

（三）生态优势

海北州地处湟水河、黑河、大通河的源头地区，是青藏高原重要的生态屏障和黄河上游重要的水源涵养地，也是青海湖的主要水源补给地；有省内第二大天然林场，森林覆盖率为11.6%，是青海东部和河西走廊重要的生态屏障。青海湖流域、祁连山水源涵养区等重要的生态功能区和生态屏障敏感区的生态保护和建设已纳入国家总盘子，加大了投资力度，实施了青海湖周边地区生态保护与综合治理、青海湖流域生态环境保护与综合治理等项目。发展生态经济，增强可持续发展能力，已成为自上而下的共识。

（四）资源优势

海北州境内有广袤的草原、肥美的土地、丰富的农畜产品。土地总面积5159.28万亩，其中，草地面积4056.47万亩，占土地总面积的78.62%；天然草场产草量高，牧草营养丰富、草质好、适口性强，是高海拔地区最好的放牧草场，具备了发展生态畜牧业的良好条件。2010 年，全州存栏各类牲畜 327.5 万头(只)。特别是海北州拥有 75.32 万亩耕地，对于发展饲草料基地、调整种养结构、核减天然草场载畜量、发展舍饲半舍饲养殖业具有得天独厚的条件和优势。

（五）发展基础

畜牧业是海北州的基础产业，在多年的探索实践中，全州上下不断深化农牧业生产经营方式和体制机制改革，推行了以“一包四定五统一”为主的生产经营责任制，先后形成了“一高带三高”、季节性畜牧业、牛羊育肥、羔羊专业化生产等经营方式和“两区一带”的发展布局，探索出了以草场、土地合理流转为主的农牧业集约化经营模式，有效促进了生产经营方式的变革，并按照高效、优质、生态、安全的要求，着力推进天然草原畜牧业、舍饲半舍饲畜牧业、舍饲畜牧业、特色种植业“四区”建设，农牧业发展区域布局日趋合理。全州草场围栏、饲草料基地、暖棚、机械配备等基础设施建设水平有了很大提高，全州全部的牧户实现了定居，冬春草场全部实现围栏，高标准羊用暖棚覆盖率达到70%，畜牧业物质装备水平不断提升，发展高原现代生态畜牧业基础不断夯实。

（六）市场前景

随着对生态环境保护的日趋重视，人类消费日益注重健康、回归自然。海北白藏羊、牦牛长期生长在高海拔、高紫外线、低含氧量环境中，食天然牧草，喝天然泉水，其肉质鲜美，蛋白质含量高，富含多种维生素和微量元素，越来越受到消费者青睐。发展高原现代生态畜牧业、开发绿色生态农畜产品，已成为绿色生态产品市场的最大需求。海北州通过发展高原现代生态畜牧业，积极打造特色产业，实施品牌战略，将会在国内外市场极具开发潜力。

二　海北州高原现代生态畜牧业发展路径

按照青海省委省政府关于“坚持生态化的发展方向、推广现代化的生产方式、创新组织化的经营模式、形成一体化的保障机制”的要求，海北州高原现代生态畜牧业发展要着力走出如下路径。

（一）集约化经营

集约化经营是转变畜牧业发展方式的突破口和切入点，是三年来具体实践证明的有效途径，必须始终不渝、毫不动摇地全面推进。加快草场承包经营权流转步伐，优化整合草场、牲畜及其他生产要素，从整体上把分散经营畜牧业转变为集约经营畜牧业，全面推行集约化经营，发挥集约化优势，形成规模经济。当前突出抓好扩面、提质、增效，引导各经营实体规范经营，提高经营水平。通过坚定不移地走集约化经营之路，实现畜牧业发展方向生态化、生产方式现代化、经营模式组织化、保障机制一体化的目标。

（二）产业化带动

着眼于提高产业化水平，围绕开发海北牛羊肉、羔羊肉、犊牛肉、乳制品等优势产品，重点扶持与七大特色产业基地相对应的龙头企业，依靠龙头企业进行基地化生产、专业化加工、产业化经营，走“龙头企业 + 基地 + 牧户，以工带牧、以工促牧”之路，引导龙头企业推进体制创新、管理创新和技术创新，提高产业化经营水平。大力发展多种形式的专业合作组织，为农牧民提供科技、信息、资金、物资和产品销售等服务，提高农牧民进入市场的组织化程度。

（三）市场化经营

建设现代生态畜牧业必须遵循市场经济规律，按照大市场的要求经营畜牧业。引导群众增强市场意识，积极参与市场，加快畜牧业与市场对接。根据市场需求来指导畜牧业生产，调整优化畜种畜群结构和畜产品结构，以市场为导向进行畜牧业生产、加工、销售产业化经营。依托龙头企业、专业合作组织和经纪人队伍等市场营销主体，促进畜牧业与大市场的紧密联结，增强关联度，提高市场化经营水平。

（四）标准化生产

标准化生产是保证畜产品质量及卫生安全、提高市场竞争力的关键性措施。发展现代生态畜牧业，必须高度重视标准化体系建设。一要加快生产经营环节的标准化建设。依据各地的生产水平，制定现代生态畜牧业的生产标准，应用到实际生产中去。结合建设全州高原现代生态畜牧业7个特色基地和9个示范点，着力提高生产过程的技术含量和标准化程度。二要加强加工包装环节的标准化建设。按照标准化建设要求，依托龙头企业对畜产品进行精深加工，加强畜产品质量认证和商标注册建设，精心包装产品，把海北羔羊、祁连藏羊、西宁大白毛、青海半细毛等优势资源通过标准化生产加工，转化为产品优势、经济优势。

（五）生态化发展

生态良好是发展高原现代生态畜牧业的基本要求，也是重要特征。认真总结生态畜牧业试点经验，以推进畜牧业集约化经营为主要抓手和基本途径，对不同类型的天然草地进行分类，合理核定载畜量，以草定畜，落实划区轮牧、季节性休牧等措施，强力推进草畜动态平衡。狠抓饲草料基地建设、畜牧业基础设施建设、畜种改良和牧区劳动力转移等工作，全面推进畜牧业发展方式转变，实现生态效益和经济效益的共赢。

（六）企业化管理

积极创新发展思维，跳出传统的就畜牧业抓畜牧业的路子，坚定不移地用管理工业的理念经营畜牧业，改造提升畜牧业经营水平。一要通过加强暖棚等基础建设，加快设施畜牧业发展，集中发展舍饲养殖小区，加快畜牧业7个特色产业基地建设，借鉴运用工业企业的经营管理措施，实现畜牧业基地化生产、规模化经营、企业化管理。二要通过大力扶持发展龙头企业和专业合作组织，将畜牧业由单纯的生产向生产、加工、销售为一体的产业化发展，由单纯的肉类生产向肉、乳、油、皮、毛等多产品宽领域发展，延长产业链，把工业企业的生产营销与畜牧业发展有机统一起来，工牧互补，逐步走出畜牧业工业化的路子。

（七）城镇化发展

坚持统筹兼顾原则，着力推进城乡经济和社会公共服务一体化发展。按照生产区、生活区适度分离的要求，把游牧民定居工程、新农村新牧区建设、城镇化建设与建设高原现代生态畜牧业示范区结合起来，加快城镇化进程，提高城镇化水平。鼓励集体、个人、合资企业通过以资入股等多种形式，投资小城镇及公共设施建设。发挥小城镇在吸纳劳动力方面的作用，促进牧区劳动力向城镇转移，让更多的劳动力参与城镇二、三产业中来，稳步增加牧民的收入。

三　海北州高原现代生态畜牧业发展重点

发展高原现代生态畜牧业，要突出解决好发展理念、发展内涵、发展载体和发展基础四个重点。

（一）创新发展理念

发展理念决定发展方向、发展模式、发展水平、发展效益。发展高原现代生态畜牧业是一个全新的理念和概念，具有全新的发展要求和发展模式。从海北州畜牧业发展现状来看，虽然逐步摆脱了原始的、单纯的草原畜牧业发展方式，但依旧局限在畜牧业这一狭隘的范畴，没有跳出畜牧业的框框，传统发展理念仍阻碍着畜牧业向前发展。建设现代生态畜牧业，必须深入解放思想，弘扬改革创新的精神，打破旧思想旧观念的束缚，跳出畜牧业看畜牧业，以更开阔的视野、更全面的思维来谋划畜牧业。

1. 坚持生态化发展理念

以保护生态为前提，大力实施生态立州战略，坚持生产、开发与保护并重，将生态保护与建设措施全面融入畜牧业生产经营各个环节，促进生态系统的良性循环和畜牧业可持续发展，实现经济效益和生态效益的双赢。

2. 坚持工业化发展理念

用办工业的理念办畜牧业，将工业企业的生产经营管理措施和制度应用到畜牧业，促进生产畜牧业向加工畜牧业、经营畜牧业、集约畜牧业和品牌畜牧业转变，实现畜牧业集约化经营、标准化生产、企业化管理、市场化营销、品牌化发展。

3. 坚持市场化发展理念

必须把市场化作为增强畜牧业发展活力、提升畜牧业发展水平的重要手段，加快培育市场体系，提升市场功能，充分利用市场利益机制，调动各类市场经营主体投资畜牧业领域，广泛参与畜牧业生产、加工、销售等经营活动，依靠市场化运作发展高原现代生态畜牧业，提高经济效益。

4. 坚持品牌化发展理念

品牌是一种特殊的资源，具有重要的经济价值。要充分认识到品牌化是畜牧业发展的主要方向，不培育发展品牌，畜牧业发展就没有前途。要充分运用海北州独特的优势资源，大力发展品牌畜牧业，依靠科技进行标准化生产和加工，加强商标注册建设，培育具有较强市场竞争力的畜产品知名品牌，将资源优势转化为经济优势。

（二）夯实发展基础

发展基础是发展高原现代生态畜牧业的物质保障。只有研究解决好发展基础，高原现代生态畜牧业建设才能顺利推进。

1. 奠定特色产业基础

海北州委、州政府在深入调查研究的基础上，对建设高原现代生态畜牧业示范区作出了部署，进行了科学合理的布局，将全州划分为天然草原畜牧业区、舍饲半舍饲畜牧业区和舍饲畜牧业区三个发展类型区，并根据各区的不同特点确定了发展重点和主导产业。必须按照既定的发展思路，因地制宜，分类指导，一区一策，调整优化区域产业结构，突出各区特色，加快建立白藏羊规模选育基地、野血牦牛提纯复壮规模繁育基地、羔羊规模养殖销售基地、细毛羊培育繁育基地、半细毛羊培育繁育基地、舍饲半舍饲规模养殖基地、饲草饲料规模种植加工综合利用基地等7个特色产业基地，实现基地化、专业化生产，做大做强特色产业，形成优势产业和规模效益，为建设高原现代生态畜牧业示范区奠定坚实的产业基础。

2. 提高物质装备水平

把加强基础设施建设作为发展高原现代生态畜牧业的重要基础来抓。一是整合现有设施。通过开展集约化经营，以作价入股、租赁形式，对现有的农牧区暖棚、羊药用浴池、生产机械等基础设施整合重组、优化配置，提高利用率，发挥最大效益。二是集中建设新设施。按照缺什么、建什么的原则，做好项目编制申报工作，千方百计争取项目资金，加大投入，加强科技示范园建设及牧区暖棚、草场围栏、人畜安全饮水、乡村道路、畜产品加工基地和农牧业信息网络等方面的硬件建设，提高装备水平。三是提高设施建设及利用水平。坚持高起点设计、高标准建设，突出提高设施建设水平和整体利用水平，促进畜牧业装备现代化，夯实现代生态畜牧业的物质基础。

3. 提高农牧民整体素质

人力资源是发展高原现代生态畜牧业的重要因素，必须把提高农牧民人口素质作为发展的基础工程，突出抓好三个层次的技术培训。一是村社干部重点培训。分期分批地对村社干部进行至少3个月的中长期培训，使其成为高原现代生态畜牧业发展的主力军。二是青年农牧民技术骨干培训。大力组织实施青年农牧民科技培训工程和“绿色证书”培训工程，集中利用1～2个月的时间，进行实用技术培训，并对专业技术干部进行继续教育和培训，为建设现代生态畜牧业培养大批的农牧民技术骨干。三是全民普及性技术培训。充分利用冬季畜牧业生产比较轻闲的时机，组织干部面向广大农牧民开展大规模的文化科技进村入户“扫盲”活动，让学科技、懂科技、用科技的思想深入人心，并成为自觉行动。

（三）壮大发展载体

龙头企业和农牧民专业合作经济组织是畜牧业市场化经营的主要力量，是发展高原现代生态畜牧业的重要载体。基于龙头企业和专业合作经济组织在发展现代生态畜牧业中的重要地位和作用，必须把扶持发展龙头企业、专业合作经济组织作为建设现代生态畜牧业的一项重要举措来抓。

1. 大力发展农牧业龙头企业

龙头企业是产业化经营的基本主体，是建设现代畜牧业的重要载体，必须毫不动摇地进行扶持发展。针对海北州龙头企业总量小、个体规模小和经营水平低的“两小一低”状况，坚持多措并举，按照多元化发展的思路，强化举措，促进龙头企业量和质的双提升。一是积极引进龙头企业，认真落实有关优惠政策，依托优势资源，加大招商力度，吸引省内外有实力的龙头企业到海北州落户，发展畜产品加工业。二是广泛开展对外合作，面向广大市场，特别是利用山东省对口支援海北的有利条件，采取嫁接、合作等多种形式进行联建合作，促进资源优势互补。三是鼓励农牧业生产经营组织兴办、领办龙头企业，开拓农畜产品营销市场。四是扶持发展壮大现有的龙头企业，引导龙头企业推进体制创新、管理创新和技术创新，提高经营水平和规模效益。

2. 规范专业合作组织运行机制

采取多种形式，宣传落实中央和省委、省政府出台的一系列法律法规和政策措施，为促进专业合作经济组织发展创造良好的环境。特别是按照《农民专业合作社法》的规定，对专业合作经济组织进行改造升级，使其从松散型向紧密型转变。通过规范服务内容和运行机制，开展产品认证认定，在全州树立一批实力强、带动力大、有市场竞争力的专业合作经济组织，并分期分批对各级农经部门辅导员、合作组织牵头人和管理人员进行合作理论、法律制度、规范建设、财务会计、市场营销等方面的培训，培养和造就一批熟悉专业合作经济组织知识的骨干队伍。围绕"一村一品"，组建"一品一社"，培养典型，总结经验，掌握发展规律，研究解决存在的问题，引导全州专业合作经济组织快速和健康发展，真正起到"建一个组织，兴一个产业，活一地经济，富一方百姓"的目标。

3. 着力提高经营水平和市场竞争力

按照上规模、上水平的要求，引导龙头企业和农牧民专业合作经济组织进行规范经营，提高经营水平，重点在提升规模效益和市场竞争力上下工夫。依托当地资源，大力开发具有地方优势的新品种、新产品、新技术，以小而精、少而好、稀而优为原则，开展以"选好产业项目、建立标准体系、创立知名品牌"为主要内容的创建活动，提高自主创新能力和核心竞争力。龙头企业要率先实现标准化生产，在畜产品生产加工上制定严格的标准，提高畜产品质量，依靠科技增强转化增值能力，提高产品附加值，努力做大做强做优羔羊、牦牛、青稞、小油菜、奶制品等海北优势产业，形成一批知名品牌，不断开拓新的市场。

（四）丰富发展内涵

发展内涵是现代生态畜牧业发展的内在要求，发展优质、安全、高效的现代畜牧业，必然要注重品牌化、标准化、优质化，特别是品牌化，只有把握好这一内涵特征，畜牧业发展才有良好的前景。

1. 依靠科技创品牌

加强与省内外科研院所的合作，依靠科技推动畜牧业提档升级。对海北羔羊、祁连藏羊、西宁大白毛、青海半细毛等特色畜产品实行精加工、精包装，将其打造成优质、特色、无公害产品，培育成具有较强市场竞争力的畜产品知名品牌，不断拓展国内外市场。同时要加快引进、选育、推广优良畜种，提高牲畜的良种化程度。

2. 发挥优势育品牌

畜牧业是海北州的优势产业，尤其是海北州牛羊肉、羔羊肉、犊牛肉、大白毛、半细毛及细毛等都是具有竞争力的优势畜产品。要立足优势资源，加强畜产品质量认证和商标注册工作，通过标准化体系建设，努力打造一批省级乃至国家级的优质品牌。

3. 借助媒体打品牌

积极开展各种特色畜产品的宣传推介活动，扩大海北畜产品的影响，为畜产品进入国内外市场牵线搭桥，通过多种渠道在国内外一些重要媒体上投放宣传广告，大力宣传畜产品品牌，挖掘品牌内涵，扩展品牌市场，扩大海北畜产品品牌的知名度，打出有影响力的“金名片”。

4. 制定政策助品牌

实施高原现代生态畜牧业发展品牌战略，研究制定扶持品牌畜牧业发展的政策措施，特别是重奖措施，激发龙头企业、专业合作组织和广大农牧民创建畜牧业品牌的积极性。研究制定科学的品牌发展规划，避免创建品牌的盲目性，有计划、有步骤地开展创牌活动。

5. 标准生产建品牌

实行严格的标准化生产是打造畜产品品牌的关键环节、关键措施。一要制定畜产品标准化生产的技术规程和生产标准，广泛运用到生产经营各个环节，提高技术含量和标准化程度。二要加快建设海北畜牧业 7 个特色产业基地，推进优质畜产品基地化、规模化生产，夯实品牌基础。三要加强对饲草料、兽药等的质量监控和管理，加大对畜产品的标准化质量检测化验体系建设的投入，建立功能齐全的质量化验检测体系，以适应标准化生产的需要。

四　加快发展海北州高原现代生态畜牧业的对策思路

（一）坚持典型引路，以点带面

发展高原现代生态畜牧业没有现成的经验和事例可以借鉴。因此，根据海北州畜牧业发展的实际，大胆探索、创新实践，按照科学规划、分类指导、因地制宜、示范先行、分步实施的原则，以海北州高原现代生态畜牧业科技示范园为龙头，加快建设全州4县各示范点，大力培育发展细毛羊、半细毛羊、羔羊、白藏羊、优质牦牛等特色产业基地，切实做到以点带面、点面结合，着力把示范点打造成特色产业突出、辐射带动能力明显的示范村，为全面推进高原现代生态畜牧业不断积累经验、树立典型。

（二）坚持项目捆绑，集中建设

做好涉农项目的争取、衔接和落实工作。继续整合水利、电力、交通、农牧、科技、扶贫开发、农牧业综合开发、文化、教育、卫生等项目和资金，并倾斜扶持，重点在基础设施建设、农机具购置、养殖小区建设、科技推广、特色产业基地建设、草原综合治理等方面加大投入，不断加强畜牧业生产设施建设，通过项目资金捆绑使用，最大限度地发挥项目建设对改善示范点基础条件的支撑作用。

（三）坚持市场引导，政府推动

以市场为导向，立足自身优势，围绕畜牧业优势资源，大力发展品质优良、特色鲜明、附加值高的名优特新畜产品加工业、饲草料加工业，延伸产业链条，提高产品附加值。培育和扶持一批专业合作经济组织，不断规范专业合作经济组织运行机制，提高农牧民组织化水平。着力培育、引进一批市场前景广、竞争力和带动力强的龙头企业，同时加强和完善龙头企业与农牧户的利益联结机制，带动全州畜牧业加快向市场化、工业化方向迈进。大力培育以订单销售、集中竞拍等新型物流模式为主的市场营销体系，促进畜牧业与市场的对接。发展现代生态畜牧业离不开政府的引导和推动，一定要准确把握省委、省政府的战略部署，切实在政策制定、工作部署、财力投放、干部配备等方面倾斜扶持，注重在现代生态畜牧业项目申报争取、征占土地、物资供应、产品购销、交通运输、税收等方面实行政策性优惠扶持，促进现代生态畜牧业健康发展。

（四）坚持转变方式，集约经营

坚持以农牧业集约化经营为突破口，加快转变农牧业生产经营方式，进一步加大草场从股份制模式向农牧民专业合作经济组织流转、整合的力度，规范流转行为，提升流转规模和水平，实行劳动力分工分业，加快社会化分工、专业化生产、市场化经营步伐，促进分散经营向集约经营转变。突出加大草场生态环境保护力度，稳步扩大农牧区优质饲草料种植面积。积极推进设施畜牧业建设，突出发挥好农牧互补优势，超载牲畜从天然草场核减下来转移为舍饲养殖，达到草畜动态平衡，进一步提高生态效益，促进可持续发展。充分发挥农牧区土地、草场流转交易中心的作用，依法加强对农牧区土地、草场等承包经营权转让和交易的管理，促进农牧区各类生产要素有序流转，增强农牧区经济的发展活力。

（五）坚持良种先行，提高效益

巩固和提高牦牛、白藏羊提纯复壮的成效，加强优质种公牛、种公羊基地建设，大力推进以种公羊为主的优良种畜“统一饲养管理、统一调配使用”的集中统一管理模式。有条件的地方要巩固绵羊改良成果，扩大改良面，推广应用冻精、胚胎移植等新技术，引进优良品种，提高牲畜综合生产效益和畜产品质量。

（六）坚持培育特色，促进增效

坚持以产业结构调整为重点，培育一批良种繁育、奶牛养殖、舍饲半舍饲养殖、羔羊规模化生产等特色产业，努力建成高标准、高水平、示范带头作用强的示范村、专业户和养殖繁育基地，培育发展特色畜牧业。将设施养殖业作为发展特色畜牧业的关键之举，加快奶牛、肉牛、肉羊标准化养殖示范村建设，采取集中建设、规模经营的方式，提高产业集约度。坚持生态化的方向，大力发展纯天然、无公害、绿色有机生态畜产品，不断扩大肉、毛、奶、皮等地方特色畜产品的生产规模，进一步促进畜牧业增产、增效。

（七）坚持多元投入，改善装备

坚持多渠道增加投入，采取财政资金奖补、鼓励群众自筹、支农资金倾斜、扩大信贷支持、整合捆绑项目资金等多种投融资方式，加大高原现代生态畜牧业发展资金投入，不断改善物质装备条件。充分发挥政府资金“四两拨千斤”的作用，广泛吸纳社会资金、民间资本向特色畜牧业聚集，优化投向，集中投放，提高资金使用效益，真正解决农口资金“小而散”的问题，集中力量办大事。在争取国家投资的同时，各级政府要加大资金配套力度，发挥财政支农资金担保平台的作用，逐步形成支农资金稳定增长机制。金融部门进一步扩大涉农业务服务范围，加大信贷支持力度，在完善农牧区金融体系、创新农牧区金融服务上取得突破，优化信贷环境，积极为发展高原现代畜牧业提供强有力的信贷支持。发挥金融办公室协调联系的职能，积极协调金融单位，就现代生态畜牧业示范区建设，特别是扶持发展专业合作经济组织方面制定具体的信贷扶持办法和信贷额度，每年加以兑现落实，确保发展高原现代生态畜牧业融资渠道畅通。

（八）坚持科技引领，提升内涵

积极做好示范园科技研发和成果孵化工作，发挥辐射带动功能，增强科技对高原现代生态畜牧业的支撑作用。科研部门围绕现代生态畜牧业，开展科研攻关，促进科研成果向生产转化，力争在良种繁育、动物疫病防治、生态环境保护、动物营养与饲料饲养技术、无公害生产等方面实现新的突破，着力提升农牧业科技创新及推广转化能力。继续实施良种工程，加快新品种更新换代步伐，完善良种培育、选育、引育体系，推动良种繁育、推广应用的市场化进程。加大畜牧业“科技入户”工程实施力度，提高农牧民科技素质，积极与省内外科研单位沟通、联系，以关键技术为突破口，加大科技研发力度，在良种培育、精深加工、产品安全等方面加以推广和示范。加强实用科技培训，提高牧民科学养畜水平。高度重视农畜产品的安全问题，农牧、质量技术监督管理部门会同有关部门加强检查监督力度，按季度定期报告农畜产品安全情况，特别严把牲畜养殖饲料入口关，坚决杜绝影响食品安全的各类化学制剂、添加剂饲料的流入，在肉食品安全方面绝不能出任何问题。

（九）坚持领导联点，强化指导

各级党政部门一定要准确把握省委、省政府的战略部署，充分认识建设高原现代生态畜牧业的重要性和紧迫性。进一步完善州级领导联县、县级领导包乡、乡镇干部包村制度，加强组织领导，推动工作落实。注重在发动群众、推进集约化经营、发展高原现代生态畜牧业方面提供指导和服务，形成全社会关心、参与、支持高原现代生态畜牧业发展的良好氛围。各级各部门建立主要领导亲自抓、分管领导具体抓、责任单位全力抓的工作机制，积极主动地做好组织领导和协调服务工作，完善工作机制，落实工作责任，细化目标任务，为发展高原现代生态畜牧业提供有力的组织保障。

专 题 篇

Special Reports

B.26

打造昆仑文化品牌的历史回顾与发展思考

赵宗福　鄂崇荣*

摘　要： 昆仑文化在青海多元文化中最具源头性、象征性、国际性、神圣性、包容性和传承性。近几年学界对昆仑文化的研究，社会各界对昆仑文化品牌的打造，对提升青海文化软实力、建设文化名省，产生了重要的推动作用。今后，打造昆仑文化品牌仍应继续坚持政府引导、市场运作、民众参与、学界支持和媒体宣传。

关键词： 昆仑文化　回顾　前瞻

文化是民族的血脉，是人民的精神家园。实现文化自强首先要对自身文化系

* 赵宗福，青海省社会科学院院长，教授、博士，研究方向：神话学、民俗文化；鄂崇荣，青海省社会科学院民族宗教研究所副所长，副研究员、博士，研究方向：宗教人类学、民族文化。

统有正确的文化认知，进而提高文化自觉，担当文化使命，增强文化自信，推进文化自强。塑造良好的地域文化品牌，可提高该地域的知名度、美誉度，扩大影响力，增强吸引力，最大限度地获得内部与外界的认知。近几年，在各方有识之士的推动下，青海将昆仑文化作为青海特色文化品牌全力打造，形成了一股“昆仑文化”热潮，与“大美青海”如同鸟之双翼、车之双轮，成为青海经济社会跨越式发展的助推器，提升了青海文化软实力和世界知名度。

一　昆仑神话研究与昆仑文化的提出

神话是民族文化的源头，昆仑神话是我国古典神话中内容最丰富、保存最完整、影响最深远的神话体系。昆仑神话与中华文明的形成、发展和繁荣密切相关。昆仑神话研究和昆仑文化的提出是在长期学术探索和研究中不断积淀升华的。

1. 学界对昆仑神话的研究

蒋智由的《中国人种考・昆仑山》成为现代研究昆仑神话的拓荒之作，对昆仑神话体系的建立和华夏族起源研究产生了影响。鲁迅《中国小说史略》从原始神话探求初民精神，涉及昆仑神话和西王母神话。茅盾的《中国神话研究 ABC》（1929）、黄石的《神话研究》（1927）、谢六逸的《神话学 ABC》（1928）不同程度地提到昆仑神话。尤其是茅盾，第一次提出了西王母神话演化的三阶段思想①。之后钟敬文《山海经神话研究的讨论及其他》②、吴晗《山海经中的古代故事及其系统》③、辰伯《西王母与西戎——西王母与昆仑山之一》④、郑德坤《山海经及其神话》⑤、吕思勉《昆仑考》⑥ 和《西王母考》⑦、凌纯声《山海经新论》⑧、王以中《山海经图与外国图》⑨、丁山《论炎帝大岳与昆仑山》⑩ 等论著从神话

① 茅盾：《神话研究》，百花文艺出版社，1981，第 170 页。
② 钟敬文：《山海经神话研究的讨论及其他》，《民俗周刊》1930 年第 92 期。
③ 吴晗：《山海经中的古代故事及其系统》，《史学年报》1931 年第 3 期。
④ 辰伯：《西王母与西戎——西王母与昆仑山之一》，《清华周刊》1931 年（第 36 卷）第 6 期。
⑤ 郑德坤：《山海经及其神话》，《史学年报》1932 年（第 2 卷）第 4 期。
⑥ 吕思勉：《昆仑考》，《光华大学半月刊》1933 年第 4 期。
⑦ 吕思勉：《西王母考》及《附录》，《说文月刊》1939 年（第 1 卷）第 9 期。
⑧ 凌纯声：《山海经新论》，台北文化书局，1933。
⑨ 王以中：《山海经图与外国图》，《史地杂志》1937 年第 1 期。
⑩ 丁山：《论炎帝大岳与昆仑山》，《说文月刊》（第 4 卷合订本），1944。

研究层面关注了神话与边疆问题以及中华民族认同感。丁山、卫聚贤、苏雪林、程发轫、杜而未、徐高阮、凌纯声等学者对昆仑神话不同角度的研究，提出的论点成为昆仑“七说”。[①] 改革开放以后，顾颉刚、袁珂、萧兵、刘锡诚、任乃强、何光岳、吕微等学者从不同层面和学科视野对昆仑神话进行了整理和研究，各有所得。

特别是顾颉刚先生，率先从理论上系统完整地建构了昆仑神话理论体系。其代表作《〈庄子〉、〈楚辞〉中昆仑和蓬莱两个神话系统的融合》[②] 提出，中国古代留传下来的神话中，有两个重要的系统：一个是发源于西部的昆仑神话系统；一个是受昆仑神话影响而形成于东部沿海地区的蓬莱神话系统。

由于地缘优势和机缘巧合，青海学者对昆仑神话尤为关注。赵宗福首先从文化人类学和神话民俗学的角度对西王母神话进行了学理性研究，认为西王母的原型是远古以青海湖为中心地带的原始部落酋长兼大女巫[③]，这一观点被学界广泛认同。李文实也认为“西王母神话来源于昆仑之丘，而这昆仑之丘，其地就在今青海地区。而这块地区，则是古氐羌生息活动地的主要所在”。[④] 而赵宗福的《昆仑神话》[⑤] 一书则运用神话学、民俗学和文化人类学的理论方法，结合古文字学、考古学、民族志等材料，第一次对昆仑神话作了系统的梳理和科学的评价，勾勒出了一个完整的昆仑神话体系和学术构架。他提出昆仑神话是中国古典神话的主体，并就神话昆仑山的风貌、主要传说故事及其文化意象、西王母信仰的历史流变、昆仑神话与青海的文化关系、昆仑神话的传播等作出了诸多新颖而可信的诠释，被学术文化界普遍采纳。此外，汤惠生、朱世奎、张得祖、董绍宣、陈邦彦、卢耀光等青海学者从考古学、地方传说等角度，论证西王母的主要活动区域在青海，以及与羌戎的关系。

2. 昆仑文化的提出与探索

随着考古发掘、学术积累和文化自觉，昆仑神话从最初的神话学研究，扩展

---

① 清人陶保廉在《辛卯侍行记》也概括昆仑七说：“一在海外，一在西宁，一在肃州，一在新疆，一在青海西南，一在卫藏之北，一在北印度。”载于沈云龙主编《近代中国史料丛刊续编》（第九十三辑），文海出版社，1926 影印版。

② 顾颉刚：《〈庄子〉、〈楚辞〉中昆仑和蓬莱两个神话系统的融合》，载于《顾颉刚民俗学论集》，上海文艺出版社，1998。

③ 赵宗福：《论“虎齿豹尾”的西王母》，《北京师范大学学报》1993 年访问学者专号。

④ 李文实：《西陲古地与羌藏文化》，青海人民出版社，2001，第 33 页。

⑤ 赵宗福：《昆仑神话》，青海人民出版社，2005。

到符号学、文化学、人类学、社会学、经济学等更广阔的研究领域。台湾学者杜而未在《昆仑文化与不死观念》中第一次提出昆仑文化这一概念。他认为对于昆仑山的崇拜，与追求不死或修仙的思想有极大的关系。① 近年来，国内学者将昆仑文化的研究集中在体系建构和地域文化象征论证上。如赵宗福《论昆仑神话与昆仑文化》认为“河源”就是昆仑山地理所在的标志。我国古籍中“河出昆仑”的反复记载和历代对河源昆仑的寻求，表明国人千百年来有一个共识：昆仑山在黄河源头地域（今天的以三江源为中心的青海高原地区）。而根据《山海经》、《穆天子传》和王充《论衡》中记载以及藏族关于青海湖起源的传说，昆仑神话中的西王母国和西王母也就在以青海湖为中心的青海高原地区。这些都可以从各种神话传说遗迹、民族志与民俗志和历代文人墨客的文学作品中得到充分的印证。因此他认为，昆仑文化是青海古今各民族文化的最佳概括，是青海的标志性文化。从文化源头看，所谓昆仑文化就是昆仑神话。从区域文化看，所谓昆仑文化就是以昆仑山为标志的青海高原各民族文化，既包括历史文化，也包括现当代文化；既包括各类精英文化，也包括各民族民间文化。昆仑文化应该是一个区域性的文化整体。昆仑文化的基本特征就是“大美青海”——神圣、神奇、神秘。昆仑文化成为地域文化的一种符号。② 此外，于质彬的《昆仑文化三考》、林继富《昆仑文化与藏族文化述论》、王伟章《漫谈昆仑文化》等论文对昆仑文化与青海地域文化的关系展开了深入探讨。

二　青海文化定位：昆仑文化为主体的多元一体文化格局

文化定位要求我们对于自身传统、自身文化体系有清晰的认知与理解。这种认知与理解必须立足于当下新的世界历史语境，而不是封闭而孤立地关起门来做梳理工作，更不是盲目拒斥外来文化。真正清醒的“自知之明”是怀抱有开放和诚恳的心态，重新审视我们自身，系统而深刻地重新考察我们极为丰富的文化资源，从而在这个多元文化世界中确立自己的位置。

1. 对青海文化定位的论争

青海文化以先后在青海活动的主体民族为文化分类，可分为羌文化、鲜卑文

① 杜而未：《昆仑文化与不死观念》，台湾学生书局，1978 年 4 月再版，第 28 页。

② 赵宗福：《论昆仑神话与昆仑文化》，《青海社会科学》2010 年第 4 期。

化、吐谷浑文化、吐蕃文化、唃厮啰文化、南凉文化、蒙古族文化、回族文化及汉文化等。如果从空间上分类，青海文化可分成多种文化相交融的柴达木盆地绿洲文化、青南高原草原文化和河湟多元文化。由于青海地处偏远内陆，以及古代诗词中“古来白骨无人收”、“长云暗雪山”描述，外界将青海“想象”成人烟稀少、落后、遥远、荒凉的“未化”之地，青海区位特色被边缘化。20 世纪 90 年代以来，政府和学界都在不约而同地探寻一个能够完全至少基本涵盖青海特色文化的标志性文化，但未取得共识。有以地理特征或自然景观命名的“江河源文化”、“青藏文化”、“青海高原文化”、“青海文化”等，有以某一历史时期的地名或地方政权命名的“西羌文化”、“高原丝绸之路”、“青唐文化”等，有用以上特征复合型命名的“中华昆仑江河文化”、“昆仑江源文化”和“青藏高原安多文化”等。综上观点，以地理特征或自然景观命名青海特色文化虽有简明易记、一目了然等优点，但总体而言或平实直白，或缺少文化内涵，或仅代表地理特征、自然景观而缺少历史积淀，远不如“昆仑文化”极富文化内涵，为中华民族和世界文化界所认知、所景仰。有些观点还有可能使遥远的青海更为“遥远”，区位更为边缘化。如一提青藏高原，很多人自然想到了西藏，而青海却在其次。以某一历史时期的地名或地方政权命名青海特色文化，虽充满文化感，但不能代表青海省丰富多彩的民族文化。如以“西羌文化”、“青唐文化”、“吐谷浑文化”等古民族或其建立的地方政权来命名“青海文化”缺乏时间上的传承性和文化上的包容性，也无法涵盖青海多元的民族文化和多样的文化空间。复合型命名方式将青海地理特征和自然景观复合性命名，不能突出青海多元民族文化，容易使人产生地理概念的误解。有些如“青藏高原安多文化”则给人只强调一种民族文化的错觉，容易导致民族文化本位纷争。同时这些提法都有叠床架屋，不够凝练之嫌。

2. 对昆仑文化价值与地位的探索

青海省第十一次党代会以来，青海各级党委、政府和学界对青海文化高度关注，他们有对青海远古文明的追寻，又有对青海多宗教多民族文化的考察，还有对现当代多元文化相遇、交互过程的细致观测、提升和概括。如中共青海省委常委、宣传部长吉狄马加在昆仑文化与西王母神话国际学术论坛开幕式上发表了《在神话的思维中感悟未来》的主题演讲，提出“致力于昆仑文化的研究和探讨，目的在于唤起文化根源的认同，探讨传统文化的历史意义和现实价值，赞颂中华悠久的历史和灿烂的文化，不断增强民族的文化凝聚力和向心力，延续和传承中华民族博大坚忍、自强不息、富于创造的精神力量"①。赵宗福、鄂崇荣在前人研究基础上，从学理层面对昆仑文化的历史与当代价值及在古今中外文化史上的地位作了精当的评估。他们认为昆仑文化在世界文化史上影响深远，昆仑神话与希腊神话并驾齐驱，分别被称为具有创世纪录意义的东西方文明的源头主体文化，最具国际性。昆仑山与希腊奥林匹斯山相媲美，对亚洲多民族民间信仰产生了深远的影响。昆仑文化在青海多民族多元文化中最为古老，统领涵盖着青海区域文化，最具源头性、象征性和神圣性。昆仑文化为中华文化的根母文化之一，对中华文化的发展产生了重大影响，对天文学、政治学、军事学、哲学、文学、道学、儒学、建筑学等领域有着重要影响。昆仑文化既可作为青海地域性概念，也可象征为一种文化符号。她融汇了不同时空的多元文化，在当今时代不断影响和吸收各种文化，最具包容性和传承性。青海"河湟文化"、"青海回族文化"、"西羌文化"、"青藏高原安多文化"等多种文化如同在"昆仑文化"这一树根之上生长或嫁接而成的枝叶和果实。昆仑文化中共工怒触不周山、女娲炼石补天，以及夸父追日、刑天舞戚、禹鲧治水等一系列神话故事，与"五个特别"的青藏高原精神，"自信开放创新"的青海意识，"人一之，我十之"的实干精神和"大爱同心、坚韧不拔、挑战极限、感恩奋进"的玉树抗震救灾精神一脉相承，反映了中华民族博大坚忍、自强不息、牺牲自我、勇于创新的精神。② 林继富认为，昆仑文化是最富原始特色，最能代表中国根基的文化。昆仑神话最富原始特色，最能代表中国神话的文化。③ 王伟章也认为昆仑文化的形成过程是一个淳朴包容、乐观向上、坚韧不拔、不断创新的进程。昆仑文化的发掘和研究，将为青海省可持续发展，建设和谐社会提供源泉和动力。④

3. 昆仑文化品牌的打造

进入新世纪，昆仑文化逐渐成为代表青海特色文化的一张名片。2000 年 8

① 吉狄马加：《在神话的思维中感悟未来——昆仑文化与西王母神话国际学术论坛开幕式上的演讲》，《青海社会科学》2010 年第 4 期。

② 赵宗福、鄂崇荣等：《关于昆仑文化作为青海省标志性文化的思考》，《青海社会科学》2011 年第 3 期。

③ 林继富：《昆仑文化与藏族文化关系研究》，《青海社会科学》2010 年第 5 期。

④ 王伟章：《仰望圣殿般的雪山》，2010 年 8 月 13 日《青海日报》。

月，首届海峡两岸昆仑文化考察活动和学术研讨会在西宁举行。此后，2004 年、2005 年、2009 年格尔木市分别举办昆仑文化学术研讨会、昆仑文化旅游论坛、昆仑文化主题论坛。2006 年 8 月 12 日至 19 日台湾中国文化大学等 20 位学者和青海的 20 多位专家学者在兰州召开了海峡两岸昆仑文化探源研究交流会。这些学术研讨和考察在一定程度上推动了昆仑文化的推介。

从 2002 年 7 月开始，青海省相关部门每年举办的环青海湖国际公路自行车赛，成为青海省打造昆仑文化品牌分支的一个成功案例。2008 年，在中共青海省委书记强卫等同志的策划努力下，昆仑玉成为第 29 届北京奥运会奖牌用玉。同年，青海省文化厅等相关部门，以昆仑神话为讲述对象打造成功一部音画史诗《秘境青海》。2009 年 8 月，青海·湟源首届中华昆仑文化周暨西王母祭拜大典在湟源县宗家沟西王母石室前举行。同日，成立青海昆仑文化研究会，赵宗福任会长。2010 年主题为“山地民族，原生影像，人类记忆的延续与传播”的中国（青海）世界山地纪录片节在昆仑山下格尔木市举办。同年，在昆仑山脚下举办主题为《圣殿般的雪山》的昆仑山音乐交响会。2011 年中央电视台 4 频道《走遍中国——走进海西》系列播出《昆仑神话断想》节目。2011 年 4 月 29 日，青海省政府新闻办、青海省社会科学院、青海省昆仑文化研究会等策划举办了《玉出昆仑》进京系列活动。这些活动借助国际化都市、国际传媒、国际体育赛事等平台向国内外宣传了昆仑文化和昆仑玉。

2010 年 8 月，青海省委宣传部、青海省社会科学院、中国民俗学会等单位在西宁共同举办了“昆仑文化与西王母神话国际学术论坛”，围绕人类如何尊重生命，实现人与自然的和谐共存等主题进行了研讨。2011 年 7 月，又举办了“昆仑神话与世界创世神话国际学术论坛”，将昆仑文化放到了国际学术话语的语境中，与世界创世文明、神话作了比较，凸现了昆仑文化在世界神话体系中的重要价值。

2011 年 3 月，赵宗福主持的“昆仑文化研究”课题组，对打造青海昆仑文化品牌进行了调研和研究。2011 年 4 月 7 日，青海省政协副主席韩玉贵率领调研组，对海西州昆仑神话与昆仑文化开发进行了专题调研。此后分别形成《关于昆仑文化的研究报告》、《加大以昆仑神话为核心的昆仑文化开发和利用》等报告，在青海省政协十届十九次常委会议等会议上作了交流。此后，根据青海省委、省政府主要领导意见，赵宗福等组成的“昆仑文化研究”课题组成员，在研讨的基础上完成《关于以昆仑文化定位青海特色文化的补充说明》、《关于昆仑文化作为青海省标志性文化的思考》、《关于将“昆仑文化为源头的青海多民族文化”作为青海特色文化品牌的思考与建议》等一系列报告和建议。认为以“以昆仑文化为源头的青海多民族文化”定位青海文化不但能涵盖青海多元一体文化，而且可以升华青海特色文化品位，提升青海在国内国际的地位，可有力促进相关文化产业发展。

至此，有关昆仑文化国际性学术会议的讨论和学界、政府对昆仑文化的调研成果，初步完成了打造昆仑文化品牌的前期宣传和学理支撑。

4. 2011 年青海省文化改革大会的定位

2011 年 11 月，青海省文化改革发展大会胜利召开，中共青海省委书记强卫、省长骆惠宁作了重要讲话，会上重点研究了深化文化体制改革、推动青海特色文化和文化产业发展繁荣、努力建设文化名省问题。青海省文化改革发展大会的召开，体现了青海省委、省政府领导对多年来青海文化研究和青海文化发展现实以及对未来文化发展方向的体系化思考和理论升华。强卫书记结合多年来学术界对青海文化定位的讨论，从世界历史语境和中华民族伟大复兴视野审视青海历史文化和现实文化，对青海文化作出了富有学理性和实践性的历史性定位，认为青海是“中华民族文明的发祥地之一”，“中华民族文化的交融地之一”，“中华民族精神的展现地之一”①，将一直处于文化边缘位置的青海提升到中华文明发源形成与发展的历史与现实重心的高度。提出了“以昆仑文化为主体的多元一体文化格局”的青海文化定位，强调要精心打造以昆仑文化为重点的系列文化品牌。同时，《青海省“十二五”文化发展规划》中也提出建设河湟文化、青海湖文化、三江源文化和昆仑文化四大文化产业集聚区。这既符合青海实际，又彰显了文化特色，突出了文化品质；既兼顾了与中华文化的同源性，还考虑了青海地域文化多样性；既具世界眼光，又有现实关怀；既凸显了中华文化发源地和青海地理特征，又涵盖和代表青海多元文化。

三　在建设文化名省新征程中打造昆仑文化品牌的思考

文化名省建设将成为未来 5 年青海发展的主基调。在文化名省建设的新征程

① 强卫：《在全省文化改革发展大会上的讲话》，2011 年 12 月 1 日《青海日报》。

中，如何重构、提升、发展昆仑文化品牌形象和内涵，利用这一海内皆知的概念作为青海地域文化的符号，对提升青海文化在全国乃至世界上的重要地位，增强青海各族人民文化自信与自觉，具有重要意义。昆仑文化品牌的打造必须继续坚持政府引导、市场运作、民众参与、学界支持和媒体宣传。

1. 昆仑文化品牌的打造，政府引导是关键。

昆仑文化的品牌和打造是文化名省建设的重要组成部分之一，是一个庞大而复杂的系统工程。青海省文化发展改革大会上省委主要领导讲话中对青海文化的定位，以及会议通过的《关于加快文化改革发展建设文化名省的意见》、《青海省“十二五”文化发展规划》、《实施“十二五”文化建设“八大工程”的意见》、《关于促进青海省文化改革发展政策措施的意见》、《青海省深化文化体制改革总体方案》等文件，是指导当前和今后一个时期青海建设文化名省的纲领性文件。在新的历史起点上，《青海省“十二五”文化发展规划》是文化名省建设和打造昆仑文化品牌的阶段性具体规划，《实施“十二五”文化建设“八大工程”的意见》是文化名省建设和打造昆仑文化品牌的实施重点，《关于促进青海省文化改革发展政策措施的意见》是文化名省建设打造昆仑文化品牌的基本保障。

一是必须对昆仑涵盖的多元文化进行系统全面挖掘和梳理。在全省文化发展宏观性规划和指导下，格尔木、湟源等地应制定昆仑文化品牌发展规划，分解任务，狠抓落实。二是建议在省级层面组建“昆仑文化”品牌建设领导机构，成立“昆仑文化品牌建设办公室”，以省委宣传部为牵头单位，省发展改革委、省财政厅、省商务厅、省文化新闻出版厅、省广电局、省旅游局、省工商局、省广播电视台等为成员单位，统一领导、组织、协调、部署全省文化品牌建设，推动相关制度和工作计划的制订（定）、实施和监督。三是为便于工作落实和品牌运作转化，降低或取消某些政策门槛，引导社会资金进入，发挥民间力量在构筑品牌体系中的特殊作用。

2. 昆仑文化品牌的打造，学术研究是基础

回顾昆仑文化研究现状，虽然学术成果丰硕，但学术体系仍显薄弱；虽专题性研究成果较多，但系统性研究成果缺乏。昆仑文化品牌的打造，昆仑文化内涵的挖掘、宣传推广等方面，要充分发挥学者的力量。一是昆仑文化国际论坛已经成为对外宣传昆仑文化品牌一个重大平台。今后应继续加大对此类会议的支持，使之继续发挥作用。要以昆仑文化国际论坛为核心，整合文化资源，理顺关系，形成合力。在昆仑文化国际论坛下举办“热贡文化论坛”等若干个分论坛，对昆仑文化与各民族文化、各区域文化等关系梳理对接，解决学术难题，探讨学术分歧，提供新的资料，创新观点，为政府决策提供理论依据。二是成立昆仑文化研究专家咨询库，加强各级决策部门与学术机构的沟通与信息共享，建立起学术机构与政府部门的长期对话机制，对全省的昆仑文化发展提供理论支撑。三是设立昆仑文化专项研究经费和重点规划项目，加大资金投入，采用招标方式，吸引知名学者和中青年学者系统挖掘、整理与昆仑文化相关的资料，研究打造昆仑文化品牌过程遇到的难点和热点问题。四是进一步发挥青海省社会科学院、“昆仑文化研究会”等研究机构和群众性研究团体的作用，通过研究昆仑神话与昆仑文化、昆仑文化与品牌战略、昆仑文化研究与文化旅游、昆仑文化与产业文化、昆仑与新青海精神等，集中力量生产高质量成果，构建起比较系统、完整的昆仑学，形成具有地域学术特色的昆仑学派。五是编辑出版《昆仑文化文献集成》、《昆仑文化研究集成》、《昆仑文化概论》、《昆仑文化研究》书刊，促进学术成果转化。

3. 昆仑文化的推介，重大节庆、体育赛事和文艺作品是平台

近几年青海省举行的各种重大节庆活动和体育赛事，加强了与外界的联系合作，有力地宣传了昆仑文化。今后，昆仑文化的推介，仍需依赖于这些重大节庆活动和体育赛事，如青海绿色经济投资贸易洽谈会、青海国际藏毯展和国际清真食品用品展、环青海湖国际公路自行车赛、世界攀岩赛、国际抢渡黄河极限挑战赛、青海湖国际诗歌节、“三江源”国际摄影节、国际山地纪录片节、水与生命音乐之旅、昆仑山交响音乐会等活动。今后，需进一步建立、培育和完善举办此类节庆活动和体育赛事多元的筹资和回报机制。

此外，创作文艺精品也是宣传文化品牌的有效手段。青海省在创作文艺作品、推介昆仑文化方面做了大量工作，积累了一些成功的经验。如著名音乐人赵季平领衔打造的大型音画歌舞史诗《秘境青海》、青海花儿音乐诗剧《雪白的鸽子》在省内外引起了强烈的社会反响。今后应该继续推进这种模式，以引进人才或“借鸡下蛋”的方式，采用昆仑文化题材创作影视、舞台艺术、音乐和书画等精品力作，通过举办或参加全国性、国际性的各类演出活动和展览，来推介昆仑文化品牌，增强昆仑文化在省内外和国内外的知名度。

4. 昆仑文化的提升，深入宣传是途径

展开多层次、立体式的宣传是提升昆仑文化知名度、打造昆仑文化品牌的根本途径。近年来，省委、省政府在宣传昆仑文化方面做了大量工作。今后昆仑文化的宣传应突出两个市场：一是省外和国外市场，主要目的是提高昆仑文化的知名度。二是省内市场，主要目的是增强全省人民对昆仑文化的认知度。具体而言，可以通过以下工作来达到宣传的目的：一是继续借助央视等高端媒体和大型体育赛事做好昆仑文化的对外宣传工作。二是发展创意文化产业，借助动漫产品展示昆仑文化。三是借助广播电视和互联网等媒介，扩大宣传和影响。四是将昆仑文化作为党校、社科院、省内高校省情教育和干部自主选学教育课程；以文化讲座和知识竞赛等形式在中小学生和广大普通市民中普及昆仑文化知识。

5. 昆仑文化的发展，市场运作是趋势

昆仑文化品牌的打造，初期靠政府引导，后期需市场推动。一是应充分运用现代化的营销手段，以市场需求为导向，运用市场化的运作方式，进一步整合文化、旅游等营销资源，全方位、大密度、持续不断地开展品牌营销，不断提高昆仑文化品牌的认可度和知晓度。二是加强文物保护与旅游开发和基础设施建设，保护人文景观和自然景观中的人文、自然生态、民俗风情、宗教习俗、古建筑等资源的原真性。三是运用新观念、新机制、新办法，加大昆仑文化从无形资产向有形资源转化的力度，加强品牌公益性使用和产业化运作，推进社会效益和经济效益相互促进。四是强力打造以昆仑文化为主题，以原真性自然景观和人文景观为实体的昆仑文化博物馆、昆仑国家公园、昆仑玉等特色产业群和品牌载体。

参考文献

赵宗福：《昆仑神话》，青海人民出版社，2005。

刘锡诚：《神话昆仑与西王母原相》，《西北民族研究》2002 年第 4 期。

刘锡诚：《20 世纪中国神话学概观——〈中国神话学文论选萃〉（增订本）序言》，《西北民族研究》2010 年第 1 期。

王伟章：《回视与超越》，载于赵宗福主编《百年青海学术》（打印稿）2011 年 12 月。

窦国林：《昆仑文化是中华文化的根母——“昆仑文化与西王母神话国际学术论坛暨青海湟源昆仑文化周”综述》，《青海社会科学》2010 年第 6 期。

鄂崇荣：《昆仑与世界的对话——“昆仑神话与世界创世神话国际学术论坛”综述》，《青海社会科学》2011 年第 4 期。

B.27 三江源区生态移民后续产业发展研究

苏海红*

摘　要： 生态移民是三江源区生态保护和草原修复的有效举措，为使生态移民生产生活得到持续有效改善，必须建立完善的生态经济体系和社会保障体系，特别是后续产业发展尤为关键。三江源区生态移民后续产业发展必须坚持政府扶持和移民自主创业相结合，以发展生态畜牧业为突破口，积极发展畜产品加工业、民族手工业和旅游业等特色产业，最终实现经济发展、收入增加和生态环境改善的多赢目标。

关键词： 三江源区　生态移民　后续产业

三江源区地处青藏高原腹地，是长江、黄河、澜沧江的发源地，生态环境脆弱，生态地位重要。由于草场退化和人口增加，三江源区草场严重超载。为实现草畜平衡而实施的退牧还草和生态移民等减人减畜工程，通过降低畜牧业对天然草场的压力、改变牧民长期过度依赖自然资源的生存现状，保护了三江源区生态环境。但此举使区内农牧民收入减少，加之经济发展缺乏内在持久的增长动力，当地城乡居民收入水平以及基本公共服务水平与全国的差距越拉越大，经济发展与生态保护间的矛盾凸显。因此，生态移民后续产业发展成为实现三江源区人与自然、经济与社会和谐可持续发展，实现广大农牧民群众脱贫致富和增强自我发展能力的关键环节。

一　三江源区生态移民后续产业发展现状

改革开放以来，随着农村牧区经济体制改革的全面推进和社会主义市场经济

* 苏海红，青海省社会科学院副院长，研究员，研究方向：区域经济、生态经济。

体系的逐步完善，三江源区逐步实现了从封闭半封闭到全方位、多层次融入市场经济的重大转折，以畜牧业及其加工业为主导产业的资源优势型产业加快发展，并对地方经济发展发挥着带动作用。从2006年开始，三江源各地区根据本地和农牧民实际，通过“离土不离乡”的乡镇安置、城镇附近安置和城市内安置等模式进行了移民安置。截至2009年底，三江源区共搬迁入住移民10579户、49631人，其中建成移民社区86个，集中安置8633户、41751人；自主安置1946户、7880人。

（一）生态移民后续产业发展特点

为确保生态移民“搬得出、稳得住、能致富”，2009年青海省政府投资3000万元，建立了生态移民创业扶持基金，积极引导和扶持生态移民发展后续产业，着力在牛羊育肥、民族工艺品加工、畜产品加工、旅游服务等产业发展上取得新进展，并呈现以下几个特点。

1. 突出发展生态畜牧业，不断提高传统产业的经营效益

畜牧业是三江源区牧民赖以生存和发展的基础产业，更是当地经济发展的支柱产业。近半个世纪以来，超载过牧和草场退化成为三江源区畜牧业发展中的突出问题。针对三江源区畜产品资源丰富且特色鲜明，具备开发和培育有机产品、绿色产品的资源基础，发展以生态畜牧业为主导的生态型产业体系，是保护生态环境前提下既减轻草场压力又提高畜牧业效益的最佳发展路径。因此，青海省从2005年开始在三江源区实施了天然草原植被恢复与建设、草场围栏、天然草地退牧还草等一批重大工程，并于2008年初在河南县、治多县和玛沁县开展了“以保护草原生态环境为前提、以科学合理利用草地资源为基础、以推进草畜平衡为核心、以转变生产经营方式为关键、以组建合作经济组织为切入点、以实现人与自然和谐为目标”的草地生态畜牧业建设试点，在实践中取得一定成效。一是采取逐步减畜和种草舍饲等措施，初步实现了以草定畜和草畜平衡。二是以提高牲畜个体生产性能和群体品质、加快畜群结构调整为重点，加大畜种改良和本品种选育工作力度，牲畜品种和畜群结构得以优化。三是分类组群，将当年计划出栏的非生产畜和当年羔羊单独组群育肥，加快畜群周转速度，生产效益显著提高。四是成立了由牧民自愿参加的专业合作组织，牧民组织化程度显著提高，经济结构、产业结构以及就业结构不断优化。五是在牧民自愿的基础上，以合作社为平台，实行股份经营、集中经营、联户经营，从而有力地带动了以草场、牲畜、饲草料地等为主的畜牧业资源整合，促进了适度规模的发展，初步探索了具有青海特色的生态畜牧业建设模式。

2. 大力发展中藏药材及民族手工业，增强持续发展后劲

三江源区是世界上海拔最高、生物多样性最集中地区，被誉为高寒生物自然物种基因库。同时，三江源区少数民族人口众多，民族用品制造业历史悠久。中藏药材加工和民族手工业的发展，将畜牧业、种植业与提供劳动技能培训等的教育服务业集结成一个紧密相连、有机互动的整体，形成一、二、三产业协同发展的产业链条，可提高三江源区自我发展能力，增加财政收入和城乡居民收入，也有利于当地的生态环境，以及传承国家非物质文化遗产和发挥地方传统优势。当地政府围绕中藏药材等生物资源加工，藏毯，藏袍、藏帽、围裙、藏靴、头饰等民族服饰，卡垫、氆氇、金银饰品、银雕木碗等民族用品，以及结合旅游业发展玛尼石刻、羊皮画、藏刀等工艺品，不断促进民族加工业上档次、上规模，中藏药材加工业和民族手工业逐步成为繁荣民族工业、带动群众增收的新兴产业。

3. 积极发展高原生态旅游业，形成新的经济增长点

三江源区生态旅游以“三江之源”生态与环境体验、“康巴安多”藏文化原生态体验、“青南高原”人与自然的关系体验、“青南高原”户外运动与自驾车旅游为主体系列产品；以黄河源、长江源、澜沧江源的生态体验，湖泊水生态，歌舞之乡采风，马背文化体验，宗教文化探秘，雪山冰川攀登探险，青南自驾游等为主打系列产品，涵盖了游、住、行、食、购、娱6个方面的内容。由于三江源区生态、探险、文化、宗教、科考等专项或特种旅游资源具有较强的垄断性和独特性，使其成为国内旅游景观类型多样、资源组合良好、研究价值大、具有重大开发价值的旅游富矿区。根据《三江源区生态旅游发展规划》，青海省将投资18.42亿元用于建设三江源区35个重点旅游景区的旅游设施，着力打造集生态旅游、科学考察、探险旅游、宗教朝觐和风情旅游为一体的江河源型国际级生态旅游目的地。目前，三江源区的生态观光、探险旅游、民族文化旅游等品牌已经逐步形成，旅游产品的市场知名度正在提升，旅游产业的带动作用开始显现。

4. 加快培育市场发展活力，提高牧民适应社会的能力

立足后续产业发展和增加牧民收入，政府加大了资金投入力度，对项目区乡村干部、移民群众、致富能人等在科学管理、实用技术和劳动技能等方面着力进行培训，使移民群众观念有所转变，提高了劳动技能，拓宽了就业渠道，增强了他们自主创业的能力和适应市场及城镇生活的能力。目前，部分生态移民主动在市场寻找商机，积极从事畜产品贩运、民族歌舞、民族饰品加工、劳务输出、暖棚种植和养殖、中藏药采集加工、汽车驾驶、农机具及摩托车修理等。

（二）生态牧民生产生活状况

通过生态移民小城镇建设，使生态移民社区的水、电、路、教育、卫生等基础设施进一步完善，与迁出区相比，搬迁牧民的生产生活条件发生根本性变化，牧民就医难、上学难、行路难、用水难和用电难的问题得到根本解决。目前移民从事的后续生产主要有：农牧业领域中的中藏药采集（采挖虫草为主）、牛羊育肥、蔬菜种植等，服务业领域中的劳务输出、客货运输、商贸、农机维修、餐饮、民族工艺品加工、旅游服务等。对主要安置在县城及乡镇的生态移民，特别是玉树和果洛地区，通过林木管护、环卫、社区保安等公益事业吸收部分移民，大部分移民参与当地工程建设，运输沙石料或从事劳务，部分移民还通过经商和藏饰加工等渠道创收。在气候条件和周边市场条件较好的区域，如同德、兴海、贵南、共和、泽库和河南 6 县，移民主要从事牛羊育肥、养猪和蔬菜种植，部分群众通过从事运输、经商、餐饮、劳务等方式创收。据青海省财政厅调研三江源区生态移民收入构成分析结果显示①，采集业占移民总收入的 49.9%，是移民最主要的收入来源；劳务输出占 18%；养殖业占 6.7%；运输业占 5.4%；种植业占 4%；商业占 3.1%；餐饮业占 1.9%；维修业占 1.7%；手工业占 1.3%；其他行业占 8%。三江源区已搬迁入住的移民社区集中安置 8633 户、41751 人，人均收入 2150 元（见表 1）。

表 1　三江源区生态移民集中安置社区人均创收情况

单位：户，人，元

项目＼地区	玉树州	果洛州	黄南州	海南州	格尔木唐古拉山乡移民社区
户　数	2297	2495	1384	2329	128
人　数	11778	11111	6601	11621	640
人均收入	2096	1394	2832	3256	1000

① 青海省财政厅经济建设处课题组：《青海三江源生态移民后续产业发展调研报告》，《青海财政调研报告汇编（2008～2010）》，青新出（2011）准字第 151 号，第 292 页。

二　三江源区生态移民后续产业发展中存在的主要问题

在探索三江源生态修复系统的建设过程中，遵循“在保护中开发，在开发中保护”的原则，尽管在创新机制、优化产业结构等方面取得一定实效，但三江源区生态移民后续产业发展中仍然存在诸多问题。

第一，区位条件限制了后续产业发展空间。三江源区自然条件严酷，交通不便，信息缺乏，科技力量薄弱，对资源开发和加工运输形成挑战，严重制约了产业发展，加之远离市场和我国经济核心区，产品运距长、输出成本高，而本地居民消费能力有限，市场容量不足，缺乏产业加快发展的内外环境。由此决定了草地畜牧业是三江源区的主导产业，而第二、第三产业处于空白或刚起步状态，发展较为缓慢。

第二，社会适应性问题影响牧民参与后续产业发展的积极性。一是移民由以往的游牧生产生活方式转到现代城镇生活，生存环境、生产方式、生活方式、价值观念与组织形式等方面的巨大变化，使牧民群众在较短时期内很难适应。二是传统思想和观念制约了牧民群众参与后续产业的积极性和主动性，绝大多数牧民群众受语言、技能以及第二、三产业就业机会少等因素的影响，不会也不愿意从事除畜牧业以外的其他产业，主动创业和参与市场竞争的牧民很少，一定程度上也影响了后续产业的发展。

第三，社会事业的严重滞后和特殊困难束缚了市场经济的发展。三江源区在教育、科技、文化、卫生等社会事业发展方面与青海省乃至全国存在明显差距，社会发育水平较低，城乡基础设施差，民生问题突出，社会发展基础十分薄弱。一是地域广阔，自然环境恶劣，财政支出成本高。三江源区平均海拔 4000 米以上，高原疾病种类多、患病率高，人均医疗费用远高于全国平均水平；运输线路长，建材市场价格以及物价指数较高；9 个月以上的取暖支出是青海东部地区的 3 倍。二是行政覆盖网络稀疏，三江源核心区距离省会西宁市约 800 公里，服务半径大，管理成本成倍递增。

第四，生态畜牧业发展水平和产业化经营水平较低。一是草场退化趋势与单一产业结构形成的畜草矛盾突出。二是冷暖季草场不平衡问题突出，牲畜的“夏壮、秋肥、冬瘦、春死”现象严重。三是基础设施滞后与消费市场边缘形成双重制约，投入和政策扶持长期不足，牛的出栏率仅为18%～20%，羊的出栏率为25%左右。四是组织化转型与产业化发展的基本要素缺乏，制约了向现代畜牧业的组织化、产业化转型。五是半舍饲畜牧业发展中缺乏饲草料，制约了半舍饲畜牧业及其产业化发展。六是缺乏完善的生态补偿激励机制，以及适合高原畜牧业集约化生产的经营管理办法和措施。

第五，中藏药加工和民族手工业发展缓慢。一是产业整体发展水平较低。绝大多数企业规模小、产能低，生产方式和工艺流程落后，工艺传承、技术创新、产业升级缓慢。二是相关专业技术人员匮乏。基本工艺的传授长期以来采取师傅带徒弟的形式，制约了产业的传承和发展。三是药用植物自然生长存在极大的脆弱性。生态恶化影响了药用植物资源的正常再生，加之药用植物资源的需求量剧增和掠夺性开采，致使不少野生中藏药资源日趋稀少，影响了中藏药材加工业的良性发展。四是资金和信贷支持力度不够。资金投入不足，企业在车间建设、人员培训、市场开拓等方面有一定局限，产品的数量和质量难以保证。

第六，高原生态旅游业起步艰难。一是基础设施薄弱。三江源区地理环境复杂，交通线路密度低，公路等级低、路况差，通信落后，加之旅游资源分布稀疏，旅游路线长，可进入性差，存在“一流资源，二流知名度，三流开发，四流交通，五流经营”等问题。二是环境制约性明显。受高原高海拔的自然环境气候影响，旅游日期短，影响旅游业发展。三是缺乏与旅游业相配套的产业发展。三江源区旅游的六大环节——“吃、住、行、游、购、娱”存在着“小、散、弱、差”的状况，产业链条不完整，难以形成产业优势。四是市场化推进步伐缓慢。三江源区缺乏旅游资源普查、对外宣传和基础设施建设，且利用资本市场能力弱，加之思想观念滞后，缺乏旅游管理人才和宣传促销，使旅游业发展缓慢。

第七，生态移民后续产业缺乏有效的发展规划和政策保障。一是缺乏有效和长远的规划设计。三江源区自2006年开始实施《三江源自然保护区生态保护与建设工程》，尽管国家投资75亿元用于三江源生态系统的修复，其中也包括生态移民工程，但仅涉及移民搬迁的房屋建设，未包括和涉及移民搬迁后的社区基础设施建设和后续产业发展的相关规划，加之受三江源区地理区位条件和牧民自身素质的限制，后续产业发展成为当前三江源区的最大难题。二是缺乏持久的政策保障。生态补偿政策是生态移民放弃畜牧业生产方式后的最大政策保障，青海省级财政尽管于2010年启动了生态补偿政策，但由于财力所限，与搬迁牧民的实际需求还存在相当距离，尚需要国家层面通过推进《青海三江源国家生态保护综合试验区总体方案》，加大对生态移民后续产业的政策扶持力度。

三　三江源区生态移民后续产业发展思路及产业模式

三江源区在发展区域经济和保障民生的过程中，既要保护生态环境又要发展生态经济，既要注重生态系统的修复又要改善和保障区内牧民的生产生活，必须建立完善的生态经济体系和社会保障体系，才能实现经济、社会与环境的统一协调发展。因此，其生态移民后续产业发展应坚持政府扶持和移民自主创业相结合，并以政府扶持为主，以增加移民收入和实现经济社会可持续发展为目标，以发展生态畜牧业商品基地为突破口，优化牧业结构，积极发展畜产品加工、民族手工业和旅游业等特色产业，最终实现发展生产、增加收入、保护生态的多赢目标。

（一）生态畜牧业发展模式

三江源区生态畜牧业应选择以草场轻度承载、牧草供应有余、市场纯天然有机畜产品为特征的发展模式，建成生态作用突出、绿色有机无污染的天然畜产品生产区，实现生态安全、人与自然和谐的畜牧业可持续发展。一是目标定位。生态畜牧业建设是一个长期过程，必须根据不同区域、不同发展阶段确定不同的阶段性目标。在三江源核心功能区内应严格减人减畜，强化生态系统的自然修复功能；在缓冲区条件较好区域，实行以草定畜和划区轮牧，减轻草场压力，发展以牦牛、藏系绵羊为主，犊牛、羔羊肉为补充的优质畜种，并发展设施、半设施畜牧业，开展牛羊育肥。二是发展方向。应充分发挥三江源区生态环境、草地资源、畜牧资源及政策支持等优势，以市场需求为导向，加快有机畜牧业绿色认证和基础建设，加强优良畜种的引进、培育和推广工作，优先在河南、泽库两县对畜产品进行深加工和综合利用，建立有机产品加工业群体，并逐步扩大到其他区域。三是发展重点。建立符合有机原则的优质饲草料基地，满足传统畜牧业向可持续发展的生态畜牧业转变；支持和鼓励组建牧民合作社，科学规划基础设施建设，合理调整产业布局，确保人、草、畜平衡发展。

（二）生态旅游业发展模式

原始性、真实性、神秘性和完整性以及自然状态是三江源区保持吸引力的根本。一是充分利用国家给予的优惠政策及资金扶持，集中财力解决目前旅游开发中的重点和突出问题，推进基础设施建设，从吃、住、行、游、购、娱等方面整体推进生态旅游业的发展。二是采取开发与保护工作同时启动、齐头并进的措施，积极寻找资源保护、文化传承与经济发展的最佳结合点，处理好游客容量与环境承载力的关系，拓展高端生态旅游市场，因地制宜开发生态旅游产品，培育壮大民族服饰、民族雕刻、藏毯加工、宗教用品等民族旅游商品。三是根据三江源区生态旅游资源的空间分布，对内整合资源，科学布局，构建区域旅游网络体系，优先发展旅游资源良好、交通便捷等开发条件较好的著名旅游资源点，形成团簇状的生态旅游圈，带动旅游客源市场的形成与扩大。四是建立多元化的融资渠道，积极争取国内外资金投入，做好联合开发，共同受益，有的项目可采取发行股票、债券等方式筹集社会资金。五是加大生态旅游宣传促销力度，注重引进和培养旅游管理人才，创新旅游宣传形式，增强宣传促销的针对性和实效性，积极培养一批专业化程度较高的旅行社以及相关旅游管理、导游、演艺人才。六是充分利用玉树灾后重建，让三江源区成为青藏高原上最具吸引力和经济价值的旅游目的地之一。

（三）中藏药材及民族手工业发展模式

实施好与传承民族文化、发展生态旅游业、促进脱贫致富的有机结合，使文化、产业和机制相互促进形成良性发展，着力于向产业集群化方向发展。一是积极建立三江源区特色产业创业园，加大招商引资力度，加强相关的基础设施及产业配套体系建设，培育生产加工中心、产业配套中心、贸易中心和研发中心，着力发展民族手工艺品加工、中藏药材加工、旅游用品加工等产业，提升产业整体发展水平。二是提高品牌建设能力，加快品牌建设和申报工作，积极营造有利于品牌成长、壮大的良好氛围，发挥好企业的主体作用，增强品牌意识，大力开展技术创新和营销创新，充分依靠市场的客观评价机制，引领、推动知名自主品牌的诞生与成长。三是培养生产实用技术人才，大力发展职业技术教育，充分利用国内外科研机构和大中专院校，重点引进和培养急需的专业人才，不断提升专业技术人员储备力量。四是加强与科研院校的合作，加大中藏药材药用成分分析、生物药剂配方与生产工艺等研究，建立濒危藏药材种植栽培保护基地，设立人工驯化研究项目，建立圈地保护、迁地保护基地，积极开展人工培植、推广种植和加工利用。五是加大资金扶持力度，拓宽融资渠道，充分利用扶贫资金、行业资金和社会资金等，建立中藏药材及民族手工业发展专项基金，保障产业发展资金，尤其对群众自发的、家庭作坊式的手工业加工给予资金和信贷支持。

四　三江源区生态移民后续产业发展的对策建议

生态移民后续产业发展，需要建立相关的产业发展政策支持系统，需要国家在税收、信贷、投资等相关政策方面对三江源区给予倾斜，在技术、信息、原料供应、市场建设等方面给予大力扶持，通过培育市场主体，促进三江源区生态移民后续产业的发展壮大。

（一）制定优惠政策保障后续产业健康发展

1. 构建三江源区生态畜牧业发展的长效机制

一是建议国家将实施的种粮直补政策延伸到生态畜牧业发展领域，加大对畜产品储备体系建设投入力度，增加国家在三江源区的活牛、活羊等储备数量，并针对三江源区畜牧业自然灾害频繁、严重的现状，运用保险的风险补偿手段支持生态畜牧业发展。二是加大人力资本投资，设立农牧民培训专项基金，对农牧民进行专业技术培训，使之更好地适应生态畜牧业的发展。三是扶持三江源区建立开放公平和竞争有序的草地产权交易和租赁市场，提供草地流转信息登记发布、草地评估、谈判交易、合同签订鉴证、法律政策咨询、纠纷调解等服务，促进牧区草地流转的有序进行。四是大力支持生态畜牧业的产业化发展，健全合作社的运行机制，加大畜产品加工企业的培育和发展。五是加快推进三江源区绿色产品的认证，建立绿色经济国家级产业园区，促进三江源区的畜产品尽快取得无公害、无污染、安全、健康、优质的绿色认证，为西部乃至全国其他省（自治区）发展绿色经济提供范式。

2. 支持三江源区生态旅游业加快发展

一是建议国家设立三江源区旅游业发展专项基金，在国债资金的安排上给予倾斜，加大重点景区景点基础设施建设的投入力度，支持三江源区重点景区生态环境保护、文化遗产保护以及景区水电路等设施建设。二是对三江源区国家扶贫开发重点县中资源丰富、特色突出的县，创新扶贫开发模式，将其作为国家级旅游扶贫示范县进行着力扶持。三是将三江源区重点精品旅游线路纳入国家旅游精品线路，促进区域旅游合作，提升旅游知名度。

3. 实行促进民族手工业和中藏药加工业发展的优惠政策

一是引导政策性银行及商业银行加大对三江源区民族手工业和中藏药加工业的信贷支持力度，尤其对生物资源开发利用、藏药研发及现代化生产等一些关键性控制性技术攻关列入国家级科技计划，加大国家科研经费对三江源区相关产业发展关键性技术攻关的投入规模，建立完善的藏药质量标准体系和藏医药研究基地。二是制订三江源区民族手工艺人的传承和培养计划，着力培养后续人才。

（二）加强三江源区的社会事业建设

1. 将加快三江源区社会事业、提高基本公共服务水平、不断改善民生事业纳入国家的顶层设计

一是加大社会事业投入。加大寄宿制学校建设，帮助发展职业技术教育，扶持完善三江源区州、县、乡、村公共服务，基本医疗服务以及社会保障体系建设，加强基层文化体育等方面的建设。二是扶持改善农牧民生产生活条件。帮扶畜种改良、畜疫防治、牲畜棚圈、防灾基地、饲草改良等生产基础设施建设，建立三江源区农牧民劳动技能培训基地，改善农牧民生产生活条件。三是不断完善和落实民生政策。通过支持扩大就业，增加低收入群体的收入，加大向农牧业、公共卫生、社会保障等的投入力度，逐步解决涉及群众切身利益的热点、难点问题。

2. 城镇容量和人口承载力的扩大是三江源区减轻资源与环境压力的重要条件

大力发展城镇建设，整合各项建设资金，以城镇功能的完善和容量的扩大促进第二、三产业发展，壮大劳务经济，增加吸纳移民的能力。同时，加强移民社区建设，改善社区道路、能源、通信、广播电视等公共服务条件，降低移民商品交易费用，提高移民的生产技术和管理服务水平，使社区的公共服务直接进入移民的生产生活过程。

（三）建立和完善生态补偿机制

积极推动生态补偿政策的建立和完善。一是增加中央财政对三江源区的财政转移支付，进一步考虑三江源区独特的生态地位及地理、气候条件所造成的一些特殊性因素，提高计算一般性转移支付的系数。专门设立“三江源生态补偿转移支付”科目；根据实际需要，增加专项转移支付，进一步加大对各项社会事业发展及公用基础设施的投入，提高基本公共服务能力和水平。在加大生态保护和建设的同时，将相关的基础设施建设项目纳入国家专项规划，在项目和资金上给予支持。二是研究探索流域生态补偿机制的建立。针对三江源的水及水电效益，在长江、黄河中下游地区征收流域水资源生态补偿费，重点用于三江源区水资源的生态修复和改善牧民基本生存条件。三是建立补偿资金的多元化融资方式。设立三江源生态保护基金，国家拨付一定的财政资金作为基础资金，通过宣传、引导等形式促进企业、组织及个人的捐赠，扩大基金资金来源范围。四是以中央财政为主，通过参股和提供融资担保等方式扶持农牧民设立和发展创业投资企业，以有效增加社会就业机会。

B.28

青海新能源开发利用现状及发展战略研究

冀康平*

摘　要： 近年来，伴随着太阳能材料产业链的加速形成和风电场建设项目相继启动，青海新能源发展应用已初具规模，发展新能源产业已被纳入全省“十二五”经济社会发展的总体战略部署。坚持特色与规模并举、开发与保护并重，优化新能源产业发展环境，创新发展模式，加快培育特色优势新能源战略支撑产业，全力打造千万千瓦级太阳能发电基地，大力开发风力发电和风力发电设备制造，使青海成为国家发展新能源的重要研发基地，是青海新能源产业发展的总体思路和发展重点。

关键词： 新能源　开发利用　发展战略

新能源是指在新技术基础上刚开始开发利用或正在积极研究、有待推广的可再生能源，是有别于传统能源的各种能源形式，如太阳能、风能、地热能、海洋能等。新能源由于其自身污染小、资源耗费低以及可再生等优点，越来越受到重视，被认为是人类能源的重点开发领域。加快跟进国家转型发展步伐，布局谋划新能源发展，大力发展新能源，促进产业结构调整和发展方式转变，把新能源培育成青海又一特色优势产业和战略性新兴产业，建立循环经济的低能源消耗模式，是青海实施新能源发展战略的重要选择和“十二五”的主要任务。

一　青海省发展新能源的重要性

新能源开发有可能成为未来全球最重要的经济增长引擎，成为最有创造就业

* 冀康平，青海省社会科学院经济研究所研究员，研究方向：资源环境经济。

和财富能力的新经济支柱。当前，大力促进新能源经济发展是青海发展中的重要战略机遇。发展新能源经济不仅可以开辟新的能源供应途径，有效增加新能源供应量，还可以有效降低环境污染，有利于青海省实施生态立省战略，建设环境友好型社会。从青海产业结构调整看，发展新能源经济将对调整目前以重化工为主的产业结构、经济结构和发展战略，带动一系列相关产业发展，提高经济运行的抗风险能力发挥重要作用。把新能源产业培育成青海的一个特色产业和新的经济增长点，必将有力推动青海经济又好又快发展。

（一）发展新能源是科学发展战略的必然选择

能源是经济发展的主要动力来源，为经济发展提供着重要的物质基础。经济发展最终目的是为了构造良好的社会环境，提高人民生活水平，满足人民群众的物质乃至精神追求。中央提出坚持以人为本，树立全面、协调、可持续发展观，促进经济社会和人的全面发展。青海当前及今后的发展，必须认真贯彻落实科学发展观，按照“两型社会”建设的要求，高度重视开发新能源，加快新能源产业振兴和发展步伐，促进青海经济社会又好又快发展。

（二）发展新能源是发展新兴产业的重要内容

发展新能源是“十二五”时期经济社会发展的重要任务，是青海经济发展新的增长点。青海已将新能源作为十大优势产业之一，“十二五”时期加快转变经济发展方式，必须加快产业结构转型升级，更需要加快培育发展战略性新兴产业，而发展新能源是培育发展战略性新兴产业的重要内容。

（三）发展新能源是引领绿色发展最现实的途径

新能源对满足能源需求、改善能源结构、减少环境污染、促进经济社会绿色发展具有十分重要的意义，既符合国家产业政策，又代表了未来发展的方向，前景广阔。绿色发展的本质规定性在于无污染、生态化，表征为能源资源节约、环境友好，不仅主要体现在生产（产业）环节，也体现在流通（贸易）、消费（生活）、分配等环节。因而，绿色发展的几种形式都期待新能源产业。青海工业经济转型和实现节能减排离不开新能源的发展，构建低碳工业体系、发展循环经济、实现绿色增长是青海未来发展的奋斗目标。只有实现以新能源引领青海的绿色发展，才能真正走一条健康、优质、可持续的发展道路。

二 青海省新能源开发利用应用现状

近年来，青海的新能源开发利用得到长足发展，新能源发展应用已初具规模。太阳能产业发展不断加速，太阳能推广应用领域日益拓宽，太阳能材料产业链正在加速形成，2010年光伏产业产值已达到10亿元。风能利用开始起步，投资风电场建设项目相继启动。太阳能和风电将成为青海新能源产业的两大重点。

（一）太阳能光伏产业

青海的太阳能光伏应用起步较早。20世纪90年代以前，青海光伏发电市场主要由国家扶贫项目支撑。“十五”期间，青海太阳能光伏发电系统应用加速。通过中日、中德等国际的合作，以及系列示范项目的建设，青海省有效探索出了建设太阳能并网光伏电站的经验。青海省目前建成离网系统、户用系统1万千瓦，并网容量3万千瓦，在建项目20万千瓦。

2009年，青海全面启动柴达木盆地太阳能大型并网光伏电站建设，依托当地丰富的太阳能资源、坚强电网、便利交通、水电调峰能力强的独特优势，全力打造千万千瓦级太阳能发电基地。截至目前，已开工建设19个并网光伏电站，容量300兆瓦，柴达木盆地太阳能发电基地建设迈出坚实步伐。青海省已建成的国电格尔木20兆瓦、国投格尔木20兆瓦、中广核一期20兆瓦等5个光伏发电项目已经实现并网发电，且集中在海西地区，并网容量达到70兆瓦。目前在建的并网系统工程中，格尔木地区23座，建设容量545兆瓦，建成容量505兆瓦；乌兰地区4座，建成容量80兆瓦；锡铁山地区5座，建成容量130兆瓦；德令哈地区8座，建设容量160兆瓦，建成容量115兆瓦。这不仅标志着柴达木盆地太阳能发电基地建设迈出坚实步伐，而且预示着高位起步的青海太阳能产业正向着高技术、规模化、可持续方向迈进。同时，已累计投资逾百亿元，建成171座离网光伏电站，向偏远农牧区发放2.7万套户用光伏电源，解决了离网地区16万人口的基本用电问题。

布局在西宁的新能源产业上下游产业开发基地已形成，规划建设（一期）

6250 吨多晶硅、700 吨单晶硅、5000 万片单晶硅切片、150 兆瓦电池片、50 兆瓦太阳能电池组件的生产基地，形成较为完善的“多晶硅提纯、晶硅铸锭、切片、电池生产、电池组件封装、系统集成”产业链。太阳能开发利用及其产业正在快速成长为青海省新的特色优势支柱产业。

（二）风电产业

青海属风能较丰富地区，据 2006 年青海省风能资源普查，风能资源总储量为 4.119 亿千瓦，估算风能资源技术可开发量约 0.121 亿千瓦。由于青海省的风能具有一定的开发潜力，加上新能源产业发展持续升温、风电技术成熟、发电成本相对较低等利好大环境的影响和带动，近两年青海省风电产业发展步伐加快。至 2010 年，省内已通过相关部门审核的风电场预可研建设项目 2 个，装机容量分别为 4.95 万千瓦；已通过相关部门审核的风电场可行性研究建设项目 3 个，装机容量分别为 4.95 万千瓦；已通过相关部门核准的风电场建设项目 1 个，装机容量为 4.95 万千瓦。目前，青海省在风力发电设备制造领域也取得了一定成效。2009 年 3 月，总投资达 6 亿元的风力发电设备制造项目在西宁经济技术开发区（国家级）南川工业园区开工建设，主要研制垂直轴风力发电设备。为了更好地开发利用丰富的风能资源，青海已在风能资源丰富、联网及运输施工等综合条件良好的海西、海南、海北等地区规划了 29 个风电厂，规划装机容量 987 万千瓦，到 2030 年将相继建成。青海首个风力发电厂 2010 年 6 月底在日月山正式开工，德令哈市尕海 200 兆瓦风电场一期 49.5 兆瓦工程项目 2010 年 7 月也正式动工，这标志着青海省风电开发进入实质性阶段。

三　青海省新能源发展的有利因素与存在问题

从 2006 年 1 月 1 日实施《中华人民共和国可再生能源法》以来，我国相继出台了一系列对新能源产业的配套鼓励政策，青海新能源产业迎来一个前所未有的快速发展期，正成长为青海未来的新兴战略产业。但同时青海新能源产业在发展过程中也存在很多的问题和挑战，合理优化新能源产业结构，明确产业发展方向和目标，依托优势对新能源产业进行合理布局，这对于实现青海新能源产业的健康优质发展具有重要的意义。

（一）有利因素

1. 政府大力支持新能源发展

为积极探索具有青海特点的科学发展模式，青海省委、省政府做出把新能源产业培育成青海新的支柱产业的重要决策，并成立了全省新能源开发建设协调领导小组，一方面加强规划指导、出台扶持政策，编制完成《青海省太阳能综合利用总体规划》、《青海柴达木盆地千万千瓦级太阳能发电规划》，研究制定了新能源送出工程建设办法以及太阳能并网电站财政补贴和税收优惠政策；另一方面，加大招商引资，引进包括国内五大发电集团在内的、具有新能源开发实力的20余家优势企业。产业的迅速聚集创造了“五个世界之最”：世界上太阳能光伏装机最集中的地区、世界上最大的在建光伏电站、世界上同一地区短期内最大光伏发电安装量、世界上规模最大的在建光伏并网系统工程、世界范围内首度即将实现千兆瓦级光伏电站并网。

2. 科技积极支撑新能源发展

青海省科技厅按照省政府《青海省太阳能产业发展及推广应用规划》的要求，加大了对青海新能源科技支撑力度，积极支持新能源开发利用。首先，积极加强了与中科院太阳能技术研究示范中心的合作，拟组建“青海省太阳能综合研究与示范基地”，力争在“十二五”期间将青海省打造成为全国太阳能光伏利用试验示范区；其次，会同省财政厅、省发改委联合编制完成了《青海省金太阳示范工程实施方案》，争取财政部、科技部、能源局联合实施的国家金太阳示范工程项目8项，总装机容量达26.19兆瓦，国家将按照并网50%、离网70%的额度进行补助；再次，开展了“青海10兆瓦荒漠光伏高压并网电站关键技术研究及示范”和“青海玉树10兆瓦光/水微网发电系统关键技术研究及示范”两项省级重大科技专项研究，项目还被列入中科院太阳能行动计划，获中科院资助经费1460万元；完成了“青海吉瓦级荒漠太阳能并网电站发展规划研究”、“刚察县牧民定居点太阳能采暖示范”、“海南州共和县、同德县寄宿制学校太阳能热工程研究示范”、“适宜青海风资源特点的风力发电机组研发及并网试验研究”、“青海湖高原生态节能建筑试验示范”等一批太阳能光伏发电、太阳能采暖科技示范项目，为太阳能应用增加了亮点；最后，开展了太阳能、风能发电、输配电和电网安全保障、青海光伏电站并网运行特性和控制等一批关键技术的研究工作，为青海省太阳能和风能并网发电安全提供了技术支撑。

3. 土地资源优势为发展新能源提供了良好的条件

青海是全国土地荒漠化大省，从省域最东端的湟水谷地民和县到最西端的柴达木盆地茫崖镇总长1200公里，从最北端的祁连山南麓到最南端的昆仑山北麓宽800公里的地域内均有分布，涉及六州一地一市共23个县（市）。全省荒漠化土地面积20.5万平方公里，占全省国土总面积的28.4%；沙漠化土地已占到青海国土总面积的17%，占全国沙漠化土地面积的24%，居全国第三位。面积广阔的荒漠化土地平坦、交通发达便利、开发利用成本低等优势，为发展太阳能提供了很好的条件。

（二）存在的问题

新能源的开发利用虽然在青海得到较为快速的发展，但是，通过对青海新能源发展现状调查，发现还存在如下问题。

1. 新能源产业综合开发利用水平较低

从新能源的开发利用总体水平来看，青海省对建设多元化新型能源结构认识不足，新能源年产值在国民经济生产总值中所占比重很小，产业发展较缓慢且不平衡。"十一五"期间建成光伏并网电站3万千瓦，开工建设光伏电站12.5万千瓦，开工建设风电装机14.85万千瓦。从青海省新能源的开发利用种类来看，目前主要集中在太阳能、风能方面，相关产业发展较快，而生物质能等其他方面产业尚未形成；从新能源利用技术的推广来看，青海省新能源技术的研究开发，新能源利用系统的运行、管理、服务等行业尚不完善。

2. 新能源发展缺乏完整的政府激励政策与配套措施

新能源产业的健康发展需要有配套的政策支持和完善的法律保障。发展新能源，政府支持是关键，系列化的优惠政策是保证。青海省新能源推广应用地区大部分是偏远贫困的农牧区，在这类地区推广应用新能源一般是社会效益显著但没有明显的经济效益，投资回报率不高，不利于吸引外部资本的进入，无法建立起新能源建设的良性发展机制，更需要各级政府的大力支持和激励。

3. 新能源发展技术、资金、人才问题有待解决

一是研究水平处于较低的阶段。青海目前新能源应用技术研究和技术开发能力薄弱，多数产品重复开发，技术工艺水平较低，高技术含量产品很少。二是资金短缺。新能源产业本身是高投入、高风险的行业，投资回报率低下也使其对外部资本缺乏吸引力。三是人才匮乏。青海新能源研发中引进人才难，留住人才更难，全省目前尚无专门培养新能源开发应用人才的院校和专业，企业现在都是自己培养，但自己培养的人员技术水平有限，不能适应发展的需要。

四　青海新能源未来发展重点

依托青海丰富的太阳能资源、坚强电网、便利交通、水电调峰能力强的独特优势，坚持特色与规模并举、开发与保护并重，优化新能源产业发展环境，创新发展模式，加快培育特色优势新能源战略支撑产业，全力打造千万千瓦级太阳能发电基地，大力开发风力发电和风力发电设备制造，使青海成为国家发展新能源的重要研发基地。到 2015 年，青海省户用、光电建筑一体化（BIPV）、光伏照明等太阳能光伏系统装机规模达到 200 万千瓦，大型荒漠光伏并网电站装机达到近 1100 兆瓦，发电量占全省总发电量的 5%，太阳能光伏产业年产值达到 100 亿元。风电装机 150 万千瓦；2020 年将建成完整的光伏产业链，太阳能光伏产业年产值达到 1000 亿元，使新能源成为青海省新兴产业发展的重要力量和工业领域重要的支柱产业。

（一）积极发展太阳能

青海太阳能资源仅次于西藏，全省年太阳能辐射量为 6700 兆焦/每平方米以上，折合标煤 1623 亿吨，折合电量 360 万亿千瓦时，相当于龙羊峡电站年发电量的 6 万倍。太阳能产业具有广阔前景，开发利用潜力大。太阳能最丰富的地区柴达木盆地，全年日照时数为 3553.9 小时，是著名的“阳光地带”，最具开发利用价值和发展潜力，是国内建设大型并网光伏电站、建立太阳能电力输出基地的优选区域。同时，青海具有建设大型光伏发电系统的土地资源，荒漠和戈壁相对比较集中，广阔而平坦，无遮挡，地质、地形等条件非常适合建设光伏电站。青海丰富的太阳能资源也受到国外企业的青睐，美国 EMCOR 执行副总裁王新桥称“青海是聚光光伏产业的福地”，西班牙埃菲玛正在青海为国电的一个光伏项目做 8 台高倍聚光 HCPV 样机的跟踪系统。国内有关研究结果表明，青海省发展吉瓦级以上超大规模荒漠光伏高压并网电站的综合条件居全国首位。从近期来看，一是应借助国家实施的“金太阳”工程，采取财政补贴方式加快启动国内光伏发电市场的机会，扩大太阳能发展规模，加快光伏产业发展步伐，充分利用柴达木盆地“阳光地带”，把柴达木盆地作为青海新能源开发建设的主战场，建设柴达木盆地太阳能大型并网光伏电站。二是围绕太阳能发电产业，加快以太阳能硅材料为主的太阳能光伏材料、光伏太阳能电池器件、太阳能发电设备组装与应用产业基地建设，形成太阳能完整的产业链。三是加大太阳能应用和推广力度，扩大覆盖面，加快推进光电在城乡建筑领域的应用。

（二）大力开发风力发电

在国家政策的大力支持下，我国各地正在兴起风电建设热潮。青海省风能资源十分丰富，大规模开发利用风能资源，既可以为青海经济发展提供能源，又能保护生态环境，是实现可持续发展的正确之路。随着这几年风机技术持续改进、青海电网不断发展、风电并网工作进展顺利，上网电价差不多0.61元/千瓦时，加上其他地方优质风电资源已被分割得差不多，大家把目光都转向了青海，青海开始成为风机厂家争夺比较激烈的地方。当前，青海已具备开发风电条件，应抓住时机，乘势而上，搞好顶层设计，科学规划青海的风能发展，尽快推进开发利用，在风能开发利用方面实现跨越发展。在风机制造方面，积极开展除垂直轴型之外的其他风电技术与青藏高原特殊地理气候条件的适应性研究和示范。此外，从生态环境的可持续发展角度而言，青海加大风电的规模开发利用、提供“补充能源”、壮大本区域电网是非常有必要的。

五　推动青海新能源发展的政策措施

推进青海新能源的大发展，需要进一步统一思想、提高认识，抓住历史机遇，认真对待，确立新能源在青海经济建设中的重要地位，尽早着手实施有力的推动措施，积极研究制定有效的激励政策和扶持措施，进行目标引导、政策激励、产业扶持和资金支持，更好更快地推进青海新能源的发展步伐。

（一）制定新能源发展规划

青海已制定了“十二五”能源发展规划，当前应把发展新能源作为青海省经济发展的一项重大战略，着手制定具有前瞻性、引导性、符合青海实际的新能源发展战略规划。加强新能源发展规划与国家、省“十二五”能源发展规划的衔接，强化发展规划的指导性、约束性和权威性。

（二）落实好用好新能源发展政策

落实好用好国家扶持新能源发展的各项政策，全面贯彻《中华人民共和国可再生能源法》和《国务院关于印发装备制造业调整和振兴规划的通知》（国发［2009］11号），对各类投资主体研制开发新能源产业项目，从财税、信贷、土地等方面实行鼓励政策。加快项目的核准、备案。将技术先进、优势明显、带动和支撑作用强的重大项目，纳入全省重点项目规划和年度实施计划，并为项目搞好服务。加强新能源送出及辅助服务的激励政策、电价审批和项目管理、新能源电厂的新型管理机制等。构建新能源发展过程中的法律、政策和制度性安排，充分发挥法律与政策的引导作用，促进各种力量参与新能源的发展。

（三）加大资金支持

新能源及其产业化从基础研究、应用开发、中试到工程化生产和大规模市场推广，每个环节都需要资金的支持。目前，新能源企业对资金需求除了自我积累、自我筹措和少量的银行贷款外，急需一个开放、持续、稳定的资金来源渠道。具体措施是通过建立新能源发展专项资金来解决，根据发展需要和省财力状况确定资金规模。专项资金用于企业设备的本地化生产、新能源发电项目、标准制定、相关信息系统建设的补助投资和产业补贴等。同时，加快开放投资领域，应按照政府主导、多元化投资、市场化运作的原则，开放新能源市场准入条件。鼓励、支持和引导非公有制经济和其他资本以独资、控股、参股等形式参与新能源建设与经营，千方百计调动各方面的积极性，保持新能源投资的适度增长。

（四）加大对新能源技术研发和创新的支持力度

在太阳能光伏材料方面，主要支持多晶硅、单晶硅、晶硅切片、太阳能电池、组件封装等光伏材料生产制造技术的自主研发和引进技术的消化吸收再创新等；在太阳能光伏发电方面，主要支持太阳能光伏发电技术、并网接入电网稳定技术、太阳能电池生产技术、太阳能光伏发电产品的研发、光伏并网示范电站建设、试验研究等；在大型风电设备制造方面，主要支持包括大型风机设备引进技术的消化吸收和再创新等；在风电场建设方面，主要支持风能资源勘察、评价，风电场数据采集和分析研究，规模风电接入后电网稳定和控制研究等。在科技发展平台建设方面，加快构建集资源、技术和资本于一体、产学研相结合的太阳能规模化利用创新战略联盟，保证新能源发展的技术投入；在新能源的研发方面，加大对新能源重大科研与技术开发项目的投入力度，适时安排促进新能源技术发展及扶持启动新能源重点科技工程的重大专项经费。鼓励科研院所、企业建设新能源重点实验室、工程技术研发中心、设备检测验证研究中心、科研人员培训中心等，实现科研、生产、应用、人员培训完整产业链。

（五）提供强有力的人才支撑

培养人才、稳定队伍是新能源产业发展的人力基础。目前青海新能源技术人才结构不合理，高级人才太少，知识老化严重，且数量不足，不适应青海新能源产业化的发展要求。因此，要大力实施人才兴业战略，制定人才培养、引进计划，实施有利于引进人才、稳定人才队伍的优惠政策。一方面，要加快引进人才，稳定现有人才队伍；另一方面，要加快人才培养，建议青海大学设立新能源学科，职业学校开办新能源技术工人班，有计划地培养新能源的不同层次的专业人才，加大人才的培养力度。也可与省外大学联合或委托培养一些高层次人才，真正做到新能源产业能够聘用到一流的人才，创新出一流的新能源产业。

（六）加大招商引资力度

青海发展新能源，既存在技术储备不足又存在资本短缺问题。在新能源发展过程中，如何抓住风能、太阳能资源优势，形成新能源产业，成为一个重要课题。要通过招商引资，引进国内外新能源生产企业在青海落户，促进产业做大做强，形成集群，提升青海新能源产业的竞争能力。

B.29

青海生态环境保护现状分析与目标措施

马生林*

摘　要： 近年来，青海省始终把建设资源节约型、环境友好型社会放在生态环境保护的突出位置，将“生态立省，绿色发展”理念贯穿于经济社会发展的各个环节，生态环境保护与建设方面取得显著成效。但由于资金、人才和技术等方面的欠缺，生态环境保护建设中存在诸多问题，生态整体恶化的态势尚未从根本上得到有效遏制，环境治理形势仍然较为严峻。应进一步加大投入，坚持生态环保优先，完善相关配套政策，建立健全生态补偿机制，加强生态功能区建设和生态综合治理，推进绿色发展，积极探索生态保护、生态经济和生态文化相互促进、相互协调可持续发展的青海模式。

关键词： 生态环境保护　现状分析　目标措施

在生态环境保护已成为我国一项基本国策的时代背景下，随着生态环保投资力度的加大和青海生态立省战略的确立，生态保护、生态经济和生态文化的理念正在付诸实际。青海省委省政府从科学发展、保护生态、改善民生三大历史任务和国务院《青藏高原区域生态建设与环境保护规划（2011～2030年）》及《青海三江源国家生态保护综合试验区总体方案》的总体要求出发，按照《青海省国民经济和社会发展第十二个五年规划纲要》提出要在“生态保护与建设方面走在西部前列”的宏伟目标，通过采取转变农牧业发展方式、提升集约化水平、发展生态型非农产业等方式，加强基础设施建设，加快发展社会事业，扭转片面追求经济增长速度的做法，努力实现人与自然、经济与社会的和谐发展。

* 马生林，青海省社会科学院经济研究所研究员，研究方向：生态环境保护与资源开发。

一 青海生态环境保护现状分析

近20年来，青海在牧区开展退牧还草、灭鼠治虫等畜牧业基础设施建设的同时，相继设立了隆宝、可可西里、青海湖、孟达、三江源国家级生态保护区5处，格尔木胡杨林、柴达木梭梭林、克鲁克湖—托素湖、大通北川河源区、诺木洪和祁连山省级生态保护区6处，面积37.59万平方公里，占青海省国土面积的52.21%，保护区人口达到60余万人。这11处保护区在西部乃至全国具有不可替代的生态地位和影响力。2011年青海的生态环境保护与建设紧紧围绕“共建生态文明，共享绿色未来”的发展主题，在遥感监测、节能降耗、三江源“增水”工程等方面取得显著成效。

（一）八大生态治理工程初见成效

多年来，青海通过实施八大生态治理工程，如退牧还草、退耕还林及封山育林工程，三江源区、环青海湖草原鼠虫防治工程，退化草地治理工程，沙漠化防治工程，水土保持工程，森林与草原防火工程，湖泊湿地保护工程，高原生物多样性保护与综合利用工程，生态保护成效十分显著。截至2011年底，全省禁牧草场近1800万亩，其中围栏禁牧800余万亩、搬迁禁牧786万亩，使草畜矛盾得以缓解；累计治理水土流失面积360万亩、退化草场6000万亩，封山育林1176万亩；黄河源头湖泊重现星罗棋布的美景，黑土滩治理区植被覆盖率由“九五”时期的20%提高到80%；三江源区出境水量由2006年的412亿立方米增加到715亿立方米，全省主要河流、湖泊水质全部达优；绝大部分天气环境质量优于国家一级标准，环境质量更趋好转。

（二）节能降耗取得实质性进展

为进一步遏制高耗能产业无序发展和能耗过快增长的势头，切实发挥节能降耗的倒逼机制，加快产业结构调整与经济发展方式的根本性转变，确保完成“十二五”时期节能减排的约束性指标，青海省政府于2011年11月11日发布了《关于进一步控制高耗能产业无序发展和过快增长的若干政策措施》，对碳化硅、纯碱和单独的焦炭、甲醇等建设项目实施严格控制，一律停止审批；对2008年

10月前批复立项的钛合金、碳化硅、电石、纯碱、水泥等项目进行核查，还未开工建设的其手续全部作废；对“批小建大”等擅自扩大建设规模的项目超出批准产能的（容量）部分，按照“高来高去”的原则全额承担外购电价差费用；严格落实国家和青海对落后产能的淘汰计划，对未按规定限期淘汰的产能以停电、停水等进行处罚。

2011年全省实施减排工程122项，使已投运的污水处理厂新增化学需氧量等削减量占全省完成总量的90%以上。青海碱业、唐湖电力脱硫设施建成运行，全省现役燃煤机组脱硫任务全部完成。进一步加大淘汰落后产能力度，共淘汰57万吨水泥、4.3万吨铁合金、6.9万吨电解铝和10万标张皮革能力。建立畜禽养殖季度统计报表制度，加大“黄标车”和废旧汽车报废淘汰力度，氮氧化物减排工作有序推进。大力加强对污水处理厂和电厂脱硫设施的运行监管，全省污水日处理率达到66%以上，青海华电、桥头铝电脱硫设施综合脱硫效率分别达到92%和60%。

（三）重金属污染防治取得明显成效

一是历史遗留铬渣治理加快推进。西宁市杨沟湾和傅家寨日处理850吨铬渣解毒生产线基本建成，中星化工自行投资建成日处理400吨铬渣湿法处置生产线，完成铬渣解毒处置9万吨，湟中和海北两处历史遗留铬渣基本完成解毒处置。海晏县铬渣污染场地土壤异位治理技术及配套废水修复技术示范项目启动，取得较好科研推广效果。二是统筹加强重金属污染防治工作。青海省政府成立重金属污染防治工作领导小组，编制《青海省重金属污染综合防治规划（2011～2015年）》，坚持“一区一策”，制定甘河工业园区、大通北川工业园区、西宁东川工业园区和格尔木昆仑经济开发区重金属污染防治规划，为全面开展重金属污染防治奠定基础，淘汰重金属落后产能13万吨。三是加强工业固体废物及危险废物监管。对工业危险废物产生和经营单位规范化管理进行评估，完成全省汞污染排放源现状调查。编制《青海省废弃电器电子产品处理发展规划（2011～2015年）》，加强对电子废弃产品处置监管。

（四）三江源区“增水”工程效果明显

在国家的大力支持下，经过6年不懈努力，三江源区生态保护与建设工程取得阶段性成效，正在逐步显现阶段性效果。经中国科学院地理科学与资源研究所对三江源生态保护与建设工程的实效进行总体评估，认为工程使三江源区生态系统退化趋势得到初步遏制，局部地区生态状况有所好转，并呈现“增水、增草”势头。据遥感监测数据显示，2003 年鄂陵湖、扎陵湖的水域面积降至历史最低点，分别是 578 平方公里和 493 平方公里；而 2011 年，两湖水域面积分别扩大到 677 平方公里和 560 平方公里，大致相当于增加了 14 个和 10 个杭州西湖的水域面积。按照规划，三江源地区将建立我国第一个“国家生态保护综合试验区”，并有望打造成为全国生态文明示范区。

（五）生态环境遥感监测信息与全国互联共享得以实现

2011 年 12 月 2 日，青海省生态环境遥感监测中心成立，标志着青海的生态环境监测不但迈入了新的征程，而且纳入了国家生态环境监测网络系统。此中心将综合运用遥感、地理信息、全球定位等科技手段，构建生态环境监测和地理信息平台，完善数据库和信息查询系统，进一步强化部门合作机制，实现与全国生态环境信息资源的互联共享。

（六）全省环境质量总体保持稳定

2011 年全省环境质量总体保持稳定，三江源区、青海湖流域、河湟谷地等局部地区和流域环境质量大为改善。特别是长江、黄河、澜沧江干流、青海湖流域等地表水环境一直保持国家规定的环境功能二类以上优质水，湟水流域整体水质情况由中度污染转为轻度污染，而西宁、格尔木等人口和工业较为集中城市的空气质量优良率也有较大提高。

二　青海生态环境保护与建设中存在的主要问题

青海生态环境保护与建设尽管成效显著，但由于自然生态环境特殊，资金严重不足，人才和技术缺乏，仍存在诸多困难和问题，生态环境整体恶化的态势尚未从根本上得到有效遏制。

（一）水土流失面积扩大，荒漠化问题严重

青海水土流失面积现已达 35.3 万平方公里，占全省土地面积的 49%，其流

失面积以年均0.21万平方公里的速度增加。全省荒漠化面积有14.47万平方公里，占全省总面积的20.1%。持续加剧的荒漠化使天然草场面积质量下降，产草量急剧减少。目前因草原超载，全省中度以上退化草场1.12亿亩，单位面积产草量与20世纪50年代相比下降30%～80%，严重制约着生态畜牧业的发展。

（二）江河水减沙增，珍稀物种受损

因受全球气候和人为因素的双重影响，长江、黄河等径流量逐年减少，黄河较正常年份少来水量227亿立方米。长江源区雪线上升，冰川后退近600米。特别是“八五”时期以来，青海东部农业区14个县出现春旱的年份频率在55%以上，受旱灾面积达200万亩。同时，冰雹、霜冻、干旱、山体滑坡等自然灾害也时有发生，直接影响农牧民收入增加。此外，多年的滥采乱挖也使草原植被、原始森林遭到毁灭性破坏，致使诸如藏羚羊、黑颈鹤、野牦牛以及冬虫夏草、红景天、雪莲等受威胁的物种约占青海总类数的15%～20%，远高于世界10%～15%的平均水平，致使这些珍稀物种濒临灭绝。

（三）草畜矛盾突出，鼠虫害加剧

2011年青海农牧区牲畜总头数为1976万头只。受草原退化的制约，随着农牧区人口和牲畜的增加使草原更加不堪重负，超载率高达56.4%，草畜矛盾日益突出，“黑土滩”面积增加。鼠虫害面积已占可利用草地的33.3%，形成大面积次生裸地，致使草地生态严重失衡。虽然近年来对其治理方面的投入达16.42亿元，退耕还林、退牧还草7100万亩，实际减畜240万个羊单位，但后续管护工作因缺经费、缺人员，草地保护和减载减畜压力仍然较大。

（四）工业污染形势依然严峻

“十一五”时期以来，尽管青海在节能减排、防治重金属污染、改善水环境和城市空气质量等方面取得显著成效，但随着工业化进程的加快，废水及主要污染物排放有增无减，环境污染治理依然存在较大难度。电力、黑色金属冶炼、食品制造业和有色金属冶炼业的发展，更加剧了废水中化学需氧量的排放。湟水是青海水污染防治的重点流域，排入该流域的污水总量占全省污水排放量的73%。

同时大气环境废气排放和工业固体废物也在增加，有色金属采选业、电力、非金属矿采选业和黑色金属冶炼的废气和工业固体废物产生量占全省重点调查单位总量的86%。全省工业污染形势依然严峻。

三　未来青海生态保护与建设的总体目标与保障措施

未来5年乃至更长时间青海生态保护与建设的总体目标是设立三江源生态保护综合试验区，生态补偿机制得以实施，青海湖、祁连山等生态工程取得重大进展，全省森林覆盖率由现在的5.23%提高到6.28%，中度以上退化草地基本得到治理，城镇化率达到50.5%，“一屏两带”生态安全格局基本形成。面对日益恶化的生态环境和快速增长的人口，青海可持续发展的压力越来越大，生态保护与建设的任务也会越来越重。“十二五”及未来10年发展中要按照“全面规划、分步实施、点上治理、面上保护”的原则，突出抓好生态保护与建设、污染防治、资源保护与利用三个中心环节，通过国家投入、完善生态补偿机制，逐步恢复天然林草植被、水源涵养功能和生物多样性。

（一）国家应给予更多优惠政策，实现青海生态环保新突破

青海经济基础薄弱，虽然退耕还林、退牧还草工程实施后农牧民群众从中得到实惠，但补助期满后后续产业跟不上，群众的生产生活缺乏保障，退耕还林、退牧还草的成果难以巩固，极易发生复耕复牧情况。因此，建议国家适当延长退耕还林还草和退牧还草补助期，增加对退耕还林、退牧还草的生活补助款，适当放宽生态效益补偿范围，特别在生态畜牧业和特色养殖业方面给予支持，使青海的生态环境保护事业有新突破。

（二）始终坚持生态环保优先，增强民众生态环保意识

青海正处于从加快发展转向跨越式发展、从相对封闭转向全面开放、从传统农牧业转向多元经济协调发展、从生态环保转向全面加强生态环境建设的重大历史变革中。要明确生态环保是青海转变经济发展方式、创新发展模式、提高发展质量，发挥青海优势与潜力的基础，把建设资源节约型、环境友好型社会放在青海跨越式发展的突出位置，真正实现青海生态系统的良性循环。一是将“绿色

发展”的理念贯穿于生产、流通、分配、消费的各个环节，促进经济发展方式的转变；二是处理好“保护生态、改善民生、科学发展”三者的关系，把生态环保与转变农牧业经济发展方式结合起来，与改善民生结合起来，增强民众的环保意识。

（三）完善生态移民相关配套政策，建立健全生态补偿机制

首先，在农牧区实施的生态移民工程是一项前所未有的创举，使农牧民得到福祉。建议国家将目前执行的按不同区域生态移民年生活补助费，变成稳定的保障机制，并根据国家投入和当地经济状况适当增加。政府应加大专项扶持资金投入，可尝试把移民区0～18岁的孩子由国家统一供养，与中东部发达省推行一对一帮扶，让适龄孩子在异地上学、毕业后在异地由政府组织就业；对18～50岁青壮年，政府免费提供技能培训，给予优惠政策，创办产业，增加收入；对50岁以上的农牧民由国家统一纳入城镇居民最低生活保障范围。其次，建立健全生态补偿机制是调整利益分配关系、建立生态保护长效机制的关键。国家应充分考虑生态保护成本，合理确定补偿方式和补偿标准，继续加大对青海生态保护与建设项目的支持，扩大退牧还草工程实施范围和规模，延长退牧还草补助期限；进一步提高草原草地留居牧民的最低生活保障水平，实行补偿式扶持和转移式、开发式扶持相结合的补偿方式；在一般性财政转移支付中设立生态补偿科目，随经济发展逐年增加；国家应逐步通过立法明确界定生态补偿标准，并与经济发展水平相适应，从而使生态补偿机制健全、补偿政策和制度日趋完善。

（四）生态活力要发挥优势提高等级，环境质量要保持领先地位

青海生态保护区面积占辖区比重均居全国和西部第2位，这一优势需要继续保持。鉴于森林覆盖率和建成区绿化覆盖率等都处于第四等级的劣势，要一如既往加大生态环保力度，尤其在城乡生态建设领域，充分利用新一轮西部大开发和藏区跨越式发展的大好机遇，转变经济发展方式，使其有质的飞跃以提高等级。多年来青海在环境质量方面不但在西部而且在全国一直保持着领先地位。这是因为青海的地表水体质量好、农药施用强度小。继续保持这一优势地位，在重点防范水土流失加剧的同时，还要加大改善城市空气质量建设力度。

（五）争取国家对环保产业更多支持，打造绿色产品供给基地

青海作为西部欠发达地区，仅靠自身财力很难完成极其艰难的生态保护和建设这项巨大任务，离不开国家的大力支持。如在三江源区生态保护与建设中国家75亿元的资金支持，不但有效遏制了此地生态恶化趋势，而且使当地居民的生产生活有了较大改观。建议国家给予更多政策和资金支持，在青海大力发展投资成本低、见效快、效益高，低碳环保的产业，如水电、风电、太阳能产业等；充分利用青藏高原气候冷凉、资源丰富和无污染的优势，重点发展生物医药、生化制品、动植物种植利用产业和生态产品，构筑有鲜明地域优势和高原特色的生物产业体系；打造三江源、青海湖、祁连山三大生态品牌，建设国内外具有重要影响力的生态产品供给基地。

（六）加强生态功能区建设，提高保护区管理水平

根据不同区域特征、自然条件和资源环境承载力，将青海划分为生态安全保育区、城镇环境安全维护区、农牧业环境安全保障区、资源区和预留区等，并制定实施相应的管理措施。以三江源、青海湖、祁连山等10个生态功能区为重点，强化草地、湿地、森林和生物多样性保护，推进沙化土地和水土流失治理，加强土地整治和地质灾害防治，提高自然保护区管护水平。继续实施好三江源生态保护区总体规划，启动其二期工程。

（七）加强生态综合治理，实现生态系统良性循环

一是保护好林草植被，加大退化草原、沙化土地治理，采取退牧还草、划区轮牧、舍饲圈养、加快出栏等措施，减轻天然草地超载过牧压力，实现草畜平衡。二是开展人工增雨，加强青海湖水源地保护，严格限制在入湖河流新建引水工程，控制农牧业灌溉用水，维护青海湖生态平衡。三是祁连山水源涵养区生态环境保护和综合治理工程应加大黑河源头生态治理力度，切实保护好黑河、大通河、湟水河、疏勒河、石羊河等水源地林草植被，加强流域水资源统一调配管理，强化水土流失和沙化土地综合治理，努力实现生态系统良性循环。四是继续实施西宁南北两山、湟水河流域百万亩人工造林工程和河湟沿岸绿化工程，巩固退耕还林成果，提高植被覆盖度，控制水土流失，逐步形成以祁连山东段和拉脊

山为生态屏障、以河湟沿岸绿色走廊为骨架的生态网络。五是实施柴达木地区生态保护与综合治理工程，以防风固沙工程为重点，加强水资源保护和节水工程建设，严格控制地下水位下降，构建绿洲防护林、天然林和草原、湖泊、湿地块状分布的圈带型生态格局。

（八）探索绿色发展模式，强化环境污染综合治理

发挥青海独特的生态优势和资源优势，创新体制机制，努力构建以保护生态环境为基础，以生态农牧业、旅游业、循环经济和新能源、新材料产业为重点，以低碳增长为方向的绿色发展模式。从整体上制定全省绿色发展规划和产业政策，引导和推动绿色发展。利用森林、湿地、草地碳汇资源与生态品牌，探索建立环境交易平台，推进碳交易试点。在西宁城市圈探索低碳能源、低碳交通、低碳产业发展试点工作。严格落实污染减排措施，积极推行强制性清洁生产，从源头上防治污染和保护生态。做好西宁、格尔木、德令哈市环境综合整治，加大城镇污水处理、污水管网、生活垃圾处理设施等环境基础设施建设力度，强化湟水河流域及工业集中区等重点区域工业污染防治，抓紧解决西宁市历史遗留的铬渣污染问题，加强农业面源污染、城镇大气污染的防治，努力创造整洁有序的生产生活环境。

参考文献

王海洁、张建英：《青海自然保护区可持续发展研究》，《青海社会科学》2010 年第 3 期。

孙立霞：《青海省经济增长与环境质量的关系分析》，《青海师范大学学报（哲学社会科学版）》2010 年第 6 期。

王小平等编著《青海绿色发展机制探索》，青海人民出版社，2011。

青海省发展和改革委员会：《青海省国民经济和社会发展第十二个五年规划纲要》，2011 年 1 月 30 日。

沈立江、马力宏主编《生态文明与转型升级》，社会科学文献出版社，2011。

B.30

青海城乡居民消费热点倾向和消费升级问题研究

杜青华*

摘　要： 青海城乡居民消费先后经历了20世纪70年代的供给式消费和80年代的温饱型消费的历程，90年代以后逐步向小康型和富裕型消费过渡。"十二五"时期，在城乡居民城镇化、人口老龄化、教育程度高级化、家庭结构小型化等趋势下，科技、文化、医疗、旅游、物流、休闲等行业将逐步成为新的消费热点。完善收入分配政策、加强生活必需品市场价格监管、优化政府公共服务支出结构、完善城镇化的体制和机制、调整产业结构等一系列政策措施是促进青海城乡居民消费升级的发展保障。

关键词： 城乡居民　消费热点　对策建议

青海城乡居民消费模式转变过程与全国其他省（自治区、直辖市）基本相同，经历了由传统的供给导向型向需求导向型转变的过程，卖方市场也逐步让位于买方市场，城乡居民消费在促进全省经济社会发展中的重要作用日益显现。当前，青海经济社会发展面临的有效需求不足问题虽然包括投资需求和消费需求两方面的原因，但最根本的问题是消费需求不足的问题。

一　青海省城乡居民消费结构和消费热点变化趋势

青海城乡居民消费先后经历了20世纪70年代的供给式消费和80年代的

* 杜青华，青海省社会科学院办公室副主任，副研究员，研究方向：区域经济。

温饱型消费的历程，90 年代以后逐步向小康型和富裕型消费过渡。2011 年，全省城镇居民人均可支配收入 15600 元，比上年增长 12.6%；农村居民人均纯收入 4442 元，比上年增长 15%。2010 年，全省城镇居民人均消费支出 9613.79 元，较上年增长 9.4%，扣除物价上涨因素后实际增长 4.3%；农村居民人均消费支出 3858.50 元，较上年增长 19.0%，扣除物价上涨因素后实际增长 13.2%。1985～2010 年青海城乡居民平均消费倾向数据显示，青海城镇居民平均消费倾向由 20 世纪 90 年代的 0.8 以上下降为 0.7 左右，2009 年、2010 年连续两年低于 0.7；农村居民平均消费倾向由 20 世纪 90 年代的 0.8 左右上升为 0.9 以上，二者呈现一降一升的发展趋势。同期，青海省城乡居民消费结构和消费热点也相应发生了明显变化。

（一）改革开放初期，城乡居民消费结构均体现出明显的贫穷特征

这一时期，青海城乡居民消费支出结构中衣、食、住、用等反映基本生活需要的支出所占比重非常高，医疗保健、娱乐文教服务、交通通信等反映生活水平的消费支出所占比重极低。1985 年城镇居民消费支出结构中，食品、衣着、居住和家庭设备用品及服务这 4 项消费支出占总消费支出的比重为 77.1%，而医疗保健、交通通信、娱乐文教服务和杂项商品及其他这 4 项消费支出仅占总消费支出的 22.9%；农村居民消费结构中，食品、衣着、居住和家庭设备用品及服务这 4 项消费支出占总消费支出的比重为 93%，而医疗保健、交通通信、娱乐文教服务和杂项商品及其他这 4 项消费支出仅占总消费支出的 7%。城乡居民生活较为贫穷的特征显而易见。

（二）改革开放以来，城乡居民消费结构均呈现出不断升级的态势

从城乡居民消费支出结构中食品支出的演进过程分析，1985～2010 年，青海城镇居民的恩格尔系数由 51.3% 下降为 39.4%，标志着生活水平从温饱型升级为富裕型；农村居民的恩格尔系数由 64.1% 下降为 39.6%，标志着生活水平从绝对贫困型升级为小康型，并逐步向富裕型过渡。与此同时，城乡居民消费支出结构中，食品、衣着、居住和家庭设备用品及服务这 4 项反映基本生活需要的消费支出占总消费支出的比重呈现不断下降的趋势，而医疗保健、交通通信、娱乐文教服务和杂项商品及其他这 4 项反映生活水平的消费支出占总消费

支出的比重则呈现出不断上升的趋势。城乡居民消费结构不断升级的态势较为明显。

（三）城乡居民消费结构在升级的同时，表现出明显的差异性

1985年青海城镇居民恩格尔系数为51.3%，农村居民恩格尔系数直到2001年才下降为52.4%，比城镇居民足足晚了16年；1996年是青海城镇居民走出温饱型阶段进入小康型阶段的转折年份，农村居民直到2002年才实现这一目标，比城镇居民足足晚了6年。2010年城镇居民消费支出的8个统计项目中，除食品支出和杂项商品及其他支出所占比重一个极大一个极小外（分别为39.4%和3.5%），其余6项支出所占比重的差距不是很显著（集中在7%～12%的区间），表明青海城镇居民消费支出结构正在逐步向均衡方向发展。而农村居民的消费支出结构中，食品支出所占比重最大（占39.6%），居住和交通通信支出所占比重次之（两项合计34.1%），其余5项支出所占比重明显偏小（5项合计不足30%），说明农村居民消费结构的升级过程与城镇居民相比差距明显。

（四）城乡居民消费已完成积累期，迈入第三次消费升级阶段

从20世纪80年代初期到90年代初期是青海城乡居民的第一次消费升级阶段。城市普及以自行车、手表、缝纫机为主的家用电器；农村牧区掀起了土木房改建砖瓦房的热潮。20世纪90年代，青海城乡居民经历了第二次消费升级阶段。城镇居民的消费水平由万元级向十万元级商品发展；农村居民由千元级向万元级商品发展。进入新世纪，伴随着全省工业化和城镇化进程不断加快，青海城乡居民消费结构已悄然进入第三次消费升级阶段。住房及家庭装修、家居及相关商品、汽车、电子信息产品和高档家电（主要包括个人电脑、平板电视、多功能冰箱、全自动洗衣机、智能手机等）的更新换代、绿色食品和新型食品、教育、户外旅游等逐步成为城镇居民新的消费热点；农村小楼房、普及型家用电器、汽车和农业机械也逐步成为农村居民新的消费热点。

二　青海省城乡居民“十二五”时期消费热点分析

消费是人所特有的一种经济活动，消费热点的出现是人口与经济矛盾运动的

必然结果。在买方市场大背景下，通过扩大内需加快转变青海发展方式，必须在重视增加消费需求的同时高度重视城乡居民消费热点的选择和培育问题。

（一）人口年龄构成变化趋势与消费热点倾向

第六次人口普查资料显示，2010年青海省65岁以上的老年人有35.47万，占全省总人口的6.3%。这意味着"十二五"时期，青海即将进入老年型社会（即60岁以上人口比例达到10%或65岁以上人口比例达到7%）。另外，全省15～64岁的生产年龄人口（即有劳动能力的人口）相对量已从2000年的69.05%上升到72.78%。表明青海将面临更为严峻的就业形势。面对人口老龄化浪潮的冲击，发展老年消费产业，特别是医疗保健、休闲养生、家政服务业和社区服务业等相关服务性消费的需求将呈不断增加的趋势。同时，人口年龄构成变化带来的就业压力和就业竞争，必然引发对教育特别是幼儿教育、职业教育和高等教育等一系列提高人力资本的教育文化消费的强烈需求。

（二）人口城镇化趋势与消费热点倾向

根据青海省第六次人口普查数据，2010年青海省居住在城镇的人口有251.63万人，占全省城镇常住总人口的44.72%，比重较2000年上升了9.96个百分点。"十二五"时期，随着青海城乡保障性安居工程、游牧民定居工程、农村危房改造、农村奖励性住房等城乡一体化发展战略和全省东部城市群规划建设的实施，全省城镇化建设将处于快速发展阶段，以城乡中低收入阶层住房改造升级为重点，道路、交通、通信、环保、绿化等基本公共服务业将成为新的消费热点。另外，对城镇居民而言，伴随着收入水平的不断提高，消费水平和质量也会相应提升，尤其是品牌消费和绿色消费需求会明显增加。其中，食品消费将更加注重质量、营养和安全；衣着类消费将更加注重品牌、时尚、个性化和差异化；各类日用消费将向注重品牌、时尚、节能、效能、安全及优质服务等方向发展。此外，电子信息类产品消费、体育服务消费等领域也将成为城镇居民新的消费增长点。对农村居民而言，其消费热点同农牧民的生产、生活紧密相连。全省农村居民家庭人均生活消费支出由1985年的275元增加到2010年的3859元，占人均总支出的比重由67.07%上升到73.21%；家庭经营费用支出由86元增加到898元，增加了10多倍，占人均总支出的比重由21.02%下降到17.04%。可以预计，“十二五”时期青海农村居民以家庭经营为主的生产性消费还将有很大的增长空间。同时，随着农牧民收入的快速增长和全省农村牧区水、电、通信等消费环境的普遍改善，农村市场的普及型家电消费热还会继续持续。

（三）教育程度高级化趋势与消费热点倾向

可以预见的是，随着青海城乡居民受教育程度不断提高，对诸如书籍、报刊、体育、健身、旅游等文化商品的精神消费需求也将不断加大，尤其是精神消费中用于知识技能提高的消费。这既是文化教育程度构成向高级化发展的动力，又是高级化发展趋势下必然形成的消费热点。

（四）家庭结构变化与消费热点倾向

一方面，随着计划生育政策的长期贯彻和现代生活方式的日益普及，家庭生育模式已由多生密育型转变为少生优育型。这种对孩子数量需求的抑制将会刺激社会和家庭对提高孩子质量的需求，对婴儿食品、玩具、儿童服装以及其他儿童用品质量和层次的要求相应也会更高。另一方面，2000～2010 年，青海省城乡居民总户数由 125.72 万户增加到 152.90 万户，11 年间增加了 27.18 万户，户均人口由 2000 年的 3.95 人，下降为 2010 年的 3.46 人。家庭小型化所导致的家庭户数量增加、规模变小和家庭户类型结构复杂化是刺激家庭用品消费需求上升的重要动因，也对家庭用品在品种、规模、样式和设计等方面提出了更高的要求。

（五）就业结构变化与消费热点倾向

根据社会劳动者在三次产业之间的就业分布结构变化分析，1985 年青海省按三次产业划分的就业分布结构为 61.4∶20.1∶18.5，2000 年为 55.8∶12.6∶31.6，2010 年为 41.4∶22.6∶36.0。就业分布从“一、二、三”演变为“一、三、二”的格局，符合同期青海产业结构演进的一般规律；从社会劳动者的职业结构变化分析，这一时期全省从事体力劳动的人口比重在下降，从事脑力劳动的人口比重在上升。因为在科技进步快速发展的时代，脑力劳动者和非物质生产部门的劳动者在劳动力再生产过程中需要更多的教育和技能培训消费已是大势所趋，这既是人口行业和职业分布变化的一般规律，又是经济社会发展的重要标志。因此，不断提高人力资本所需要的教育和再教育消费将成为“十二五”期青海城乡居民新的消费热点。

三 促进青海城乡居民消费升级的对策建议

消费热点是市场经济条件下，通过消费升级，使某种商品或劳务在一定时期内被消费者普遍认同，成为占据主导地位消费客体的经济现象。青海要长期保持经济社会发展的活力和动力，就需要加快转变经济发展方式，协调城乡居民消费升级与经济社会发展水平相适应，尽早从过度依赖投资需求的发展模式向投资和消费并重的发展模式转变。

（一）完善收入分配政策，稳步增加城乡居民收入

针对城乡居民消费水平总体偏低、消费投资比例失调等问题，需要调整国民财富分配结构和机制。一是提高低收入群体收入。继续提高城镇和农村牧区最低生活保障标准，加大对低收入家庭的补贴和补助力度；适当提高企业退休人员基本养老金水平和优抚对象生活补助标准。二是完善农村居民持续增收长效机制。引导和鼓励农村牧区因地制宜发展特色农牧业和休闲观光农牧业；通过支农补贴、生态补偿、土地流转、林权改革、征地补偿、宅基地置换等措施，增加农牧民转移性收入和财产性收入。三是实施积极的就业政策。加大就业、再就业资金投入，加强职业技能培训和就业服务体系建设；加大公共服务投资，提供更多公益性就业岗位；创新金融服务，增加农村小额信贷比重，鼓励农牧民创业增收。四是扩大中等收入阶层。提升中等收入群体的比重和社会地位，完善投资、税收、司法等制度环境，鼓励社会创业创新活动。

（二）继续加强生活必需品市场价格监管，为扩大城乡居民消费需求提供有效保障

努力保持物价总体水平稳定运行，为扩大消费需求提供有效保障。一是巩固农牧业基础地位。通过加大农牧业基础设施建设和农牧业科技投入力度，建立健全农牧业增效、农牧民增收的良性互动机制和供求信息共享机制，提高农牧业综合生产能力，从源头上提高粮、油、肉、禽、蛋、奶、菜等生活必需品的

自给率，确保省内大宗农畜产品的充足供应和市场秩序稳步运行。二是继续加强生活必需品价格监测预警。密切关注省内外市场粮、油、肉、禽、蛋、奶、菜等生活必需品价格动态变化，准确判断价格走势，确保及时采取有效的控制措施。三是建立完善农副产品“绿色通道”政策。通过规范和降低农贸市场摊位费和超市进场费降低农副产品的流通成本，对涨幅较大的生活必需品实行调价备案制度以稳定市场价格。四是根据商品价格指数变动情况，及时制定和实施低收入群体价格临时补贴方案并逐步提高低收入群体基本养老金和最低工资标准。

（三）优化政府公共服务支出结构，完善扩大消费的财政政策

以增强财政支出的公共性和均等化为目标，继续扩大财政在基础设施、社保体系、教育医疗等领域的支出，同时增强政府财政性消费支出对消费市场的引导和扶持作用。一是加快完善城乡各项基础设施建设，促进城乡基础设施一体化。加快城乡公共交通、水利、供水、供电、供热和通信网络、互联网等基础设施建设；完善农牧区电网，加快重大水利工程建设，加强大型灌区节水改造。二是加快建设和完善覆盖城乡的社会信息基础设施平台建设。通过加强现代通信网络、三网合一等信息平台建设，有效提升城乡居民信息化水平并形成消费新兴领域。三是继续加大政策性住房投入力度。继续保持对城镇居民廉租住房、经济适用房和公共租赁房等保障性住房的政府投资力度，改善城镇居民居住条件；推进农村困难群众危房改造、牧民定居工程以及农牧民奖励性住房建设，鼓励有条件的农牧民新建或改建住房，大力度改善农牧民住房条件。

（四）完善城镇化的体制和机制，全方位推进城镇化进程

城镇化建设是一项涵盖经济、社会、人文发展各层面的系统工程，当前通过行政建制转变提升城镇人口比重的做法，只是提升了城镇人口率而非城市化率，在提升全社会整体经济效率和增加居民消费的效果方面大打折扣。需要在进一步加强全省城镇和东部城市群建设的基础上，将城镇发展和管理从基础设施建设逐步向完善城镇化过程中的户籍管理、社会保障、公共服务等制度和福利领域延伸。通过加快户籍管理制度试点改革，逐步实行城乡统

一的户籍制度并将进城务工人员纳入城镇社会保障体系，以提升城镇化的效率和质量，增强城市化提升城乡居民消费能力的内在动力机制。

（五）合理调整产业结构，有效拓展就业空间和消费领域

针对当前青海城乡居民消费已逐步由吃穿为主的生活性消费向以住行为主的服务性消费升级的特点，通过产业结构调整升级，有重点有步骤地发展科技、文化、医疗、旅游、物流、休闲等新兴行业，改造和提升商贸、餐饮、仓储、运输等传统产业，培育信息、金融、证券、保险和租赁等现代服务业，以便进一步扩大消费领域，优化消费结构，提高消费质量，拓展就业空间，为城乡居民消费升级提供发展保障。

（六）继续探索金融体制改革，构建扩大消费的金融服务平台

逐步放宽行业准入，鼓励中小金融机构发展，促进金融服务创新，提高金融监管的合法性、透明性和公开性，为进一步扩大消费提供良好的金融服务平台。一是分阶段、有条件地开放民营银行、农村中小信贷机构等金融机构的准入限制。二是鼓励和引导银行等金融机构适度扩大城乡居民在住、行、用及旅游、文化、教育等领域消费信贷的规模和品种，通过增加相关设施设备投资，启动农牧区消费金融市场。

参考文献

青海省发展和改革委员会：《青海省 2011 年国民经济和社会发展计划执行情况与 2012 年计划草案的报告》，2012 年 1 月 30 日《青海日报》。

青海省统计局：《青海统计年鉴 2011》，中国统计出版社，2011 年 7 月。

俞建国：《“十二五”时期扩大消费需求的思路和对策研究》，《宏观经济研究》2010 年第 2 期。

郭怀英：《扩大服务消费需求的难点与对策》，《宏观经济管理》2011 年第 12 期。

杨志安：《中国农村居民消费热点培育问题研究》，《经济与管理研究》2010 年第 12 期。

刘海云：《我国城乡居民消费结构与产业升级、经济增长》，《经济问题》2011 年第 11 期。

B.31

青海节能降耗形势分析与预测

窦国林 叶裴文*

摘 要：节能降耗是科学发展观的要求，也是经济社会可持续发展的需要。近年来，青海按照国家节能减排工作的总体要求，大力推动节能降耗落实工作，单位GDP能耗逐步降低，能源利用效率逐步提高，节能降耗取得喜人成绩。但随着经济社会发展步伐的进一步加快、能源消费总量的不断上升，使青海完成“十二五”时期节能减排任务面临较大困难。面对严峻的节能降耗形势，青海必须通过转变经济发展方式、优化产业结构、控制高耗能项目过快增长以及加强监督等推进节能降耗目标的实现。

关键词：节能降耗 可持续发展 对策建议

节能降耗是缓解能源约束、减轻环境压力、保障经济安全、实现全面建设小康社会目标和可持续发展的必然选择，体现了科学发展观的本质要求，是一项长期的战略任务。我国正处在工业化和城镇化加快发展阶段，能源消耗强度较高，消费规模不断扩大，特别是高投入、高消耗、高污染的粗放型经济增长方式，加剧了能源供求矛盾和环境污染。能源问题已经成为制约经济和社会发展的重要因素。因此，中央从战略和全局的高度，要求各地大力开展节能降耗工作，提高能源利用效率，实现能源的可持续发展。由于青海独特的高原地理、三江源的生态环境、资源开发型的经济发展等特点，经济发展方式转变面临诸多困难，单位国内生产总值能耗下降难度大，节能降耗工作任务艰巨。

---

* 窦国林，青海省社会科学院经济研究所副研究员，研究方向：资源经济；叶裴文，青海省经济委员会资源节约与综合利用处处长。

一　青海节能降耗现状分析

按照国家节能减排工作要求，青海大力推动节能降耗落实工作，单位 GDP 能耗逐步降低，能源利用效率逐步提高。但受经济发展阶段影响，能耗下降缓慢，节能降耗工作难度加大。

（一）“十一五”时期节能降耗成效

“十一五”时期，青海省认真贯彻国务院关于节能减排工作的总体部署和要求，创新工作思路，通过制定各项节能政策、狠抓节能目标落实、加快淘汰落后产能、实施节能技术改造、严格控制高耗能高污染行业扩张等一系列有效措施，全面完成了青海省“十一五”期间万元 GDP 能耗下降 17% 的节能降耗目标。一是单位 GDP 能耗逐年下降。2006～2010 年，全省万元 GDP 能耗从 3.07 吨标煤降到 2.55 吨标煤，降幅达 17.04%，超出国家下达的目标任务 0.04 个百分点；规模以上工业万元增加值能耗从 3.44 吨标煤降到 2.59 吨标煤，降幅达 26.44%。二是能源利用效率逐步提高。“十一五”期间，以能源消费量年均 9% 的增速支撑了国民经济年均 12.4% 的增速，其中，以年均 12.6% 的能耗增长支撑了年均 18.4% 的工业增速，能源利用效率显著提高。三是落后产能进一步淘汰。“十一五”期间累计淘汰铁合金、电解铝、水泥、碳化硅、电石、钢铁等落后产能近 500 万吨，小火电 14.2 万千瓦，促进了重点行业先进生产能力比重明显提高，大型、高效装备得到推广应用。同时，节能降耗倒逼机制发挥效应，对高耗能行业的准入和运行要求不断提高，促使多晶硅、单晶硅、太阳能电池、锂电池、铜箔、铝箔、镁合金等产业链长、附加值高、竞争力强的新能源、新材料产业迅速崛起，促进了产业结构优化升级。①

（二）2011 年节能降耗状况分析

青海“十二五”节能目标为单位 GDP 能耗下降 10%，规模以上工业单位增加值能耗下降 16%。其中，2011 年全省节能目标为单位 GDP 能耗下降 1.5%，

① 本文引用的相关数据均来自青海省经济委员会。

规模以上工业单位增加值能耗下降 2%。

2011 年，青海能源消费增幅同比明显加快，单位 GDP 能耗同比持续上升，节能形势非常严峻。1 ~9 月，全省单位 GDP 能耗同比上升 2% 左右。规模以上工业能源消费量 1210.2 万吨标煤，同比增长 22.78%，单位增加值能耗同比上升 2.66%。前三季度全省规模以上工业单位增加值能耗增幅虽然较二季度回落 1.92 个百分点，但仍处于较高水平。一是由于重点用能单位产能释放拉动能耗增长。2010 年下半年，为完成“十一五”节能任务，青海采取了停限产、延后高耗能项目投产进度等必要的调控措施；进入 2011 年，为完成节能任务抑制的产能集中释放，108 户重点用能企业综合能源消费量同比增长 19.04%，拉动全省规模以上工业综合能源消费量上升 18.43 个百分点。二是由于重大项目陆续投产达产所致。如湖北宜化 30 万吨 PVC、40 万吨电石、30 万吨烧碱项目，黄河鑫业分公司 50 万吨电解铝项目二期，民和乐华冶炼有限公司 10 万吨电石，青海庆华煤化有限责任公司煤焦化二期等项目从 2011 年末到 2012 年上半年陆续投产试车，致使全省工业能耗大幅攀升。仅湖北宜化用电量同比上升 100%，拉动全省工业生产电力消费上升 4.04 个百分点。

二　青海节能降耗面临的困难及其原因分析

经过几年来的艰苦努力，青海节能降耗取得了喜人成绩。但随着青海经济社会发展步伐的加快，能源消费总量仍将不断上升，完成“十二五”时期节能减排任务的困难较大。

（一）节能降耗面临的困难和问题

“十二五”时期，是青海推进“四个发展”、加快新型工业化进程、全面建设小康社会的关键时期，经济发展依靠资源型重化工业带动的局面短期内不会改变，能源资源环境的约束压力还将进一步加剧，节能工作面临保增长与降能耗的双重挑战和巨大压力。随着全省工业化和城镇化进程的加快，特别是柴达木循环经济试验区、西宁经济技术开发区和海东工业园区进入全面快速发展阶段，一大批依托资源优势、延伸产业链的重大项目和大型电源项目陆续投产，能源需求将呈刚性增长，这均将受到国家能源消费总量控制指标的约束性考核；从能源消耗强度看，青海万元 GDP 能耗虽然通过不懈努力降到了 2.55 吨标煤左右，但仍高于全国水平 2 倍左右，在此基础上，国家要求“十二五”期间再下降 10%；从能源供给看，青海从季节性缺电转为全年缺电，外购电量逐年增加，外购电成本和难度也相应增加，整个“十二五”时期能源保障特别是电力平衡矛盾愈加突出，风电、太阳能新能源成本高，新建火电项目又势必造成能耗大幅增加。因此，“十二五”时期青海发展面临着能源消费总量、消耗强度控制的双重制约，节能工作面临比“十一五”时期更加严峻的形势，难度进一步加大。

（二）造成节能降耗困难局面的原因分析

1. 产业结构不合理

2010 年，青海一、二、三产业的比例为 10∶55∶35。第三产业比重偏低，第二产业的内部结构不合理，重工业企业占规模以上工业企业的 95% 以上，增加值比重占规模以上工业企业的 92%，能耗比重占规模以上工业企业的 97%。同时，“十二五”期间，青海将以柴达木、西宁经济技术开发区两个重点循环经济试验区总体规划的实施为契机，继续在油气、盐化工、特钢、有色金属、煤化工等领域谋划一批精深加工项目，构建产业纵向延伸与横向扩展相结合的循环工业体系，这些新建项目也将继续拉动能源消费总量的大幅增长。

2. 经济结构短期内难以实质性转变

青海是资源型省份，以资源开发为主的重化工高载能工业是经济的主要构成和国民经济发展的重要支撑。同时，青海地处青藏高原，发展的各种条件较差，技术含量高、附加值高、能耗低的产业发展难度较大；基于生态环境保护和气候的约束，农牧业和旅游业发展受限；轻纺、医药、农畜产品加工、旅游品加工业、服务业等难以规模化；主要产品远离东部沿海主要市场，大宗矿产品运输成本高，产品竞争力不强；产品单一，产业链短，青海尚处于工业化初期阶段向中期阶段迈进的关键时期，产业结构的实质转变在短期内难以实现。

3. 节能降耗空间有限

青海重点用能企业主要集中在电解铝、铁合金、水泥、电石、纯碱、钢铁、铅、锌等生产企业。相关部门在节能降耗方面做了大量工作，投入了不少资金，使企业的总体能耗水平逐年好转，主要耗能产品的单耗已达到或超过国内先进水平，节能的空间相对有限；比照国家规定标准，青海进一步提高了淘汰小火电、小钢铁、小水泥、铁合金等落后生产能力的门槛，并全部实施了关停和淘汰，今后淘汰落后产能的节能降耗空间较小。

4. 高海拔导致热效率低，节能降耗难度大

青海省地处青藏高原，平均海拔3000米以上，平均空气氧含量58%以下，仅为零海拔地区空气氧含量的77.2%。煤、气、油等燃料燃烧效率也仅为零海拔地区平均燃烧效率的77.2%。风机、泵、电动机等辅助设备的功率大大降低。利用同样的技术，生产相同的产品，青海要比零海拔地区平均水平多耗能30%以上。

5. “十一五”时期能耗基数被低估

由于企业能源统计工作较薄弱，使青海“十一五”时期能耗考核基数被低估，与经济总量接近、产业结构相近的宁夏差距悬殊，不仅限制了经济发展空间，而且增加了完成节能目标的难度。

6. 非产出性能源消费急剧增加

得益于改革开放和国家西部大开发政策，近年来，青海城乡居民收入不断增加，生活水平不断提高，用于采暖、照明等家庭消费的非产出性能源消费快速增加；为做好生态保护和环境治理，青海在牧区和东部农业区推行“以煤代薪”、“以电代薪”大幅增加了非产出性能源消费；农田水利灌溉、提灌、滴灌等技术的广泛应用等，也加大了非产出性能源的消费。

7. 节能改造资金投入依然不足，缺乏节能降耗的人才支撑

由于企业自身财力有限，加之节能降耗的投融资体系尚未形成，青海用于节能降耗的资金投入不足，先进节能技术、工艺、产品的推广应用进程缓慢。同时，节能降耗是一个系统工程，涉及的工作面广泛而深入，目前从事节能技术研发、节能基础管理工作的人员结构、知识结构与当前乃至今后工作的需要不相适应，在一定程度上影响了国家和全省节能工作的贯彻落实进度和工作的质量。

8. 节能监督管理乏力

青海节能执法机构刚刚建立，人员、经费等具体问题尚未落实到位，各地区也没有建立相应的机构，使节能执法工作开展缓慢，对能源浪费行为难以形成有效制约，依法规范企业和社会用能行为的力度偏弱。个别地区和企业还存在着对转变发展方式的认识不到位，重发展轻节能、重当前轻长远，责任不到位、工作不落实等现象。

三 2012年青海节能降耗工作面临的机遇与挑战

青海节能降耗工作任务艰巨，既面临着全面完成任务的有利条件，也面对着巨大的挑战。

（一）面临的机遇

一是省委省政府高度重视节能降耗工作，始终把加强节能工作作为当前重大而长远的任务来抓，作为有效贯彻落实科学发展观、转变发展方式、调整经济结构、构建社会主义和谐社会的重大举措，为“十二五”节能降耗工作创造了良好的工作环境和工作保障。二是国家对西部大开发、藏区发展等出台的一系列有利政策措施，促进了青海经济的快速发展，特色产业发展取得重大突破，新的产业蓬勃兴起为节能降耗创造了条件。三是青海积极探索以“四个发展”为路径的科学发展模式，加快推进新型工业化进程和生态保护建设工程，按照低碳、循环、生态、绿色的发展方向，构建地方特色鲜明、竞争优势突出、在西部乃至全国有影响的新能源、新材料、盐湖化工、有色金属、油气化工、煤化工、装备制造、特种钢、特色纺织和生物医药等十大产业和若干产业基地，将为节能带来产业依托。四是青海相继出台了诸多关于节能减排的政策措施，将有效推动节能减排工作取得长足发展，同时加快经济结构调整和承接东部产业转移，为节能产业发展提供了机遇。五是“十一五”时期节能工作为“十二五”时期节能工作取得更大进展积累了丰富的经验，法律、法规的完善，管理体系、考核体系、监督体系的建立，奖励约束机制的到位，节能服务、执法监察机构的健全，各项政策措施的落实，人才的培养等为以后的节能降耗工作奠定了基础。

（二）面对的挑战

一是《中华人民共和国国民经济和社会发展第十二个五年规划纲要》明确了“十二五”时期要实现能耗强度下降16%、非化石能源占一次能源消费比重提高到11.4%、二氧化碳排放率降低17%、单位工业增加值用水量降低30%的约束性指标。面对节能工作提出的更高要求和更严的约束，青海面临更多更难的矛盾和压力。二是在世界绿色经济和低碳发展成为大趋势背景下，青海发展相关节能产业，竞争非常激烈。同时，随着“十二五”青海经济的发展，城镇化进程进一步加快，青海对能源的需求将不可避免地增长。三是青海地处青藏高原和三江源头，生态地位极其重要，在应对全球气候变化、加大环境保护方面肩负着十分重要的责任和义务。

四　青海加快推进节能降耗的对策建议

青海节能降耗形势比较严峻，需要全社会思想上统一、行动上一致，共同为节能降耗出力献策。通过转变经济发展方式、优化产业结构、控制高载能项目增长以及加强监督等多方面工作推进节能降耗目标实现。

（一）进一步提高认识，多措并举建机制

面对严峻的节能形势，青海要认真贯彻落实国务院节能减排工作安排，依据《青海省实施〈节能法〉办法》、《青海省“十二五”节能规划》，按照省政府节能降耗工作要求，充分认识节能的重要性和紧迫性，增强忧患意识、危机意识和责任意识，以科学发展观为指导，坚持节能减排思想不动摇、工作不松懈、力度不减弱、步伐不放缓，把节能降耗作为转变发展方式的重要途径和手段，放在突出的位置，列入重要议事日程。正确处理好发展质量、速度和节能的关系，加强组织领导，深化完善工作方案，强化目标责任制的落实。一是加强节能降耗目标管理。进一步加大节能降耗目标责任制的实施力度，通过建立健全工作责任制和问责制，把节能降耗目标任务进行细化、分解，落实到各行各业，切实加强对目标责任制的考核评价，把“节能降耗”工作与 GDP、上项目、增加群众收入指标一起列入干部考核体系，严格考核，定期向社会公布考核结果，接受社会监督。对目标任务完成好的地区和单位给予表彰奖励和政策资金适度倾斜，对未完成的实行问责制和“一票否决”制，形成“目标明确，责任落实，措施到位，奖惩分明，一级抓一级，一级考核一级”的节能降耗目标考核责任机制。二是强化依法节能。加快建立和完善以《节约能源法》为核心，配套法规、标准相协调的节能法律法规体系，依法强化监督管理，加大依法实施节能管理的力度。依据《青海省实施〈中华人民共和国节约能源法〉办法》、《青海省节能监察办法》、《青海省建筑监理办法》等，加强节能监督执法能力建设，建立和完善节

能监督管理机制和体系，加强对用能单位执行节能法律、法规和节能强制性标准情况的监督检查；对重点节能项目实施监督和监察。对违反节能法律法规的单位公开曝光，依法查处，追究有关人员和领导者的责任；加强节能管理队伍和执法队伍建设，建立和健全省、地两级节能管理机构和节能执法机构，充实节能管理和执法力量；采取多种形式进行培训，提高节能管理和执法水平。对建筑节能标准和规程的执行加大专业监察执法力度。

（二）着力调整优化产业结构，加大节能技术改造

一是按照全省“十二五”规划关于着力打造十大特色优势产业的要求，大力发展循环经济，加快进行产业结构调整和优化升级，从根本上解决单位增加值能耗居高不下的问题。以实施“双百”行动为着力点，促进“双百”项目加速建设尽快投产，推动产业链长、附加值高、竞争力强的新能源、新材料等新兴产业快速发展，大力发展与工业发展水平配套的现代物流、金融保险、电子商务、管理咨询、技术信息服务等生产性服务业，提高第三产业贡献率。二是加大节能技术改造。继续围绕“十大节能工程”，结合青海实际，以财政奖励资金为推手，以重点项目为载体，加快节能技术、材料、装备研发推广和技术改造步伐，在重点行业和重点企业积极推广生产工艺节能降耗管控一体化信息系统、水泥低温余热发电、铁合金矿热炉余热发电等先进节能技术；引导、鼓励企业加大节能技术进步的投入力度。加强与国家相关部委的工作联系，争取国家政策和资金支持。加强项目实施的跟踪服务和监督检查，加快项目实施进度，促其尽快发挥节能效益，为实现节能目标提供保障和支撑。

（三）从源头上控制高载能项目继续增长，加快推进工业企业清洁生产

一是严格执行固定资产投资项目合理用能评估审查制度，从项目建设源头遏制能源浪费和低水平重复建设，坚持高起点、高标准建设；对铁合金、碳化硅、水泥和单独的焦炭、电石、甲醇等建设项目继续从严控制，开展立项手续清查行动，坚决制止和处理擅自审批建设行为；要求铁合金、钢铁、电解铝、电石、碳素、水泥、焦炭企业必须在限期内对余热、余压、尾气进行回收利用，新建项目的节能工程必须与主体工程“三同时”，对不符合要求的企业实施差异性电价政

策。二是按照省经委、省环保局制定的《青海省清洁生产审核暂行办法》规定要求，推动全省工业企业清洁生产工作，引进清洁生产先进工艺技术，鼓励和支持企业实施清洁生产技术改造项目，积极争取工信部清洁生产专项资金的支持。引导和支持企业自愿开展清洁生产审核，扩大清洁生产审核范围，对已完成清洁生产审核的企业，加快进行评估验收；加强对已批复成立的清洁生产审核机构的管理，进一步规范清洁生产审核行为。

（四）组织实施“万家企业节能低碳行动”，开展对标达标活动

一是在国家发改委将青海百户年耗能 1 万吨标煤以上的企业列入“万家企业节能低碳行动”名单以外，结合青海自身实际，选择年耗能 1 万吨标煤以下、5000 吨标煤以上的企业作为“省内重点节能低碳行动”企业。会同有关部门测算各企业节能量目标任务，将节能目标分解落实到具体企业，与企业签订节能目标责任书；做好重点企业节能行动的跟踪、指导、监督、考核工作，督促企业建立健全能源管理体系、落实能源审计和能源利用状况报告制度，强化对重点企业的节能监察；实施企业节能目标责任考核，全面完成节能量目标任务。二是针对单位能耗高出全国平均水平的重点产品、重点企业，依据国家现行能耗标准体系，在强化能耗限额节能监察的同时，选择有代表性的产品按照国家先进标准，在水泥、电解铝、铁合金、电石、碳化硅行业中进行对标活动。严格落实单位产品能耗节能目标责任制，力争主要耗能产品单耗和行业用能效率达到国家和行业平均水平或先进水平。同时制定奖惩措施，优先支持对标活动成效显著、完成节能目标责任的企业。

（五）支持节能服务产业健康发展

加快建立节能技术服务体系，引导支持青海具备基础的科研机构、高等院校和掌握核心技术的企业建立节能服务机构，引进省外实力强、信誉好的大型专业化节能服务公司，全方位介入节能评估、能源审计、节能量审核、清洁生产审核、节能改造、合同能源管理等服务领域。组织开展节能技术服务、咨询、培训等活动。建立和完善项目立项、论证、审批、设计、施工、监察、监理、竣工验收、重点设备节能改造和运行管理节能监督管理体制，健全节能评估审查、能源审计、清洁生产等服务体系，加强机构建设，完善资质认定，制定服务规程，规

范服务市场。加快节能服务产业与节能市场的有效对接，推行合同能源管理，重点支持专业化节能服务公司为企业实施节能改造提供设计、融资、改造、运行管理等一条龙服务。制定有力措施，积极拓宽服务领域，充分发挥节能降耗技术服务机构和社会中介的作用，为企业节能降耗、节能评估、污染治理提供技术信息、技术支持和服务。充分发挥协会作用，健全委托服务、购买服务、信息交流等制度，依靠和支持协会加强行业管理基础性工作，会同协会共同开拓行业节能工作，不断提升服务能力和工作水平。

（六）推进公共机构和其他重点领域节能降耗，提升高耗水行业节水效率

一是加强公共机构节能监督检查，组织公共机构节能统计培训，规范公共机构节能统计，推动实施公共机构合同能源管理节能项目。进一步加大建筑、交通等领域的节能工作力度，严格执行建筑节能标准，提高新型墙体材料、新型保温材料推广应用比重，推动运输装备水平的提高，加快道路物流信息化建设，科学组织运输方式，提高交通能效。二是大力加强节水管理基础性工作，建立健全用水量统计制度，加强水计量管理，准确掌握单位产品耗水量、万元工业增加值取水用水量、工业用水重复利用率等主要用水指标，加大宣传培训力度，增强企业节水意识，加强对企业节水管理机制落实情况的监督和指导。依靠高新技术促进节水，继续大力推广工业节水新技术、新工艺、新设备，增加资金投入，重点围绕电力、钢铁、有色、石油、化工等高用水行业，加大企业节水技术改造力度，提高工业用水重复利用率，逐步淘汰耗水量大、技术落后的工艺设备，支持矿井水利用和中水回用。完善高耗水行业现有企业用水先进指标、用水限定指标和新建项目用水准入指标体系，加强重点行业节水监督检查力度。

（七）加强队伍能力建设，强化节能工作基础

一是针对从省到县节能目标任务与机构人员不对称、不匹配的现状，按照国家关于管理、监察、服务“三位一体”的节能管理体系要求，健全组织管理机构，充实管理人员，加强队伍力量，提高能力素质；提高技术装备水平，增强节能降耗的检测、诊断水平，建立重点用能单位能耗在线监控系统和能源利用状况报送平台；加强人员培训，提高管理队伍和监察、检测人员的执法能力和业务素

质。二是强化宣传教育工作，推进全民节能行动。结合中央财政补贴高效照明产品推广工作，大力开展节能宣传活动，积极宣传节能减排的重要性、紧迫性以及政策措施和取得的成效，加强舆论监督，宣传先进典型，曝光反面案例，普及节能知识和方法，倡导文明、节约、绿色、低碳的生产方式、消费模式和生活习惯。积极争取财政支持，扩大高效照明产品和 LED 灯、太阳能路灯等绿色照明产品推广领域和数量，务求取得“用户节电省钱得实惠、社会节能减排扩内需”的良好效果，增强全社会节能减排的良好氛围。

（八）加强节能降耗监督管理

加快建立和完善符合省情的能源指标体系、监测体系和考核体系。落实能源统计机构和人员，制定能耗数据质量评估办法，规范节能计算口径、考核目标、考核范围、考核基数。制定公共机构用能计量配备标准，开展能源消费分项、分户、分类计量工作，推进能耗监测体系建设。完善公共机构能源资源消耗统计制度，改进数据采集、传输、加工等处理手段，推进信息化和网络化建设；建立重点用能企业和公共机构能耗情况报送制度。定期公布重点用能单位名单、重点用能单位能源利用状况及与国内外同类企业先进水平的比较情况，对重点用能企业能源消耗情况实施动态管理和跟踪管理。建立节能信息发布制度。定期向社会公布全省和各州、地（市）、重点企业（行业）能源消耗和节能降耗情况。建立实施节能监测制度，整合行业和地方的信息资源，推动建立统一的信息体系。

权威报告　热点资讯　海量资料

当代中国与世界发展的高端智库平台

皮书数据库 www.pishu.com.cn

皮书数据库是专业的社会科学综合学术资源总库，以大型连续性图书皮书系列为基础，整合国内外其他相关资讯构建而成。包含七大子库，涵盖两百多个主题，囊括了十几年间中国与世界经济社会发展报告，覆盖经济、社会、政治、文化、教育、国际问题等多个领域。

皮书数据库以篇章为基本单位，方便用户对皮书内容的阅读需求。用户可进行全文检索，也可对文献题目、内容提要、作者名称、作者单位、关键字等基本信息进行检索，还可对检索到的篇章再作二次筛选，进行在线阅读或下载阅读。智能多维度导航，可使用户根据自己熟知的分类标准进行分类导航筛选，使查找和检索更高效、便捷。

权威的研究报告，独特的调研数据，前沿的热点资讯，皮书数据库已发展成为国内最具影响力的关于中国与世界现实问题研究的成果库和资讯库。

皮书俱乐部会员服务指南

1. 谁能成为皮书俱乐部会员？

- 皮书作者自动成为皮书俱乐部会员；
- 购买皮书产品（纸质图书、电子书、皮书数据库充值卡）的个人用户。

2. 会员可享受的增值服务：

- 免费获赠该纸质图书的电子书；
- 免费获赠皮书数据库100元充值卡；
- 免费定期获赠皮书电子期刊；
- 优先参与各类皮书学术活动；
- 优先享受皮书产品的最新优惠。

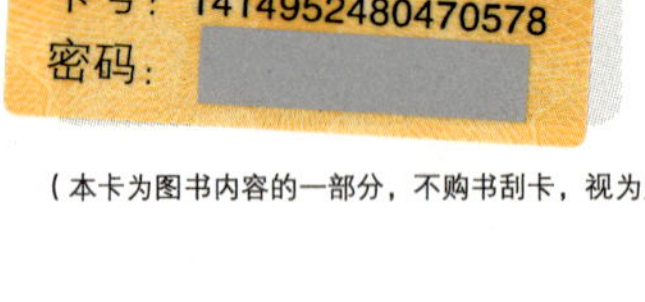

（本卡为图书内容的一部分，不购书刮卡，视为盗书）

3. 如何享受皮书俱乐部会员服务？

（1）如何免费获得整本电子书？

购买纸质图书后，将购书信息特别是书后附赠的卡号和密码通过邮件形式发送到pishu@188.com，我们将验证您的信息，通过验证并成功注册后即可获得该本皮书的电子书。

（2）如何获赠皮书数据库100元充值卡？

第1步：刮开附赠卡的密码涂层（左下）；

第2步：登录皮书数据库网站（www.pishu.com.cn），注册成为皮书数据库用户，注册时请提供您的真实信息，以便您获得皮书俱乐部会员服务；

第3步：注册成功后登录，点击进入“会员中心”；

第4步：点击“在线充值”，输入正确的卡号和密码即可使用。

皮书俱乐部会员可享受社会科学文献出版社其他相关免费增值服务

您有任何疑问，均可拨打服务电话：010-59367227　QQ:1924151860

欢迎登录社会科学文献出版社官网(www.ssap.com.cn)和中国皮书网（www.pishu.cn）了解更多信息

社会科学文献出版社　**皮书系列**

“皮书”起源于十七八世纪的英国，主要指官方或社会组织正式发表的重要文件或报告，并多以白皮书命名。在中国，“皮书”这一概念被社会广泛接受，并被成功运作、发展成为一种全新的出版形态，则源于中国社会科学院社会科学文献出版社。

皮书是对中国与世界发展状况和热点问题进行年度监测，以专家和学术的视角，针对某一领域或区域现状与发展态势展开分析和预测，具备权威性、前沿性、原创性、实证性、时效性等特点的连续性公开出版物，由一系列权威研究报告组成。皮书系列是社会科学文献出版社编辑出版的蓝皮书、绿皮书、黄皮书等的统称。

皮书系列的作者以中国社会科学院、著名高校、地方社会科学院的研究人员为主，多为国内一流研究机构的权威专家学者，他们的看法和观点代表了学界对中国与世界的现实和未来最高水平的解读与分析。

自20世纪90年代末推出以经济蓝皮书为开端的皮书系列以来，至今已出版皮书近800部，内容涵盖经济、社会、政法、文化传媒、行业、地方发展、国际形势等领域。皮书系列已成为社会科学文献出版社的著名图书品牌和中国社会科学院的知名学术品牌。

皮书系列在数字出版和国际出版方面也是成就斐然。皮书数据库被评为“2008～2009年度数字出版知名品牌”；经济蓝皮书、社会蓝皮书等十几种皮书每年还由国外知名学术出版机构出版英文版、俄文版、韩文版和日文版，面向全球发行。

经济蓝皮书 BLUE BOOK OF CHINA'S ECONOMY
社会蓝皮书 BLUE BOOK OF CHINA'S SOCIETY
文化蓝皮书 BLUE BOOK OF CHINA'S CULTURE
金融蓝皮书 BLUE BOOK OF FINANCE
法治蓝皮书 BLUE BOOK OF RULE OF LAW
欧洲蓝皮书 BLUE BOOK OF EUROPE
气候变化绿皮书 GREEN BOOK ON CLIMATE CHANGE
西部蓝皮书 BLUE BOOK OF WESTERN REGION OF CHINA
世界经济黄皮书 YELLOW BOOK OF WORLD ECONOMY
SSAP THE CHINESE ACADEMY OF SOCIAL SCIENCES YEARBOOKS ECONOMY
SSAP THE CHINESE ACADEMY OF SOCIAL SCIENCES YEARBOOKS SOCIETY
SSAP THE CHINESE ACADEMY OF SOCIAL SCIENCES YEARBOOKS POPULATION AND LABOR

法律声明

“皮书系列”（含蓝皮书、绿皮书、黄皮书）由社会科学文献出版社最早使用并对外推广，现已成为中国图书市场上流行的品牌，是社会科学文献出版社的品牌图书。社会科学文献出版社拥有该系列图书的专有出版权和网络传播权，其 LOGO（ ）与“经济蓝皮书”、“社会蓝皮书”等皮书名称已在中华人民共和国工商行政管理总局商标局登记注册，社会科学文献出版社合法拥有其商标专用权。

未经社会科学文献出版社的授权和许可，任何复制、模仿或以其他方式侵害“皮书系列”和（ ）、“经济蓝皮书”、“社会蓝皮书”等皮书名称商标专用权的行为均属于侵权行为，社会科学文献出版社将采取法律手段追究其法律责任，维护合法权益。

欢迎社会各界人士对侵犯社会科学文献出版社上述权利的违法行为进行举报。电话：010－59367121，电子邮箱：fawubu@ ssap. cn。

社会科学文献出版社